새 시대의 바울

정승우 지음

연세대학교 출판문화원

이 책을 사랑하는 어머니, 최정미 권사님께 바칩니다.

서문

초기 기독교가 팔레스타인의 작은 울타리를 넘어 지중해 전역으로 확대될 수 있었던 것은 무엇보다 바울의 공로였다. 그는 예수와 동시대 인물이었지만 생전에 예수를 만나 본 적이 없었으며, 심지어는 예수의 추종자들을 박해했던 독특한 이력을 지닌 인물이었다. 바울은 이스라엘의 베냐민 지파 출신으로 바리새파 교육을 받은 정통 유대인이었다. 그는 다메섹에서 부활한 예수를 만나는 신비한 종교체험을 통해 로마제국 전역에 예수의 복음을 전하는 원시 기독교(primitive Christianity) 최고의 선교사로 변신한다. 이후 온갖 역경 속에서도 고린도, 에베소, 빌립보, 데살로니카, 비시디아 안디옥, 갈라디아와 같은 로마제국의 대도시들에 가정교회(household church)를 조직한다. 바울이 로마에서 처형된 후, 발발한 유대-로마 전쟁(Jewish-Roman War, A.D. 66~73)으로 예루살렘 교회가 와해 되자, 그가 이방지역에 세운 교회들이 원시 기독교(primitive Christianity)의 거점으로 부상한다. 한마디로 바울은 서구 기독교의 초석을 다진 인물이었다. 로마가 기독교의 중심터전이 된 것도 바울과 베드로의 순교지였기 때문이다. 바울은 베드로와 더불어 네로의 기독교 대박해 시기에 로마에서 순교한 것으로 전해진다.

한편 바울은 최초의 신약성서 저자이기도 하다. 신약성서에 수록된 바울의 편지들은 인류가 남긴 위대한 서간문(書簡文) 중에 하나로 평가된다. 그의 편지의 행간에는 인류 구원에 대한 희망과 계획이 아로새겨져 있다. 바울은 로마제국의 지배와 정복에 맞서 하나님의 정의, 평화, 그리고 사랑을 선포했으며, 종교적 배제와 차별의 논리에 맞서 그리스도의 환대와 연대의 정신을 전하였다. 이러한 가치들은 시대를 초월하여 여전히 인류가 지향해야 할 보편적인 것들이다. 바울의 편지들은 기독교의 정경(正經, Canon)인 동시에 인류에게 남겨진 위대한 고전(Classic)이다. 고린도 전서 13장에 등장하는 사랑에 관한 바울의 찬가는 당대 그 어떤 그레코-로만의 문학작품에서도 찾아볼 수 없는 위대한 문장들이다.

바울이 남긴 편지들은 기원후 50년경에 대부분 쓰여진 것으로, 신약성서에 포함된 27권 중에서 가장 이른 시기에 기록된 것들이다. 바울의 편지들은 예수의 행적을 기록한 4권의 복음서보다 20년 정도 앞선 것이다. 이것은 바울의 편지들에는 기독교의 발생과 전개에 관한 소중한 역사적 정보가 담겨 있다는 것을 의미한다. 바울은 예수의 행적을 기록한 복음서를 읽어 본 적이 없었다. 바울이 활동할 당시에는 신약성서는 존재하지 않았다. 아마도 바울은 예수의 제자 그룹들 사이에서 유포되던 구전 전승(oral tradition)을 통해 예수에 관한 이야기들을 전해 들었을 것이다. 특이한 것은 바울은 역사적 예수의 행적에 대해서 언급하지 않는다는 점이다. 가령, 바울의 편지에는 산상수훈과 주기도문과 같은 예수의 가르침은 물론 기적 이야기, 수난 이야기 심지어는 부활 이야기가 등장하지 않는다. 그러나 이러한 사실로부터 바울과 예수 사이의 불연속성을 강조하는 것은 부적절하다. 왜냐하면 바울의 편지들은 예수의 가르침과 행적을 보도하려는 목적으로 쓰여진 것이 아니기 때문이다. 바울의 편지들은 일차적으로 수신자 교회들이 봉착한 구체적인 문제들에 대한 목회적 권면을 목적으로 쓰여졌다. 바울의 편지들의 행간을 살펴보면 그의 수신자들이 예수에 관한 주요한 정보들을 이미 알고 있었다는 것을 짐작할 수 있다.

바울은 유대적 가치에 여전히 매몰되어 있던 예수의 직계사도들과는 다른 행로를 걸었다. 시리아의 안디옥에서 시작된 이방선교 경험은 그에게 새로운 도전과 전망을 부여해 주었다. 할례와 음식법과 같은 유대교의 항목들이 이방인 선교에 장애가 된다는 사실을 경험한다. 바울은 유대교가 지닌 배타성과 폐쇄성을 벗어나지 못한다면 자신의 선교활동이 이방인들의 호응을 얻기 어렵다는 사실을 깨달았다. 또한 바울은 예수의 십자가와 부활사건이 유대의 경계를 넘어선 하나님의 보편적 구원 사건이라고 생각했다. 이 때문에 바울은 자신의 유대적 전통을 그리스도 사건의 전망에서 재해석한다. 그리고 그레코 로만의 새로운 환경 속에서 그리스도 사건을 새롭게 재맥락화한다. 이후의 서양 역사는 바울의 전망과 선택이 적절했다는 것을 보여준다. 바울이 개척한 교회들이 이후 서구 기독교의 중심지가 되었기 때문이다.

서양의 기독교 전통은 바울을 로마제국에 기독교를 이식한 불굴의 선교사요, 신약성서의 절반에 해당하는 13권을 저작한 위대한 신학자로 간주해 왔다. 바울의 동역자였던 누가는 사도행전에서 바울을 로마제국 전역에 복음의 씨앗을 뿌린 위대한 선교자로 묘사한다. 누가는 바울의 활동을 중심으로 어떻게 갈릴리 호반에서 시작된 예수운동이 제국의 수도, 로마까지 전파되었는가를 기술한다. 그러나 원시 기독교 내에서 바울의 영향력은 예수의 직계사도들에 비해 그다지 크지 않았다. 왜냐하면 그는 예수의 사도로 인정받지 못했기 때문이다. 바울이 팔레스타인을 벗어나 로마제국의 식민도시들을 전전한 것도 바로 이런 이유 때문이었다.

초기 기독교에서 바울의 영향력을 증폭시킨 인물은 역설적이게도 영지주의자로 의심받던 마르시온(Marcion, A.D. 85−160)이었다. 그는 바울의 편지 10권과 누가복음만으로 히브리 성서에 대응하는 기독교 정전(正典, Canon)을 구성하려고 시도하기도 했다. 이후 기독교의 신학은 바울의 사상을 중심으로 형성되어 갔다고 하여도 과언이 아니다. 4세기 히포의 주교, 어거스틴(Augustine, A.D. 354−430)과 16세기 종교개혁자 루터(Martin Luther, 1483−1546)는 바울을 죄로 인한 인간의 실존적 번뇌를 극복한 위대한 믿음의 선구자로 이해했다. 중세부터 기독교회가 서구사회의 헤게모니를 장악하면서 바울의 이미지는 풍찬노숙의 선교사에서 불굴의 신앙영웅으로 점차 변모 되어갔다. 특히 교황청의 면죄부 판매를 비판한 루터의 강력한 영향 속에서 프로테스탄트 진영은 바울을 믿음의 영웅으로 그려왔다. 특히 루터는 로마서와 갈라디아서에 등장하는 "믿음으로 의롭게 된다"는 소위 칭의론 단락에 기반하여 바울의 편지들을 이해하였다. 그 결과 오직 믿음(sola fide)이라는 루터의 전망이 바울을 이해하는 주된 관점이 되어 버리고 말았다. 그러나 이러한 바울이해는 매우 단면적이다. 원래 바울이 칭의론을 전개한 이유는 원시 기독교 공동체가 직면한 다양한 문제와 깊은 연관이 있다. 할례와 음식법과 같은 유대교의 관례를 따르지 않는 이방인 신자의 증가와 유대 크리스천과의 갈등, 그리고 황제숭배와 같은 로마제국의 이데올로기와의 대결 등, 다양한 문제가 배후에 자리하고 있었다. 바울의 편지들은 신학논문이 아니라, 이제 막 태동한 교회들이 직면한 구체적인 문제상황들을 해결하고자 쓰여졌다는 것을 기억해야 한다. 즉 바울의 편지는 추상적인 교리서가 아니라, 상황적인 편지라는 점이다. 따라서 바울과 그의 편지들을 올바로 이해하기 위해서는 그와 그의 수신자 교회들이 처해있던 역사, 사회적 상황을 면밀히 살펴 보아야 한다.

바울은 근대 서구 역사의 분기점마다 새롭게 호명되었다. 요한 웨슬레(John Wesley, 1703-1791)는 루터의 로마서 서문을 통해 회심하여, 종교적 형식주의에 물든 영국 성공회를 비판하였다. 웨슬레의 사상과 행적은 바울과 유사했다. 그는 평생을 길 위에서 설교했고, 수많은 편지들을 남겼다. 영국과 미국, 그리고 한국의 중요한 개신교 교단인 감리교회는 웨슬레의 사상과 행적을 계승한 단체이다. 한편 1차 세계대전과 히틀러의 파시즘을 비판한 칼 바르트(Karl Barth, 1886-1968) 또한 바울로부터 큰 영향을 받았다. 1차 세계대전을 지지한 독일 자유주의 신학을 맹폭한 『로마서 강해』와 히틀러를 숭배한 독일교회들을 비판한 〈바르멘 선언〉의 사상적 기조도 바울의 사상에 기반한 것이었다. 20세기 전체주의의 광기에 휩쓸린 유럽교회를 예언자의 목소리로 저항했던 칼 바르트의 배후에도 이처럼 바울의 후광이 존재했다.

최근 서구 사상계는 다시 바울을 주목하고 있다. 특별히 유럽의 정치철학자들은 서구사회가 직면한 문제들을 바울에게 다시 묻고 있다. 발터 벤야민을 기점으로, 야곱 타우베스, 알랭 바디우, 아감벤, 지젝 등 유럽을 대표하는 철학자들이 바울의 신학적 주장들을 정치철학의 전망에서 재해석하고 있다. 가령, 이들은 바울의 칭의론을 법철학의 관점에서, 종말론을 정치철학의 맥락에서 재해석한다. 이들은 신자유주의라는 새로운 세계체제 속에서 법치주의와 민주주의에서 배제된 자들의 인권과 생명을 회복하기 위한 사유의 단초를 바울의 사상에서 찾고자 한다. 가령 프랑스의 철학자, 알랭 바디우는 바울의 다메섹 사건을 단순한 종교적 회심으로 간주하려는 생각들을 뛰어넘어, 혁명적 주체로의 정치적인 전향사건으로 파악한다. 이처럼 급변하는 21세기의 다양한 정치적, 사회적 문제들에 관한 새로운 전망을 얻기 위해 현대의 지성들이 다시 바울에게 묻고 있다.

그렇다면 시대를 뛰어넘는 바울의 급진성은 어디에서 기원하는 것일까? 그것은 아마도 과거의 유산에 고착되지 않던 그의 생각과 실천 때문이었다. 이방인의 사도로 자처한 바울은 유대교의 율법이나 관습에 얽매이지 않았다. 그는 다메섹 도상에서 얻은 깨달음을 토대로 적극적으로 이방선교에 매진했다. 이 때문에 그는 유대적 유산과 역사적 예수의 가르침에 고착되어 있던 직계 사도들과 불화하였다. 바울은 좁은 팔레스타인을 벗어나, 로마의 길을 따라 제국 전역의 도시들로 자신의 선교를 확장한다. 바울은 생애의 대부분을 길 위에서 보낸 인물이다. 그가 길 위에서 만난 사람들 대부분은 로마제국에서 천대받던 상인, 노예, 여성과 같은 인물들이었다. 바울은 이들과의 만남을 통해 로마제국의 폭력적 구조와 억압의 체제를 몸으로 체감할 수 있었다. 이 때문에 그가 남긴 편지들은 길 위의 유산이라 할 수 있다. 그의 생각들이 배태된 곳은 한적한 도서관이 아니었다. 감옥과 시장과 회당과 신전 그리고 법정에서였다. 그의 편지들은 한가한 사상가의 관념적 산물이 아니다. 바울의 편지들은 후대인들이 생각한 것처럼 관념적이고 추상적인 신학 논문들이 아니다. 그의 편지들은 원시 기독교회들이 직면한 구체적인 문제들과 씨름하면서 탄생한 것들이었다. 가령, 데살로니가서는 죽음의 문제로 염려하는 교우들에게 보낸 편지이고, 고린도 전/후서는 분열된 교회의 일치를 당부하기 위해 쓴 것이며, 그리고 갈라디아서는 거짓복음에 현혹되는 신자들의 신앙투쟁을 격려하기 위해 쓴 편지이다. 바울의 편지들은 갈등과 논쟁들로 가득 차 있다. 바울은 자신의 주장을 공격하는 유대주의자들과 평생을 싸웠고, 자신을 의심의 눈초리로 쳐다보는 유대 크리스천들에게 끊임없이 자신의 복음을 변증해야만 했다. 더욱이 로마의 공권력은 바울을 사회적 소요자로 간주했다. 로마의 감옥은 종종 바울의 집필실 역할을 하기도 했다. 바울은 자신의 고달픈 인생을 고린도에 있는 교우들에게 보내는 편지에서 다음과 같이 토로한다.

내가 정신 나간 사람같이 말합니다마는… 나는 수고도 더 많이 하고, 감옥살

> 이도 더 많이하고 매도 더 많이 맞고, 여러 번 죽을 뻔하였습니다. 유대 사람들에게서 마흔에서 하나를 뺀 매를 맞은 것이 다섯 번이요, 채찍으로 맞은 것이 세 번이요, 돌로 맞은 것이 한 번이요, 파선을 당한 것이 세 번이요, 밤낮 꼬박 하루를 망망한 바다를 떠다녔습니다. 자주 여행하는 동안에는, 강물의 위험과 강도의 위험과 동족의 위험과 이방 사람의 위험과 도시의 위험과 광야의 위험과 바다의 위험과 거짓 형제의 위험을 당하였습니다. 수고와 고역에 시달리고, 여러 번 밤을 지새우고, 주리고, 목마르고, 여러 번 굶고, 추위에 떨고, 헐 벗었습니다. 그 밖의 것은 제쳐놓고서라도, 모든 교회를 염려하는 염려가 날마다 내 마음을 누르고 있습니다. (고후 11:23-28)

이러한 숱한 위험을 감수하며 바울이 꿈꾸었던 세상은 무엇이었을까? 동족의 위협과 동료의 몰이해와 로마제국의 폭력 속에서도 지중해 전역에 '기쁜 소식'을 전한 것은 부귀영화를 얻고자 함은 분명 아니었다. 그는 로마제국의 십자가에 처형된 예수의 죽음과 부활 속에서 동터오는 새로운 세상을 전하려 했던 신의 전령사였다. 인간을 죄와 죽음으로 몰아넣는 세상의 권세와 악마적 세력에 사로잡힌 인류를 정의와 사랑 그리고 평등이라는 새로운 메시야적 질서와 이에 걸맞는 삶의 태도를 전하고자 했던 것이 아닐까? 마치 구한말의 최제우의 깨달음을 30년간 조선팔도의 민중들에게 전한 해월처럼, 새 하늘과 새 땅에 관한 확고한 신념이 바울의 삶을 추동한 것이 아닐까? 결국 바울은 네로 황제의 통치시기에 효수형으로 로마에서 순교한 것으로 전해진다.

이 책은 메시야 예수를 통해 새로운 세상을 꿈꾸었던 바울의 사상과 행적을 최근의 연구성과들을 토대로 대중들에게 소개하고자 쓰여졌다. 이미 학술지에 발표한 논문들을 대폭 수정하고 6개의 새로운 챕터들을 부가했다. 사실 바울에 관한 책들은 도서관의 서고에 차고도 넘친다. 독자들은 이 책의 갈피마다 수많은 바울 연구자들의 생각과 주장들이 깃들어 있다는 사실을 확인할 수 있을 것이다. 그러나 필자는 바울의 생애와 사상이 2천년의 시공간을 뛰어넘어 우리 시대에 던지는 메시지가 무엇인지를 되묻고 싶었다. 대학이라는 좁은 공간에서만 유통되는 지식이 아니라, 우리의 고달픈 삶의 한복판에서 바울의 생애와 사상이 지니는 보편적 의미를 성찰하고 싶었다. 바울은 관념적 신학자가 아니었다. 이제 막 태동하는 원시 크리스천 그룹들이 봉착한 다양한 문제들로 고뇌했던 실천 운동가였다. 바울의 집필실은 도서관이 아니었다. 차가운 로마의 감옥과 시끌벅적한 시장바닥이 그의 일터였다. 바울의 동료들과 청중들은 지식인이 아니었다. 그들은 저잣거리의 장사꾼들, 노예들, 여성들이었으며, 권력과 전쟁으로 점철된 제국의 질서를 그리스도의 사랑과 평화로 대체하려는 비젼너리(visionary)들이었다.

그러나 현재 우리 시대가 직면한 문제들은 바울이 살던 시대와는 판이하게 다르다. 지구촌은 기후변화와 펜데믹으로 국가간, 계층간 양극화가 더욱 가속화되고 있다. 또한 우리 사회는 이념갈등과 지역갈등, 그리고 세대갈등과 성차별의 문제로 극심한 내홍을 겪고 있다. 이런 상황 속에서 바울의 사상들은 여전히 유의미할까? 바울이 남긴 신학적 유산들이 여전히 우리에게 의미가 있다면, 어떤 점에서 유용한 것일까? 필자는 이러한 질문들에 답변해야 하는 것이 성서학자가 지녀야 할 최소한의 직업 윤리라고 생각하였다. 바울이라는 오래된 유산을 우리시대가 처해있는 문제상황 속에서 살펴보고 싶었다.

여전히 루터적 시각에서 바울을 바라보고 있는 한국교회에 바울을 새롭게 이해할 수 있는 작은 시도로 받아 들여주면 좋겠다. 다시말해 "바울을 바울답게 이해하자"라는 것이다. 바울의 편지들은 모든 시대와 모든 사람 앞에 열려진 텍스트이다. 자신의 해석만이 절대적이라고 주장하는 시대는 이미 지나갔다. 모든 성서해석은 해석자의 전(前) 이해를 반영하기 때문에 상대적일 수밖에 없다. 이 때문에 모든 시대를 관통하는 보편적이고 절대적인 성서해석이란 존재하지 않는다. 또한 현대적 관점을 바울의 텍스트에 강제하는 것은 시대착오적인 해석을 불러올 수 있다. 바울의 편지는 우리와는 전혀 다른 2천년에 쓰여진 고대문헌이다. 바울의 우주관, 세계관, 인간관 등은 과학적 세계관을 지닌 현대인들에게 낯설게 다가온다. 바울의 원래 독자들은 2천년전 로마제국의 도시들에 살았던 사람들이었다. 때문에 바울의 편지들을 이해하기 위해서는 당대 크리스천 독자들의 입장에서 해석해야 한다. 다시 말해 바울의 편지를 2천년전 그가 활동했던 그레코-로만 사회의 역사, 문화, 종교적 맥락 속에 위치시킨 채 이해하는 것이다. 이럴 때 바울의 텍스트를 이해할 수 있는 최소한의 객관적 자리가 마련될 수 있다. 자칫 이러한 과정이 생략되면, 자신의 입맛대로 바울을 해석하게 된다. 이럴 경우 바울의 사상은 특정 계급이나 계층의 이데올로기로 전락할 위험성이 상존한다. 에코의 소설,

『장미의 이름』은 진리에 관한 독선적이고 배타적인 생각이 어떻게 자신뿐만 아니라, 공동체를 파괴할 수 있는지를 보여준다. 윌리엄은 자신의 독선적 진리를 위해 살인도 마다하지 않는 호르헤 수사의 죽음을 바라보며, 제자 아드소에게 다음과 같이 말한다. "진리를 위해 죽을 수 있는 자를 조심하라." 요한복음은 "진리가 너희를 자유하게 하리라"고 말한다. 우리를 압제와 억압으로 이끄는 것은 진리가 아니라는 말씀이다. 진정한 진리는 우리를 자유로 인도한다.

펜데믹과 개인사로 지치고 힘들었던 시간 동안 변치 않는 우정으로 격려해준 친구들, 남형두 교수와 오택현 교수, 그리고 풍성한 식탁교제로 몸과 마음을 위로하여 준 허상준 회장에게 깊은 고마움을 전한다. "성실한 친구는 든든한 피난처로서 그를 얻으면 보물을 얻는 셈이다."(집회서 6:14). 그리고 부족한 후배를 늘 넉넉히 품어 주시는 호암, 운산 두 분 교수님의 후의(厚意)에 감사드리고 싶다. 마지막으로 강의와 집필을 핑계로 가정의 정의를 실현하지 못한 남편을 인내로 참아준 사랑하는 아내, 김선정 교수와 아빠의 부실한 페미니즘을 각성시켜준 사랑하는 딸, 해랑에게 미안함과 고마움을 전한다.

차례

4장 로마서 다시 읽기

로마서에 관한 고정관념 145
로마서의 저술목적 148
로마 가정교회의 사회적 정황 151
로마서의 중심주제 158
로마서의 율법관 163
로마서의 윤리 168
반(反)로마제국 메시지 175

5장 로마서의 예수

로마서의 특징적 예수 이미지 196
이전 연구들 200
새로운 연구들 207
로마서의 예수와 로마교회의 정황 219

6장 할례의 추종자, 그리스도

로마서 15장 8절 해석 228
15장 8절의 번역 문제 231
그레코-로만의 수사학 스킬, 디아트레베 237
바울이 예수에 대해 침묵한 이유 241

7장 칭의론과 현대의 윤리

새로운 주장들 251
칭의론과 로마제국 258

11장 : 바울신학의 전망에서 바라본 <레미제라블>

12장 : 우리 시대의 바울

참고문헌

찾아보기(Index)

1장

역사적 바울을 찾아서

첫 번째 장에서는 바울의 생애와 사상을 이해하기 위한 기본적인 사실들을 살펴보려고 한다. 역사적 인물의 생애와 사상을 살펴보기 위해서 우선 해야 할 일은 그 인물이 살았던 시대적 배경을 살펴보는 것이다. 바울은 3가지 문화가 중첩된 세계 속에서 활동하였다. 유대교와 로마제국, 그리고 헬레니즘이다. 최근의 고고학적 연구성과는 바울의 활동무대인 1세기 그레코-로만 세계(Greco-Roman world)를 이해하는 데 큰 도움을 주고 있다.[1] 가령, 고린도와 에베소와 같은 고대 도시의 발굴은 바울의 편지들을 보다 생생하게 이해하는 데 큰 도움을 준다. 또한 성서학의 새로운 연구들, 가령 사회과학적 접근과 그레코-로만의 수사학 연구들은 바울의 편지를 동시대의 다양한 사회적, 문학적 문맥들 속에 위치시킨 채 연구함으로써 보다 입체적인 바울 연구를 가능하게 했다. 무엇보다 80년대 시작된 '바울에 관한 새로운 전망(new perspectives on Paul)'들은

---

1) 다음과 같은 책을 참조하라. 벤 위더링턴 3세/ 오현미 옮김, 『고린도에서 보낸 일주일』 (서울: 이레서원, 2020), 데이비드 실바/ 이여진 옮김, 『에베소에서 보낸 일주일』 (서울: 이레서원, 2020).

루터적 시각에 사로잡힌 바울연구들을 균형있게 바라볼 수 있는 지점들을 마련해 주었다.[2] 이러한 최근의 학문적 성과들을 반영하여 이번 첫장에서는 바울을 둘러싼 전통적 이해들을 비판적으로 성찰해 볼 것이다.

바울에 관한 편견과 오해는 바울 당대부터 존재했다. 사도행전은 바울을 유대교의 파괴자로, 기독교의 박해자로 간주했던 사람들을 기록하고 있다. 사도행전 21장은 예루살렘에서 바울이 유대 보수주의자들에게 당한 봉변을 기록하고 있다. 또한 고린도 후서 11장 24절에서 바울은 자신이 당한 수많은 고난을 열거하고 있다. 바울은 평생 보수적인 유대 크리스천들에게 공격을 당했다. 그들은 끊임없이 바울의 사도권을 공격했으며, 그가 전하는 복음의 내용을 비판했다. 바울이 팔레스타인을 떠나 이방 땅을 전전한 것도 이러한 유대주의자들의 공격과 무관하지 않았다. 또한 시대를 바꿔가며 바울은 예수의 가르침을 왜곡시킨 영지주의의 괴수로, 가부장주의자로, 그리고 최근에는 동성애 혐오주의자로 간주 되었다. 철학자 니체는 바울의 주장들은 예수의 가르침에 관한 왜곡이라 비난했고, 아일랜드의 극작가 버나드 쇼는 바울의 편지는 여성혐오로 가득차 있다고 주장했다. 심지어 이러한 주장은 최근에도 그치지 않고 반복

2) 바울에 관한 새로운 접근이라는 바울 연구의 주제는 1982년 영국, 맨체스터 대학이 주최한 맨슨 기념 강연회에서 던(J. D. G. Dunn)에 의해서 제기되었다. 그는 샌더스(E. P. Sanders)가 바울의 율법관을 이해하기 위해, 제2 성전기의 유대교를 계약적 율법주의(covenantl nomism)라고 주장한 것을 바울에 관한 새로운 접근의 개막으로 보았다. 이러한 던의 주장은 이후 톰 와이트(N. T. Wright)로 부터 지지를 받으며, 현재 바울 연구에 새로운 반향을 일으키게 된다. 이에 대해서는 가이 프렌티스 워터스/배종열 옮김, 「바울에 관한 새 관점」(서울: 개혁주의 신학자, 2012)을 참조하라.

되고 있다.[3] 기독교의 역사 속에서 바울만큼 논란의 중심에 서 있었던 인물도 좀처럼 없었을 것이다. 이번 장에서는 바울의 생애와 사상을 그가 활동했던 1세기 지중해 세계의 사회, 문화적 배경 속에서 개략적으로 검토할 것이다. 이를 통해 바울에게 덧씌워진 오해와 편견을 해소해 보고자 한다.

예수와 그의 직계 제자들은 아무런 글도 남기지 못했다. 이에 반해 바울은 많은 편지를 남겨 놓았다. 신약성서에는 그의 이름으로 13권의 편지가 수록되어 있다.[4] 학자들은 바울의 편지가 더 많았을 것으로 추정한다. 가령, 고린도 후서는 바울의 짧막한 여러편지들이 후대에 편집된 것으로 밝혀졌다. 그리고 신약성서에 포함되지 않는, 즉 외경(外經)으로 분류되는 바울의 편지들이 존재한다. 예를 들어 에베소에서 3세기경에 작성된『바울과 테클라행전』은 후대의 소아시아에서의 바울의 영향력을 짐작하게 한다. 바울은 신약성서에 수록된 문서의 저자들 중에서 최초의 인물이다. 신약성서에 제일 앞에 배치된 마태복음은 바울의 편지들 보다

---

3) 랜돌프 리처즈 & 브랜든 오브라이언/홍병룡 옮김,「바울과 편견」(서울: 성서 유니온, 2017)을 참조하라.

4) 보그와 크로산은 신약성서에 포함된 13권의 바울의 편지들을 3가지 층위로 나눈다. 역사적 바울이 직접 쓴 편지는 데살로니가 전서, 갈라디아서, 고린도 전/후서, 빌립보서, 빌레몬서, 로마서 등 모두 7편이다. 이 편지들에서는 기존 질서에 대한 급진적인 바울(radical Paul)의 목소리가 남아있다. 흔히 바울의 목회서신으로 간주되는 디모데 전/후서와 디도서는 바울 후대에 기록된 것으로 반동적인 바울(reactionary Paul)의 모습이 드러난다. 그리고 에베소서, 골로새서, 데살로니가 후서는 바울이 직접쓴 것인지가 불확실한 편지라고 평가받는다. 보그와 크로산은 이들 서신들에는 바울의 주장과는 다른, 후대에 보수화된 바울(conservative Paul)의 모습을 발견하게 된다고 주장한다. 마커스 J 보그 & 존 도미닉 크로산/ 김준우 옮김,『첫 번째 바울의 복음』(서울: 한국기독교연구소, 2010).

대략 30년 후에 기록된 것이다. 예수의 가르침과 생애에 관한 4편의 정경복음서(Canonical Gospel)는 예수의 십자가 죽음 이후 대략 반세기가 지나서 작성된 것이다. 복음서에 기록된 예수의 이야기는 한순간에 기록된 것이 아니다. 처음에는 입과 입으로 예수에 관한 이야기가 구전으로 전해졌다. 이후에 각개 복음서 저자들이 다양한 구전전승(oral tradtion)들을 수집하여 나름의 신학적 전망으로 예수 이야기를 완성 시킨 것이다. 이 때문에 복음서는 역사적 예수(historical Jesus)의 실제 모습을 보여주기 보다는, 복음서 저자들이 해석한 신앙의 대상이 된 그리스도(Christ of faith)로서 예수의 모습을 보여준다. 이에 반해 예수와 동시대 인물이었던 바울은 자신의 생생한 주장이 담긴 편지들을 남겨 놓았다. 바울의 실제 편지로 평가받는 7권의 편지(데살로니가 전서, 갈라디아서, 고린도 전/후서, 빌립보서, 빌레몬서, 로마서)는 지중해 세계에 산재해 있던 원시 기독교 공동체를 향한 역사적 바울의 목소리가 생생하게 담겨 있다.[5)]

한편 바울이 남긴 글들은 모두 서신(epistle)이라는 장르적 특징을 지니고 있는데, 우리가 알고 있는 일반적인 편지(letter)와는 다소 다르다. 신약성서에는 전통적으로 바울의 이름으로 전해오는 13권의 편지들이 수록되어 있다. 바울의 7개의 친필 편지들은 빌레몬서만 제외하면 모두 그

---

5) 신약성서에 포함된 바울의 편지들은 대다수가 지중해에 산재한 원시 기독교그룹들에게 보낸 것이다. 가령 데살로니카 전서는 그리스 북부, 마케도니아에 있는 데살로니카의 가정교회들에 보낸 첫 번째 편지라는 뜻이다. 고린도 후서는 그리스 남부에 있는 항구도시 고린도에 있는 교회들에게 보낸 두 번째 편지라는 것이다. 빌레몬서를 빼고는 모든 바울의 편지들은 지중해에 있던 지명에서 유래한 것이다. 빌레몬은 오네시모라는 노예를 소유했던 바울의 후원자였다.

리스와 로마의 가정교회들에 보낸 편지들이다. 빌레몬은 노예 소유주에게 보낸 지극히 개인적인 편지이다. 바울이 활동하던 1세기 지중해 세계의 편지들은 대개 간단한 안부와 인사를 전하고 있다. 그런데 바울의 서신들은 신학적 논변과 윤리적 권면으로 구성된 다소 긴 일종의 에세이 형태의 편지라고 할 수 있다. 바울은 당대의 그레코-로만사회에서 통용된던 편지 양식을 빌려와서 자신의 신학적 주장과 윤리적 권고를 담고 있는 독자적인 형태로 발전시켰다.

흥미로운 것은 신약의 문서 중에서 가장 일찍 기록된 바울의 편지들은 지상적 예수(earthly Jesus)의 언행에는 관심을 기울이지 않는다. 바울이 주목한 것은 역사적 예수의 가르침과 행적보다는 십자가에 죽고 부활한 그리스도이다. 바울은 십자가와 부활 사건을 인류 전체를 향한 보편적 구원사건으로 간주하며, 새로운 시대의 개막을 알리는 묵시적 사건으로 이해한다. 이 때문에 바울의 편지에는 예수의 비유도, 기적 이야기도, 심지어는 예루살렘에서의 수난 이야기도 언급되지 않는다. 바울은 십자가와 부활사건을 통해 드러난 하나님의 보편적인 의(義)를 강조한다. 우리는 예수에 관한 이야기를 담고 있는 4권의 복음서가 존재하기 이전에, 바울의 편지들이 쓰여졌다는 사실에 유념해야 한다. 바울은 예수에 관한 체계적인 기록을 남긴 복음서를 알지 못했고, 그가 알고 있던 예수에 관한 정보들은 모두 구전전승에 의거한 것이었다.

바울은 기원후 70년, 예루살렘 성전이 로마군에 의해 파괴되기 이전에 활동했다. 바울이 활동하던 시기의 유대교는, 예루살렘 성전을 구심점으로 다양한 유대교 분파들이 서로의 주장들을 일정정도 용인하며 다양성을 유지하던 시기였다. 가령 복음서에 등장하는 사두개파, 바리새파, 세례요한과 같은 메시야 분파들과 요세푸스와 필론의 문헌들에 등장하는 엣세네파, 젤롯당과 같은 유대교 분파들이 각축하던 시대였다. 그러나 66년에 발발한 유대-로마 전쟁으로 다양한 유대분파들은 전쟁의 와중에 사라지고 만다. 특히 유대교의 상징과 같았던 예루살렘성전이 로마군에 의해 70년에 함락된 후, 성전체제를 대신하여 랍비 유대교(Rabbnic Judaism)가 등장한다. 이들은 80년대부터 벤 자카이라는 랍비를 중심으로 얌니야에서 사라진 성전을 대신할 유대교의 구심점을 히브리 성서의 정경화 작업과 유대문헌의 정리를 통해 수립하고자 했다. 마태복음서와 요한복음서에 언급되는 유대교에 대한 부정적 언급들은 80년대 초반 예수 추종자 그룹들을 유대교에서 축출시킨 랍비 유대교(Rabbinic Judaism)와 관련이 있다. 이 때문에 복음서가 반영하는 유대교의 역사적 환경은 바울의 시대와는 사뭇 다르다는 사실에 유념해야 한다.

바울의 글들은 복음서와 달리 신학적 논변들이 자주 등장하기에 다소 사변적으로 느껴진다. 신약성서 맨 앞에 위치한 4권의 복음서는 이야기 형태이며, 다섯 번째 책인 사도행전도 연대기적 역사서술의 형태로 되어 있어 읽기가 수월하다. 그러나 바울의 서신들은 당대 그레코-로만의 엘리트들이 구사했던 수사학 기법과 논변들로 넘쳐난다. 바울은 끊임없이 자신의 주장을 논박하고 비난했던 대적자들에게 둘러 쌓여 있었다는 사실을 그의 편지를 통해 확인하게 된다. 그는 갈라디아에서는 유대교 보수주의자들과 싸워야 했고, 고린도에서는 윤리적 방종주의자들과는 대결해야만 했다. 예수가 대면했던 갈릴리 청중과는 확연히 다른 대도시의 상인들과 지식인들을 바울은 상대해야만 했다. 따라서 예수의 순박한 갈릴리 농촌의 분위기와는 사뭇 다른 바울의 도시적 환경이 그의 편지들에서 언급된다. 바울의 활동무대는 예수와는 달리 1세기 그레코-로만 세계에 건립된 로마, 아테네, 고린도, 에베소와 같은 번화한 도시들이었다. 이 때문에 복음서에서 바울의 서신들로 이동하면 이야기의 배경과 어투가 너무나 다르게 느껴진다. 또한 바울의 서신들은 다양한 문제로 갈등하는 원시 기독교 공동체들에게 보내는 글들이기 때문에, 수신자 교회들이 봉착한 구체적 문제들을 이해하지 않고는 이해하기가 힘들다. 바울의 편지에는 개인적인 입장을 변증하려는 태도와 교회들이 직면한 다양한 문제들을 해결하고자 하는 의지가 씨줄과 날줄로 복잡하게 얽혀있다. 바울은 자신의 주장을 설득하기 위해 당시 그레코-로만의 논쟁기술인 수사학적 어법을 자주 동원한다. 이 때문에 바울의 편지들을 이해하기 위해서는 상당한 주의가 필요하다. 이미 당대에도 바울의 편지는 쉽게 이해되지 못했다. 베드로 후서의 저자는 바울의 편지에 관한 오해와 억측을 다음과 같이 경고한다.

> 바울은 모든 편지에서 이런 것을 두고 말하고 있는데, 그 가운데는 알기 어려운 것이 더러 있어서, 무식하거나 믿음이 굳세지 못한 사람은, 다른 성경을 잘못 해석하듯이 그것을 잘못 해석해서, 마침내 스스로 파멸에 이르고 말 것입니다. (벧후 3:16)

바울에 관한 오해는 역사를 통해 반복되었다. 2세기 초반부터 마르시온(Marcion, 85~160)과 발렌티우스(Valentinus, 100~160)와 같은 영지주의자들은 바울의 편지를 영지(靈智, Gnosis), 즉 구원을 얻는 신비한 지식에 관한 비밀 안내서로 이해했다. 이들은 바울의 편지가 지닌 구체적인 역사, 사회적 삶의 정황을 무시한 채, 그의 서신들을 추상적인 신비주의 문서로 간주했다. 바울을 탈역사화시킨 인물들은 비단 영지주의자들 뿐만이 아니었다. 4세기 니케아 공의회를 시작으로 기독교 사상들을 체계화하는 과정에서, 초기 기독교 교부들은 바울의 서신들을 삼위일체와 기독론에 관한 신학논문으로 취급하기 시작한다. 이러한 과정에서 바울의 편지들은 추상화, 관념화되기 시작한다. 4세기 어거스틴(Augustinus, 354~430)은 죄에 대해 고뇌하는 양심의 대표자로 바울을 이해하였고, 16세기 종교개혁자 마틴 루터(Martin Luther, 1483~1546)는 바울을 믿음의 전사로만 서술하였다. 한편 19세기 니체는 바울을 예수의 단순한 가르침을 왜곡시킨 음험한 사상가라고 주장하면서, 예수와 바울의 연속성을 극단적으로 부정하기에 이르렀다. 그러나 이들은 바울 사상을 단편적으로만 이해하였을 뿐이다. 바울은 영지주의자도, 고뇌하는 양심의 소유자도, 종교개혁자도, 그리고 예수의 사상을 왜곡시킨 사람도 아니었다. 바울은 단지 유대 사상에 친숙하지 못한 그레코-로만 사회의 이방인들을 위해 자신의 복음을 보편적으로 해석한 인물이었다. 유대적 풍토 속에서 형성된 예수의 생애와 사상은 이방인들에게 낯선 것이었다. 바울에게 필요한 것은 이방인들도 그리스도 사건을 통해 펼쳐진 구원에 참여할 수 있다는 포괄적 메시지였다.

현대의 바울 연구는, 바울의 서신들을 더 이상 무시간적이고 보편적인 신학논문으로 간주하지 않는다. 원래 바울의 서신들은 일반 독자들을 상정하여 쓰여진 대중적이고 보편적인 글이 아니다. 바울의 편지들은 1세기 그레코-로만의 도시들에서 시작된 가정교회들에서 발생한 구체적이고, 특수한 문제를 해결하려는 와중에서 쓰여진 상황적 문건들(occasional documents)이다. 그러나 교회의 전통은 바울을 언제나 천재적인 신학자로 간주해 왔다. 바울은 현장과 유리된 신학자가 결코 아니다. 오히려 그는 유대인들의 몰이해와 동료 기독교인들의 질시와 로마제국의 박해를 온몸으로 돌파해 냈다(cf. 고전 4:11-13; 고후 11:23-27). 바울은 갈릴리의 촌락에서 움튼 예수운동(Jesus movement)을 로마제국의 대도시들에 이식해 갔던 조직운동가였으며, 실천적 목회자로 이해되어야 한다. 예를 들어 갈라디아서 2장에 등장하는 칭의론은 진정한 예수의 제자가 되기 위해서는 유대 율법과 할례를 받아야 한다고 강변하는 유대적 크리스천들의 선동으로부터 긴급하게 이방인 크리스천들을 방어하기 위해 언급된 것이다. 따라서 갈라디아서에 드러나는 바울의 언사는 매우 직설적이고 과격하다. 할례의 문제로 선동하는 이들에게 바울은 아예 "성기를 짜르라"(갈 5:12, 아포콥토)는 과격한 언사를 서슴치 않는다. 이와 같은 바울의 극단적인 발언은 갈라디아 공동체가 처한 상황을 염두에 두지 않고서는 이해하기가 힘들다. 또한 신약문헌 중 가장 일찍 기록된 데살로니가 전서에서(49년경), 바울은 지연된 재림 문제와 죽은 신자의 부활문제로 동요하는 데살로니가 교인들의 질문에 답변하고 있다. 바울의 칭의론에 관한 교리서로 간주되어 왔던 로마서조차, 스페인 선교지원과 자신의 가르침에 관한 오해를 변증하기 위해 작성된 외교적 성격을 지닌 편지이다(참조, 롬 14장-15:6). 따라서 바울의 편지들은 교회들의 시급한 사안에 대한 실제적 해답을 제공하기 위해서 쓰여진 것이지, 신학적 고담준론을 한가롭게 사색할 목적으로 기록된 것이 결코 아니다. 바울의 편지들이 기독교의 정경(正經, Canon)으로 편입된 사실은 가장 특수한 것이 가장 보편적이라는 작금의 명제를 확인하게 한다. 따라서 그의 편지들은 도서관에서 작성된 논문으로서가 아니라, 피와 땀이 어려있는 구체적 현장에서 쓰여진 육필로 이해되어야 한다. 그리고 그의 편지를 읽을 때마다 잊지 말아야 할 사실 한 가지는 행간에 깃들어 있는 그리움의 정서이다. 풍찬노숙의 30년 세월 속에 로마의 감옥을 전전하며 남긴 그의 편지에는 친구들과 제자들, 그리고 교우들을 향한 절절한 그리움이 스며있다는 사실을 잊어서는 안될 것이다.

바울의 오래된 초상

우리에게 가장 익숙한 바울의 이미지는 1세기 후반에 작성된 사도행전의 저자, 누가와 5세기 히포의 주교 어거스틴, 그리고 16세기 종교개혁자 루터에 의해 조성된 것이다. 누가는 바울을 지중해를 누빈 위대한 선교자로 서술한다. 그의 책에 등장하는 바울의 3차 선교여행은 정작 바울 자신의 글(편지)에 기반한 것이 아니다. 정작 바울의 편지들은 사도행전과는 다소 다른 선교행적을 보여준다. 더욱이 사도행전에는 칭의론과 같은 바울의 주요한 신학이 전혀 등장하지 않는다. 따라서 사도행전에 등장하는 바울의 모습은 누가의 관점을 반영한 것일 뿐 역사적 바울의 모습과는 차이가 있다.

바울에 관한 가장 익숙한 오해 중에 하나는 그를 원죄로 번민하는 인물로 이해하는 것이다. 예를 들어 로마서 7장 24절에는 "아, 나는 비참한 사람입니다. 누가 이 죽음의 몸에서 나를 건져 주겠습니까?"라는 바울의 탄식이 등장한다. 전통적으로 이 구절을 죄로 번민하는 바울 자신의 개인적이고 심리적인 탄식으로 이해하는 것이다. 『고백록』으로 유명한 어거스틴은 이 구절을 원죄 교리를 합리화하는 구절로 사용한다. 그러나 이러한 해석은 부적절하다. 왜냐하면 바울의 편지 속에서 죄로 인한 양심의 가책을 느끼는 그의 모습을 발견할 수 없기 때문이다. 빌립보서 3장 6절에서 바울은 자신을 "율법의 의로는 흠 잡힐 데가 없는 사람이었다"라고 토로한다. 바울은 현대인과 같은 개인적이고 심리적인 자아를 지닌 인물이 아니었기 때문이다. 바울은 2천년전에 살았던 현대인들과는 전혀 다른 상징적 우주와 집단적 자아를 지닌 인물이었다. 특히 바울이 살았던 시대는 집단주의 문화가 강했기 때문에 개인적이고 내면적인 구원을 추구하지 않았다. 그러나 어거스틴은 회심의 동기를 로마서 12장에서 찾았기 때문에, 바울을 원죄로 고뇌하는 양심의 소유자로 이해했다. 그는 특히 바울의 로마서를 아담의 원죄와 하나님의 은혜(gratia)라는 관점에서 이해했다. 이러한 어거스틴의 해석은 이후 중세신학자들의 바울이해에 큰 영향을 주었다. 특히 이러한 죄로 번민하는 바울에 관한 이미지는 종교개혁자, 루터가 고뇌한 즉 양심과의 투쟁과 결합하여 더욱 강화된다.[6]

---

6) 크라이스터 스탕달/ 강혜란 역, 『유대인과 이방인의 사도 바울』 (서울: 순신대학교출판

마틴 루터는 죄로 번민하는 경건한 카톨릭 수도사였다. 그러나 그는 금욕적 고행으로는 죄로부터 해방될 수 없으며, 신의 은총에 의지할 때 죄로부터 자유할 수 있다는 신앙적 진실을 바울의 편지로부터 깨닫게 된다. 루터는 인간의 선행을 통해 죄를 사함 받을 수 있다는 당대 카톨릭 면죄부 신학을 혁파하기 위한 신학적 근거를 로마서와 갈라디아서에 등장하는 소위 칭의론 단락(하나님 앞에 인간이 의롭게 되는 것은 율법의 행위가 아니라 그리스도를 믿는 믿음으로 가능하다는 것)에서 발견했다. 따라서 루터는 바울을 선행의 공적을 타파한 믿음의 영웅으로 이해하였다. 근대의 서구신학도 어거스틴과 루터가 그려낸 바울의 이미지에서 조금도 벗어나지 못했다. 더욱이 프로이트와 융의 분석심리학과 결합하여, 마치 바울이 죄로 인한 개인적이며 실존적인 고뇌에 시달린 인물로 이해하게 되었다.

계몽주의 이후 세속화된 자유주의 신학을 맹폭한 칼 바르트 역시 바울을 역사와 절연된 신중심주의자로 해석했다. 그는『로마서』를 전적 타자인 하나님에 관한 바울의 교리서로 독해했다. 한편 20세기 가장 위대한 신약학자로 평가되는 불트만(R. Bultmann)은 루터의 유산을 계승하여 현대의 실존주의적 전망에서 바울을 이해한다. 즉 바울은 인간이 처한 실존적 곤경(죄, 율법, 죽음)으로부터 개인적 결단을 통해 탈출의 통로(은혜, 믿음, 생명)를 제공한 인물이었다. 이처럼 서구의 사상사는 바울을 천재적 신학자로 그려왔다. 이 때문에 오랫동안 서구신학은 바울의 사상과 삶을

부, 1995), 121.

그가 살아냈던 삶의 맥락을 무시한 채 관념적으로 이해하여 왔다. 그러나 바울은 현장과 유리된 관념적 신학자가 결코 아니었다. 오히려 그는 동료들의 의심과 유대인들의 몰이해, 그리고 로마당국의 박해의 삼중고를 온몸으로 돌파하며(cf. 고전 4:11-13; 고후 11:23-27), 갈릴리의 촌락에서 움튼 예수의 하나님 나라 운동을 로마제국의 한복판에 일구어 갔던 조직운동가였다. 신약성서에 남아있는 바울의 편지들은 추상적인 신학서가 아니라, 지중해 도시들에 산재한 예수 추종자 그룹이 봉착한 다양한 문제들을 해결하려는 와중에 작성된 편지라는 사실이라는 것에 유념해야 한다. 이런 점에서 1세기 바울의 행적은 구한말 동학의 해월선사가 최제우의 처형 이후, 38년 동안을 조선반도를 전전하며 동학의 접(接)과 포(包)를 조직했던 것에 비견될 수 있다.

서구 신학자들이 묘사한 바울의 이미지와 더불어 서양인들에게 영향을 끼친 것은 서양 회화들이었다. 바울은 서양화가들에 의해 그리스 현자의 모습에서 신앙의 영웅으로, 그리고 순교자의 모습으로 그려져 왔다. 가령 조토, 미켈란젤로, 뒤러, 카라바지오, 렘브란트와 같은 위대한 화가들이 바울에 관한 유명한 그림들을 남겨 놓았다. 그중에서도 17세기 렘브란트(Rembrandt, 1606-1669)의 바울에 관한 그림이 가장 유명하다. 렘브란트는 바울의 초상을 여러 번 그렸는데, 묘하게도 바울의 얼굴에는 화가의 얼굴이 반영되어 있다. 모진 삶의 풍파를 겪은 바울의 삶을, 동병상련의 마음으로 렘브란트는 자신의 인생에 투영시키고 있다. 그 어떤 책에서도 찾아볼 수 없었던 바울의 내면 풍경을 탁월하게 묘사하고 있는 렘브란트의 그림이 남아있다. 바로 로마의 감옥 속에서 갇힌 채 침대에 무심히 앉아 편지를 쓰고 있는 바울의 모습을 그린, 〈감옥 속의 바울, 1627〉이란 작품이다.[7] 빛의 화가라는 세간의 평판에 걸맞게 감옥의 창가로 스며드는 빛이 바울의 배후를 후광처럼 감싸고 있으며, 그가 앉은 침대 한켠에는 아마도 그가 받았거나 보내야 할 편지들이 쌓여 있다. 무릎 위에는 쓰다만 편지들이 놓여있고, 펜을 잡고 있는 그의 허약한 손엔 힘줄이 도드라져 보인다. 초점 없이 정면을 응시하는 그의 두 눈엔 한 시대를 풍미한 경륜의 전도자가 지녀야 할 위엄의 눈빛보다는, 시대의 풍파를 힘겹게 넘어온 초췌한 노인의 세상을 향한 무위의 눈길을 발견하게 된다. 너무나 인간적이기에 오히려 숭고해 보이는 늙은 바울의 초상에서, 고난을 극복한 당당한 영웅의 자태보다 고난과 더불어 살아온 성숙한 한 인간의 참모습을 엿보게 된다. 이 그림 속에는 렘브란트 자신의 말년의 모습이 투영되어 있다. 어차피 모든 초상은 작가 자신의 또 다른 자화상이기 때문이다. 번잡한 인간사를 벗어난 산뜻한 구원과 초월을 꿈꾸는 사람들에게 렘브란트가 그린 바울의 초상은 많은 것을 시사한다. 진정한 신앙의 성숙은 손쉽게 세상을 초월해 있는 것이 아니라, 힘겨운 인생사를 포월(匍越)하면서 이루진다는 속 깊은 깨달음을 전해 준다. 구원에 대한 너무나 손쉬운 질문들과 답변들이 난무하는 세상 속에서 바울의 다음과 같은 고백은 '값싼 은혜'에 쉽게 안주하는 우리의 신앙을 되돌아보게 한다. "내가 이것을 이미 얻은 것도 아니요, 또 이미 목표점에 이른 것도 아닙니다. 그리스도 예수께서 나를 사로잡으셨으므로, 나는 그것을

---

7) 이 그림은 이 책 338쪽에서 찾아볼 수 있다.

붙들려고 좇아가고 있습니다"(빌 3:12).

바울의 다메섹 체험

누구나 인생을 살면서 한두 번쯤은 삶의 전환기를 맞게 된다. 이러한 전환이 전혀 기대하지 않았던 시간과 장소로부터 극적으로 찾아올 수도 있을 것이고, 아니면 자신의 결단과 점진적 실천으로부터 은밀하게 다가올 수 있다. 바울은 인생을 두 번 살았던 인물이라 할 수 있다. 한번은 율법에 맹종하는 바리새인으로, 다른 한번은 자신이 그토록 미워했던 나사렛 예수의 추종자로. 이 두 극단의 삶 사이에 바로 바울의 다메섹 체험이 있었다. 사도행전의 저자, 누가는 이 사건을 3번이나 보도할 정도로 각별한 의미를 두었다(행 9:3-9; 22:6-11; 26:12-18). 그러나 정작 바울 자신은 이 사건을 갈라디아서에서 암시적으로 짧게 언급하고 지나간다.

> 그러나 나를 모태로부터 따로 세우시고 은혜로 불러 주신 (하나님께서), 그 아들을 이방 사람에게 전하게 하시려고, 그를 나에게 기꺼이 나타내 보이셨습니다. 그 때에 나는 사람들과 의논하지 않았고, 또 나보다 먼저 사도된 사람들을 만나려고 예루살렘으로 올라가지도 않았습니다. 나는 곧바로 아라비아로 갔다가 다마스쿠스로 되돌아갔습니다. (갈 2:15-17)

바울은 자신의 편지들에서 사도행전처럼 구체적으로 다메섹 사건을 열거하지 않는다. 그러나 그는 다메섹에서 만난 부활한 그리스도와의 만남을 근거로 자신의 사도권(discipleship)을 주장한다. 사도권은 초대교회 내부에서 지도력과 가르침을 공적으로 인증받는 것이기에 바울에게는 매우 중요했다.

> 그런데 맨 나중에 달이 차지 못하여 난 자와 같은 나에게도 나타나셨습니다. 나는 사도들 가운데 가장 작은 사도입니다. 나는 사도라고 불릴 만한 자격도 없습니다. 그것은, 내가 하나님의 교회를 박해했기 때문입니다. 그러나 나는 하나님의 은혜로 오늘의 내가 되었습니다.(고전 15:8)

전통적으로 크리스천들은 다메섹 체험을 유대인 사울(Saul)에서 기독교인 바울(Paul)로 회심한 사건으로 간주한다.[8)] 그러나 이러한 생각은 두 가지 문제점이 있다. 첫째, 사울은 히브리식 이름을, 바울(Paulos)은 로마식 이름을 나타낼 뿐이다. 1세기 바울과 같은 디아스포라 유대인들은 흔히 히브리식 이름과 함께 라틴식 이름을 보편적으로 사용했다. 포터는 바울의 이름과 관련하여 다음과 같이 지적한다.

> 대부분의 로마인들은 세 가지 이름을 가지고 있었는데, 여기에는 코그노멘(cognomen)뿐만 아니라 프라이노멘(praenomen) 또는 가족 이름, 노멘 켄틸리키움(nomen gentilicium) 또는 성이 포함된다. 바울의 다른 두 가지 이름은 알려지지 않았는데, 이는 바울에게만 이례적인 현상은 아니다. 왜냐하면 이것은 고대 세계의 잘 알려진 사람들에게도 일반적인 경우이기 때문이다.[9)]

---

8) 이스라엘의 초대 왕이었던 사울과 바울은 모두 베냐민 지파 출신들이다. 아마도 바울의 부모들은 자신의 아들의 이름을 이스라엘의 비극적 영웅을 기리기 위해 사울(Saul)이라 지었을 것이다.

9) 스탠리 E. 포터/ 임재승, 조명훈 옮김, 『바울 서신 연구』(서울: 새물결플러스, 2019), 66.

바울이라는 로마식 이름은 세 가지 이름 중 첫 번째에 해당하는 개인적인 이름, 즉 코그노멘이라 할 수 있다. 그 뜻은 "하나님 앞에서 작고 보잘 것 없다"는 의미로 겸양의 의미를 담고 있다. 둘째, 바울이 다메섹 사건 이후 기독교도로 자신의 정체성을 바꾸었다는 해석은 시대착오적이다. 왜냐하면 바울 당대에는 기독교라는 독자적인 종교가 존재하지 않았기 때문이다. 기독교가 유대교와 결별하여 독자적인 종교로 등장하기 시작한 것은 바울이 순교한 이후인 80년 중반부터였다.

예루살렘 성전이 로마군에 의해 처절하게 파괴된 70년 중반, 바래새파 출신의 랍비, 요하난 벤 자카이(Yohanan ben Zakkai)는 제자들과 함께 로마군에 투항한다. 그는 티투스 장군을 설득하여 얌니아(Jamnia 또는 Yavne)라는 곳에서 제자들과 함께 유대 경전을 중심으로 유대교 재건 운동을 시작한다.[10] 유대교의 중심이자 상징이었던 예루살렘 성전이 파괴되자, 얌니아에서 히브리 성서의 정경화 작업과 더불어 유대문헌의 새로운 해석을 진행한다. 이를 학자들은 랍비 유대교(Rabbinic Judaism)라고 부른다. 이들은 성전이 아니라, 책을 중심으로 유대교의 새로운 정체성을 형성해 간다. 66년부터 73년까지 벌어진 유대-로마전쟁을 통해 사두개파, 엣세네파, 젤롯당과 같은 유대교 분파들을 궤멸되었고 그 와중에 바리새파만이 살아남아 주도권을 쥐게 된다. 이들은 자신들의 신앙적 정체성을 쉬모네 에스레(Shemoneh Esreh)라는 18개의 축복 기도문으로 표

10) 당시 예수의 추종자들은 유대-로마 전쟁에 참여하지 않고 팔레스타인의 펠라(Pella)라는 곳으로 이주했다.

방하는데, 이중 12번째 기도문이 '나사렛 이단'에 관한 저주 기도이다. 즉 예수의 추종자들을 저주하는 기도문이다. 이 기도문이 의미하는 것은 주후 70년대 후반에 이르러서야 비로써 기독교가 유대교로부터, 그것도 타의에 의해 분리되었다는 것을 의미한다. 이때부터 원시 기독교는 유대교와 공식적으로 결별하면서 독자적인 종교의 길을 가게 된다. 신약성서에 포함되어 있는 마태, 누가, 요한복음은 이러한 갈등상황을 보여준다. 특히 마태복음 23장에 등장하는 바리새인들에 대한 예수의 비난과 요한복음 9장에 등장하는 회당으로부터의 출교는, 80년대 유대교로부터 분리된 초기 기독교 그룹들의 반응을 과거 예수의 시대로 투영한 것이다.

이 때문에 바울의 다메섹 사건을 유대교에서 기독교로의 종교적 회심(conversion)으로 이해하는 것은 부적절하다. 따라서 바울의 다메섹 사건은 히브리 예언자들이 하나님으로부터 새로운 사명을 부여받는 일종의 소명(calling) 체험이라고 보는 편이 설득력이 있다.[11] 바울은 다메섹 체험 이후에도 여전히 유대교인으로서의 정체성을 지니고 있었었고(cf. 롬 11:1, 빌 3:5), 유대교의 율법과 종교적 관습들을 여전히 존중했다. 다시 말해 바울은 다메섹 사건 이후에도 유대인로서의 정체성을 여전히 지키고 있었던 것이다. 이 때문에 유대인 학자, 샌드멜(Sandmel)은 그리스도교라는 용어를 바울과 관련하여 사용하는 것은 부적절하다고 주장한다. "그 이름은 시대착오적인 것이다. 왜냐하면 그것이 바울의 시대 이후에 생겼기 때문만이 아니라, 바울은 자신이 하나의 유대인 외에 다른 어떤 존재라

---

11) K. Stendahl, *Paul among Jews and Gentiles* (London: SCM Press, 1976), 10.

는 감각을 지니고 있지 않았기 때문이다."[12]

이러한 점에서 다메섹 사건을 통해 바울이 종교적 회심을 했다기보다는, 하나님으로부터 새로운 소명(calling)을 깨달았다고 보는 것도 적절하다. 바울은 자신의 다메섹 체험을 구약의 예언자, 이사야나 예레미야의 부르심과 유사한 예언자적 소명의 관점에서 묘사한다. 따라서 그는 자신이 히브리의 예언자들처럼 다메섹 사건을 예수의 십자가 죽음과 부활 속에 드러난 하나님의 공의와 자비를 이방인에게 전달하기 위한 소명체험으로 받아들였다.

한편 민중신학자, 안병무는 바울의 다메섹 사건이 종교적인 의미뿐만 아니라 정치적 함의도 지닌 사건으로 파악한다. 그는 다메섹 사건을 규정하는데, 회심이나 소명보다는 전향(轉向)이라는 단어를 선호한다. 왜냐하면 바울은 다메섹 사건 이후에 사회적 기득권층에서 사회적 약자인 크리스천들의 입장에 서기 때문이라는 것이다.[13]

> 완벽한 엘리트인 사울이 세상의 찌꺼기 같은 민중에게 항복한 것이다. 그는 모범적인 엘리트의 대열에 서서 세상의 찌꺼기 같고 전염병 같은 예수의 민중의 대열과 정면으로 대립했던 것인데, 그것에 굴복하고 바로 그가 대립했던 그 대열에 참여한 것이다. 그런 의미에서 그는 "나는 그리스도를 위해 모든 것을 잃고도 그 모든 것을 오물 같이 여겼습니다. 그것은 내가 그리스도를 얻고 그리스도 안에서 내가 발견되려는 것입니다"라고 한다. 제 힘으로

---

12) S. Sandmel, *The Genius of Paul*, (Philadelphia: Fortress Press, 1979), 21.
13) 김창락, 『다마스쿠스 사건-무슨 일이 일어났는가?』(서울: 다산글방, 2002), 113

자신을 구축해 나감으로 자신으로 살 수 있다고 믿었던 그가 그러한 자신을 통째로 비우고 그리스도를 받아들임으로 살 수 있는 자신을 발견한 것이 바로 그의 전향이다.[14)]

이처럼 안병무는 다메섹 사건을 사회적 주류에서 비주류의 전환이라고 보았다. 바울의 사회적 신분은 예수의 직계제자들과는 비교할 수 없을 만큼 높았다. 그는 이스라엘의 초대 왕을 배출한 베냐민 지파 출신이었고, 율법으로는 흠잡을 데가 없었으며, 사도행전에 따르면 로마의 시민권을 소유한 인물이었다. 이런 바울이 전향을 할 수 있었던 계기를 안병무는(예수의) 민중이라고 보았다. 바울이 메시야로 선포한 예수는 민중과 자신을 일치시켰고, 다가오는 하나님 나라의 주역을 민중으로 보았기 때문이다. 바울은 예수의 이러한 생각을 계승한다. 그리스 남부 항구도시 고린도에 있는 교우들에게 보내는 편지에서 그들의 사회적 신분을 다음과 같이 적고 있다.

형제자매 여러분, 여러분이 부르심을 받을 때에, 그 처지가 어떠하였는지 생각하여 보십시오. 육신의 기준으로 보아서, 지혜 있는 사람이 많지 않고, 권력 있는 사람이 많지 않고, 가문이 훌륭한 사람이 많지 않았습니다. 그런데 하나님께서는, 지혜 있는 자들을 부끄럽게 하시려고 세상의 어리석은 것들을 택하셨습니다. 하나님께서는 세상에서 비천한 것들과 멸시받는 것들을 택하셨으니 곧 잘났다고 하는 것들을 없애시려고 아무것도 아닌 것들을 택

14) 안병무, "바울의 전향과 소명", 김재성 엮음, 『바울 새로 보기』(서울: 한국신학연구소, 2000), 148.

하셨습니다. (고전 1:26-28)

최근 엘리오트(Neil Elliott)도 다메섹 사건에 대해 안병무와 유사한 해석을 한다. 그는 전향이라는 단어와 유사한 '회심의 정치학'이라는 표현을 쓴다.[15] 그의 주장에 따르면, 바울이 자신의 노선을 바꾼 것은 로마제국에 대한 유대인들의 정치적 경험과 관련이 있다. 즉 다메섹 사건을 통해 바울은 이 세상 통치자들에 대한 메시야의 임박한 승리라는 묵시 사상적 비전을 자각했다는 것이다.

프랑스의 철학자, 알랭 바디우 또한 바울의 다메섹 사건을 유사한 관점에서 이해한다.[16] 그는 바울의 다메섹 사건을 신의 부름에 응답한 주체적 사건으로 해석한다. 바울은 이를 통해 그리스 담론, 혹은 유대 담론과 같은 당대의 지배담론을 넘어선 새로운 담론의 주체, 곧 기독교적 주체인 '사도'가 되었다고 이해한다. 바울은 '진리-사건'의 부름을 받은 주체로서 과거에 개인에게 정체성을 규정하던 성, 계급, 인종 등과 같은 것에 의해 구속되지 않는 투사(鬪士)로 변모했다고 주장한다. 바디우는 바울이 구사하는 언어들에서 이러한 투사적 면모를 발견한다. 바디우에 따르면, 진리-사건에 대한 투사로서의 바울의 충실성은 믿음, 사랑, 희망의 세 가지 차원에서 형성된다. 바디우는 통상적으로 내면적이고 실존적인 신앙 언어로만 이해되어왔던 이들 단어에 정치 철학적 의미를 부여한다.

---

12) 닐 엘리오트, "사도바울과 제국", 리처드 호슬리 엮음/ 정연복 옮김, 『제국의 그림자 속에서』 (서울: 한국기독교연구소, 2014), 175.

13) 알랭 바디우/ 현성환 옮김, 『사도바울』 (서울: 새물결, 2008), 38-63.

가령, 믿음(*pistis*)은 진리 사건이 자신을 주체로 세웠다는 것에 대한 전적인 확신을 뜻하며, 사랑(*agape*)은 확신을 이웃에게 전투적으로 전할 때 발생하고, 희망(*elpis*)은 주체의 전위적 힘을 필요로 할 때 발생한다는 것이다.

바울은 로마제국에 의해 십자가 위에서 살해당한 예수의 죽음을 모든 이를 위한 진리 사건으로 선포한다. 바울에게 있어 십자가와 부활 사건은 로마의 법으로도, 유대의 율법으로도 이룰 수 없었던 하나님의 공의를 실현하는 유일한 진리 사건이었다. 모든 차별과 불신과 오해의 담을 허무는 신적인 사건이 바로 그리스도의 죽음과 부활이라는 것이다. 이런 점에서 바울의 다메섹 사건은, 소명인 동시에 모든 인종, 계급, 성적 차별의 장벽을 허무는 전향의 체험으로도 이해될 수 있다. 바울은 자신의 '깨달음'을 갈라디아 교인들에게 보내는 편지에서 다음과 같이 토로한다. "유대 사람도 그리스 사람도 없으며, 종도 자유인도 없으며, 남자와 여자가 없습니다. 여러분 모두가 그리스도 예수 안에서 하나이기 때문입니다."(갈 3:28)

바울의 활동무대

원시 기독교가 유대교의 영향력을 벗어나 독자적인 신학적 교리와 예배 양식을 발전시키기 위해 당대의 그레코-로만 사상과 적극적으로 대화했다는 사실은 널리 알려져 있다. 서양고전학자, 예거(Werner Jäger)는 신약문헌들이 헬라세계로부터 지대한 영향을 받았다는 사실을 지적한다. 바울의 고향은 당시 피혁생산지로 유명한 로마제국의 상업 중심지였던 길리기아 주의 다소였다. 그가 예루살렘으로 유학을 떠나기 전에 받았던 청소년기 교육은 당대의 로마식 교육으로 진행되었을 개연성이 높다. 현대의 바울 연구자들은 바울의 서신 도처에서 명백히 드러나는 로마 지식인들의 수사학적 어법을 토대로 이러한 추정을 지원한다. 예거는 바울의 편지를 포함하여 신약성서에 나타난 헬라어 용법 속에서 기독교의 헬라화 과정의 최초 단계를 발견할 수 있다고 지적한다.[17] 디아스포라 유대인 출신이었던 바울은 당시의 문화적 조류를 잘 파악하고 있었고, 이것을 자신의 선교를 위해 충분히 활용하였다. 사도행전은 바울이 아테네의 아레오바고 법정에서 당대의 최고 지식인 그룹들이었던 에피쿠로스학파와 스토아학파의 멤버들과 토론을 벌이고 있는 장면을 보도하고 있다(행 17:16-34). 이 장면에서 바울은 그리스 철학의 핵심 개념을 설득력 있게 반박하면서, 히브리의 신론(神論)을 변증하고 있다. 이 이야기는 바울이 당시의 주된 철학적 논쟁을 충분히 이해하고 있었다는 것을 보여준다.

바울은 갈릴리의 촌락을 중심으로 유대교 갱신 운동의 일환으로 시작된 예수운동(Jesus movement)을 로마의 대도시들에 전파했던 인물이었다. 예수의 주된 활동무대는 팔레스타인의 갈릴리 지역이었다. 그는 주로 갈릴리 촌락 지역을 전전하며 제자들을 규합하고 임박한 하나님의 나라를

---

17) Werner Jaeger, *Early Christianity and Greek Paideia* (Cambridge: Harvard University Press, 1961), 5-6을 참조하라.

가르쳤다. 예수의 가르침은 갈릴리 농촌 지역의 삶을 반영한다. 예수는 자주 하나님 나라를 비유로 가르치는데, 겨자씨, 누룩, 포도원 농장과 같은 갈릴리 농민들이 일상에서 흔히 볼 수 있는 것들이 등장한다. 이에 비해 바울의 청중들은 당시 로마제국의 상업 도시에 살던 사람들이다. 바울의 편지들에는 당시 그리스 철학자들, 특히 스토아 철학의 용어들(양심, 자유, 절제 등)이 자주 등장한다. 예를 들어, 바울은 그리스의 정치적 용어를 사용하고(빌 1:17, 3:20), 그리스의 운동 경기를 언급하고(빌 2:16, 고전 9:24–27), 그리스와 로마의 법률 용어를 사용하고(갈 3:15, 4:1–2, 롬 7:1), 아울러 지중해 세계의 노예 시장(고전 7:22, 롬 7:14), 혹은 로마황제의 방문을 축하하는 기념식을 언급한다(살전 2:19). 더욱이 바울의 윤리적 가르침에는 자족(아우탈케이아, 고후 9:8), 본성(퓌시스, 롬 2:14) 등과 같은 스토아 철학 용어가 빈번하게 등장한다. 비록 바울은 전문적인 철학자로 훈련을 받지 않았지만, 그의 편지에 등장하는 표현들은 그레코–로만의 수사학의 영향을 암시한다. 가령, 바울의 편지 도처에서 디아트레베(diatribe)라 불리우는 당대 철학자들의 논증 방식의 흔적을 발견하게 된다. 디아트레베는 일종의 수사적 대화 문체로서 글을 쓰는 중에 가상적인 대화자가 있는 것처럼 가정하고, 자신의 논지를 논쟁적으로 전개하는 방식을 말한다(참고, 롬 2:1–20, 3:1–9, 9:9, 고전 9). 바울이 주로 로마, 고린도, 그리고 빌립보와 같은 로마제국의 대도시들을 선교지로 삼았다는 사실에서 우리는 충분히 그의 언어가 예수의 그것과 다를 수밖에 없었을 것이라는 사실을 수긍하게 된다.

바울이 처했던 시대적 여건 또한 그의 장거리 선교여행을 가능하게 해

주었다. 사도행전은 바울이 3차례에 걸친 장기간의 선교여행을 보도한다.[18] 그러나 갈라디아서 1장에서 바울은 누가와는 다른 선교행적을 말하고 있다. 사도행전에 나타난 바울의 선교행로는 누가의 선교신학, 즉 복음이 예루살렘에서 로마까지 전해진다는 구도에 맞춰진 것이다. 따라서 바울의 선교여행은 바울 자신의 편지에 입각하여 재구성하는 것이 적절하다. 크로산(J. D. Crossan)은 갈라디아서 1장 17-18절을 근거로 아라비아의 나바테아 왕국 선교를 바울의 첫 번째 선교로 생각한다.[19] 다메섹 체험 후, 바울은 37년경에 나바테아 왕국의 수도, 페트라를 방문한다. 그러나 헤롯 안티파스와의 전쟁으로 인한 반유대인 정서로 바울은 급작스럽게 다마스커스로 피신을 했다. 크로산은 누가가 아라비아 선교를 보도하지 않는 이유를 바울의 선교 실패 때문이라고 생각한다. 이때의 이야기를 누가는 사도행전 9장 23절 이하에서, 그리고 바울은 고린도 후서 11장 32절 이하에서 보도한다. 첫 번째 선교가 실패한 이후, 바울은 시리아에 있는 안디옥을 방문한다(갈 1:21). 이곳에서 바울은 바나바를 만나게 되고, 바나바의 주도 아래 바울은 키프로스와 갈라디아로 2차 선교여행을 진행한다(행전 13:1). 이 때 바울은 바나바로부터 선교전략을 배우게 되는데, 그레코-로만의 도시들에 있는 유대인 회당을 공략하는 것이었

---

18) 1차 선교여행은 사도행전 13:4-14:28절에 보도되고 있는데, 바나바와 바울이 함께 소아시아의 비시디아 안디옥을 거점으로 하는 선교 일정이었다. 2차 선교여행은 15:40-18:22절인데, 바울은 바나바와 결별하고 그리스 북부도시인 빌립보와 데살로니가, 그리고 아테네 방문을 방문한다. 3차 선교여행은 18:23-21:16절에 보도되는데, 갈라디아, 프리기아, 에베소를 거쳐 마케도니아, 그리고 예루살렘을 방문한다.

19) 마커스 J. 보그 & 존 도미닉 크로산/ 김준우 옮김, 『첫 번째 바울의 복음』(서울: 한국기독교연구소, 2010), 104-111.

다. 당시 회당에는 유대교에 호감을 지녔던 이방인들이 있었다. 누가는 사도행전에서 이들을 '하나님을 경외하는 자들'(*theosebēs*)이라고 부른다. 이들은 유대교로 개종을 하지는 않았지만 정기적으로 회당 예배에 참석하는 사람들이었다(행전 13:16). 이방인의 사도로 자임한 바울은 이들을 선교대상으로 삼았다. 이러한 선교방식 때문에 유대인들은 바울에게 반감을 갖게 된다.

한편 바울은 안디옥에서 정결음식법에 대한 자신의 급진적 태도 때문에 바나바와 결별하게 된다(갈 2:11–14). 이후부터 바울은 독자적인 선교를 진행하는데, 고린도와 에베소를 거점으로 하는 에게해(Aegean area) 선교였다. 에게해 선교는 50년대에 진행되었는데, 이 시기에 바울의 주요한 편지들이 쓰여진다. 이 기간 동안 바울은 자신만의 독자적인 선교전략을 수립한다. 그는 더 이상 예루살렘의 사도들에게 종속되지 않고, 에게해를 중심으로 서쪽 선교를 진행한다. 바울은 이때 로마제국의 도로들로 연결된 속주의 도시들에 초점을 맞추는데, 특히 마케도니아의 빌립보, 데살로니가에 이방인들로 구성된 교회를 설립한다. 로마의 평화(Pax Romana)를 실현하기 위해 군대가 닦아 놓은 로마의 도로가, 역설적으로 바울에 의해 그리스도의 평화(Pax Christus)를 전파하는데 이용되었다. 또한 알렉산더 대왕(주전 356–323)에 의해 헬라도시들에 끌려온 디아스포라 유대인들에 의해 건설된 회당들이 바울의 선교활동에 주요한 근거지가 되었다. 바울은 자신의 선교를 조직적으로 진행하였다. 가령, 그리스 북부를 관통하는 로마의 도로, 비아 이그나티아(via ignatia)에 위치했던 빌립보와 데살로니가와 같은 대도시들과 소아시아 동부의 에페소와 밀레도 같은 항구 도시들이 중요한 선교거점이었다. 그리고 바울은 이런 도시들을 기반으로 복음전파를 인근 소읍으로 확대하는 방식을 취했다.[20)]

바울은 대도시의 상인들과 밀접한 관계를 가졌다. 바울 자신도 천막과 같은 가죽제품을 만드는 수공업자였기 때문에 그를 후원했던 사람들도 주로 고린도, 에베소, 로마, 빌립보와 같은 로마의 대도시에 거주하던 상인들이었다. 당시 그레코-로만 세계의 상인들을 새로운 정보와 소식을 누구보다 먼저 접할 수 있었고, 어떤 계층보다 개방적인 사고의 소유자들이 많았다. 가령 빌립보에서 바울을 후원했던 리디아(Lydia)라는 이방인 여성은 상당히 부유한 염색업자였고, 고린도에서 만난 브리스길라와 아굴라는 가죽제조업자였다. 또한 에라스도는 고린도의 공공건물과 질서를 관장하는 조영관(*aēdile*)의 직무를 가진 고위직 인사였다. 그러나 바울은 자신의 여행경비와 생계를 전적으로 자신의 노동으로 충당했다.[21)] 호크(Ronald Hock)는 『바울 목회의 사회적 상황』(*The Social Context of Paul's Ministry*)이라는 책에서 바울의 직업을 근거로 그가 처했던 사회적 상황을 설명했다. 그는 먼저 사도행전에서 바울의 직업을 가리키는 말로 사용된 스케노포이오스(*σκηνοποιοός*)라는 단어는 가공된 가죽을 다루는 모

20) 이 때문에 바울 선교의 사회적 환경을 밝혀낸 예일대학의 믹스(W. Meeks) 교수는 자신의 저서 제목을 다음과 같이 하였다. 『최초의 도시 기독교인들』(*The First Urban Christians: The Social World of the Apostle Paul* (New Haven: Yale University Press, 1983).

21) 바울의 이러한 독립적 태도는, 복음 전도의 댓가로 사례비를 받는 순회설교자들을 입장을 난처하게 만들었으며, 결국 바울은 고린도 교인들에게 자신들의 호의를 무시하는 인물로 오해를 사게 된다.

든 종류의 일을 가리킬 수 있다고 주장한다.[22] 바울 선교의 사회적 환경을 재구성한 호크의 시도는, 바울이 자신의 사업장을 선교활동에 활용했다는 사실을 보여준다. 예를 들어, 바울과 같은 직종에 종사했던 브리스길라와 아굴라(행18:1-4 참조)는 고린도에 있는 시장의 천막기술자들의 길드[23]에서 바울과 만났다. 그러나 바울은 당시의 수공업자들과는 다른 지적인 배경을 가지고 있었다. 그의 편지와 사도행전의 기록에 따르면, 그는 능숙한 그리스어로 세련된 수사학적 문체를 구사할 수 있었으며, 유대교의 정통 랍비교육을 이수한 인물이었다. 존 바클레이는 바울의 지적배경을 다음과 같이 설명한다.

> 바울은 바리새파 교육을 틀림없이 예루살렘에 있는 토라 해석학교에서 받았을 것이며, 아마도 헬라어로 교육을 받았을 것이다. 여기서 바울은 성경에 남달리 정통한 지식을 습득했고, 나중에 그가 그의 서신에서 펼쳐 보일 주해 방법을 폭넓게 배웠다. 증거는 헬라어를 사용한 유대교 교육이 이루어졌음을 일러 주는데, 이와 같은 교육에서는 폭넓은 스펙트럼을 지닌 헬레니즘 사상이 그가 속한 보수적 바리새파 환경을 통해 걸러진 뒤에야 비로소 바울의 정신 속으로 들어왔다.[24]

---

19) R.F. 호크/ 전경연 옮김, 『바울선교의 사회적 정황』 (서울: 대한기독교출판사, 1984), 21.
20) 당시 그레코-로만 사회에서 소규모 상공인들은 자신들의 사교와 권리 옹호를 위해 자신들만의 '자발적인 공동체'를 만드는 것이 유행이었다. Walter Wangerin의 소설 『바울, Paul』은 바울이 고린도의 시장에서 천막제작자, 브리스길라와 아굴라를 만나는 것으로 이야기가 시작된다.
24) 브루스 W, 롱네커, 토드 D, 스틸/ 박규태 옮김, 『바울- 그의 생애. 서신. 신학』 (서울: 성서유니온), 49에서 재인용.

바울은 아테네의 아레오바고 법정에서 당시의 그리스 철학자들과 토론할 정도로 지적인 인물이었다. 그러나 그의 삶은 당대의 로마 엘리트들과는 달랐다. 자신의 신념을 위해 그는 자신의 기득권을 쓰레기와 같이 취급했다. 바울은 빌립보서 3장 8절에서 이러한 자신의 모습을 다음과 같이 토로한다. "나는 그리스도 때문에 모든 것을 잃었고, 그 모든 것을 오물로 여깁니다. 나는 그리스도를 얻고, 그리스도 안에 있는 사람으로 인정받으려고 합니다."

바울이 그레코-로만 세계를 무대로 자신의 복음을 전파하였기 때문에, 그가 헬라 사상으로부터 많은 영향을 받았다고 강조하는 학자들이 있다. 그러나 바울은 기본적으로 유대교의 유일신 사상에 기반하여 자신의 신학적 사색을 진행시켰다. 그리스도의 죽음에 관한 대속적 이해와 그리스도의 재림, 그리고 율법에 관한 이해는 철저히 히브리적인 세계관을 바탕으로 한 것이었다. 한때 바리새인이기도 했던 바울은 다마섹에서의 신비체험을 통해 구약의 예언서들이 암시하던 메시야(messiah)가 바로 십자가에 처형당한 나사렛의 예수라는 사실을 깨닫게 된다. 그는 예수의 죽음과 부활 속에서 동터오는 하나님 나라의 비전을 읽게 되는데, 바울의 이러한 깨달음은 바로 유대 묵시사상에 기반한 것이었다.

그러나 바울은 그리스도 사건의 의미를 유대적 전망으로 이해하는 것에 머무르지 않는다. 그는 예수의 죽음과 부활이 이방인을 위한 '하나님의 자비'(롬 15:9)라는 사실을 또한 깨닫게 된다. 더욱이 이방인의 사도로 자처한 바울은 히브리적 세계관에 대한 전이해가 없었던 이방인들을 위해 자신의 복음이 그들의 문화적 배경 속에서 이해될 수 있도록 '번역'하지 않을 수 없었다. 바울은 이러한 입장을 고린도 교인들에게 보내는 첫 번째 편지에서 다음과 같이 밝히고 있다.

> 나는 어느 누구에게도 얽매이지 않은 자유로운 몸이지만, 많은 사람을 얻으려고, 스스로 모든 사람의 종이 되었습니다… 율법이 없이 사는 사람들에게는, 내가 하나님의 율법이 없이 사는 사람이 아니라, 그리스도의 율법 안에서 사는 사람이지만, 율법이 없이 사는 사람을 얻으려고, 율법이 없이 사는 사람과 같이 되었습니다. (고전 9:20–21).

바울은 자신의 이러한 신념 때문에 할례, 음식법과 같은 유대교의 종교적 습속을 상대화했다. 이방인 개종자들에게 유대교의 특수한 관습들을 강요하는 것은 선교의 걸림돌이 될 수 있다는 것을 바울은 잘 알고 있었다. 그리고 바울은 회당에서 가르쳤던 유대교의 랍비들이나 아카데미아를 중심으로 가르쳤던 그리스의 철학자들과는 다른 방식으로 활동했다. 바울은 정해진 장소에서 고정된 방식으로 자신의 복음을 가르치지 않았다. 그러나 바울의 선교방식과 언행에는 당시 그리스 유랑 철학자들과 유사한 점이 발견된다. 그는 장터나 길 위에서 가르쳤고, 끊임없이 자신의 근거지를 옮겨 다녔다. 이러한 바울의 모습은 당시의 스토아의 견유 철학자(Stoic–Cynic philosopher)들과 상당히 유사하다. 이들은 몇몇 형태의 직업에 종사하면서 자신들의 육체적 필요를 충당할 만큼 벌고, 나머지 시간은 가르치고 연구하는 일에 바쳤다. 바울이 그의 후원자들로부터 경제적인 독립을 고집한 이유가 무엇이든지 간에, 그의 입장은 스토아 철학자들의 검소함과 독립의 이상과 유사하다. 이들이 추구한 아우타르케이아(αὐτάρκεια), 즉 자족(self-sufficiency)이라는 삶의 태도는 후에 기독교 수도원 운동의 강력한 주제가 되었다.[25)]

바울은 특정한 도시나 장소에 오랫동안 정착하지 않았다. 예외가 있다면 고린도와 에베소 정도였는데, 여기에는 선교활동과 연관된 사연이 있었기 때문이다. 가령 바울이 고린도에 1년 이상 머물렀던 이유는, 고린도의 포세이돈 신전에서 열렸던 이스미안(Isthmian) 체육축전에 몰려 들었던 관광객을 상대로 선교활동을 하기 위해서였다. 바울은 당대의 사회, 문화적 환경을 전략적으로 이용하여 자신의 활동을 효율적으로 진행하였다. 그가 세운 가정교회들은 대부분 로마제국의 교통의 요충지에 위치해 있었다. 바울은 로마의 인프라를 적극적으로 활용하였던 전략적 선교가였다. 그러나 바울이 당시의 그레코-로만 문화를 무비판적으로 수용하고 있는 것은 아니다. 그는 당시의 그레코-로만문화와 비판적으로 대화한다. 가령 빌립보서에 기록되어 있는 바울의 그리스도 찬가(빌 2:6-11)를 당시의 사회/정치적 문맥에서 읽어보면 로마제국에 만연했던 황제숭배(imperial cult)에 대한 저항담론으로 이해될 수도 있다. 즉 '죽기까지 순종하신' 그리스도의 이미지는 '통치하고 군림하는' 로마황제의 이미지와 대조를 이루면서, 황제제의가 성행했던 빌립보 주민들에게 진정한 구원자의 모습을 재고하게 만든다. 바울은 당시 로마 황제에게 부여되었던

---

25) 바울과 스토아 철학자들 간의 유사성에 대해서는 Troels Engberg-Pedersen, *Paul And the stoics* (Louisville: Westerminster John krox Press, 2000)을 참조하라.

주님(*kyrios*)이라는 칭호를 십자가에 처형된 예수에게 부여한다. 다시 말해 진정한 구원자는 로마 황제가 아니라 그가 임명한 유대총독, 빌라도의 손에 의해 죽임을 당한 예수라는 것이 바로 바울이 전하는 '기쁜 소식'의 핵심이었다.

바울과 예수

복음서에서 바울의 편지로 건너가면, 우리는 다소 의아한 생각이 든다. 바울은 복음서에 자주 등장하는 하나님 나라의 비유나 기적이야기를 언급하지 않는다. 심지어 복음서에 그토록 큰 비중을 차지하고 있는 예수의 수난 이야기와 부활이야기도 등장하지 않는다. 왜 바울은 예수의 행적과 말씀을 언급하지 않는 것일까? 복음서보다 일찍 기록된 바울의 편지들에 산상수훈이나 주기도문과 같이 중요한 예수의 가르침이 보이지 않는 이유는 무엇일까? 어찌 보면 바울은 예수사건을 비역사화 하는 듯 보인다. 다시 말해 그는 팔레스타인 땅에서 사회적 소외자들과 함께 웃고 울었던 인간 예수보다, 만인의 죄를 씻어준 보편적 구원자로서의 신적 그리스도에 더욱 집착하는 것 같다. 이런 점에서 바울의 관심은 역사의 예수(the history of Jesus)에 있다기보다는, 신앙의 그리스도(the faith of Christ)에 있다고 지적되기도 한다. 이 때문에 근세 독일의 신학자들은 예수와 바울의 가르침 사이에는 불연속성이 존재한다고 주장했다. 바우르(F. C. Baur, 1792–1860)는 예수의 메시지에는 팔레스타인의 특수성이 반영되어 있는데 반해, 바울에게는 그리스적 경향과 보편적 성향이 엿보인다고 주장한다. 즉 둘 사이에는 공통점보다 차이점이 더 많다는 점을 강조했다. 브레데(W. Wrede, 1859-1906)는 바울을 기독교의 두 번째 창시자(the second founder of Christianity)로 간주한다. 그는 역사적 예수와 바울의 그리스도는 상관관계가 없다는 극단적인 주장을 한다. 이러한 독일학계의 주장들은 후일 니이체와 버나드 쇼와 같은 무신론자들에게 영향을 끼쳐, 바울을 오해하는 터전을 제공해 주기도 했다.

그렇다면 왜 바울은 역사적 예수의 행적을 보도하지 않는 것일까? 그는 진실로 예수에 무관심했던 것일까? 만일 이러한 역사적 예수에 대한 바울의 침묵이 의도적이라면 무슨 이유 때문일까? 우선 첫 번째로, 예수에 관한 바울의 침묵을 복음서와 편지가 지니는 장르의 차이로 설명할 수 있다. 즉 편지라는 장르의 속성상, 수신자들의 실제적 문제에 응답하려는 구체적인 목적에 우선하기 때문에 바울의 편지에서 예수의 이야기를 찾기 어렵다는 설명이다. 다시 말해, 바울은 이미 예수를 알고 있는 크리스천 공동체에 편지를 보내기 때문에, 굳이 그들이 이미 알고 있는 예수 이야기를 반복할 필요를 느끼지 못했다는 것이다. 즉, 바울의 편지는 그의 수신자 교회들이 이미 예수에 관한 구전전승들을 알고 있다는 전제에서 쓰여진 것이라는 설명이다. 가령 김세윤은 예수에 관한 바울의 침묵이 그가 예수 전승이나 역사적 예수에 대해서 무지했다거나 무관심했다는 것으로 보기 어렵다고 주장한다.[26] 그는 바울편지에 암시되어 있는 수많은 예수전승을 제시한다. 이러한 주장은 바울의 침묵이 의도적이라 보

26) 김세윤, 『예수와 바울』 (서울: 참말, 1993), 381.

지 않는다. 그러나 바울은 고린도 후서에서 역사적 예수에 대한 자신의 침묵이 의도된 것이라는 인상을 풍기는 말을 남기고 있다. "우리는 이제부터 아무도 **육신의 잣대**로 알려고 하지 않습니다. 전에는 우리가 **육신의 잣대**로 그리스도를 알았지만, 이제는 그렇지 않습니다"(고후 5:16).

많은 서구의 학자들은 신학적 문제에만 고착되어서, 이 구절 속에 담겨진 바울의 실제적 고민을 읽어 오지 못했다. 바울은 예수의 직계제자가 아니었기에 자신의 가르침에 대한 권위를 다른 방식으로 세워야만 했다. 그는 예수를 직접 대면한 일도 없었고, 심지어는 그리스도인을 박해한 전력은 그의 선교활동에 부정적인 요인으로 작용한 것이 사실이었다. 바울은 자신의 사도권을 예수와의 역사적 친분에서 찾기보다는, 다메섹에서의 계시에 의존하고 있다. 사실 당시 예수운동의 지도자들은 예수와 육적인 친분이 있었던 야고보(예수의 친동생)나 활동 초기부터 그를 따르던 베드로와 요한에게 있었다. 원시 기독교 그룹내에서 그들의 권위는 역사적 예수와의 친분에 기초하고 있었다. 그들은 예수를 '육신의 잣대'로 너무나 잘 알고 있었고, 직접 예수로부터 가르침을 받은 인물들이었다. 그러나 바울은 그렇지 못했다. 다메섹 사건 이후 예수의 추종자가 된 바울은 끊임없이 유대 크리스천들로부터 오해와 의심을 받았다. 유대적 가치(율법)와 관습(할례, 안식일)에 대한 바울의 급진적 태도 때문에 자주 공격을 당하기도 했다. 이 때문인지 바울은 유독 사도권에 집착하는 모습을 자신의 편지에서 자주 보이게 된다.[27] 바울은 베드로와 야고보와 같

27) 바울은 종종 자신의 편지 서두에서 자신이 사도임을 강조한다. 가령 갈라디아서는 다

은 직계사도들과는 다른 관점에서 자신의 사도권을 방어한다. 즉 그는 역사적 예수의 언행에 관한 목격담이 아니라, 십자가와 부활사건 속에 나타난 하나님의 의와 은총을 강조한다. 이러한 바울의 주장을 가장 잘 보여주는 것이 칭의론(Justification by faith) 단락이라 할 수 있다. 인간은 자신의 선한 행위로 구원을 받는 것이 아니라, 믿음으로 구원받는 것이 칭의론의 핵심이다. 구원은 인간 자신의 선행의 댓가로 당연하게 요구되는 것이 아니라, 하나님의 전적인 은총에 의해 가능하다는 것이다. 바울은 예수의 십자가와 부활사건을 과거에 일회적으로 끝난 사건으로 간주하지 않는다. 그는 십자가와 부활의 의미를 끊임없이 자신의 공동체 안에 '현재화'한다. 그리고 십자가와 부활사건을 예수 개인에게만 일어난 사건이 아니라, 그를 따르는 모든 이들에게 일어나는 공동체적 사건으로 이해한다. 가령 바울은 세례를 통한 그리스도와의 신비적 연합을 강조한다. 또한 성령을 통해 신도들은 '지금 여기'에서 그리스도의 현존을 경험한다고 주장한다.

바울은 갈라디아서 2장 16-17절과 빌립보서 3장 9절, 그리고 로마서 3장 21-26절에서 칭의론을 언급하고 있다. 바울은 율법의 행위와 상관없이 그리스도의 죽음과 부활에 나타난 하나님의 의(God's righteousness)를 믿는 것으로 구원에 이른다고 주장한다. 전통적으로 서구의 신학사는 칭의론을 인간 일반의 실존적 번민 해결의 해답으로 간주해 왔다. 이러

음과 같이 시작한다. "사람들이 시켜서 사도가 된 것도 아니요, 사람이 맡겨서 사도가 된 것도 아니요, 예수 그리스도께서 그리고 그분을 죽은 사람들 가운데서 살리신 하나님 아버지께서 임명하심으로써 사도가 된 나 바울이" (갈 1:1)

한 실존적 이해를 감행한 인물이 바로 어거스틴이었다. 우리에게 『고백록』으로 잘 알려진 어거스틴은 죄로 인한 양심의 문제로 씨름한 전형적 인물이다. 어거스틴으로 시작하여 루터를 거쳐 현대의 불트만에 이르기까지 바울의 칭의론은 인간 개인의 내면적이고도 실존적 물음에 대한 신앙적 응답으로 이해되어왔다. 이러한 관념적 이해에는 필연적으로 바울의 칭의론이 설파된 사회, 역사적 정황을 무시한다. 다시 말해 왜 바울이 1세기 중반 갈라디아 교회에서 칭의론을 주장할 수밖에 없었는가에 대한 물음에 개연성 있는 대답을 할 수 없게 된다.

그러나 브레데는 칭의론은 유대교에 대한 투쟁이 문제 될 때만이 등장하는 단락이라고 주장한다. 즉 브레데는 칭의론을 무시간적인 교리가 아니라, 바울이 자신의 적대자들에게 자신의 주장을 옹호하기 위해 사용한 일종의 전투론(kampfeslehre)이라고 이해한다.[28] 이러한 브레데의 주장은 칭의론이 바울의 모든 사상을 포괄하는 중심주제가 될 수 없다는 것을 뜻한다. 이러한 주장은 칭의론을 신약성서의 중심교리로 이해해 왔던 루터적 전통에 대한 정면 도전이었다. 16세기 종교개혁자, 마틴 루터는 칭의론의 관점에서 성서 전체를 이해고자 시도했다. 따라서 행함을 강조하는 야고보서를 그는 인정할 수 없었다(약 2:14-26). 때문에 루터는 칭의 교리에 정면 배치되는 야고보서를 지푸라기 서신으로 평가절하했다. 이후 개신교는 루터의 영향 아래에서 바울의 중심사상을 칭의론으로 규정

28) William Wrede, *Paul* (frans. Edward Lummis; Boston: American Unitarian Association, 1908), 122ff.

해 버렸다. 로마 카톨릭 교회 또한 종교개혁 직후인 1547년에 트리엔트(Trient) 종교회의에서 사람이 믿음에 의해서 값없이 의롭다함을 얻는다는 교리를 결의함으로써 칭의론를 받아들였다. 따라서 칭의론을 개신교를 카톨릭과 차별하기 위한 신학적 근거로 사용하는 것은 잘못된 일이다.

아프리카 의료 선교사로 우리에게 더 잘 알려진 슈바이처는 브레데의 주장을 계승한 인물이었다. 1917년에 출판한 『바울과 신비주의(Paul and Mysticism)』에서 슈바이처는 칭의론을 바울신학의 중심주제로 간주하지 않았다. 그에 따르면 그리스도 안에서의 삶(In Christ)이라는 신비적 연합이 바울의 중심사상이고, 칭의론은 바울의 부수적인 사상에 지나지 않는다고 평가했다. 이후 스텐달(K. Stendahl)은 보다 설득력 있게 왜 바울이 칭의론을 설파하였는지를 밝혀냈다. 그는 "바울의 의인론은 이방인 개종자들도 하나님이 이스라엘에게 주신 약속의 충분한 상속자가 될 수 있다는 권리를 수호하기 위한 특수하고도 제한된 목적을 위해 다듬어진 것"이라고 주장한다.[29] 사실 이방인의 사도로서 바울이 가장 크게 고민한 문제는 바로 원시 기독교 공동체 내부에서 이방인의 위치와 지위 문제였다. 당시 보수적 유대 크리스천들은 이방인들도 할례와 율법 준수를 통해서만이 진정한 예수의 제자가 될 수 있다고 주장하였다. 그들은 아직도 예수사건의 의미를 유대적인 사고틀에 고착되어 이해하고 있었다. 따라서 이들의 세계관 속에서 이방인들은 하나님의 율법을 모르고 '무법자들'이었다. 성스럽게 선별된 민족이란 유대인들의 종교적 특권의식은 이

---

29) K. Stendahl, *Paul Amony Jews and Gentiles*(London: SCMpress, 1976), 27.

방인 신자들을 멸시하게 만들었다. 당시 이방인들이 거부감을 느꼈던 할례, 안식일 준수, 정결법 등은 바울의 공동체 내에서 사회적 장벽으로 작용하였다. 시리아의 안디옥 교회에서 벌어진 베드로와 바울의 갈등은 이러한 장벽이 어떻게 예수공동체(*ekkēsia*)를 분열시킬 수 있는가를 극명하게 보여준 사건이라 할 수 있다. 갈라디아서에서 바울은 당시 벌어진 사건을 다음과 같이 보도한다.

> 그런데 게바(베드로)가 안디옥에 왔을 때에 잘못한 일이 있어서, 나는 얼굴을 마주 보고 그를 나무랐습니다. 그것은 게바가 야고보에게서 몇몇 사람이 오기 전에는 이방 사람들과 함께 음식을 먹다가, 그들이 오니, 할례받은 사람들을 두려워하여 그 자리를 물러난 일입니다. 나머지 유대 사람들도 그와 함께 위선을 하였고, 마침내는 바나바까지도 그들의 위선에 쓸려갔습니다. 나는 그들이 복음의 진리를 따라 똑바로 걷지 않는 것을 보고, 모든 사람 앞에서 게바에게 이렇게 말하였습니다. "당신은 유대 사람인데도 유대 사람처럼 살지 않고 이방 사람처럼 살면서, 어찌하여 이방 사람더러 유대 사람이 되라고 강요합니까?" (갈 2:11-14)

바울은 베드로의 정결법에 관한 이중적 태도로 인해 이방 크리스천들이 상처받았다는 것을 강조한다. 즉 베드로는 야고보가 보낸 보수적인 유대 크리스천들의 비난이 두려워 이방 크리스천들과의 식탁교제를 파행으로 이끌었다는 것이다. 부활사건 이후에도 베드로는 여전히 모세율법과 유대적 관습에 대해 보수적인 태도를 견지하고 있었다는 것을 안디옥 사건을 보여준다. 바울은 베드로에게 일관성 있는 태도를 보이라고 지적한다. 그가 말한 복음의 진리는 이방인과 유대인의 장벽을 인정하지 않는다. 그리스도의 죽음과 희생을 기념하는 식탁교제는 어떠한 차별과 사회적 장벽도 더 이상 존재하지 않는 하나님 나라의 종말론적 만찬을 상징하기 때문이다. 칭의론이 안디옥 사건을 보도한 직후에 언급되고 있다는 사실에 주목해야 한다(갈 2:15-16). 바울은 칭의론을 통해 율법의 의를 빙자해서 자기네들의 사회적, 종교적 특권을 고수하려는 보수적인 유대 크리스천들을 공격하고 있다. 하나님의 의는 바로 이러한 종교/사회적 기득권자들에 의해서 죄인 또는 불경건한 자로 낙인찍힌 사람들을 향하고 있다는 것이 바로 칭의론의 핵심이다. 다시 말해 칭의론은 인간 집단 사이의 대립, 갈등, 불평등, 억압, 착취, 소외 등등의 부당한 관계에 있어서 약자를 편들어 그 관계를 올바로 세우시는 하나님의 구원행위를 나타낸다고 볼 수 있다. 이런 점에서 바울의 칭의론은 사회적 강자들의 불의를 고발했던 구약의 예언자들의 정신과 상통한다. 또한 부패한 성전 체제와 대결했던 예수의 비판의식을 계승하고 있다.

칭의론은 후기 자본주의 사회에 만연해 있는 업적주의를 비판적으로 성찰하게 한다. 칭의론은 부와 명예와 학벌을 이루어내야만 인정받을 수 있다는 자본주의적 가치관을 재고하게 만든다. 왜냐하면 바울의 칭의론은 인간의 실적보다 하나님의 은혜를 강조하기 때문이다. 이런 점에서 칭의론은 분명 자본주의적 삶의 방식에 대한 강력한 경고일 수 있다.

독일계 유대인이었던 사회심리학자 에릭 프롬은 『소유냐 존재냐』에서 인간의 삶의 양식을 두 가지로 분류했다. 즉 소유적 삶의 방식과 존재적 삶의 방식이 그것이다. 소유를 통해 삶의 의미를 추구하는 사람들은 끊임없이 자신의 존재가치를 소유의 행위를 통해 충족시키고자 한다. 그들은 무엇인가를 쌓음으로써 구원받고자 한다. 재산을 쌓음으로써, 학벌을 쌓음으로써, 혹은 사회적 직위와 명예를 쌓음으로써 삶의 공허를 보상받으려 한다. 그러나 이들의 소유욕은 그리스 신화에 등장하는 아무리 먹어도 허기를 채울 수 없어 결국 자신의 육신을 뜯어 먹다 죽은 에리시톤(Erysichthon)처럼 욕망의 굴레 속에서 파멸하고 만다. 그러나 존재적 삶의 방식을 택하는 자들은 모든 것에 자족한다. 이들은 자기중심성과 이기심을 버리고 끊임없이 자신의 영적 성장을 도모한다. 돈과 명예 그리고 권력과 같은 근사적 가치에 매달리지 않고, 사랑과 평화 그리고 정의와 같은 궁극적 가치를 위해 부단히 자신의 존재를 확장시킨다. 들판에 핀 진달래와 철쭉이 무엇을 소유하기 때문에 아름다운 것이 아니다. 물방울을 투과한 빛이 무지개가 되듯이, 크리스천들이란 하나님 앞에 믿음으로 투과되어 존재의 찬란한 빛을 발하는 자들이다. 바울은 로마서 1장 17절에서 다음과 같이 말한다. "하나님의 의는 오로지 믿음에 근거하여 일어납니다. 이것은 성경에 기록한바 '의인은 믿음으로 살 것이다' 한 것과 같습니다." 바울의 말처럼 크리스천의 존재방식은 소유가 아니라 하나님을 향한 믿음에 기초해 있다고 볼 수 있다.

바울은 과거에 고착되기보다는 끊임없이 새로운 세계가 요구하는 보편적 메시지를 전하고 있다. 그는 과감하게 그리스 세계와 대화하며, 이방선교에 장애가 되는 유대적 장벽들(할례, 안식일 준수, 정결법)을 과감하게 철폐하고 있다. 바울은 자신의 공동체 내에서 유대인과 이방인의 차별의 담을 용납하지 않았다. 그가 십자가 사건의 의미를 화해

(reconciliation)라는 관점에서 이해하고 있는 것도 이러한 사실을 반증한다. 그리스도 예수는 바울에게 모든 자유를 의미했다. 이 때문에 바울은 안디옥에서 이방인과 식사를 하다가 보수적인 유대 크리스천들의 공격을 두려워하여 식탁을 물러났던 베드로를 공격하였던 것이다(갈 2:11–14).

바울은 예수의 가르침을 자신의 공동체에 적용하고자 했다. 그는 십자가와 부활사건이 내포하고 있던 관용과 화해의 정신을 안디옥의 식탁교제에서 실현되기를 원했다. 그러나 유대교의 종교적 관습들이 배제와 차별의 논리로 작동되는 순간, 바울은 칭의론을 통해 공박하고 있는 것이다. "네 이웃을 네 몸같이 사랑하라"는 산상수훈의 가르침을 바울은 자신의 상황 속에서 실현하고 있는 것이다. 이런 점에서 바울은 예수의 정신을 충실하게 계승하고 있다. 바울의 편지들은 그가 예수에 관한 교회의 전승들을 알고 있었다는 흔적들이 발견된다(고전 7:10–11, 9:14, 11:23–25, 고후 12:8–9, 고전 14:37, 데전 4:15–17, 롬 12:14, 14:14, 13:7). 그러나 그는 과거에 고착된 예수 이해를 거부했다. 예수의 말대로 새술은 새부대에 담아야 하듯이, 바울은 자신이 직면한 새로운 환경 속에서 예수사건의 의미를 끊임없이 재해석했다. 바울이 로마제국의 대도시들에서 만난 청중들은 유대인들과 다른 가치관과 우주관을 지닌 사람들이었다. 이들을 위해 바울은 예수사건의 의미를 새롭게 변주할 수밖에 없었다. 유대교의 사상적 틀 안에서 형성된 역사적 예수의 가르침과 갈릴리 출신 제자들의 증언은 이방인들에게 낯설게 다가왔다. 이에 바울은 이방 청중들을 위해 역사적 예수의 언행보다는 십자가와 부활사건이 지니는 보편적인 의미를 자신의 주된 가르침의 내용으로 채택한다. 바울은 이방선교에 장애로 작용하는 모세율법과 유대교의 종교적 습속을 과감히 상대화한다. 그렇다고 그는 자신의 유대적 유산을 쉽게 포기하지 않았다. 오히려 새로운 시대와 청중들에 맞게 재해석을 감행한다. 가령, 유대인의 '단군'이었던 아브라함은 이제 믿음이라는 새로운 구원의 출구를 상징하는 최초의 인물로 재해석된다. 이로써 아브라함은 모든 믿는 자들의 조상이 된 것이다. 바울의 사후에 벌어진 유대-로마전쟁(주후 66-73년)으로 팔레스타인에서 초기 예수운동의 근거가 처절하게 파괴된다. 이후 기독교의 역사는 팔레스타인을 벗어나 시리아의 안디옥, 소아시아의 에베소, 그리스의 고린도, 빌립보, 데살로니가와 같은 바울이 건설한 가정교회들을 중심으로 전개된다. 후일의 교회사는 바울의 선택이 적절했다는 것을 보여준다. 유대적 전통과 유산에만 고착되어 있던 팔레스타인의 나사렛파와 에비온파들은 후일 새로운 역사 환경 속에서 적응하지 못하고 사라지고 말았기 때문이다.[30)]

바울의 묵시사상

바울은 예수의 죽음과 부활이 인간에게 죄와 죽음을 가져오는 우주적

30) 나사렛파(the Nazarenes)는 1세기 유대교 분파 중에 하나로, 안식일 법, 할례, 코셔 등을 준수하였던 보수주의적인 유대 크리스천 분파였다. 에비옴파(Ebionism)는 나사렛파에서 분화된 초기 기독교 분파중의 하나로, 예수의 신성과 동정녀 탄생을 인정하지 않고, 유대교의 율법과 의식을 고수했다. 이들 나사렛파와 에비옴파는 70년대 유대 로마전쟁으로 팔레스타인의 근거지가 파괴된다. 이후 2세기부터, 이방교회의 성장으로 점차 영향력을 상실하고, 역사속으로 사라지고 만다.

권세에 대한 하나님의 종말론적 심판이라고 생각했다. 바울은 예수의 재림(파루시아)을 대망했던 인물이다. 그는 부단히 신자들에게 임박한 그리스도의 재림에 걸맞는 삶의 자세, 즉 종말론적 윤리를 강조한다. 악한 질서가 지배하는 이 세상은 그리스도의 재림를 통해 심판받을 것이라는 묵시 사상적 전망을 바울은 지니고 있었다. 그의 편지 곳곳에서 이러한 권고와 희망을 통해 현재의 고난을 극복하라고 격려한다. 바울과 그의 공동체들에게는 이러한 신앙적 희망이 현실의 어려움을 해소할 수 있는 중요한 신앙적 기제였다.

이러한 바울의 사고방식을 이해하기 위해서는 당대 유대인들이 지닌 역사관과 우주관을 이해해야 한다. 고대 유대의 예언자들은 역사 안에서 이루어지는 하나님의 종말론적 심판을 이야기했다. 그러나 예언자들이 바벨론 포로기 이후부터 점차 자취를 감추고, 그 자리를 묵시가(seer)들이 차지하기 시작한다. 묵시가란, 신의 감추어진 종말과 구원의 시간표를 상징적이고 비의적인 언어로 폭로하는 인물들을 말한다. 그들은 신비체험 속에서 천사와 같은 신의 대리자의 안내를 받아 천상여행을 한다.[31] 그 과정에서 세상의 종말에 관한 내용을 환상과 천사와의 대화를 통해 얻게 된다. 대표적인 인물로, 구약의 다니엘과 에스겔을 들 수 있다. 다니엘은 꿈과 환상을 통해 유대나라를 괴롭혔던 강대국들의 패망을 선언한다(단 7:1-28). 에스겔은 바벨론의 그발강가에서 자신이 체험한 환상을 이야기한다(겔1:1-28). 또한 신구약 성서의 중간기에는 수많은 묵시

31) J. 콜린스/박요한 영식 옮김, 「묵시문학적 상상력」(서울: 카톨릭 출판사, 2006), 28-29.

문학들이 탄생했는데, 에녹서, 희년서, 시빌의 신탁 등이 대표적이다. 이러한 중간기 유대묵시문학은 예수와 바울의 사상적 토양이 되었다. 케제만(E. Käsemann)은 신약성서의 매트릭스(모체)는 중간기 묵시문학이라고 강조했다. 특별히 베커(C. Beker)는 바울의 메시지가 지닌 성격을 묵시사상적이라고 지적한다.[32] 사실 예수의 임박한 하나님 나라에 관한 선포는 묵시사상적인 전망을 내포한다. 가령 마가복음 13장은 예루살렘 성전의 종말을 예언한다는 점에서 묵시사상으로 간주된다. 바울 또한 묵시사상가의 면모를 그의 편지에서 보여준다. 그는 마카도니아의 데살로니가 교회에 보낸 첫 번째 편지에서 임박한 예수의 재림을 강조하는데, 4장 16절 이하는 전형적인 묵시문학적 표현을 담고 있다. "주님께서 호령과 천사장의 소리와 하나님의 나팔 소리와 함께 친히 하늘로부터 내려오실 것이니, 그리스도 안에서 죽은 사람들이 먼저 일어나고." 세상의 종말을 알리는 천사와 나팔 소리는 묵시문학에 등장하는 전형적인 소재들이다. 요한계시록 또한 신약성서에 수록된 문헌들 중에서 가장 전형적인 묵시문학적 주제와 테마를 지닌 책이라 할 수 있다.

기원전 2세기부터 기원후 2세기까지를 학자들은 묵시문학의 전성시대라고 말한다. 신약성서에 수록된 책들은 묵시문학의 전성기에 쓰여진 문헌들이다. 기원전 2세기는 유대교가 헬라세력에 의해 엄혹한 박해를 받던 시대였다. 다니엘서는 2세기 안티오커스 에피파네스의 박해시대를 배경으로 한다. 마카비아 1서는 이 시대의 참혹한 상황을 다음과 같이 기록

---

32) J. 크리스챤 베커/장상 옮김, 「사도바울」(천안: 한국신학연구소, 1998)을 참조하라.

한다.

> 그 후 안티오쿠스왕은 온 왕국에 영을 내려 모든 사람은 자기 관습을 버리고 한 국민이 되어야 한다고 했다. 이방인들은 모두 왕의 명령에 순종했고, 많은 이스라엘 사람들도 왕의 종교를 받아들여 안식일을 더럽히고 우상에게 제물을 바쳤다. 왕은 또 사신들을 예루살렘과 유다의 여러 도시에 보내어 다음과 같은 칙령을 내렸다. 유다인들은 이교도들의 관습을 따를 것. 성소 안에서 본제를 드리거나 희생제물을 드리거나, 술을 봉헌하는 따위의 예식을 하지 말 것. 안식일과 기타축제일을 지키지 말 것. 성소와 성직자들을 모독할 것. 이교의 제단과 성전과 신당을 세울 것. 돼지와 부정한 동물들을 희생제물로 잡아 바칠 것. 사내아이들에게 할례를 주지 말것. 온갖 종류의 음란과 모독의 행위로 스스로를 더럽힐 것. 이렇게 하여 율법을 저버리고 모든 규칙을 바꿀 것. 이 명령을 따르지 않는 자는 사형에 처한다. (1 마카 1:41–50)

이러한 분위기 속에서 쓰여진 문헌들이 묵시문학들이다. 묵시문학은 혹독한 정치적 박해에 처해 있는 신도들에게 위로와 격려를 전하기 위해 쓰여진 문헌들이다. 물리적으로 도저히 저항할 수 없는 폭력적 세력들을 상상의 공간에서 은유와 상징을 통해 저항한다. 묵시가들은 하나님이 만든 종말의 시간표를 비밀스럽게 제시한다. 그리고 종말의 시대에 부합하는 새로운 윤리적 삶의 태도를 요청한다. 바울의 편지 속에는 종말론적 윤리를 권고하는 메시지가 자주 등장한다. 가령 로마서 13장 11–14절에서 바울은 다음과 같이 말한다.

> 여러분은 지금이 어느 때인지 압니다. 잠에서 깨어나야 할 때가 벌써 되었습니다. 지금은 우리의 구원이 우리가 처음 믿을 때보다 더 가까워졌습니다. 밤이 깊고, 낮이 가까이 왔습니다. 그러므로 우리는 어둠의 행실을 벗어버리고, 빛의 갑옷을 입읍시다. 낮에 행동하듯이, 단정하게 행합시다. 호사한 연회와 술취함, 음행과 방탕, 싸움과 시기에 빠지지 맙시다. 주 예수 그리스도로 옷을 입으십시오. 정욕을 채우려고 육신의 일을 꾀하지 마십시오."

바울이 여기서 말한 때(time)는, 그리스어로 카이로스(*kairos*)를 번역한 것이다. 카이로스는 일상적인 시간이 아니라, 심판의 시간을 의미한다. 연대기적 시간(*chronos*)가 아니라, 절대절명의 순간을 뜻한다. 신약성서의 저자들은 그리스도의 재림이나, 하나님 나라가 도래하는 그런 '때'를 표현할 때 카이로스를 사용한다. 카이로스는 인간의 시간이 아니라, 하나님의 결정적인 '때'를 뜻한다. 예를 들어 마가복음의 예수가 "때가 찼고 하나님의 나라가 가까이 왔다(1:15)"고 말할 때, 그는 일상적 시간을 말하는 크로노스가 아니라, 구원의 결정적 시기를 의미하는 카이로스라는 단어를 사용한다.

바울도 예수와 유사한 종말론적 시간관을 지니고 있었다. 대체로 바울의 윤리적 권고는 그의 종말론적 삶의 자세와 밀접한 관련을 지닌다(cf. 빌 2:12; 고후 5:10; 롬 2:6-11). 즉, 그리스도의 임박한 재림을 준비하는 삶의 자세로써 신자는 어떻게 살아야 하는가? 라는 문제가 바울의 윤리를 추동하는 주된 동력이라 할 수 있다.[33] 데살로니가 전서 4-5장에서

33) V.P. 퍼니쉬/ 김용옥 역, 『바울의 신학과 윤리』(서울: 대한기독교출판사, 1982), 237.

바울은 그리스도의 재림(파루시아)을 준비하는 거룩한 생활의 중요성을 강조하고 있다. 또한 고린도 전서 7장 29절 이하에서 바울은 좀 더 구체적으로, 재물, 노예제도, 할례 그리고 특별히 남성과 여성 사이의 관계들에 대한 새로운 삶의 태도를 열거하고 있다.

> 형제자매 여러분, 내가 말하려는 것은 이것입니다. 때가 얼마 남지 않았으니, 이제부터는 아내 있는 사람은 없는 사람처럼 하고, 우는 사람은 울지 않는 사람처럼 하고, 기쁜 사람은 기쁘지 않은 사람처럼 하고, 무엇을 산 사람은 그것을 가지고 있지 않는 사람처럼 하고, 세상을 이용하는 사람은 그렇게 하지 않는 사람처럼 하도록 하십시오. 이 세상의 형체는 사라집니다. (고전 7:29-31)

이 구절들에서 바울은 신자들의 종말론적 삶의 자세를 역설하기 위해서, 그리스어의 호스 메(*hōs mē*) 용법을 사용하고 있다. 그리스어의 '호스 메'라는 말은 영어의 as if… not의 용법과 유사한 것으로, '마치 무엇이 없는 것과 같이'를 뜻한다. 바울이 호스메적 삶의 양식을 권면하고 있는 것은 그리스도의 임박한 재림에 대한 기대 때문이었다. 바울의 호스메 용법은 이러한 카이로스의 때에 신자들의 삶의 자세에 관해 말하고 있다. 이러한 카이로스적 삶의 자세는 로마사회의 라틴어 격문인, 메멘토 모리(memento mori)나 카르페 디엠(carpe diem)으로 발전한다. 흔히 "죽음을 기억하라"고 번역되는 메멘토 모리는 삶의 현재성을 강조한다. 즉 인간은 모두 죽음을 향해 달려가는 존재이기에, 항상 죽음이라는 자신의 종말을 기억하면서 현재의 시간을 충만하게 살라는 뜻이다. 우리에게 영화, 〈죽은시인의 사회〉로 널리 알려진 카르페 디엠(carpe diem)은, "오늘을 잡아라"라는 뜻이다. 과거는 이미 지나간 시간이요, 미래는 아직 오지 않은 시간일 뿐 우리가 취할 수 있는 것은 지금 바로 이 순간뿐이라는 뜻이다. 바울이 말한 호스메적 삶의 태도는 가식적인 모습이나 금욕주의를 말하는 것이 아니다. 세상의 소유적 삶의 양식에서 벗어나 순례자적 삶의 방식을 취하라는 권고이다. 이러한 바울의 생각은 예수의 가르침과 상응한다. 예수는 하나님 나라가 도적같이 임한다고 제자들에게 가르쳤다. 따라서 제자들에게 요청되는 삶의 자세는 하루하루를 종말론적 긴장 속에서 살아가는 것이었다.

바울은 고린도 전서 3장 21절에서 바로 '호스메'의 삶의 자세를 취할 때, 크리스천들이 만물의 주인이 된다고 말한다. 바울은 자신의 교우들에게 부당한 세상의 질서에 대해 적극적으로 항거하라고 말하지 않는다. 오히려 그는 로마당국의 부당한 조세제도에 대해 심한 거부감을 느끼고 있던 로마의 크리스천들에게 세금을 내라고 충고한다(롬 13장). 또한 노예의 신분에 처해 있던 신도들에게는 주인에게 복종하라고 말한다. 기존의 억압적 제도와 질서를 묵인하는 듯한 바울의 이러한 충고 때문에, 바울은 종종 제국주의와 노예제도의 옹호자로 공격받아 왔다. 그러나 이러한 공격은 바울의 종말론적 삶의 태도를 이해하지 못했기 때문에 발생하는 오해들이다. 바울은 자신이 생존하고 있는 동안 그리스도가 재림할 것이라는 생각을 지니고 활동했다. 사실 그의 이방인 선교활동도 이러한 종말론적 비전의 결과라 할 수 있다. 왜냐하면 구약의 선지자들은 이방인의 회개를 메시야 도래의 징표로 간주했기 때문이다(사11:10). 바울은 예수의 재림으로 인해 현존하는 질서가 멀지 않아 사라질 것으로 여겼기 때문에, 신자들에게 부당한 현존질서에 적극적으로 대항하라고 권면하지 않았다. 바울의 윤리적 가르침은 현재의 질서를 바꾸는 것보다, 그리스도의 재림이라는 종말론적 사건이 도래할 때를 대비한 삶의 태도에 초점을 맞추고 있다. 마치 구한말의 개벽 사상가 최제우와 강증산의 '천지개벽'과 '우주공사'와 같은 거대한 묵시적 비전(apocalyptic vision)이 바울을 사로잡고 있었기에, 그는 몇몇 부당한 인간사의 억압적 제도에 대한 일시적 개혁에는 그다지 큰 관심을 보이지 않았다. 바울은 신자들의 행동을 '에스카톤'(종말)에 결부시킨다. 바울에 따르면, 믿는 자의 행동은 종말론적 행동이다. 그는 신자의 윤리적 행동은 하나님의 영(the Spirit of God)이 행사하는 권능의 결과라고 주장함으로써, 이 생각을 표현하고 있다. 그러나 바울은 종말의 가까움에 대해서 뿐만 아니라, 신자들이 이미 새로운 세대의 백성으로 살고 있다는 사실에 집중한다. 바울은 로마서에서 옛 시대가 아닌 새로운 시대에 부응하도록 권고한다. "여러분은 이 세대의 풍조를 본받지 말고, 마음을 새롭게 함으로 변화를 받아서, 하나님의 선하시고 기뻐하시고 완전하신 뜻이 무엇인지 분별하도록 하십시오" (롬12:2). 바울은 제자들의 윤리를 의무적으로 수행하여야 할 강제적 규정으로 이해하지 않았다. 그에게 있어 윤리적 행동이란 하나님의 은총으로 거듭난 인간의 자발적 준수로 이해된다. 따라서 기독교인의 윤리는 의무가 아니라, 새로운 피조물로서 마땅히 누려야 할 자유인의 삶의 방식인 것이다.

바울의 연대기

바울의 생애를 재구성하기 위해서는 바울의 편지들과 사도행전을 참조해야 한다. 그러나 사도행전에 등장하는 바울의 3차례 선교여행은 누가의 신학적 재구성이기 때문에, 이를 실제 바울의 연대기로 받아들이기는 곤란하다. 이 때문에 바울의 생애를 재구성하는데 준거점이 되는 역사적 사료를 외부에서 찾는 것이 중요하다.[34] 다행히 바울의 활동을 추정할 수 있는 고고학적 유물이 남아있는데, 로마황제 글라우디오(Claudius, AD 41–54)가 주후 52년 경에 작성한 소위 갈리오 비문(Gallio Inscription)이다. 이 명문에서 그리스 남부 지역을 관할했던 로마총독 갈리오가 언급된다. 갈리오는 고린도에서 51–52년 또는 52–53년 총독으로 근무했는데, 바울이 고린도에서 선교사역을 진행할 때, 갈리오 앞에 출두하였다는 기록이 사도행전 18장 12절에 언급된다.[35] "갈리오가 아가야 주 총독으로 있을 때에, 유대 사람이 한패가 되어 바울에게 달려들어, 그를 재판정에 끌고 가서, 이 사람은 법을 어기면서, 하나님을 공경하라고 사람들을 선동하고 있습니다." 여기서 아가야는 그리스 남부 지역을 일컫는 말이다. 고린도라는 항구도시는 당시에 아가야의 수도 역할을 했다. 여기서 아가야의 로마 총독으로 등장하는 갈리오는 바울에 대한 고소를 유

---

34) 바울의 연대기에 대해서는 L. C. A. Alexander, "Chronology of Paul," in *Dictionary of Paul and His Letters* (Leicester: InterVarsity Press, 1993), 115–123.

35) 갈리오 바울은 그리스의 고대도시 델피(Delphi)에서 발견되었는데 당시 로마황제, 클라우리우스는 이 비문에 "내 친구이자 총독, 갈리오"(My Friend and Proconsul)라고 적고 있다. 갈리오는 네로 황제의 선생이었던 세네카의 큰형이었다.

대교 내부에서 벌어진 종교적인 문제로 생각하여 관여하지 않는다. 바울은 고린도에 있던 디아스포라 유대인들의 회당모임에 참여하여 이방인들에게 할례와 율법준수 없이 그리스도를 믿음으로 하나님의 새로운 백성이 될 수 있다고 설파하였을 것이다. 이러한 언행들이 유대인들을 자극하였고, 유대인 사회에 물의를 일으킨다고 생각해 그를 총독에게 고소한 것이다. 이 시기를 학자들은 주후 51년 봄으로 상정한다.

또한 바울의 생애를 재구성할 때 중요한 역사적 사건으로는 49년 클라우디오 황제가 로마에서 유대인들을 추방한 일이다.[36] 로마의 역사가, 수에토니우스(Suetonius)는 로마에 있던 유대인들이 크레스투스(Chrestus)의 선동 때문에 폭동이 일어났다고 기록한다. 학자들은 크레스투스라는 말은 헬라어 크리스토(*Christo*)를 잘못 표기한 것이라고 본다. 당시 로마에 거주하고 있던 보수적 유대인들과 크리스천들 사이에서 예수에 관한 격렬한 메시야 논쟁이 벌어졌고, 자칫 이 논쟁이 폭력사태로 비화될 조짐이 있었다. 로마의 치안을 걱정하던 클라우디우스 황제는 유대인과 유대 크리스천 가릴 것 없이 모든 유대인들을 49년 로마에서 추방하였다. 사도행전 18장은 바울이 고린도에서 로마에서 추방당한 아굴라라는 유대인을 만나는 장면을 다음과 같이 보도한다.

> 그 뒤에 바울은 아테네를 떠나서, 고린도로 갔다. 거기서 그는 본도 태생인 아굴라라는 유대 사람을 만났다. 아굴라는 글라우디오 황제가 모든 유대 사

36) 클라우디우스 황제의 유대인 추방령에 대해서는, 정승우 『로마서의 예수와 바울』 (서울: 이레서원, 2008), 15-40을 참조하라.

람에게 로마를 떠나라는 칙령을 내렸기 때문에, 얼마 전에 그의 아내 브리스길라와 함께 이탈리아에서 온 사람이다. (사도행전 18:1-2)

그런데 이들 부부가 로마서 16장에도 등장한다. 3절에서 바울은 "그리스도 예수 안에서 나의 동역자 브리스가와 아글라에게 문안하여 주십시오. 그들은 생명의 위험을 무릅쓰고 내 목숨을 구해 준 사람들입니다. 나뿐만 아니라, 이방 사람의 모든 교회도 그들에게 감사하고 있습니다"라고 이들 부부에게 안부를 전한다. 학자들은 바울이 로마서를 쓴 시기를 56-57년 사이로 상정하고 있다. 바울이 로마서를 쓸 어간에 브리스길라와 아굴라 부부는 이미 로마로 귀환해 있었다. 역사가들은 54년 클라우디우스 황제가 죽고, 네로가 즉위할 때 유대인 추방령이 취소되었다고 본다. 따라서 바울이 로마서에서 이들 부부에게 안부를 전하고 있다는 것은 이들이 유대인 추방령이 취소된 직후 고린도에서 로마로 귀환해서 로마교회의 구성원으로 활동하고 있었다는 사실을 보여준다. 다음은 이러한 역사적 사실에 기초한 바울의 간략한 활동 연대기(Paul's Chronology)이다.

대략적인 연대	**주요 사건들**
기원후 5-10년,	길리기아 다소에서 출생 (행 21:38, 22:3)
30년,	유대교에 관한 열심 때문에 예수운동 박해 (행 9:1, 갈 1:1-14)
32-33년,	다메섹 도상에서 신비체험과 아라비아 선교 (갈 1:15-16, 고후 12:2)

34–35년, 첫 번째 예루살렘 방문하여 베드로와 주의 형제, 야고보를 만남 (갈 1:18)

36–37년, 시리아 안디옥을 거점으로 이방선교 시작

48–49년, 두 번째 예루살렘 방문과 사도회의 (갈 2:1–10, 행 15:1–12)

49년, 클라우디오 황제의 로마에서 유대인 추방 칙령 (행 18:2)

49–50년, 고린도 (갈라디아, 빌리보, 데살로니아)를 향한 첫 번째 독립 선교 여행 (행 18:2), 데살로니아 전서 집필

51–52년, 아기야 총독 갈리오 비문과 고린도 체류

52–56년, 에베소와 소 아시아 체류

54년, 고린도 전서 집필(고전 7:1) & 고린도 후서에 언급된 '눈물의 편지' 작성 (고후 2:3–4, 9, 7:8–12)

54–55년, 에베소에서의 투옥과 죽음의 위기 (고후 1:8–11) & 빌레몬서와 옥중서신, 빌립보서 집필

55–56년, 에베소에서 고린도를 향한 여행 (드로아와 마케도니아를 경유한 소위 헌금 여행) (고후 2:12–13, 7:5–7) & 갈라디아서 집필

56년, 고린도 후서에 언급된 화해의 편지 작성 & (겨울) 세 번째 고린도 방문 (3개월 체류)

56–57년, 로마서 집필 & 구제 헌금을 위한 여행(고린도를 거쳐 예루살렘으로) (행 21:17)

57–58년, 세 번째 예루살렘 방문과 체포 (행 21:27, 롬 15:25–33)

58–60년, 재판을 받기 위해 로마로 이송 (행 27:1)

60–64년, 로마 체류와 순교 (행 28:16–31)

바울의 최후에 관해서는 사도행전이나 바울의 편지에는 언급이 없다. 사도행전의 결말은 로마에서의 바울의 가택연금을 언급하는 것으로 끝

을 맺는다. 전통적으로 바울은 64년 로마의 대화재 때문에 일어난 기독교 박해 시기에 순교했을 것으로 추정된다. 사도행전에 기록된 바울의 최후 활동을 근거로 유추해 보면 로마에서의 투옥은 62년경으로 추정된다. 그러면 바울이 64년에 처형될 때까지, 바울은 2년간의 가택연금을 당했다는 결론이 나온다. 톰 라이트(Tom Wright)는 조심스럽게 바울이 이 시기에 스페인을 방문했을 개연성이 있다고 추정한다. 사실 바울은 로마서를 쓸 때, 자신의 최종 여행지로 스페인을 언급하고 있다. 로마서 15장 22절에서 바울은 로마를 경유해서 스페인을 방문하고 싶다고 말한다. “여러 해 전부터 여러분에게로 가기를 바라고 있었으므로, 내가 스페인으로 갈 때에, 지나가는 길에 여러분을 만나보고, 잠시 동안만이라도 여러분과 먼저 기쁨을 나누려고 합니다.”

라이트에 따르면, 바울이 로마에서 받은 2차례의 법률심리 사이(첫 번째 심리는 62년에, 두 번째 심리는 64년에)에 비교적 자유로운 상태에서 당시 로마의 속주였던 타라고나를 정기 배편으로 다녀왔다고 한다.[37] 라이트는 디모데 후서가 이 시기에 쓰여진 것이라면 다음과 같은 바울의 고백은 최후진술로 적절하다고 본다.

> 이미 나는 포도주 제물로 부어지고 있습니다. 내가 떠날 때가 이르렀습니다. 나는 선한 싸움을 싸웠고 경주를 마쳤으며 믿음을 지켰습니다. 내가 여전히 무엇을 기다려야 할까요? 의의 면류관입니다! 의로운 재판장이신 주께서 그

37) 톰 라이트/ 박규태 옮김, 『바울 평전』 (서울: 비아토르, 2020), 628.

날에 내게 보상으로 그것을 주실 것입니다. 나뿐 아니라 그분의 나타나심을 사모하는 모든 사람에게 주실 것입니다. (딤후 4장 6-8절)

한편 1세기 말 로마의 주교였던 클레멘스(Clemens[I], ?~99)는 바울의 최후를 다음과 같이 기록하고 있다.

그는 일곱 번이나 사슬로 묶이고, 유배를 당했으며, 돌에 맞았고, 동에서나 서에서나 설교했다. 그런 뒤 그는 그의 믿음에 걸맞은 진정한 영광을 얻었으며, 온 세상에 의를 가르쳤고, 서쪽의 가장 먼 곳까지 이르렀다. 마침내 그는 통치자들 앞에서 증언했으며, 이로 말미암아 이 세상을 떠나 거룩한 곳으로 갔으며, 끝까지 견디는 인내의 탁월한 본보기가 되었다. (클레멘스 1서 5장 6-7절)

이러한 주장들과 기록들을 토대로 생각해 볼 때, 바울의 순교 시기와 장소로는 60년대 중반 로마에서의 기독교 대박해 시기가 가장 개연성이 있어 보인다. 후대의 기록에 의하면 바울의 사형집행은 성 밖에서 집행되었는데, 바울은 로마의 시민권자였기 때문에 십자가형이 아닌 참수형으로 처형당했다고 한다. 전설에 따르면 바울의 목이 참수되었을 때 떨어진 목이 세 번 튀었고, 그 튀어 오른 자리마다 샘이 생겼기 때문에 뜨레 포타네(Tre Pontana)라는 세 분수 교회가 현재 세워져 있다. 로마 근교에 세워진 바울 순교 기념교회(Church of the martyrdom of St. Paul)에는 오른쪽 벽에는 베드로가 거꾸로 매달린 십자가 그림과 대리석 부조가 있고 왼쪽 벽에는 바울이 참수되는 장면이 조각되어 있다.

바울의 생애는 한마디로 자신이 깨달은 진리와 신념에 모든 것을 바친 열정의 삶 그 자체였다. 그는 세상이 추구하는 강함보다 자신의 약함을 자랑했다. "유대 사람들은 기적을 요구하고, 그리스 사람은 지혜를 찾으나, 우리는 십자가에 달리신 그리스도를 전합니다… 이는 유대 사람에게는 거리낌이고, 이방 사람에게는 어리석은 일입니다. 그러나 부르심을 받은 사람에게는 하나님의 능력이요 지혜입니다"(고전 2:22-23). 그는 로마의 사형수로 죽은 예수를 세상의 구세주로 선포하였다. 이는 유대인들에게는 수치스러운 메시지였고, 이방인들에게는 어리석은 가르침이었다. 그러나 바울은 세상 사람들이 꺼려하는 그리스도 사건 속에 인류를 구원하려는 하나님의 능력과 지혜가 계시되어 있다고 생각했다. 그는 하나님의 어리석음이 인간의 지혜보다 더 지혜롭고, 하나님의 약함이 사람의 강함보다 더 강하다는 사실을 그리스도 사건 속에서 깨달았다. 그야말로 가치의 역전이라 할 수 있다. 유대교의 메시야 담론과 그리스/로마의 영웅담론이 지니고 있던 권위와 힘에 의존한 구원의 역학을 뒤틀어버린, 그야말로 비천하게 자신을 희생한 순교자가 신의 진정한 대리자가 될 수 있는 역설적 메시야관을 바울은 제시했다고 볼 수 있다.

2장

바울과 그레코-로만 세계

신약성서라는 이름 아래, 편입된 27권의 책들은 주후 49-58년경에 쓰여진 바울의 편지들을 필두로 130년경 저작된 것으로 추정되는 베드로후서까지, 로마가 지중해 세계를 지배한 시기에 쓰여졌다.[38] 이들 문헌들은 대개가 그레코-로만(Greco-Roman)의 대도시들에서 디아스포라 유대 크리스천(Diaspora Jewish Christians)들의 손에 의해 당시의 지중해 세계에서 공용어로 사용되던 구어(口語)체적 성격이 강한 코이네 헬라어(koine Greek)로 기록되었다. 예수와 그의 직계제자들의 언어인 아람어나 히브리어가 아닌, 당시 지중해 세계의 공용어였던 대중적 그리스어로 신약의 문헌들이 집필되었다는 사실로부터, 우리는 신약성서가 지닌 다문화적 성격을 가늠하게 된다.[39]

---

38) 신약성서에 편입된 바울의 문헌들은 문학적 성격상, 문학적으로 정교하게 다듬어진 서신(epistles)이라기보다는 편지(letter)라고 할 수 있다. 왜냐하면 사적이며 특수한 정황에 처해있던 수신자 교회들과의 의사소통 과정 속에서 형성되었기 때문이다. 이런 점에서 바울의 편지는 대화의 산물이다.

39) 베르너 예거 (Werner Jäger)는 바울서신을 비롯한 신약성서의 언어가 헬라세계의 지대한 영향을 받았다는 사실을 지적한다. 신약문헌들에서 발견되는 헬라어 용법 중에서, 기독교의 헬라화 과정의 최초 단계를 우리는 사도 시대(the apostolic age)에서 발견할

신약문헌 중 가장 이른 시기에 기록된 바울의 편지들은 팔레스타인에서 집필되고 유통되었던 것들이 아니었다. 그의 편지들은 로마와 그리스 지역, 그리고 소아시아 지역의 대도시들에 거주했던 초기 예수 추종자 그룹들에게 보내진 것들이다. 이들은 유대교의 종교적 전통과 문화적 습속을 고수했던 디아스포라 유대인뿐만 아니라, 유대교의 전통에 매료되었던 일부 이방인들로 구성된 인종적으로 혼합 회중들이었다. 이 때문에 바울의 편지에 사용되는 어휘와 이미지들은 갈릴리 촌락을 중심으로 활동하였던 역사적 예수(historical Jesus)의 것과는 사뭇 다르다. 예수는 팔레스타인의 전통적인 농경 생활을 반영하는 어휘와 이미지들을 사용하여 자신의 가르침을 전했던 반면, 바울의 편지에는 세련된 그리스 세계의 언어와 수사학, 그리고 도시의 이미지들로 가득 차 있다. 가령 그는 그리스 철학자들의 수사학을 빈번하게 사용하며(롬 2:1–6; 3:1–9), 로마 제국의 정치적 용어(빌 1:17; 3:20)와 체육경기를 언급하고(빌 2; 고전 9:24–27)있다. 또한, 자족(*αὐτάρχεια*, 고후 9:8), 자유(*ἐλευθερία*, 갈 5:1, 13), 양심(*συνείδησις*, 고전 8:7, 10)등과 같은 스토아 철학의 개념들을 크리스천들의 윤리적 덕목으로 제시하기도 한다. 믹스(W. Meeks)는 바울의 편지들이 지니는 이러한 성격 때문에 그의 기독교를 그리스의 도시적 기독교

수 있다. 이것은 이후 이른바 교부 시대까지도 계속된다. 헬레니스모스(*Hellenismos*)는 원래 이와 같은 현상을 나타내는 말이었다. 언어적 문제는 결코 무관한 일이 아니었다. 헬라어의 사용과 함께 기독교 사상은 헬라어 고유의 여러 개념, 사상의 범주, 전통적인 비유와 의미가 지닌 묘한 함축성을 그대로 지니게 되었다. Werner Jaeger, *Early Christianity and Greek Paideia* (Cambridge: Harvard University Press, 1961), 5–6을 참조하라.

라고 부르기도 한다.[40] 이처럼 바울계 크리스천들이 거주하고 있던 로마나 고린도, 그리고 에베소와 같은 당시 그레코-로만의 대도시들은 거대한 원형경기장, 회랑, 아고라, 원형 극장, 그리고 목욕탕과 같은 대형 건물들이 즐비했다. 그리스 도시들에 위치하고 있던 이방 신전들은 저마다의 종교적 가르침을 경쟁적으로 선전하였다.[41] 1세기 로마는 제국의 질서를 어지럽히지만 않는다면, 다양한 이방종교들을 용납했던 다종교/다문화 사회였다. 기원전 2세기부터 새로운 지중해의 패권자로 등장했던 로마는 고대의 그리스 도시국가들을 해체시켜 나갔다. 그러나 그 과정에서도 로마는 종교적 관용 정책을 펼쳤으며, 기존의 헬라세계의 종교문화를 전폭적으로 수용하였다. 이 때문에 전통적인 그리스 신들에 대한 제의와 숭배는 이집트와 페르시아 지역에서 유래한 종교들과 결합되면서 그 열기와 위력을 더하여 갔다. 1세기부터 그리스와 소아시아 지역의 도시들을 중심으로 로마의 황제숭배가 더해지면서, 바울이 방문했던 그리스의 빌립보(Philippi)와 고린도(Corinth), 그리고 소아시아의 에베소(Ephesos)와 같은 도시들은 거리마다 신전들로 넘쳐났다. 바울의 사회적 세계(social world)는 이러한 그레코-로만의 다문화적 환경이었다. 사도행전의 보도에 따르면, 그는 출생부터 로마의 시민권을 소유했으며, 팔레스타인 본토가 아니라 로마의 속주 길리기아(Cilicia) 주의 다소(Tarsus)

---

40) W. Meeks, *The First Urban Christians: The Social World of the Apostle Paul* (New Haven: Yale University Press, 1983)을 참조하라.

41) 바울 당대의 그레코-로만 세계의 다종교 상황에 대해서는 다음을 참조하라. Dan Cohn-Sherbok & John M. Court (eds.), *Religious Diversity in the Graeco-Roman World* (Sheffield: Sheffield Academic Press, 2001).

에서 출생한 디아스포라 유대인이었다. 그는 평생에 걸친 선교여행을 통해, 이러한 환경 속에서 활동하고 가르쳤던 국제적인 인물이었다.

바울의 삶과 사상의 궤적은 매우 다양한 성격을 지닌다. 그는 히브리어 성서가 아닌 주전 3세기 이집트의 알렉산드리아에서 번역된 헬라어 성경, 70인 역(Septuagint)을 즐겨 사용했다. 그는 조상들의 언어, 히브리어가 아닌 헬라어로 자신의 편지들을 썼다. 이는 그의 청중과 독자들이 헬라어를 사용하는 혼합 회중들이었다는 사실을 의미한다. 그가 남긴 편지들은 그리스 남부의 고린도, 북부의 데살로니가(Thessalonica), 빌립보, 제국의 수도 로마(Rome), 그리고 소아시아의 에베소, 안디옥(Antioch)과 같은 로마의 군사 도로들이 종횡으로 깔려 있었던 대도시들에 거주하던 원시 기독교인 그룹들을 향한 것들이었다. 이들 지역에 산재해 있었던 바울계 크리스천들은 인종적으로나 계급적으로 그리고 문화적으로 다양한 층위를 지니고 있었다. 가령, 로마서 16장에 등장하는 26명의 인물들은 다양한 인종적, 계급적 성향을 보여준다. 또한 사도행전 17장이 보도하는 아테네의 아레오바고에서의 연설은, 바울의 논쟁 상대자로 당대의 지식인 그룹이었던 스토익 철학자들과 에피큐리안 철학자들을 상정한다. 아마도 이 장면이 사실에 입각한 것이라면 바울은 그레코-로만의 수사학을 사용하였을 것이다. 이러한 사례들은 바울의 서신들이 당시의 그레코-로만 세계의 다문화적 분위기 속에서 생산되고 유통되었다는 사실을 말해준다.

이번 장에서는 바울의 활동무대였던 1세기 그레코-로만사회를 살펴보고자 한다. 원시 기독교 최대의 활동가이자 예수운동(Jesus movement)

을 지중해 전역으로 전파하며, 스스로 이방인의 사도로 자임하였던 바울의 행적과 그가 남긴 저술들은 유대교의 범주를 넘어서 있다. 1세기 그레코-로만 사회의 다문화/다종교적 상황과 교류하며 바울은 점차 예수운동을 국제적 종교로 발전시켜 나간다. 이런 점에서 바울의 편지들은 원시 기독교(primitive Christianity)가 어떻게 당대의 다양한 사회/문화/종교적 환경 속에서 성장했는가를 보여주는 귀중한 자료라고 할 수 있다.

바울의 편지들은 유대교라는 인종적, 사상적 경계를 뛰어넘어, 자신의 새로운 신념을 어떻게 당대의 타자들과 대화하고 소통하려 했는지를 보여준다. 바울은 메시야 체험이라는 렌즈를 통해 유대적 유산을 재평가하고, 재해석한다. 이를 통해 우리는 바울이 어떻게 유대교라는 배타적 장벽을 넘어 헬라세계의 다양한 청중들에게 '예수'라는 유대교의 기표를 '그리스도'라는 보편적 기의로 해석하고 유통시켰는지를 살펴볼 수 있다. 이러한 바울의 시도 속에서 우리는 다문화 사회에서의 소통방식에 관한 역사/종교적 전거를 그의 신학 언어에서 발견하게 된다.

바울의 편지와 수사학

주후 4세기 어거스틴(Augustine)으로부터 16세기 루터(M. Luther)를 거쳐 20세기 바르트(K. Barth)에 이르기까지 서구신학은, 바울을 칭의론, 예정론 그리고 원죄론과 같은 기독교 교리를 설파한 인물로 간주하여 왔다. 그러나 바울의 편지들은 추상적인 신학적 교리서로 이해될 수 없다. 왜냐하면 그의 편지들은 불특정 다수의 독자들을 상정하고 쓰여진 관념적인 문서들은 아니기 때문이다. 그의 서신들은 그레코-로만 세계에서 새롭게 성장하기 시작한 초기 기독교 가정교회(*ekklēsia*)들이 봉착한 구체적인 문제들을 해결하는 와중에 저술된 상황적 문건들이다.[42] 따라서 바울의 편지들에는 태동기의 교회 구성원에 속한 이방 크리스천(Gentile Christians)들의 미숙한 신앙을 교정하는 동시에 유대 크리스천들의 유대교로의 퇴행적 신앙 습속을 지도하기 위한 목회적 성격이 강하게 드러난다.

바울의 편지들이 유통되던 1세기 중반의 초기 기독교 그룹들 사이에서 그의 가르침은 논란의 대상이 되었다. 우선 그는 역사적 예수의 직계제자가 아니었기 때문에, 제자 그룹들 사이에서 그의 사도직 수행에 관한 의견이 분분하였다. 바울은 자신의 편지에서 자신이 베드로와 요한과 같은 예수의 직계제자들과 동일한 권위를 지닌 사도로 강변하지만, 이러한 그의 주장은 초기 기독교 내에서 쉽사리 받아들여지지 않았다. 그의 과거 경력은 더욱 문제가 되었는데, 사도행전의 보도에 따르면 그는 초기 예수 운동 그룹을 핍박하던 전력이 있었다. 또한 바울의 편지에서는 토라(Torah)의 기능과 역할을 상대화하는 주장들이 등장하는데, 예루살렘

---

42) 북미와 유럽의 신약학계에서는 바울의 편지들이 지닌 상황적 성격과 그의 신학 담론이 지닌 정치적 의미를 분석하기 위한 연구들이 활발하게 진행된다. 다음 책들을 참조하라. John Dominic Crossan & Jonathan L. Reed, *In Search of Paul* (New York: HarperCollins, 2000); Marcus J. Borg & John Dominic Crossan, *The First Paul* (New York: HarperCollins, 2009); Richard A. Horsley (ed.), *Paul and the Roman Imperial Order* (Harrisburg: Trinity Press International, 2004); Bruno Blumenfeld, *The Political Paul: Justice, Democracy and Kingship in a Hellenistic Framework* (Sheffield: Sheffield Academic Press, 2001).

에 기반한 보수적 유대 크리스천들은 그의 이러한 주장을 묵과할 수 없었다.

바울은 자신의 편지들에서 예수의 십자가와 부활 사건 속에 유대인과 이방인 모두를 포괄하는 보편적 구원의 메시지가 있다는 사실을 끊임없이 역설한다. 그리고 그리스도로서 예수 사건이 함의하는 윤리적 의미를 설득하고 때로는 훈계한다. 바울은 자신이 세운 신생 교회 속에 자주 자신의 가르침을 둘러싼 오해와 내분이 벌어지고 있다는 사실을 목도한다. 가령, 갈라디아서에서 바울은 자신의 가르침을 공격하는 소위 '거짓 형제'들과 이들의 선전에 미혹되는 갈라디아 교인들을 향해 자신의 불편한 심정을 여과 없이 드러낸다.

이러한 정황들 때문에 바울은 자신의 편지들에서 대적자들의 주장에 흔들리는 교인들에게 자연스럽게 자신의 주장과 행적을 변증하거나 설득하지 않을 수 없었다. 바울이 직면하였던 이러한 정황들은 그의 편지 행간에 고스란히 반영되어 있다. 따라서 바울의 편지들은 자신의 신학적 주장과 정당성을 입증하기 위한 변증적 성격을 지닐 수밖에 없었다. 이 때문에 자신의 주장을 설득하기 위해 당시 사회에서 보편적으로 사용되던 그레코-로만의 설득의 기술, 즉 수사학(rehtoric)을 자연스럽게 사용할 수밖에 없었다. 수사학은 그리스와 로마사회에서 엘리트들이 토론을 전개할 때 사용하였던 중요한 논쟁 스킬이었다. 철학자과 정치인들은 자신의 학설과 주장을 청중들에게 설득력있게 전개하기 위해서는 필수적으로 수사학을 공부해야만 했다. 시이저의 친구이지 정적이었던 키케로(Cicero)나 네로 황제의 선생이었던 세네카(Seneca) 등이 당대 최고의 수사학자로 간주되었다.

수사학은 그레코-로만 사회에서 도시의 공적인 모임이나 철학적 논쟁 그리고 재판 과정에서 판사와 배심원 사이에서 행해진 공적 연설의 기술이었다. 피고와 원고, 그리고 변호자는 청중들을 설득하기 위해 긴 연설을 이런저런 방식으로 진행했다. 고대 지중해 사회에서 수사학은 매우 중요하게 생각되었다. 특히 그리스의 도시국가들이나 공화정 시대의 로마는 아고라나 원로원이라는 공적인 토론의 장을 마련하였고, 모든 국가의 주요한 정책은 시민들이나 원로원에서 격렬한 토론을 통해 결정되었다. 고대 지중해 세계에서는 자연히 상대를 설득하기 위한 토론의 기술이 발달하였고, 상대의 견해를 압도하거나 제압할 수 있는 논쟁 기술이 널리 요청되었다.[43] 로마의 역사가 타키투스는 수사학적 연설의 중요성을 다음과 같이 지적한다.

> 고대인들은 웅변이 없이는 그 누구도 원하는 상황을 획득하거나 보전하지 못한다는 확신에 도달했다. 그 시기에는 그 누구도 웅변을 소유하지 않고서는 커다란 영향력에 도달할 수 없었다.[44]

따라서 수사학의 기술들은 바울의 시대 즉, 1세기 그레코-로만의 사

---

43) 고대 수사학의 발전과 바울에게 미친 영향에 대해서는 윤소정, "바울 서신에 나타나는 수사학의 역사적 배경 고찰," *신약논단* 제 14권 제4호 (2007년 겨울): 1053-1084를 참조하라.

44) Tactie, *Dialogue des orateurs*, XXXVI ~XXXVII, 박성창, 『수사학』 (서울: 문학과지성사, 2000), 142에서 재인용.

회에서 가장 보편적인 교육 내용이 되었다. 그러나 수사학적 기법을 유명한 철학자들에게 체계적으로 배우기 위해서는 엄청난 비용을 지불해야 했다. 최근의 연구자들은 바울이 청중들을 설득하기 위해 그리스의 수사학으로부터 유래한 구두 논법들을 사용했다고 주장한다.[45)]

바울의 출생지로 알려진 길리기아의 다소는 문화와 철학, 그리고 교육의 중심지로 그레코-로만 세계에서 널리 알려진 도시였다. 로마의 역사가 스트라보(Strabo)는 자신의 저서 『지리학(Geography)』에서 다소에는 아테네와 알렉산드리아를 능가하는 수사학 학교들이 있었다고 기록한다. 아우구스투스(Augustus) 황제의 선생이었던 다소의 아테노도루스(Athenodorus)는 당대에 수사학자로 명성을 얻었는데, 마크 안토니(Mark Antony)의 뒤를 이어 이곳을 통치하기도 했다. 다소는 이처럼 바울 당대에 스토아 학파의 중심지가 되었다. 바울도 직간접으로 이러한 지적 영향권 속에서 교육받고 성장했을 것이다.[46)] 사도행전 21장 39절에서 바울은 로마의 천부장(*χιλίαρχος*)에게 자신이 다소 출신임을 다음과 같이 자랑스러운 어투로 말한다. "나는 길리기아의 다소 출신의 유대 사람으로, 그 유명한 도시의 사람입니다"

최근의 연구자들은 바울이 청중들을 설득하기 위해 그리스의 수사학으로부터 유래한 설득의 기술들을 차용했다는 증거들을 속속 발견하였

---

45) Calvin J. Roetzel, *The Letters of Paul: Conversations in Context* (Louisville: Westerminster/John Knox Press, 1991), 28을 참조하라.

46) 바울의 성장 배경에 관해서는 Jerome Murphy-O'connor, *Paul: A Critical Life* (Oxford: Oxford University Press, 1997), 32-51을 참조하라.

다. 이들에 따르면 그레코-로만 시대에는 세 종류의 수사학적 연설들이 주로 사용되었는데, 재판을 위한 연설(the judical), 심의를 위한 연설(the deliberative), 그리고 종교행사를 위한 공연용 연설(the epideictic) 등이 다.[47] 케네디(G. A. Kennedy)는 이러한 3가지 수사학적 연설방식을 다음과 같이 분류하기도 한다.

> 저자가 과거에(in the past) 일어난 사건에 대해서 판단하면서, 청중들을 설득하고자 할 때, 그 유형은 법정적(judicial)이다. 그들로 하여금 미래에(in the future) 어떤 행동을 취하도록 설득하고자 한다면 심의적(deliberative)이다. 그들이 현재에(in the present) 어떤 관점을 취하거나 재확인하도록 설득하고 있다면 그것은 종교적(epideictic)이다.[48]

베츠(Hans Dieter Betz)는 바울의 편지 중에서 특히 갈라디아서는 변증적 성격이 강한 문서로, 1세기 그레코-로만 사회에서 사용되는 법정적 연설방식과 유사하다고 주장한다. 그에 따르면 바울은 갈라디아 교회에 등장한 보수적인 유대 크리스천들의 잘못된 주장과 그에 미혹되는 갈라디아 교인들을 반박하고 공격하기 위해 당시 그레코-로만 사회의 법정적 연설의 방식을 차용하여 갈라디아서를 수사학적으로 구성하였다는 것이다.[49] 베츠는 바울이 갈라디아서에 나타난 수사학적 구조를 다음과

---

47) 벌턴 L. 맥/ 유태엽 옮김, 『수사학과 신약성서』 (서울: 나단, 1993), 52.

48) G. A. Kennedy, *New Testament Interpretation through Rhetorical Criticism* (Chapel Hill: University of North Carolina Press, 1984), 19.

49) Hans Dieter, Betz, "The Literary Composition and Function of Paul's Letter to the Galatians" *New Testament Studies* 21(1975): 353-79.

같이 분석하고 있다.

서신의 규정 (epistolary prescript, 1:1–5)	서신의 시작, 발신인의 이름, 주소 등.
서언 (exordium, 1:6–11)	'청중이 연설을 들을 준비가 되도록 준비 시킬 목적을 가진 연설의 시작 부분(퀸틸리안 4.1.5)
서술 (narratio, 1:12–2:14)	'사실에 대한 언급': 이야기를 이끌어나갈 사실과 사건들
주제 제시 (propositio, 2:15–21)	서술부에서 이끌어 온 것에 대한 요약, 불일치되는 점, 증명 되어야 할 주제
증명 (probatio, 3:1–4:31)	사건을 고착시키기에 충분한 증명(종종 다양한 방법으로)
권고 (exhortatio or paraenesis, 5:1–6:10)	권고와 교훈
결론 (conclusio, 6:11–18)	바울의 친필(6:11을 보라), 서신의 진정성, 요약, 마지막 관심을 첨가.[50]

베츠의 이러한 분석은 그레코-로만의 수사학적 연설을 위한 표준 형태를 바울이 그대로 차용하였다는 가정하에 이루어진 것이다. 그러나 바울이 과연 자신의 편지들을 그레코-로만의 수사학적 연설방식에 얼마나 정확하게 맞춰서 기술하였는지는 논란의 여지가 있다. 또한 그가 디아스포라 유대인의 후손으로 그리스의 수사학이 지니는 복잡한 기술을 교육

50) 데이빗 호렐/ 윤철원 역, 『바울 읽기』(서울: 미스바, 2003), 85에서 재인용.

받을 만큼 높은 사회적 출신에 속해 있었는지도 의문이다. 이와 관련하여 헹엘(M. Hengel)과 쉬베머(Anna M. Schwemer)는 다음과 같이 지적한다.

> 바울의 언어와 교육 수준은 그가 헬라어를 사용하는 회당과 그가 대면했을 학식있는 비 유대인들과의 대화에서 배웠을 가능성을 넘어서지 않는다… 오늘날 바울에게 부여된 정규과정에서 수사학의 중요성은 지나치게 강조되고 있고, 유행적인 흐름을 따른다.[51]

바울은 아마도 당대의 키케로(Cicero)나 세네카(Seneca)와 같은 수준의 귀족 교육을 통한 수사학 이론을 배우지는 않았을 것이다. 그러나 그레코-로만의 대도시 환경 속에서 성장하고 활동하며 헬라어로 저술을 남긴 바울의 정황을 고려해 볼 때, 그는 기초적인 수사학의 대화술 정도는 습득하고 있었음이 분명하다. 예를 들어, 바울은 자신의 편지 속에서 빈번하게 그레코-로만의 수사학 기술의 일종인 디아트리베(*diatribe*)라고 알려진 문답법을 사용하고 있다. 이는 대화형식으로 진행되는 가르침의 일종이라 할 수 있는데, 그리스의 철학자들은 자신의 문하생들에게 문답형식으로 자신들의 지식을 전수하였다. 플라톤의 〈대화편〉은 소크라테스와 그의 제자들의 철학적 문답으로 구성되어 있는데, 소크라테스는 그의 토론자들에게 끊임없이 질문을 야기시킴으로써 논쟁을 통해 진정한 답변에 이르게 한다. 그레코-로만 세계의 저자들과 연설자들은 자신의

51) M. Hengel and A. M. Schwemer, *Paul Between Damascus and Antioch* (London: SCM, 1997), 170-1.

주장을 평면적으로 기술하기 보다는 자신의 주장에 반대하는 가상적 대화자를 내세워, 보다 입체적으로 전개하는 설득의 기술, 즉 디아트리베를 즐겨 사용하였다. 로마의 수사학자, 퀸틸리안(Quintilian)은 다음과 같이 지적한다.

> 이 기술은 연설자에게 아름다운 변화와 생기를 더하여 준다. 가상적인 논쟁자와 더불어 우리는 비록 그들이 그들 자신과 토론하고 있지만 우리의 반대자들의 내적인 생각들을 표현한다… 또는 진실성을 축소 시키지 않고 우리 자신들과 다른 사람들 사이의 대화를 소개하며 충고, 논증, 불평, 찬양, 혹은 유감 등의 말을 전달하게 된다… 사람들은 아마도 목소리를 발견하게 될 것이며, 우리의 눈앞에서 전개되는 사건들과 사람들, 그리고 발언들을 가정하게 된다.[52)]

이처럼 디아트리베는 가상적인 인물과의 논쟁적 대화를 진행시켜 나가는 수사학적 테크닉의 하나로 간주되었다. 바울은 종종 자신의 신학적 논지를 디아트리베 방식으로 진행 시킨다. 즉 자신의 신학적 주장에 반대입장에 서있는 가상적인 논쟁 상대자를 반박하며 청중들을 자신의 논지대로 이끌어 나간다.

바울의 편지에서 디아트리베라는 수사학적 기술이 사용되고 있다는 사실은, 불트만(R. Bultmann)으로부터 최근의 스토워즈(Stanley Stowers)

---

52) Quintilian, *Institutio Oratoria* 9.2.30-33. 퀸틸리안의 저작들에 대한 영역본은 다음을 참조하라. H. E. Butler, *The Institutio Oratoria of Quintilian* (4 volumes. Loeb Classical Library; London: Heinemann, 1920-20.

에 이르기까지 끊임없이 제기되어 왔다. 특별히 스토워즈에 의해서 로마서에 나타난 디아트레베가 집중적으로 연구되었다.[53] 그는 바울의 편지들 중에서 로마서가 가장 전형적인 디아트리베의 구조와 양식을 보여준다고 지적한다. 특히 로마서 2장 1–5절, 3장1–9절, 6장1–3절, 9장 14절 그리고 11장 19–20절에서 이러한 수사학적 기법을 집중적으로 발견할 수 있다. 이러한 디아트리베 단락들에서 바울은 '메 게노이토'(*me genoito*)라는 다소 드라마틱한 부정어투를 후렴구처럼 자주 사용한다(3:4, 6; 4:1; 6:1, 15; 7:7; 8:31; 9:14, 30; 11:7). 이 표현은 '되다', '발생하다'로 번역되는 '기노마이'(*ginomai*) 동사의 기원형(optative)이 부정어(*mē*)와 결합되어 '…하지 않기를'이란 강한 부정적 기원의 의미를 낳고 있다.[54] 이러한 절대부정의 선언을 통해 바울은 논쟁 상대자들의 부적절한 주장에 대한 강한 거부를 청중들의 감정(*pathos*)에 호소하고 있다.

이와 같은 바울의 수사학적 전략은 아마도 고전적인 수사학에서 말하고 있는 연설자의 파토스(*pathos*)와 유사하다. 아리스토텔레스(Aristotle)에 따르면, 파토스는 청중의 감정에 호소하여 그들의 주의를 사로잡는 방법을 말한다. 청중들로 하여금 연설자의 주장에 감정적으로 동참하게 만드는 힘이다.[55] 즉 파토스는 "청중들을 효과적으로 설득하기 위하여 변론가가 반드시 알아두어야 할 청중의 심리적 상태 및 성향들을 총칭하

53) S. K. Stowers, *The Diatribe and Paul's Letter to the Romans* (SBLDS 57; Chico, CA: Scholars, 1981)을 참조하라.

54) 차정식, 『로마서』 (대한기독교서회 창립 100주년 기념 성서주석, 서울: 대한기독교서회, 1999), 319.

55) J. Wisse, *Ethos and Pathos from Aristotle to Cicero* (Amsterdam: Hakkert, 1989), 74.

는 것으로 감정이나 정서들로 구성되는 정념(passion)들을 지칭한다."[56] 가령, 바울은 로마서 9장 3절에서 "나는, 육신으로 내 동족인 내 겨레를 위하는 일이면, 내가 저주를 받아서 그리스도에게서 끊어질지라도 달게 받겠습니다"라고 자신의 심경을 격정적으로 토로하고 있는데, 이러한 방식이 바로 파토스의 전형적인 사례라 할 수 있다. 따라서 파토스는 청중과 연설자의 거리를 좁히기 위한 감정적 수단이라고 할 수 있다. 청중들을 연설에 몰입하게 만드는 연설가의 분노와 기쁨 같은 정서적 감정을 의도적으로 방출하는 중요한 정념의 수사학적 기법이라 할 수 있다.[57] 아리스토텔레스는 수사학에서 파토스의 중요성을 매우 강조했다고 한다. 그의 수사학 제2권에는 정념에 대해서 열 장을 할애할 만큼 변론자의 파토스를 중요하게 생각했다.

아리스토텔레스에 따르면 파토스 외에도 청중을 효과적으로 설득하기 위해서 연설가에게 요구되는 두 가지 중요한 요소가 있는데, 그것은 에토스(ethos)와 로고스(logos)이다. 로고스는 아이디어나 연설의 구조, 그리고 연설의 논리적 구성을 의미하는데[58] 반해, 에토스는 청중들로 하여금 연설자의 연설을 진실하게 믿게 만드는 힘이다.[59] 즉 에토스는 청중들을 연설에 몰입하게 만드는 연설가의 동정적인 이미지를 방출하게 하는 중

56) 박성창, 『수사학』(서울: 문학과 지성사, 2000), 48.
57) D. A. Russell, *Greek Declamation* (Cambridge: Cambridge Univesity Press, 1983), 87.
58) B. Mack, *Rhetoric and the New Testament* (*Minneapolis: Fortress Press, 1990*), 35–36; G.W. Hansen, '*Rhetorical Criticism*,' in G.F. Hawthorne & R.P. Martin (eds), *Dictionary of Paul and His Letters* (*Leicester: InterVaristy Press, 1993*), 822.
59) J. Wisse, *Ethos and Pathos from Aristotle to Cicero* (Amsterdam: Hakkert, 1989), 74.

요한 수사적 기법이다.[60] 이 때문에 아리스토텔레스는 연설가들이 청중들에게 자신의 도덕적 성격을 입증할 수 있도록 '엑소디움'(*exordium*, 서언) 안에서 연설자는 적절한 에토스를 보여야 한다고 충고 한다(*Rhetoric* 1.2.3).

바울이 로마서에서 이렇듯 수사학적 기술들을 빈번하게 사용하고 있는 것은 그의 개인적인 입장과 관련이 있다. 즉 로마의 가정교회(들)는 바울에 의해서 설립되지도 않았으며, 심지어 방문조차 되지 않은 곳이었다. 따라서 로마의 가정교회(들)는 바울의 영향력과는 무관하게 설립되고 운영되었다. 이 때문인지 로마서에서 바울은, 갈라디아서나 고린도서와는 달리 특정한 개인이나 그룹을 직접적으로 거명하면서 논쟁하지 않는다. 이를테면 로마서 2장 1–5절에서 바울은 가상적인 논쟁자들을 등장시켜 로마교회 내부에서 발생한 잘못된 이슈들을 제어한다.

> 그러므로 남을 심판하는 사람이여, 그대가 누구이든지, 죄가 없다고 변명할 수 없습니다. 그대는 남을 심판하는 일로 결국 자기를 정죄하는 셈입니다. 남을 심판하는 그대도 똑같은 일을 하고 있기 때문입니다 (1절). 하나님의 심판이 이런 일을 하는 사람들에게 공정하게 내린다는 것을 우리는 압니다 (2절). 이런 일을 하는 사람들을 심판하면서, 스스로 그런 일을 하는 사람이여, 그대는 하나님의 심판을 피할 수 있을 줄로 생각합니까?(3절) 아니면, 하나님께서 인자하심을 베푸셔서 그대를 인도하여 회개하게 하신 다는 것을 알지 못하고, 오히려 하나님의 풍성하신 인자하심과 너그러우심과 오래 참으

---

60) D. A. Russell, *Greek Declamation* (Cambridge: Cambridge Univesity Press, 1983), 87.

심을 업신여기는 것입니까?(4절) 그대는 완고하여 회개할 마음이 없으니, 하나님의 공정한 심판이 나타날 진노의 날에 자기가 받을 진노를 스스로 쌓아 올리고 있는 것입니다 (5절). (로마서 2:1-5)

이 텍스트는 여러 가지 점에서 그레코-로만의 디아트레베의 전형적인 특징들을 잘 보여준다. 먼저 이 본문이 자리하고 있는 문맥의 성격은 오만하며 잘난체하는 사람들에 대한 일종의 고발과 논쟁이라 할 수 있다. 이 본문의 앞선 단락(롬 1:18-32)과 이후 단락(2:6절 이하)들은 하나님에 관해 오만한 태도를 취하고 있는 사람들에 대한 경고의 분위기 속에서 문맥이 진행된다. 바울은 2장 1절에서 갑자기 2인칭 대명사, 그대(you)를 사용한다. 그리고 사람(*anthrope*)이라는 단어를 사용하여 논쟁 상대자를 호명한다. '오 안트로페(*ō anthrope*)'라는 바울의 호명은 자신의 파토스를 실은 것으로, 디아트리베를 사용하여 로마교회의 청중들에게 정서적 호소하고 있는 것이다. 또한 표준새번역에서 "우리가 압니다"로 번역한 헬라어, 오이다멘(*ōidamēn*)은 청중들에게 공감을 끌어내기 위한 수사학적 표현으로 바울은 3장 19절, 7장 14절, 8장 22절에서 동일한 표현을 쓰고 있다.

로마서 2장 3절에서 바울은 수사학적인 질문 형식을 취하여, 선민으로서 종말의 심판에서 기득권을 점하리라 생각하고 있는 유대 크리스천들의 우월의식을 논박하고 있다. 이는 로마교회 내부에서 이방 크리스천들에 대해 종교적 우월의식을 가지고 있던 이들을 향한 수사학적 반박이라 할 수 있다. 3절 후반부의 "하나님의 심판을 피할 줄로 생각합니까?"라는 바울의 반문은 실제적인 질문이기보다는 논쟁자들을 향한 질책의 성격이 강하게 내포되어 있다. 바울은 그들의 판단과 주장이 잘못되었다는 사실을 전제하고 있다. 4절에 연이어 제기되는 질문은 논쟁자들의 미숙한 생각을 재고시키고 있다. 그리고 5절에서 논쟁자들의 잘못된 생각과 행동을 결론적으로 공격하고 있다. 이러한 바울의 디아트리베 형식은 논쟁이나 대적자들을 공격하기 위해 사용하기보다는 자신의 신학적 논지를 재고하게 하는 교육적 방향으로 사용된다.

이처럼 바울의 저작에는 그레코-로만의 수사학적 흔적이 분명하다. 그럼에도 불구하고 그가 유대적 사상가라는 사실 또한 자명하다. 그러나 이러한 사실이 바울의 사유에 미친 헬라적 영향을 최소화 할 수는 없다. 바울의 사상적 배경을 고려함에 있어 중요한 것은, 유대교냐 헬라문화냐 하는 식의 양자택일적 접근은 바울의 사상을 이해하는데 전혀 도움이 되지 않는다는 것이다. 왜냐하면 바울 당대의 유대교는 이미 3세기에 걸친 헬라화의 과정을 통과한 것이었고, 그의 신학적 메시지 또한 그레코-로만의 컨텍스트 속에서 창출되고 전달된 것이었기 때문이다. 더욱이 팔레스타인의 특수성을 반영한 초기 예수전승(early Jesus tradition)들은 이방 청중들에게 분명 낯선 것이었기에 예수전승의 문화적 변용은 필연적으로 수반되는 현상이다. 바울 자신도 고린도 후서 5장 16절에서 "그러므로 이제부터 우리는 아무도 육신의 잣대로 알려하지 않습니다. 전에는 우리가 육신의 잣대로 그리스도를 알았지만, 이제는 그렇지 않습니다" 라고 말하며, 역사적 예수에 대한 관심보다는 그리스도 예수의 죽음과 부활이 지니는 보편적 의미를 강조한다. 바울은 예수의 십자가와 죽음을 과거의 일회적인 사건으로 소거시키는 것이 아니라, 과거와 미래의 관계를 역전하고 기억과 소망의 관계를 역전하는 새로운 시간 경험인 메시아적 시간, 즉 카이로스(*kairos*)를 구성한다.[61] 이런 점에서 다음과 같은 알랭 바디우(Alain Badiou)의 지적은 개연성을 지닌다.

> 또 이렇게 말할 수도 있을 것이다. 그리스 담론과 유대 담론은 모두 아버지의 담론들이라고 말이다. 그리고 바로 그것이 이 두 담론이 공동체들을(코스모스, 제국, 신 또는 율법에 대한) 복종 형태로 속박시킬 수 있는 이유이다. 오직 아들의 담론으로서 제시되는 것만이 모든 특수주의에서 벗어나 보편적인 것이 될 수 있는 잠재력을 갖고 있다.[62]

따라서 바울의 텍스트들을 너무 이분법적으로, 즉 유대적인 것과 헬라적인 것으로 구분하여 독해하지 말아야 한다.[63] 그보다는 중요한 것은 바울이 유대교라는 특수한 문화에서 배태된 자신의 신념을 그레코-로만 세계의 청중들과 어떻게 효율적으로 대화했는가를 규명하는 문제일 것이다. 더불어 유대교의 그늘에서 탄생한 원시 기독교의 신념체계를 헬라 문화와 대화하며 어떻게 바울이 보편화 시키고 있는가를 주목해야 한다.

---

61) 조르주 아감벤/ 강승훈 옮김 『남겨진 시간』(서울: 코나투스, 2008), 107.
62) 알랭 바디우/ 현성환 옮김 『사도 바울』(서울: 새물결, 2008), 85-86.
63) 바울의 사상적 배경에 관한 최근의 논의에 대해서는 Engberg-Pedersen (eds.), *Paul Beyond the Judaism/Hellenism Divided* (Louisville: Wesyerminster John Knox Press, 2001)을 참조하라.

바울의 편지에 나타난 그레코-로만의 체육 언어들

그레코-로만 사회는 상무(尙武)사회로서 남성미를 과시할 수 있는 체육축전이 상시적으로 열렸다. 호메로스가 전하는 트로이 이야기를 통해 알 수 있듯이, 전쟁과 체육축전을 통해 고대 지중해 세계의 남성들은 자신들의 명예와 존엄을 과시했다. 고대 지중해 사회에서 명예(*τιμή*)는 한 개인의 사회적 지위에 대한 공적인 인정과 밀접한 관련이 있는 항목이었다. 이에 반해 개인의 수치(*αἰσχρός*, *ἀτιμία*)는 사회적 모멸과 배제를 감당해야 하는 것이었다. 고대 그리스와 로마인들의 행동은 당대의 문화적 습속이라 할 수 있는 명예/수치 체계(honor/shame system) 속에서 작동하고 있다.[64] 따라서 전쟁터와 운동경기에서 사회적 명예를 얻기 위해 절실하게 요청되는 정신력들, 즉 절제와 인내 그리고 용맹이라는 항목들이 그레코-로만 사회에서는 주요한 덕목으로 칭송되었다.

바울은 자신의 편지들에서 이러한 미덕들을 빈번하게 자신의 청중들과 독자들에게 요청하고 있다. 크리스천들은 그리스도의 군사와 경주자로서 절제와 인내로 현재의 어려움을 감내하고 승리의 면류관을 얻어야 한다(고전 4:11-13; 9:24-26; 10:31-11.1). 바울은 당시의 올림픽과 이스미안 경기(Isthimian game)와 같은 당시의 체육축전에서 사용되는 경기 용어들과 운동선수들에게 요구되는 강인한 정신자세를 초기 기독교인들

64) Halvor Moxnes, "Honor and Shame" in *The Social Science and New Testament Interpretation*, Richard Rohrbaugh (ed.) (Peabody: Hendrickson Publishers, 1996), 19-40을 참조하라.

위한 윤리적 메타포로 사용하고 있다.[65] 이는 바울의 상징적 우주(symbolic world)[66]를 구성하는 데 있어 그레코-로만의 문화가 유대교와 더불어 주요한 자리를 차지하고 있었다는 사실을 반증한다. 고대 그레코-로만 사회에서는 4년마다 개최되던 올림픽과 더불어, 2년마다 고린도(Corinth)에서 열리는 이스미안 경기가 가장 유명했다. 그리스 도시국가들의 체육축전은 그리스 신들과 밀접한 관련성을 지닌다.[67] 고대 그리스의 도시국가들은 제우스와 포세이돈과 같은 올림푸스 제신들에게 영예(honor)를 돌리기 위해 올림픽과 이스미안 경기 같은 국제적인 체육축전을 경쟁적으로 개최하였다. 올림픽이 제우스와 올림푸스의 신들을 기리기 위해 4년마다 열린 것이라면, 이스미안 경기는 바다의 신 포세이돈을 기리기 위해 2년마다 거행된 대규모 체육축전이었다. 기원전 580년경부터 시작된 이스미안 경기는 고대 올림픽에 버금가는 규모를 자랑했다.

---

65) 바울이 사용하고 있는 그레코-로만 사회의 운동경기 메타포에 대해서는, Roman Garrison, *The Graeco-Roman Context of Early Christian Literature* (Sheffield: Sheffield Academic Press, 1997), 95-104; J. Paul Sampley (ed.), *Paul in the Greco-Roman World* (Harrisburg: Trinity Press International, 2003), 344-363.

66) '상징적 우주 (symbolic universe)'라는 말은 공동체나 문화의 구성원들에 의해서 인지되고 있는 관념적 세계를 지칭하는데 사용되는 사회학적 용어이다. 슬라터에 따르면 '상징적 우주'는 일반적으로 세가지 기능을 한다: (1) 개인을 정당화 한다, (2) 사회와 문화를 정당화 한다, 그리고 (3) '상징적 우주'는 이상적인 인간 사회를 기대하는 사회적 비젼을 나타낸다. '상징적 우주'에 관한 보다 구체적인 논의는 T. B. Slater, *Christ and Community: A Socio-Historical Study of the Christology of Revelation* (Sheffield: Sheffield Academic Press, 1999), pp. 52-3. '상징적 우주'에 관한 사회학적 논의와 정의는 P. Berger & Luckmann, *The Social Construction of Reality: A Treatise in the Sociology of Knowledge* (Garden City, New Tork: Doubleday & Company, 1967), 19을 참조하라.

67) 이스미안 경기에 대해서는 Helmut Koester, *Paul & His World: Interpreting the New Testament in Its Context* (Minneapolis: Fortress Press, 2007), 180-191를 참조하라.

특히 이스미안 경기가 올림픽과 다른 점은 포세이돈의 명예를 기리기 위한 경기였기 때문에, 그의 심벌인 말에 관한 경주가 많았다는 점이다. 특히 전차경주와 승마대회는 이스미안 경기의 백미였다고 전해진다. 바울과 동시대인이었던 디오 크리소스톰(Dio Chrysostom)은 고린도에서 열린 이스미안 경기의 분위기를 다음과 같이 전하고 있다.

> 축제가 시작되면 포세이돈 신전에는 많은 소피스트 철학자들이 몰려들었고 그의 제자들은 시를 낭송하며 서로 자신들의 지식을 과시하였다. 마술사와 점쟁이들은 신기한 요술과 재주로 손님을 끌어 모았고 수많은 장사꾼들은 거리의 가판대에서 온갖 물건을 팔았다. 돼지기름을 온 몸에 바른 선수들은 저마다 승리를 장담했고 경기의 우승자에게는 셀러리로 만든 승리의 면류관이 주어졌다.[68]

이러한 이스미안 게임의 대중적인 분위기와 열기는 그레코-로만 사회에 거주하고 있던 디아스포라 유대인 사회에서도 널리 알져져 있었다. 바울은 50년경에 에베소에서 고린도에 있던 초기 크리스천 공동체에게 편지를 보낸다. 이 편지 속에서 그는 이스미안 경기에서 벌어졌을 운동경기의 이미지와 메타포를 사용하여 크리스천들이 지녀야 할 윤리적 덕목들을 제시한다.

고린도는 그리스 남부에 위치한 항구도시로서, 1세기 그레코-로만 세계에서 가장 번성한 무역항으로 알려져 있다. 바울은 50년경 그리스 선

68) 김성, 『성서고고학 이야기』 (서울: 동방 미디어), 128에서 재인용.

교 여행 중에 아테네를 거쳐 고린도에 머물면서, 이 곳을 그리스 선교의 거점 도시로 활용하고 있었다. 사도행전 18장은 고린도에서의 바울의 활동을 다음과 같이 기록하고 있다.

> 그 뒤 바울은 아테네를 떠나서, 고린도로 갔다. 거기에서 그는 본도 태생인 아굴라라는 유대사람을 만났다. 아굴라는 글라우디오 황제가 모든 유대 사람에게 로마를 떠나라는 칙령을 내렸기 때문에, 얼마 전에 그의 아내 브리스길라와 함께 이탈리아에서 온 사람이다. 바울은 그들을 찾아갔는데, 생업이 서로 같았으므로, 바울은 그들 집에 묵으면서, 함께 일을 하였다. 그들의 직업은 천막을 만드는 일이었다. 바울은 안식일마다 회당에서 토론을 벌이고, 유대 사람과 그리스 사람을 설득하려 하였다. (행전 18:1–4)

바울이 고린도에서 만난 아굴라와 브리스길라라는 유대인 부부는, 로마 황제 클라우디우스(Claudius, 41–54 CE)가 49년, 로마에서 유대인들을 추방 할 당시 그리스 남부의 고린도로 이주해 온 인물들이다. 로마의 역사가, 수에토니우스(Suetonius, 60–140 CE)의 『12황제의 연대기, *The Twelve Caesars*』에는 클라우디우스(Claudius) 황제가 유대인들을 로마에서 추방했다는 기록이 등장한다.[69] 그 이유는 그들이 크레스투스(*Chrestus*)의 선동으로 야기시킨 지속적인 소란이 로마의 치안을 위태롭게 했기 때문이다. 여기서 사용된 *Chrestus*라는 인물은 헬라어의 *Christo*에 대한 잘못된 음역이라는 사실이 최근의 학자들 간에 동의를 얻고 있

69) Suetonius, *The Twelve Caesars* (Penguin Books, 1975), 197.

다.[70] 따라서 수에토니우스의 기록에서 언급된 크레스토의 선동(*impulsore Chresto*)은 예수의 정체를 둘러싸고 로마의 유대 공동체 내부에서 벌어진, 회당에 기반한 보수적 유대인들과 예수를 메시야로 선포했던 초기 크리스천 그룹 간의 갈등으로 이해될 수 있다.

고린도에서의 바울의 선교활동은 브리스가와 아굴라가 중심이 된 가정교회(*ekklēsia*)에서 시작되었다. 천막제조업자(*skēnopoios*)들이었던 바울과 이들 부부의 작업장은 고린도에서의 활동 거점이 되었다.[71] 따라서 그들의 가정교회는 그들과 유사한 업종에 종사하던 상인들과 고객들로 구성되었으며, 천막제조업으로 다른 멤버들에 비해 상대적으로 부유했던 브리스길라와 아굴라는 로마의 크리스천 그룹들의 파트론(patron)으로 활동하였다.[72] 이들 부부가 클라우디우스의 유대인 추방령을 피하여 고린

---

70) 가령 브라운 (R. E. Brown)의 주장에 따르면, 수에토니우스의 황제들의 연대기가 기록되던 2세기 당시에는 흔히 "Christus (Christ)"와 "Christianus (Christian)" 용어들 모두가 종종 "r" 뒤에 "i" 대신 "e"가 쓰여졌다고 주장한다. 더욱이 터툴리안 (Tertullian, *Apol*. 3.5)이나 락탄티우스 (Lactantius, *Inst*. 4.7.5) 같은 초기교부들의 저작에서 크리스찬들이 "Chestianus"로, 그리스도가 "Chrestus"로 종종 잘못 발음되어지고 있다. 이러한 사실로부터 우리는 수에토니우스의 기록에 나타난 "Chrestus"라는 단어가 "Christos"의 잘못된 발음이거나 철자임을 알게 된다. R. E. Brown & J. P. Meier, *Antioch & Rome: New Testament Cradles of Catholic Christianity* (London: Geoffrey Chapman, 1982), 100-1.

71) R. F. Hock, *The Social Context of Paul's Ministry*, (Philadelphia: Fortress Press, 1980), 37-41.

72) 로마서 16장 1-2절에서 바울은 뵈뵈를 로마교회에 천거하고 있다. 이 때 바울은 그녀는 겐그레아 교회의 '후원자 (*prostates*)'라고 소개하고 있는데, 이 때 *prostates*라는 용어는 클라이언트 (client)들에게 경제적 지원이나 정치적 이익을 제공할 수 있는 사람을 의미하는 라틴어의 *patrona*와 바꿔 쓸 수 있는 용어이다. 이러한 점에서 초기 가정교회(들)은 당시 그레코-로만 사회의 주된 사회적 습속 중에 하나인 Patron/client의 관계 속에서 유지되었을 것이다. 로마서 16장에 언급된 인물들은 아마도 로마의 가정교회(들)의 주된 파트론들이었다. 파트론/클라이언트 관계에 대해서는 H. Moxnes,

도에서 정착했을 시기는 갈리오 총독의 통치 시기(50년-51년)를 감안한다면, 사도행전 18장이 보도하는 바울의 고린도 방문 시점은 바로 이스미안 경기를 일년 정도 앞둔 서기 50년 3월경으로 추정된다. 2년마다 열리는 이스미안 체육축전은 보통 2~3개월씩 지속되었기 때문에, 축제에 몰려든 수만명의 관중과 참가자들을 위해 엄청난 양의 차양과 천막이 필요했다. 이러한 수요를 감당하기 위해 바울과 브리스길라와 아굴라 같은 천막업자들은 수개월씩 밤낮없이 일을 해야 했다. 그러나 바울은 단순히 경제적인 목적으로 이스미안 경기로 인한 호황에 편승하지는 않았을 것이다. 선교사 바울로서는 수만명이 몇 달씩 한 곳에 모여드는 이스미안 축제야 말로 자신의 복음을 선전할 호기가 아닐 수 없었다. 바울이 1년 3개월간이나 고린도에 체류한 이유는 이러한 당시의 정황을 충분히 고려한 그의 전략적 선택이었던 것이다. 고린도에서의 성공적 선교활동은 역설적이게도 이방신 포세이돈 덕분이었다고 할 수 있다. 그를 기리기 위한 이스미안 경기가 바울 선교의 기회로 작용했기 때문이다.

따라서 바울이 고린도 교인들에게 보내는 편지 속에서 이스미안 경기를 준비하는 선수들의 고된 훈련과 경주장에서 최선을 다하는 이들의 모습을, 교인들의 신앙을 독려하는 메타포로 사용하고 있는 것은 결코 우연한 일이 아니다. 고린도 전서 9장 25-26절에서 바울은 이스티미아에

'Patron-Client Relations and the New Community in Luke-Acts', in J. Neyrey (ed.), *The Social World of Luke-Acts: Models for Interpretation* (Peabody: Hendrickson, 1991), 241-268; J. H. Elliott, 'Patronage and Clientage', in R. Rohrbaugh (ed.), *The Social Sciences and New Testament Interpretation* (Peabody: Hendrickson, 1996), 144-156을 참조하라.

서 몇 마일 떨어져 있지 않은 곳에 거주하던 자신의 신자들에게, 육상 선수들과 복싱선수들의 경기 이미지에 빗댄 다음과 말로 신앙을 독려하고 있다.

> 경기장에서 달리기하는 사람들이 모두 달리지만, 상을 받는 사람은 하나뿐이라는 것을 여러분은 알지 못합니까? 이와 같이 여러분도 상을 받을 수 있도록 달리십시오 (24절). 경기에 나서는 사람은 모든 일에 절제를 합니다. 그런데 그들은 썩어 없어질 월계관을 얻으려고 절제를 하는 것이지만, 우리는 썩지 않을 월계관을 얻으려고 하는 것입니다(25절). 그러므로 나는 목표 없이 달리듯이 달리기를 하는 것이 아닙니다. 나는 허공을 치듯이 권투를 하는 것이 아닙니다 (26절). 나는 내 몸을 쳐서 굴복시킵니다. 그것은 내가, 남에게 복음을 전하고 나서 도리어 나 스스로는 버림을 받는, 가련한 신세가 되지 않으려는 것입니다. (고린도 전서 9:24-27)

24절의 "경기장에서의 달리기하는 사람들"로 번역된 호이 엔 스타디오 트레콘테스(*οί ἐν σταδίῳ τρέχοντες*)는 명백하게 당시의 올림픽이나 이스미안 경기와 같은 그리스 체육축전의 종목 중에 하나인 트랙을 달리는 경주를 나타낸다. 또한 25절에서 바울은 잠언의 형태로 경기에 나서는 모든 사람들에게 요청되는 덕목으로 절제(*ἐγκράτεια*, self-control)를 강조한다. 바울은 자신의 편지에서 절제라는 항목을 유난히 강조한다. 고린도 전서 7장 9절에서는 정욕을 제어하기 위한 방편으로 절제를 강조한다. 또한 그는 갈라디아서 5장 22절에서, 크리스천들이 고수해야 할 윤리적 항목 중에 절제를 의미하는 엥크라테이(*ἐγκράτεια*)가 제시되고 있다.

한편 고린도 전서 9장 25절에 등장하는 절제는 어떠한 환경에서도 적응할 수 있는 능력과 관계되는, 아우타르케이아(*αὐτάρκεια*), 즉 자족(self-satisfaction)과 밀접한 연관이 있다. 그리스 북부에 있는 빌립보(Philippi) 교회에 보내는 편지에서 바울은 이미 자신이 '자족'을 배웠노라고 말한다. "나는 어떤 처지에서도 스스로 만족하는 법을 배웠습니다." (빌 4:11)

그레코-로만 세계의 운동경기에 수반되는 절제나 인내와 같은 미덕들은 견유학파(Cynic)나 스토익(Stoic) 철학자들의 도덕적 가르침에서도 빈번하게 나타난다. 이들의 가르침 속에서 절제와 자기 연단은 아곤(*ἀγών*) 즉, 운동경기나 싸움에서 요청되는 육체적 단련과 유비된다. 원래 아곤이라는 단어의 기원은 원래 회중이나 모임을 의미하는 것으로부터 유래하였다. 그러나 그리스인들은 이 단어를 올림픽과 같은 체육제전이나 전쟁터의 전투, 그리고 철학적 토론장을 의미하는 것으로 점차 사용하였다. 우리에게 노예 철학자로로 알려진 에픽테투스(Epictetus)는 바울처럼 체육 경기의 메타포를 이용하여 다음과 같이 충고한다.

> 사람이 무엇인가를 아는 일은 어려운 일이다. 결과적으로 어려운 일이 닥칠 때마다 기억하라. 마치 육체를 단련하는 자처럼, 신은 당신을 다부진 젊은이와 겨루게 한다. 누군가는 말할 것이다 '무슨 목적으로?' 그것은 당신이 올림픽의 승자가 될 수도 있다는 것을 의미할 수 있다. 그러나 땀이 없이 이룰 수 없다는 사실이다··· 자신의 겉모습에 신경쓰지 않으려고 훈련하는 사람은 경주장에서 땀 흘리는 진정한 운동선수와 같다. 위대함이란 신성한 과업을 향한 투쟁이다. 그 상급은 왕국, 자유, 평온 그리고 평화이다. 신을 기억하라 당신을 돕기 위해 부르고 당신의 곁에 있을 것이다···신은 당신에게 말한다.

'나에게 증거를 보여 다오. 규칙을 지키려고 애쓰고, 규정된 것을 먹고, 운동을 하고, 너의 트레이너를 따른다는 것을… 이제 신은 너에게 말씀하신다. '이제 경주에 나서서 당신이 무엇을 훈련하고, 어떻게 자신을 단련하였는지를 우리에게 보여라. 얼마나 오랫동안 당신은 홀로 경주할 수 있는가? 이제 당신이 우승할만한 가치가 있는 사람이라는 것을 보일 시간이 되었다.[73]

에픽테투스는 스토익의 철학의 주요한 덕목인 자기 절제와 자족을 강조하기 위한 구체적 사례로 그레코- 로만의 경주장에서 훈련하는 선수들의 이미지를 사용하고 있다. 소크라테스에 따르면 절제(*ἐγκράτεια*)는 모든 미덕의 기초로서, 삶의 모델로서 간주될 수 있는 동시에 이는 모든 경기에 요청되는 태도이다. 크세노폰(Xenophon)은 이렇게 말한다.

나는 가능한 최선을 다하여 좋은 사람으로 살고 싶고, 죽음이 다가 올 때도 그렇게 되도록 노력할 것이다. 나는 당신을 이러한 삶으로 초대하고 싶고, 어떠한 삶의 경주보다 뛰어난 이런 경기에 당신을 참가 시키고 싶다.[74]

이러한 삶의 태도는 바울의 다음과 같은 고백에서도 발견된다. 바울은 빌립보서 3장 12절 이하에서 썩지 않을 면류관을 얻기 위한 자신의 노력을 경기장에서 달리기하는 선수의 이미지로 다음과 같이 생생하게 표현하고 있다.

---

73) Epictetus, *Discourses* 1.24.1–2; 2.18.27–29; 3.10.8; 4.4.30.
74) Xenophon, *Memorabilia* 1.5.4; 1.2.1–2; 2.1.1; 1.2.14

> 내가 이것을 이미 얻은 것도 아니요, 또 이미 목표점에 이른 것도 아닙니다… 나는 그것을 붙들려고 좇아가고 있습니다. 형제자매 여러분, 나는 아직 그것을 붙들었다고 생각하지 않습니다. 내가 하는 일은 단 한 가지입니다. 곧 뒤에 있는 것을 잊어버리고, 앞에 있는 것만을 바라보고, 그리스도 예수 안에서, 하나님께서 위로부터 부르신 그 부르심의 상을 받으려고, 목표를 행하여 달려가고 있습니다.

바울은 고린도 전서 9장 25절에서 이스미안 경기에 참여하는 선수들이 추구하는 상은 썩어 없어질 면류관이라고 말한다. 이에 반해 고린도의 크리스천들이 신앙의 경주를 통해 얻을 것은 썩어 없어지지 않는 면류관이다. 바울은 여기서 일종의 말놀이를 전개하는데, 프탈톤 스템하논(*φθαρτὸν στέφανον*)과 압탈톤 스텝하논(*ἄφθαρτον στέφανον*)의 대조이다. 여기서 압탈톤이라는 말은, 그리스 철학에서 항상 우주에서 영원하게 존속하거나 거주하는 그 무엇을 표현할 때 사용되던 단어였다. 플라톤은 소크라테스의 입을 빌어 물질계에 대조되는 신과 영혼의 불멸성, 즉 압탈톤을 주장한다. 바울에게 영향을 끼친 헬레니즘적 유대교 또한 인간 영혼의 불멸성을 이야기하면서, 이것은 신성에 대한 인간의 참여로 이루어질 수 있다고 보았다. 가령, 헬레니즘의 영향을 강하게 받은 문서로 평가되는 구약 외경문서, 솔로몬의 지혜서 5장 15절은 의인은 영원히 살 것이라고 말한다.

바울과 그레코-로만의 신들

바울이 출생한 다소(Tarsus)는 물론, 그의 선교의 활동무대였던, 에베소, 고린도, 빌립보, 데살로니가와 같은 거점 도시들은 거대한 경기장과 원형극장, 아고라, 로마식의 목욕탕 그리고 다채로운 그리스의 신들에게 바쳐진 수많은 신전들이 즐비하게 늘어선 전형적인 그리스-로마풍의 도시들이었다. 당시 그레코-로만의 도시들은 전통적인 그리스의 폴리스(polis)의 관습에 따라 자신들의 도시들을 수호해 줄 파트론 신(patron gods)들의 신전을 건립하고, 이들에게 바치는 신비제의를 통해 도시의 안전과 풍요를 기원하고 있었다. 그리고 로마로부터 자치권을 얻은 도시들은 로마제국에 대한 충성심 경쟁의 일환으로 황제제의(imperial cult)를 성행시키고 있었다. 바울은 이러한 그리스 신들과 신격화된 로마황제들에 대한 숭배의 열기를 자신이 거쳐 간 그레코-로만의 도시들에서 목도하게 되었을 것이다. 심지어는 이러한 풍조가 자신이 건립한 교회에까지 밀고 들어와 교인들을 교란하고 있었다. 우리는 이러한 장면들을 바울의 편지들에서 빈번히 목격하게 된다. 가령, 고린도 전서 8장과 10장에서는 우리는 이방신들에게 바쳐진 우상의 제물을 먹는 문제에 대해 혼란을 겪고 있는 교인들의 모습을 발견하게 된다. 당시 고린도는 상업의 중심지로 미의 여신, 아프로디테를 위한 거대한 신전이 건립되어 있었고, 그녀를 숭배하기 위해 몰려온 타지 사람들로 흥청 되던 관능의 도시였다. 또한 사도행전 19장은 바울이 에베소에서 아르테미스(Artemis) 여신 때문에 곤욕을 치룬 사건을 보도한다. 아르테미스 신전에 기생하며 신상모형 장사로 이익을 남기던 데메드리오라는 은 세공업자가 바울이 자신에게 손해를 끼치자, 그를 신성모독으로 고발하며 소동을 벌였다. 이처럼 그리스의 신들에 대한 그레코-로만의 도시들의 숭배 열기는 바울의 선교에 직간접으로 영향을 미쳤다. 바울은 복음을 수호하기 위해 그레코-로만의 신들에게 바쳐진 신비제의와 그 사상들과 직접적으로 대결하는 한편, 때로는 이들의 논리를 복음을 변증하기 위해 비판적으로 차용하기도 한다. 예를 들어, 바울은 그리스의 종교적 중심지 아테네에서 아레오바고 법정에서 행한 연설을 통해, 그리스의 다신론을 상대적으로 인정하면서 자신의 복음을 변증하기도 하였다(행 17:22-31).

이처럼 그리스-로마의 신화들을 토대로 당대의 사람들은 자신들의 우주관과 세계관의 기초를 형성하였다.[75] 또한 그리스 신화는 바울 복음의 대상이요, 그의 주요 청중들이었던 이방 크리스천들의 상징적 우주(symbolic universe)의 일부분을 구성하는 것이었다. 따라서 바울의 신학은 유대적 구원의 드라마를 배경으로 구축되었고, 이를 토대로 이방인들의 그리스-로마의 신화적 세계관을 비판적으로 성찰했다.

로마제국은 다종교사회였고, 정치적 위협이 없다면 종교적 관용정책을 유지했다. 바울의 고향 다소는 여타의 그레코-로만의 항구들처럼 다양한 인종들이 거주하고 있었던 소아시아 지방의 대표적인 무역항이었

75) 사도행전 14장 8-18절은 당시 그레코-로만의 주민들이 지녔던 사고방식을 잘 보여준다. 루스드라에서 발을 쓰지 못하는 장애인을 바울이 고치자, 이를 목격한 사람들이 바울을 헤르메스신으로 그리고 바나바를 제우스의 현신으로 생각하고 그들에게 황소를 바치고 헌화하려고 하였다. 이러한 장면은 당시 사람들의 일상적 삶 속에 그리스 신화의 세계관이 얼마나 깊이 침투해 있었는지를 보여주는 단적인 사례이다.

다. 고대의 작가들은 다소 사람들을 해적들, 뱃사람 그리고 미트라스의 숭배자들로 언급하고 있다. 고고학자들은 로마제국이 멸망하기 전까지, 바울의 고향 다소가 바로 미트라스 숭배(Mithras cult)를 가장 열렬히 성행했던 곳이라고 말한다. 미트라스 제의를 맨 처음 다소에 소개한 사람들은 아마도 로마의 군벌, 폼페이의 동방 정벌에 참여했던 그의 군사들이었을 것으로 추정된다. 미트라스 제의는 특히 군대에서 인기가 있었는데, 1세기에 이들 중 대다수는 아시아인이었다.

미트라스 제의는 선과 악, 빛과 어둠의 대립을 강조하는 페르시아의 엄격한 이원론적 신화에서 발원하였다. 미트라스는 원래 페르시아의 빛의 신이다. 이 신화에 따르면 미트라스의 영웅적 인물은 태고의 바위에서 출생하였으며, 결투 중에 하늘의 황소를 죽였다. 그리고 그의 시체가 지상에서 생명을 생산할 수 있는 힘을 부여했다.[76] 미트라교는 남자만을 위한 사교로 발전하였고, 입문자들은 황소의 피로 세례를 받았고, 의식으로 공동식사를 거행했다. 엘버트 벨(Albert A. Bell)은 미트라스교가 당시 사람들에게 인기를 얻은 이유를 다음과 같은 두 가지 점을 들어 설명한다.

> 첫째, 미트라교는 불멸에 대한 열망과 사후의 행복을 충족시켜 주었다. 이러한 약속은 다른 신비 종교에 비해 훨씬 더 분명하게 표현되었다. 둘째, 오늘날의 프리메이슨이나 다른 비밀 단체들처럼 미트라교 의식의 외관이나 생생

76) John Stambaugh & David Balch/ 윤철원 옮김, 『초기 기독교의 사회세계』 (서울: 한국신학연구소, 2000), 189.

한 영상 그리고 입문자들의 진급을 표시하는 인상적인 단계들- 갈가마귀에서부터 태양의 밀사에까지 오르는 여러단계들-은 수많은 사람들에게 매력적이었다. 미트라교는 심지어 다른 신들의 속성과 기능들까지 겸비하기 시작하였다. 특히 태양신, 솔 인빅투스(Sol Invictus)의 속성을 많이 취하였다.[77]

미트라스 제의는 동굴 속에서 거행되었는데, 동굴 벽에는 신성한 황소를 막 죽이려는 신의 그림이 그려져 있었다고 한다. 윌슨(A.N. Wilson)에 따르면, 미트라스 숭배의 가장 특징적인 점은 제의의 입문자들이 희생제사로 받쳐진 황소의 피를 마시거나, 피의 상징적 재현으로서 와인잔을 들이키는 것이었다.[78] 수송아지가 제단에 묶여진 채, 제의적인 방식으로 도살되었고 제단 밑에는 입문자들이 서 있었다. 그들은 제단에서 흘러내린 피로 제의적인 목욕을 해야 했으며, 황소의 피를 그들의 눈과 귀와 콧구멍에 문질렀다. 로마인들은 이것을 마치 다른 제의들의 성스러운 음식과 같이, 타우로볼리움(*taurobolium*)이라고 불렀는데, 이것은 생명과 힘으로의 변화를 상징했다.[79] 미트라스 제의의 참석자들은 피의 목욕으로 확신을 얻었고, 이제 그들은 황소가 지닌 무적의 힘을 지니게 되었다고 생각했다. 바리새파 유대인이었던 바울은 이러한 미트라스 제의에 심한 거부감을 느꼈을 것이다. 왜냐하면 피를 마시는 것은 모세율법이 가장 금기시하는 것이었기 때문이다. 그러나 미트라스 종교의 신자들에게 있어 피를 마시는 것은 생명의 원리를 기념하는 것에 지나지 않았다. 가령,

---

77) 앨버트 벨/ 오광만 옮김, 『신약시대의 사회와 문화』(서울: 생명의 말씀사, 2004), 256.
78) A. N. Wilson, *Paul: the Mind of the Apostle* (London: Pimlico, 1997), 26.
79) *Ibid.*, 25-6.

그리스 신화에 등장하는 헤라클레스(Heracles)는 황소를 살해하는데, 이것은 단지 피를 흘리기 위한 것이기 보다는 생명과 곡식을 풍요케 하는 상징적 행위였다. 즉, 황소 살해는 죽음을 넘어선 새로운 생명의 성장을 상징하는 것이었다.[80)]

따라서 학자들은 미트라스 제의와 헤라클레스 숭배는 상당한 공통점을 지녔을 것으로 추정한다. 아마도 다소의 시민들이 황소와 헤라클레스의 신전 모두를 숭배했을 개연성은 충분하다. 바울처럼 다소에서 태어나고 성장한 아이들은 헤라클레스의 명예를 기리기 위해 열린 거대한 종교축제들로부터 깊은 인상을 받았다. 그레코-로만의 도시들의 특정한 신들에 대한 헌신은 종종 지역적인 특징을 띠었다. 마치 훗날 이탈리아 루르드와 파티마의 성모처럼, 다소에서 성행한 반신 영웅(*theios aner*)[81)] 헤라클레스에 대한 제의는 그곳의 지역적인 성격을 지니게 되었다. 아마도 다소의 헤라클레스는 산단(Sandan)으로 불려지는 농사의 신처럼 재생의 힘을 지니고 있었다. 그러나 디오 크리스소스톰(Dio Chrysostom)은 산단은 일반적으로 헤라클레스 함께 숭배된다고 증언하고 있다. 이러한 제의는 시리아의 아도니스(Adonis), 바벨론의 탐무즈(Thammuz) 그리고 이집

---

80) 로마에서 발견된 미트라스 제의에 관한 대리석 부조에는 시간의 신 아이온이 황도 12궁의 상징에 둘러싸여 있다. 즉 미트라스는 낮과 밤, 계절의 변화와 같은 시간을 주재한 신으로 여겨진다. 지니는 재생과 순환의 의미에 대해서는 조지프 캠벨/ 정영목 옮김, 『신의 가면 III 서양신화』(서울: 까치, 1999), 297-302를 참조하라.

81) 데이오스 아네르(*theios aner*)라는 말은 정상적인 인간의 능력을 초월하는 일을 하는 인물을 지칭할 때 사용되었던 그리스 어이다. 가령, 헤라클레스나 알렉산더 대왕, 그리고 철학자이며 기적을 수행한 신비주의자였던 티아나의 아폴로니우스(Apollonius of Tyana)같은 인물들에게 붙여지는 칭호였다.

트의 오시리스(Osiris)와 같은 지중해의 농경 신들이 보여주는 죽음과 재생이라는 주제를 차용하고 있다.[82]

다소에 살던 소년 바울은 해마다 가을이면 열리는 축제에서, 농경 신을 태우기 위해 쌓아 놓은 거대한 장작더미들을 보았을 것이다. 이러한 제의의 핵심적인 의미는 여름 햇살이 짧아지는 것은 신들이 죽음으로 향하기 때문이고, 그들이 봄에 다시 소생해야 한다는 것을 의미했다. 신들이 소생하는 봄이라는 시기는 유대인들이 유월절(Passover)을 기념하는 절기와 맞아 떨어진다. 다소에서 발견된 비문에는 헤라클레스의 죽음과 그의 하데스(Hades) 여행이 새겨져 있는데, 여기서 그는 신적인 구원자로 간주되고 있다.[83] 다소 사람들은 구속의 신(*theoi soteres*)을 숭배했다. 이러한 이야기로부터, 우리는 헤라클레스를 구세주로 신앙하는 것이 그다지 놀라운 일이 아니라는 사실을 알게 된다. 예를 들어, 에우리피데스(Euripides)의 작품 〈알케스티스(*Alkestis*)〉에서, 헤라클레스는 페르세포네(Persephone)의 '태양이 없는 궁정'을 자원해서 방문하게 된다. 그곳에서 그는 자신의 친구, 아드메투스(Admetus)의 죽은 아내, 알케스티스를 돌려 달라고 하계의 왕, 하데스에게 간청한다. 헤라클레스가 귀환해서 베일에 쌓인 죽은 시체의 모습과 같은 알케스티스를 돌려주는 장면은 그리스 비극 전체를 통해 가장 감동적이고 힘 있는 장면이다. 이 신화의 중심

---

82) Wilson, *Paul*., 6.

83) H. Bohlig, *Die Geistekultur von Tarsus im augustischhen Zeitalter mit Beurteilung der paulinishe Schriften* (Heidelberg, 1913), quoted by H. J. Schoeps, *The Theology of the Apostle Paul in the Light of Jewish Religious History* (London: ET, 1961), 17.

은 죽음이라는 인간의 가장 근원적인 두려움과 영생이라는 근원적인 희망에 있다. 아드메투스는 헤라클레스에게 어떻게 자신의 아내를 어두움에서 빛으로 데려올 수 있었는가를 질문한다. 제우스의 아들, 헤라클레스는 다음과 같이 대답한다. "나는 영혼들의 주인(Lord of Spirits)과 싸웠다." 즉 죽음과 싸웠다는 것이다. 이 비극은 다음과 같은 합창단의 노래로 끝난다. "신들은 다양한 모습으로 자신들을 드러낸다네(*pollai morphai ton daimonion*)."[84)]

이처럼 바울이 성장한 다소는 그리스와 동방의 문화가 만나 형성된 다양한 종교들이 유행하던 도시였다. 어린 시절 목격한 다양한 그리스-로마의 신비제의들은 부정적이든 긍정적이든 그의 신학적 상상력을 자극했을 것이다. 이 때문인지 바울은 나사렛 예수라는 유대 영웅의 죽음으로부터 신화적이고, 원형적인 의미를 그려낼 수 있었다. 바울의 위대성은 예수를 한때 살아 숨 쉬었던 역사적 인물로 아는 것이 아니라, 세례와 성만찬이라는 제의 속에서 영원히 기독교인의 삶 속에 자리할 수 있는 종교적 실재로 만든 것에 있었다. 초기 기독교인들은 "더 이상 한때 살아 숨 쉬었던 예수를 아는 것이 아니라 다른 사람들 속에서 예수를 발견하기도 하고, 성서를 연구하거나 성찬 의식을 치름으로써 그를 만나기도

---

84) Alkestis, II 59, 알케스티스가 죽음에서 돌아오자, 그녀는 지하세계의 신으로 추앙받는다. 그리고 '삼일동안' 말하지 않는다. 인류학자들은 죽음의 사자와 싸운 헤라클레스의 이야기가 원래는 아드메투스와 알케스티스 신화와는 관련이 없는 것으로 생각한다. 그러나 이 이야기는 최소한 기원전 438년부터 형성되었기 때문에 1세기 다소에서는 헤라클레스와 알케스티스 이야기가 결합된 이야기가 유통되고 있었다고 생각해도 크게 무리는 없다. A. M. Dale (ed.), *Euripides' Alcestis* (Oxford, 1954), viii.

했다. 기독교도들은 이 신화가 진실임을 알았다. 역사적 증거가 존재했기 때문이 아니라, 그들 자신이 변화했기 때문이다"[85]

사도행전 19장은 바울이 에베소에서 아르테미스(Artemis) 숭배자들에게 당한 고초를 보도하고 있다. 바울의 성공적인 복음전파는 에베소의 아르테미스 신전에 기생하여 살고 있던 우상제조업자들의 수입을 감소시켰고, 이것이 바울을 무고한 원인이 되었다(행 19:25–29). 로마시대의 지리학자 스트라보(Strabo)에 따르면, 당시 에베소에 건립된 아르테미스의 신전은 세계 7대 불가사의 중에 하나로 간주될 만큼 그 규모와 아름다움을 자랑하고 있었다. 에베소 시민들은 자신들에게 부여된 신전의 수호자(*neōkoros*)라는 칭호를 자랑스러워했다(행 19:35). 아르테미스 제의는 일종의 대모(大母) 신 숭배로, 고대 그리스의 농경문화와 깊은 관련 속에서 형성된 것으로 보인다. 그리스 신화가 전하는 아르테미스는 사냥의 여신이다. 그래서인지 그녀는 동물의 여주인공 *Potnia Theron*으로 불릴 만큼 많은 동물과 관련이 있는 여신으로 묘사된다. 기원전에 제작된 그리스의 도기에 그려진 아르테미스는 머리에 초생달을 달고, 어깨에는 날개가 달려 있고, 양손에 동물을 잡고 있는 모습이다. 그녀의 복장은 늘 선정적으로 그려진다. 이것은 그녀가 동물과 자연물의 수호자이자 생육을 증진시키는 애욕의 여신이기 때문이다. 기원전 204년 로마에서 대모신 숭배가 공식적으로 인정이 되면서 봄 축제로서 각광을 받게 된다.[86]

---

85) 카렌 암스트롱/ 이다희 옮김, 『신화의 역사』 (서울: 문학동네, 2005), 117.
86) 헬무트 쾨스터/ 이억부 번역, 『신약성서 배경연구』 (서울: 은성, 1996), 319.

고대 그리스 신화는 처녀 신이었던 그녀를 흠모하다 비참하게 죽은 오리온의 비극적인 사랑 이야기를 전하고 있다.[87)]

아르테미스와 더불어 그리스 신화에 등장하는 대표적인 대모신이 바로 데메테르(Demeter) 여신이다. 그녀는 곡물의 여신으로 땅과 밀접한 관계가 있는 여신이었다. 그녀와 그녀의 딸 페르세포네(Persephone)에 대한 신비제의가 아테네에서 서쪽으로 30킬로미터 거리에 있는 엘류시스(Eleusis)와 지중해 동부 지역에서 성행하였다. 이 신비제의는 농업적 상징으로 가득차 있다. 왜냐하면 데메테르는 곡식의 어머니(Mother of Grain)으로 간주되었기 때문이다. 그녀의 주요축제는 늦가을에 행해지던 테스모포리아(*Thesmorphoria*)라는 일종의 파종제였는데, 대부분의 경우 여자들만 참여할 수 있었다. 이러한 점은 다소에서 성행한 미트라스 제의가 남자들만을 위한 것이었다는 사실과 대조를 이룬다.

그리스 신화에 따르면, 지하의 신 하데스에게 코레-페르세포네라는 딸을 빼앗긴 데메테르는 엘류시스에 도착하여 슬픔에 잠겨 금식에 들어가자, 그 여파로 곡식들은 결실을 내지 못했다. 흉년으로 사람들이 기근으로 고통받자, 제우스가 하데스를 설득하여 그녀의 딸, 페르세포네를 지상으로 돌려보낸다. 그러나 그녀가 먹은 석류알 때문에 일 년의 1/3은 어머니와 함께 보내고 2/3은 지하세계에서 보내야만 했다.[88)] 이 이야기는 고대 농경사회의 파종과 결실의 순환적 질서를 신화적으로 꾸민 것이

---

87) 아르테미스에 관한 이야기는 이윤기 편역, 『그리스 로마신화』 (서울: 창해, 2004), pp. 71-84.

88) 데메테르와 페르세포네에 관한 이야기는 이윤기, *앞의 책*, 117-25 쪽을 참고하라.

라 볼 수 있다.

엘류시스에서 거행된 신비 제의에 입문하려면 '실증', '실행' '서약'과 같은 몇 단계의 과정을 통과하여야 했다. 첫 단계는 입문자들은 제의에 참여하기 전에 새끼 돼지와 함께 바다에서 목욕을 해야만 했다. 두 번째 단계는 가을에 거행되었는데, 정화 의식, 금식, 황홀한 춤과 외침 속에서 아테네에서 엘류시스까지 하루 종일 거룩한 길을 따라 행진해야 했다. 마지막 단계는 한 밤중에 텔레스테리온 안에서 히에로판트(*hierophant*)라고 불리우는 최고 제사장이 입문자에게 빛이 비추어지는 밀 이삭을 보여주는 의식이었다.[89] 이러한 엘류시스의 신비의식은 훗날 미트라스 제의나 카비오로이(*Kabioroi*)와 같은 신비 제의에 큰 영향을 끼쳤다. 바울과 동시에 인물이었던 키케로나 로마의 황제 아우구스투스 같은 이들도 엘류시드 제의에 참석할 만큼 데메테르와 아르테미스를 숭배하는 대모신 경배는 당시의 가장 인기 있는 종교행사였다. 훗날 에베소에서 마리아 숭배가 성행한 것도 이러한 대모신 숭배의 전통과 깊은 관련이 있는 듯하다. 또한 부활절을 지칭하는 영어단어 Easter가 대모를 부르는 아스타르테(Astarte)와 이슈타르(Ishtar)에서 유래되었다는 사실로부터 인류가 지닌 대모신 신앙의 뿌리가 무척이나 유서 깊다는 사실을 깨닫게 된다.

이처럼 바울이 살았던 시대는 신들의 각축장이었다. 고대 그리스의 도시국가들이 알렉산더 대왕과 새로운 지중해의 패권자였던 로마에 의해 해체되는 과정에서도 전통적인 그리스 신들에 대한 제의와 숭배는 그 열

89) 헬무트 쾨스터, *앞의 책*, 297쪽을 참조하라.

기와 위력을 더하여 갔다. 소아시아 지역의 도시들은 로마의 황제숭배가 더하여 지면서, 바울이 방문했던 소 아시아와 아니톨리아의 도시들은 그야말로 거리마다 신전들로 넘쳐났다. 바울의 공동체를 위협했던 외적 요인들은 바로 이러한 분위기였다. 아직도 그리스 신화에 기반한 세계관에서 탈피하지 못한 이방 크리스천들은 예수를 헤라클레스와 같은 인물로, 혹은 데이오스 아네르(*theios aner*)와 같은 그리스의 신인(Divine man)으로 인식하였다.

그리스 신화는 당시 사람들의 상징적 우주를 구성하는 중요한 요소였으며, 신들에 대한 제의를 통해 도시 공동체의 일치와 화합을 도모했다. 초기 기독교인들의 박해의 중요한 이유 중 하나가 바로 그들이 이방제의에 참석하지 않았기 때문이다. 로마와 그리스인들의 눈에는 이러한 행동은 공동체의 분열을 야기하는 무책임한 행동으로 간주되었다.

또한 다신교에 익숙했던 이방인들에게 하나의 신만을 고집하는 유대인들의 유일신 사상은 굉장히 낯선 것이었다. 그리스인과 로마인들에게 있어 종교들은 서로 관용적이었으며, 신자들은 아무런 가책이나 혼란 없이 이 신전에서 다른 신전으로 옮겨 다녔다. 따라서 이러한 그리스-로마의 종교적 습속에 기반하여 이방 크리스천들은 자칫 바울의 복음을 일순간에 오해할 수도 있었다. 훗날 마르시온과 같은 영지주의자들이 바울의 복음을 오인한 것도 이러한 문맥에서 결코 이해하지 못할 바도 아니다.

바울의 사상적 유연성

바울이 마주쳤던 다양한 이방종교와 신들은 1세기 그레코-로만 사회에 거대한 상징적 우주로 작용했다. 당시의 사람들은 그리스 신화가 제공하는 가치관과 세계관 속에서 호흡하며 살아갔다. 비록 자연철학자들의 등장으로 신화에 점차 비판적인 시각을 지니기 시작했지만, 대다수의 사람들은 여전히 신화적인 세계관 속에서 삶의 의미를 추구했다. 신화 속의 영웅들이 자아내는 숭고의 미학에 익숙해 있던 그레코-로만의 도시민들에게 바울이 전한 복음은 실로 '어리석은 일'이었다(고전 1:23). 예수가 보여준, 죽기까지 자신을 낮춘 비천의 미학은 진정 충격 그 자체였을 것이다. 그러나 결국 약함으로 강함을 이길 수 있다는 바울 복음의 역설은, 그의 사후 250년 후 콘스탄틴 황제에 의해 로마의 역사 속에서 입증되었다.

한편 바울은 그레코-로만 세계의 수사학과 운동경기에 등장하는 메타포를 이용하여 고대 지중해 세계에 산재해 있던 자신의 청중들과 소통한다. 그는 디아트리베와 같은 헬라의 수사학적 기술을 이용하여 자신의 신학언어를 더욱 풍부하게 구성했을 뿐만 아니라, 자신의 주장을 수신자 교회에 효과적으로 변증했다. 이러한 사실은 그레코-로만 세계의 청중들과 소통하기 위한 노력의 일환이라 볼 수 있다. 바울은 유대교의 개혁운동으로 시작된 예수운동을 헬라세계에 이식한 장본인이었다. 팔레스타인의 문화적 풍토에서 형성된 예수의 가르침은 헬라의 청중들에게 쉽게 이해될 수 없었다. 바울은 헬라세계의 청중들이 이해할 수 있는 방식으로 예수의 가르침과 그의 사역이 지닌 의미를 창조적으로 변주할 수밖에 없었다. 이 과정에서 다소라는 헬레니즘의 문화권 속에서 성장한 바울의 다문화적 배경이 큰 도움이 되었을 것이다. 또한 바울은 자신의 선교여행을 통해, 토라의 안식일 준수나 할례와 같은 유대교의 종교적 습속이 이방인들을 예수운동으로 불러들이는데 크나큰 문화적 장벽으로 작용한다는 것을 깨달았다. 이러한 장벽을 깨기 위해 바울은 부단히 보수적인 유대 크리스천들과 대화하고 논쟁한다. 사도행전 15장의 소위 예루살렘 사도회의의 합의문은 바울이 이들과의 부단없는 투쟁 속에서 얻어낸 자그마한 결과물이었다. 이 회의를 통해 초기 기독교단들은 "하나님께로 돌아오는 이방 사람들을(유대교 종교관습으로) 괴롭히지 말고, 우상에게 바친 더러운 음식과 음행과 목매어 죽인 것과 피를 멀리하라"는 단서 조항을 첨부하게 된다.

바울은 예수의 죽음과 부활이 지니는 의미를 새롭게 해석한다. 그는 예수의 죽음과 부활이 유대인과 이방인 모두를 위한 하나님의 보편적 사랑을 나타낸다고 해석한다(롬 3:21–22). 십자가 사건의 의미는 유대인과 이방인을 향한 하나님의 의로운 사건이라고 바울은 로마서에서 역설한다. 바울은 유대교적 맥락에 붙들려 있던 '예수'를 그리스 문명과 헬라어에 의해 지배되고 통일되어 있던 그레코–로만 사회로 침투시켜 보편적인 구원자의 이미지를 창출해 냈다. 이로서 예수(*Jeshua*)라는 유대교의 기표는 그레코–로만 세계 속에서 그리스도(*Χριστός*)라는 보편적 기의를 얻게 된다.

고린도 전서 9장 20절에서 바울은 헬라세계에 자신의 신념을 전파하기 위한 부단한 소통의 노력을, 다음과 같은 다소 격정적인 어투로 기록하고 있다. "나는 어느 누구에게도 얽매이지 않은 자유로운 몸이지만, 많은 사람을 얻으려고 스스로 모든 사람의 종이 되었습니다. 유대 사람들에게는 내가 유대 사람을 얻으려고, 유대 사람과 같이 되었습니다… 율법이 없는 사람들을 얻으려고, 율법이 없는 사는 사람과 같이 되었습니다. 믿음이 약한 사람들에게는 내가 약한 사람들을 얻으려고 약한 사람이 되었습니다. 나는 모든 사람에게 모든 모양의 인물이 되었습니다. 그것은 내가 어떻게 해서든지 그들 가운데서 몇 사람이라도 구원하려는 것입니다."

3장

바울의 여성 동역자들

바울이 활동하던 1세기 로마제국은 황제를 파터 파밀리라(Pater Familia)라고 부르며, 가부장 사회의 정점에 위치해 놓았다. 고대 유대 법정에서 여성들의 증언은 법적 효력을 인정 받지 못했고, 산헤드린이라는 유대의 최고 종교 협의체에는 여성들의 참여가 철저히 배제되어 있었다. 이처럼 1세기 그레코-로만 사회에서 여성들의 목소리는 가부장적 위계에 의해 사회적으로 억압당해 왔다. 그런데 바울의 편지에는 여성들의 증언과 활동들이 기록되어 있다는 점에 주목할 필요가 있다. 이런 점은 당대의 가부장적 질서를 생각해 보건대 무척이나 이례적인 일이다. 남성 중심의 역사에서 소거되지 않고 이들의 행적과 이름이 남아있다는 것은, 그만큼 그녀들의 활동이 초기 바울 공동체 내에서 현저했다는 것을 의미한다.

바울은 그리스도의 십자가와 부활 사건을 통해 모든 사람을 향한 차별 없는 하나님의 정의가 선포되었음을 강조했다. 바울은 로마서의 칭의론을 통해 유대인과 이방인 사이의 인종적 차별의 담을 철폐 되었다고 선언했으며, 빌레몬서를 통해 노예와 주인이 형제가 될 수 있음을 알렸다.

또한 바울은 갈라디아서 3장 28절에서 "남자나 여자나 다 그리스도 예수 안에서 하나이다"라고 선포함으로써, 로마제국의 거대한 가부장적 이데올로기에 균열을 내었다.

이번 장에서는 바울서신에 등장하는 여성들의 사회적 활동들을 바울의 신학/윤리적 전망에서 살펴보고자 한다. 사실 바울서신에 나타나는 여성의 역할과 활동에 관한 언급들은 양가적으로, 혹은 모순적으로 나타난다. 가령, 갈라디아서와 고린도 전서에는 여성의 역할과 활동들에 대해 긍정적인 언급과 동시에 부정적인 언사들도 등장한다.

> 남편도 이와 같이 자기 몸을 주장하지 못하고 오직 그 아내가 하나니… 그러나 주 안에는 남자 없이 여자만 있지 않고 여자 없이 남자만 있지 아니하니라. 이는 여자가 남자에게 난 것 같이 남자도 여자로 말미암아 났음이라… 여자는 교회에서 잠잠하라. 그들에게는 말하는 것이 허락함이 없나니 율법에 이른 것 같이 오직 복종할 것이요." (고전 7:3-4, 11:11, 14:32)

> 너희 유대인이나 헬라인이나 종이나 자유인이나 남자나 여자나 다 그리스도 예수 안에서 하나이니라. (갈 3:28)

이러한 상반된 주장들을 이해하기 위해서는 먼저 바울의 수신자 공동체(*ekklēsia*)가 처한 다양한 정황들을 살펴보아야 한다.[90] 다시 말해 여성

---

90) 에클레시아(*ekklesia*)는 원래 고대 그리스 사회에서 가정 공동체, 마을 공동체 또는 다양한 종교 공동체를 지칭하는 데 사용되었다. 신약성서에서 이 단어는 유대교 그룹과 대립되는 참된 하나님의 백성을 나타내는 단어로 초기 기독교도들에 의해 차용되었다. 바울은 이 단어를 현대적 의미의 교회로 사용하기 보다는 그리스도를 믿는 회중

에 관한 비일관적인 언사들의 배후에 자리한 바울 자신의 선교적 의도를 초기 기독교 공동체들이 처해있던 구체적인 삶의 맥락에서 이해하여야 한다. 더불어 바울의 여성 동역자들의 사회적 역할과 활동들을 복원하여 역사 속에서 빼앗겨 버린 그녀들의 자리를 회복해야 한다. 사실 바울을 현대적인 의미에서 여성해방론자로 보기는 어렵다. 그는 2천년 전 고대 유대인이었고, 로마제국이라는 가부장적 세계에서 활동한 조직 운동가였다. 이 때문에 현대적 페미니즘을 바울에게 강제하려는 것은 시대착오적일 수 있다. 그러나 바울의 텍스트는 가부장제에 의해 억압받는 여성들의 권리를 회복시키는데 중요한 성서적 전거로 사용될 수 있는 지점들이 존재한다. 이번 장에서는 바울과 함께 그레코-로만 도시들에 초기 가정교회를 수립한 여성 동역자들의 사회적 역할과 활동을 복원시킴으로써 여성해방의 성서적 모델(prototype)을 제공하고자 한다.[91]

(assembly) 정도로 사용하고 있다. 이 논문에서는 에클레시아를 편의상 공동체로 번역한다. 왜냐하면 바울은 마태와는 달리 이 단어를 체계적인 교회의 의미로 사용하지 않기 때문이다. 에클레시아의 개념에 대해서는, 에케하르트 슈테게만, 볼프강 슈테게만/ 손성현, 김판임 옮김, 『초기 그리스도교의 사회사』(서울: 동연, 2008), 416-420을 참조하라.

91) E. S. 피오렌자/ 김애영 옮김, 『크리스찬 기원의 여성 신학적 재건』(서울: 종로서적, 1986), 55. 피오렌자는 신약성서의 여성해방적 텍스트들을 원형(prototype)으로 사용할 것을 제안한다. 그녀에 따르면 신약성서를 전형(an archetype)으로 상정하는 것은 부적절하다. 왜냐하면 전형은 변함없는 초시간적인 유형을 전제함으로써, 여성억압적인 텍스트들을 고착시키고 역사 비판적 탐구를 진행할 수 있는 해석학적 가능성을 차단하기 때문이다. 따라서 바울서신들에 등장하는 여성에 관한 이야기들을 고정된 신화적 원형이 아니라, 시대에 따라 변화될 수 있는 역사적 전형으로 이해되어야 한다. 이로써 바울의 텍스트들은 여성해방과 같은 새로운 사회적 요구에 대응할 수 있는 적절한 모델과 전거가 될 수 있다.

여성에 관한 바울 윤리가 지닌 특징

여성에 관한 바울의 언급은 단편적이며 간헐적이다. 바울이 활동하고 조직한 교회는 확정된 교리도 건물도 없는 가족 단위로 구성된 가정교회(household Church)였다. 가령 로마서 16장에 등장하는 이름들로 추정해 볼 때, 로마교회는 적어도 4–5가족으로 구성된 소규모의 가정교회들로 구성되었다는 사실을 알 수 있다. 여성 크리스천은 가정교회에서 중요한 역할을 담당했다. 바울은 특정한 여성들의 지나친 행동과 주장들이 교회에서 갈등과 분열을 야기할 때, 윤리적 권면을 제기한다. 바울은 여성에 관한 보편타당한 가르침과 윤리를 구성하려는 의도가 없었다. 그가 남긴 것은 편지라는 상황적인 문건들이었지 체계적인 윤리 지침서가 아니었다. 다시 말해 바울의 텍스트들을 추상적이고 무시간적인인 신학적 이념이나, 보편적인 도덕규범으로 이해될 수 없다는 것이다. 그의 편지들은 구체적인 역사, 사회적 정황들에 대한 목회적 대응으로 쓰여진 것이다. 어차피 바울의 편지들을 통해 그의 기독론, 교회론, 종말론, 성령론, 윤리관 등을 재구성하는 모든 시도들은 필연적으로 후대의 신학적 전망이 투영되기 마련이다. 가령, 종교개혁 이후 바울의 칭의론은 루터리안적 관점에서 채색되었고, 그의 구원론은 장로교의 예정론으로 곧잘 둔갑했다.

바울이 체계적인 신학을 세우려 하지 않았던 것처럼, 그에게서 일관성 있는 윤리관을 기대하는 것 또한 시대착오적일 수 있다. 따라서 바울에게 현대의 페미니즘이 제공하는 체계적인 여성관을 기대하는 것은 부적절하다. 바울의 윤리적 권면이 이미 전제된 어떤 신학적 체계나 보편적인 윤리 규범으로 구획될 수 없다는 사실은, 고린도 전서 7장 1절 이하에서 확인할 수 있다. "너희가 쓴 말에 대하여는." 이처럼 바울서신에 등장하는 윤리적 권고들은 자신의 수신자 교회 공동체 내에서 야기되었던 특수하고도 구체적인 문제에 직면하여 설파된 것이다. 예를 들어, 데살로니가 전서는 파루시아 이전에 죽은 성도들의 문제로 동요하는 교회에 대한 답변이며, 고린도 전서는 다양한 문제로 분열에 직면한 교회에 대한 대응으로 작성된 상황적 문건이다. 이러한 특성들을 고려한다면, 바울의 윤리적 답변들에서 발견되는 특징은 수신자 교회가 직면한 정황에 따라 다소 가변적이라는 것이다. 가령 바울은 고린도 전서 7장에 등장하는 결혼과 독신에 관한 권면에서 율법과 이혼금지 규정들에 얽매이지 않고 각자가 처해있는 정황에 따른 자유로운 선택을 권고하고 있다.[92] 이런 점에서 바울의 윤리적 권면은 묘사(description)이지, 규정(prescription)이라고 볼 수 없다.[93] 바울의 윤리가 지니는 이러한 성격은 오늘날 윤리학 분야에서 상황윤리(situation ethics)가 보여주는 입장과 유사하다. 그러나 바울을 철저한 상황론자로 규정하기에는 주저되는 지점들이 있다. 왜냐하면

---

92) 고린도 전서 7장에 나타난 이혼에 관해서는, Will Deming, *Paul on Marriage & Celibacy: The Hellenistic Background of 1 Corinthians 7* (Grand Rapids: William B. Eerdmans Publishing Company, 2004), 207–219을 참조하라. 한편 고든은 고전 7장의 이혼과 결혼 문제를 인류학적 접근을 통해 해석하는데, 바울은 고린도 교회를 일종의 위사 친족관계(fictive kinship)로 설정했다는 것이다. J. Dorcas Gordon, *Sister or Wife?: 1 Corinthian 7 and Cultural Anthropology* (Sheffield: Sheffield Academic Press, 1997), 178–218을 참조하라.

93) R. Scroggs, *Paul for a New Day* (Philadelphia: Fortress Press, 1977), 63.

바울의 윤리적 권고(imperative)는 그의 신학적 진술(indicative)과 밀접한 관계가 있기 때문이다.[94)]

바울 윤리에 관한 연구들

지금까지 바울 윤리의 신학적 전거를 설명하려는 시도들은 여러 방향으로 진행되어 왔다. 슈바이처(A. Schweitzer)는 바울의 윤리를 그리스도와의 신비적 연합이라는 전망에서 이해하고자 했다. 그에 따르면, 그리스도와 정신적으로 결합한 생활은 윤리적 측면에서 파루시아와 결부되어 임박한 환란과 위기에 대해 독특한 윤리로 나타난다는 것이다.[95)] 즉 슈바이처는 종말론적 전망에서 바울의 윤리를 이미(already)와 아직(not yet) 사이를 살아가는 중간기 윤리로 파악했다. 그러나 이러한 슈바이처의 해석은 바울의 윤리를 개인의 내면적인 종교적 동기로 축소한다. 따라서 바울의 윤리가 지니는 공동체적 성격과 지중해 지역의 다양한 크리스천 그룹들이 처한 사회, 정치적 정황을 간과하고 있다. 최근에 이탈리아의 정치철학자, 아감벤(G. Agamben)은 바울의 중간기 윤리가 지니는 정치적 급진성에 주목한다. 로마서 서문에 관안 주석서에서, 그는 바울이 호스메 어법(*hōs...mē*, 마치…가 아닌 것처럼, 고전 7장 29-31절 참고)을

94) R. Bultmann, *Theology of New Testament vol.1* (New York: Scribner, 1951), 332.
95) A. Schweitzer/ F. C. Burkitt (trans), *Mysticism of Paul, the Apostle* (London: Adam & Charles Black, 1956), 293.

통해 모든 세속적인 법률과 사회적 구분을 상대화 시킨다고 주장한다.[96] 이를 테면 바울이 갈라디아서 3장 28절에서 그리스도 안에서 여성과 남성의 차별이 없다고 선포한 배후에는 이러한 종말론적 세계인식이 자리하고 있다고 볼 수 있다.

한편 슈라게(W. Schrage)는 바울 윤리의 근거와 동기를 두 가지 관점에서 포착하고자 한다. 첫째는, 예수 그리스도 안에서 일어난 하나님의 종말론적 구원의 역사가 바울 윤리의 포괄적 근거로 작용한다는 것이고, 둘째는 성령의 카리스마적인 역사가 바울 윤리의 또 다른 근거라는 것이다.[97] 그러나 슈라게는 바울서신 속에 나타나는 직설법과 명령법 간의 관계를 이상과 실제 또는 이론과 실천 간의 관계로 파악하지 않는다. 그는 바울 신학과 윤리의 상관성을 궁극적으로 종말론적 변증법에 근거를 두고 있는 필요한 역설이라고 주장한다. 이러한 슈라게의 주장의 근거를 고린도 전서에 등장하는 여성에 관한 바울의 역설적인 언사에서 찾을 수 있다. 즉 7장에서 남편과 아내의 결혼에 관한 상호성을 인정하던 바울이 입장을 바꿔 14장에서는, 남편에 대한 아내의 종속성을 언급한다. 이러한 여성에 관한 역설적인 언사를, 슈라게는 종말론적 변증법으로 처리한다. 다시 말해 가부장적 옛 규범과 새 시대의 윤리가 공존하는 불안정한 막간을 바울의 모순적인 여성관에서 발견할 수 있다는 것이다. 이와 유사하게 헤이스(R. Hays)는 고린도 전서에는 성평등에 관한 바울의 불안

96) 조르조 아감벤/ 강승훈 옮김, 『남겨진 시간』 (서울: 코나투스, 2008), 59.

97) W. Schrage, "Ethics in the N.T," *IDB Supple* (Nashville: Abingdon, 1976), 284-286.

한 실험이 드러난다고 주장한다.[98] 예를 들어 고린도 전서 11장 3-16절에서 바울은 남성과 여성에 관한 전통적인 구분선을 보전하고자 애쓰는 가부장적 자세를 드러낸다. 가령 바울은 여자의 머리는 남자이며(3절), 여자는 남자의 영광 (7절)이라는 전통적인 입장을 보여준다. 그러나 11절에서 그는 "주 안에는 남자 없이 여자만 있지 않고 여자 없이 남자만 있지 않다"고 주장한다. 헤이스는 고린도 전서에 등장하는 여성에 관한 모순적인 바울의 태도를 슈라게와 유사하게 변증법적 종말론이라는 전망에서 처리한다.

> 이 문제에서도 바울의 윤리적 입장은, 그의 변증법적 종말론을 통해서 볼 때 비로서 이해가 가능해진다. 남성과 여성은 이미 그리스도 안에서 평등을 누린다. 그러나 아직도 그 평등이 타락한 질서의 모든 제한과 구분을 쓸어버리지는 못했다… 바울에 따르면 시대의 전환점에 서 있는 그리스도인의 소명은, 성령의 자유가 제도와 역할을 변화시키는 것을 알지만 주님이 오셔서 모든 일을 평정하실 것을 기다리면서 결혼 관계와 공동체의 구조 내에서 희생적으로 살아가는 것이다.[99]

그러나 헤이스는 슈라게와 마찬가지로 정태적 관점에서만 바울의 신학과 윤리의 긴장관계를 설정할 뿐, 바울의 윤리가 지니는 역동적인 사회적 차원과 정치적 함의에 대해서는 침묵한다. 바울의 윤리적 언사들은 언제나 공동체를 위한 것이었고, 로마의 가부장적 질서와는 다른 하나님

98) 리처드 헤이스/ 유승원 옮김, 『신약의 윤리적 비전』(서울: IVP, 2002), 101.
99) 헤이스, 『신약의 윤리적 비전』, 101.

의 정의를 구현할 수 있는 대안적 질서에 관심한다. 때문에 타이센(G. Thessen)은 바울의 공동체를 지배했던 에토스를 사랑의 가부장제(love patriarchalism)라고 주장하기도 했다.[100)]

대다수의 학자들은 불트만(R. Bultmann) 이래로 바울의 윤리와 신학간의 관계를 직설법과 명령법으로 간주해 왔다. 그러나 슈넬레(Udo Schnelle)는 이러한 도식에 문제를 제기한다. 그는 이러한 전망으로는 바울의 윤리가 지니는 역동적인 구조를 이해할 수 없다고 비판한다.[101)] 가령 직설법과 명령법 사이의 간극을 메울 수 없다는 것이다. 다시 말해 구원에 관한 진술(신학)이, 곧바로 구원의 실천(윤리)으로 이어질 수 있는가 하는 문제이다. 물론 성령이라는 매개가 직설법과 명령법 사이를 연결할 수 있다고 주장하기도 한다. 그러나 성령이 선물(신학)과 의무(윤리)를 동시에 다 수행할 수는 없는 노릇이다. 따라서 슈넬레는 바울의 신학과 윤리의 관계를 설명하기에는 직설법과 명령법 도식보다는, 변화(transformation)와 참여(participation) 모델이 적절하다고 주장한다. 슈넬레에 따르면, 세례를 통한 그리스도와의 연합은 즉각적으로 크리스천의 윤리적 변화를 수반하게 된다. 예수 그리스도의 죽음과 부활에 동참하는 것은 세례의 행위로만 제한되지 않고, 성령이라는 선물을 통해 세례 받은 크리스천의

---

100) Gerd Theissen, *The Social Setting of Pauline Christianity* (Philadelphia: Fortress Press, 1982). 타이센의 주장은 바울의 공동체에 적용하기에는 무리가 따른다. 왜냐하면 바울의 공동체는 사도만이 권위를 가진 것이 아니라, 고린도 전서에서 볼 수 있듯이, 예언자들, 교사들, 여성들과 같은 다양한 사람들이 가정교회에서 각각의 의견을 개진하며 형성되었던 평등 공동체이기 때문이다.

101) Udo Schnelle/ M Eugene Boring (trans.), *Apostle Paul: His Life and Theology* (Grand Rapids: Baker Academic, 2003), 547-549.

현재와 미래의 삶을 결정하기 때문이다. 비록 슈넬레의 변화와 참여 모델은 바울의 신학과 윤리의 역동적 관계를 포착할 수 있지만, 무엇을 위한 변화와 참여인지를 구체적으로 설명하지 않는다.

한편 퍼니쉬(V.P. Funish)는 바울의 윤리를 세 가지 측면에서 파악한다. 그는 바울의 윤리 속에는 신학적, 종말론적, 그리스도론적 확신들이 자리하고 있다고 본다.[102] 퍼니쉬에 따르면, 첫째, 바울의 윤리는 인간의 삶 전체와 존재 전체가 하나님의 주권적이고, 창조적이며, 귀속적인 능력에 의존해 있다. 둘째, 바울의 윤리는 근본적인 하나님 중심주의와 더불어 철저한 종말론적 지향을 지닌다. 그러나 바울의 종말론이 전적으로 미래적인 것만이 아닌 현재적 차원을 지니고 있다는 점에서, 유대교의 묵시사상의 전통적인 범주를 뛰어 넘는다. 셋째, 바울의 윤리는 그리스도론적 차원을 지닌다.[103] 즉 하나님의 능력에 대한 믿음은 그리스도에게 동참하는 행위에 초점이 맞추어지며, 규정된다는 것이다. 그리스도에게 동참하려는 신앙적 실천은 이른바, 그리스도를 본받음(*imitatio Christ*)이라는 윤리적 행위로 나타난다. 가령, 고린도 전서 11장 1절의 “내가 그리스도를 본받는 자 된 것 같이 너희는 나를 본받는 자가 되라”는 언급이나, 빌립보서 3장 17절의 “형제들아 너희는 함께 나를 본 받으라 또 우리

---

102) V. P. Furnish/ 김용옥 (역), 『바울의 신학과 윤리』 (서울: 대한기독교서회, 1991), 236.

103) 바울의 윤리를 기독론적으로 접근한 대표적인 인물로 요더(John Howard Yoder)를 들 수 있다. 그는 예수의 언행을 개인의 윤리와 영적 삶으로 한정시켜 이해하는 것에 반대하여, 예수의 삶과 실천 속에 함의된 사회 윤리적 성격을 규명한다. 존 하워드 요더/ 신원하, 권연경 옮김, 『예수의 정치학』 (서울: IVP, 2007)을 참조하라.

도 본을 삼은 것 같이 그대로 행하는 자들을 보아라"는 구절들 속에서 '그리스도를 본받음'과 '바울을 본받음(*imitatio Paul*)'의 연속성을 발견한다. 이러한 연속성은 고린도 후서 13장 4절을 통해 파악될 수 있다. 즉 바울이 고난을 받고 사도로서 봉사하는 것은, 그리스도의 구원하시는 죽으심과 부활에 대한 본받음으로 간주되어야 한다는 것이다. 퍼니쉬는 본받음의 주제들을 묶고 있는 두 가지 주제를 다음과 같이 파악한다. 첫째, 겸손하고 이타적인 봉사의 필요성, 둘째, 순종하기 위해 고난을 당하신 그리스도처럼 필연적으로 수반되는 고난의 필요성 등이다. 그러나 퍼니쉬의 주장과는 달리 바울은 예수의 가르침의 전승이나, 역사적 예수의 그 어떤 독특한 품성을 뽑아내어 그것을 본받으라고 말하지 않는다. 가령, 바울은 고린도 전서 7장 12절에서 예수의 명령에 근거하지 않고, 자신의 생각에 따라 다음과 같이 권고한다. "어떤 형제에게 믿지 않는 아내가 있어 남편과 살기를 좋아하거든 그녀를 버리지 말라."

스크록스(R. Scroggs)는 퍼니쉬의 주장에서 한 걸음 더 나아간다. 그에 따르면 바울의 윤리 규범은 의롭다고 인정받은 자로서 바울의 통찰에서 나왔다고 주장한다.[104] 즉 바울의 칭의론이 다양한 윤리적 권고를 가능케 한 신학적 중심이라는 것이다. 어떠한 선행 규범에도 얽매이지 않고, 바울이 공동체의 정황에 따라 윤리적 판단을 내릴 수 있었던 것은,(믿음으로 의롭게 되었다는) 내적인 자신감이 있었기 때문이라는 것이다. 스크록스의 따르면, 바울의 이러한 자신감은 그의 사도적 권위에서 나온 것이

104) R. Scroggs, *Paul for a New Day*, 66.

아니라, 그리스도 안에서 이루어진 하나님의 구원사건을 확신하는 데에서 기인한다. 믿음으로 사는 삶에는 일종의 자기확증(self-authenticating)이 있다는 것이다. 그러나 이러한 주장은 바울의 윤리를 개인의 실존적 확신과 결단이라는 차원에 초점을 맞춤으로써, 인간행위가 지니는 사회윤리적 차원을 간과할 수 있다. 사실 바울의 윤리에 있어 강하게 나타나는 것은 개인을 향한 개별적 권고이기 보다는 공동체를 유지하기 위한 의도를 강하게 지니고 있다. 예를 들어, 고린도 전서에 등장하는 바울의 윤리적 권고들은 공동체의 분열을 막기 위한 목회적 고려에서 나온 것이다. 따라서 바울의 윤리적 권고들은 계약 공동체로서의 크리스천 공동체의 보전을 위한 현실적인 제안들이라 할 수 있다. 가령, 고린도 전서에서 여성들이 수건을 쓰는 문제나(고전 11), 교회 내부에서 여성들의 가르침(고전 14)을 억제하는 문제들은 외부 이방인들의 시선을 고려한 일시적이며 현실적인 제안이지, 보편적인 윤리적 명령이라 볼 수 없다. 한편 스크록스는 바울이 제시한 윤리적 규범에 대한 잘못된 근거 세 가지를 지적한다. 첫째, 바울의 윤리는 구약성서에 근거하지 않았다는 것이다. 로마서 12장 18절에서 인용된 잠언 25장 21-22절이나, 로마서 2장 20-24절에서 인용된 십계명에 관한 언급 속에서 바울은 구약을 자신의 윤리적 근거로 사용하지 않고, 단지 참고 자료로 삼고 있다. 무엇보다 주목할 점은, 바울서신 전체를 통해 구약성서로부터 가져온 윤리적 계명 및 금령이 거의 사용되고 있지 않다는 사실이다. 이러한 경향은 아마도 율법에 대한 바울의 거부와 관련이 있어 보인다. 바울은 윤리적 행위를 율법적 의무로 생각하지 않는다. 그는 그리스도 안에 있는 자유인의 자발적 행위로서 크리스천의 윤리를 생각하고 있다. 때문에 바울은 고린도 전서 9장 19절에서 다음과 같이 토로한다. "내가 모든 사람에게서 자유로우나 스스로 모든 사람에게 종이 된 것은 더 많은 사람을 얻고자 함이라." 즉 바울은 타자를 위해 자신의 자유를 희생할 자유를 말하고 있다. 자신의 자유를 타인을 위해 포기한다는 바울의 언사는, 십자가에서 모든 것을 희생한 그리스도를 삶의 모범(prototype)으로, 즉 윤리적 실천의 모형으로 삼는 것을 의미한다.

둘째, 바울의 윤리적 규범은 역사적 예수의 가르침과는 무관하다. 바울은 자신의 서신 전체를 통해 예수의 가르침에 대해서 의도적으로 침묵하고 있다.[105] 가령, 고린도 전서 7장에서 이혼에 관해 권고하면서, 바울은 예수의 가르침을 암시할 뿐 제대로 언급하지 않는다.[106] 또한 고린도 전서 9장 14절에서도 자신이 예수의 가르침을 알고 있다는 사실을 다음과 같이 암시한다. "이와같이 주께서도 복음 전하는 자들이 복음으로 말미암아 살리라 명하셨느니라." 그러나 바울은 자신의 윤리적 권면들의 권위를 역사적 예수로 소급하지 않는다. 오히려 바울의 명시적인 윤리적 권고들은 역사적 예수와 상당히 다르다. 아마도 전통적인 갈릴리 촌락의 청중들을 배경으로 삼은 예수의 가르침과 그레코-로만의 도시인들을 대상으로 한 바울의 권고는 다를 수밖에 없었다. 스크록스에 주장에 따르면, 예수의 가르침이 또 하나의 율법으로 간주될 우려 때문에 바울이 의

105) 역사적 예수에 관한 바울의 침묵에 대해서는, 정승우, 『로마서의 예수와 바울』(서울: 이레서원, 2008), 159-187을 참조하라.

106) 고린도 전서 7장 10-11절과 마태 5장 32절 또는 마가 10장 5-12절을 비교해 보라.

도적으로 침묵했다는 것이다. 이러한 스크록스의 주장은 역사적 예수와의 관련성 속에서 자신들의 사도적 권위를 높인 예루살렘 사도들과의 경쟁적 갈등관계에 있었던 바울의 정황을 추정해 볼 때 개연성이 있다.[107] 바울은 더 이상 역사적 예수의 가르침에 녹아있던 유대적 도덕율이 그레코-로만의 다양한 문화적 분위기 속에 젖어있던 이방 크리스천들에게 적절하지 않을 수 있다는 생각을 했다. 바울서신에 자주 등장하는 가정법규(household code)는 이러한 바울의 생각을 보여준다.[108]

셋째, 스크록스에 따르면 바울은 헬라철학이나 종교로부터 자신의 윤리적 근거를 가져오지 않았다. 사실 때때로 바울 서신에 등장하는 윤리적 덕목에는 헬라적인 요소들이 포함되어 있다. 앞에서 살펴본 가정법규나, 바울의 수사적 권면에서 우리는 헬레적 영향을 찾아 볼 수 있다. 그러나 바울이 제시한 가정법규는 규정이기보다는 묘사라 볼 수 있다. 그것은 간접적인 것이지, 바울윤리의 근간으로 확정될 수 없다. 고린도 전서 1장 22절에서 바울은 다음과 같이 말하고 있다. "유대인은 표적을 구하고 헬라인은 지혜를 찾으나 우리는 십자가에 못 박힌 그리스도를 전하니."

헤이스(R. Hays) 또한 이전 연구와 비슷하게 바울의 신학과 윤리의 관련성에 주목한다. 그는 바울의 윤리적 비전이 내장하고 있는 3가지 신학

107) 바울과 예루살렘 사도들 간의 권위에 관한 갈등은, Bengt Holmberg, *Paul and Power: The Structure of Authority in the Primitive Church as Reflected in the Pauline Epistles* (Philadelphia: Fortress Press,1980), 15-56을 참조하라.

108) P. H. Tower, "Households and Household Codes," in *Dictionary of Paul and His Letters* (Leicester: InterVarsity Press, 1993), 417-419.

적 틀을 제시한다.[109] 첫째, 바울의 종말론이다. 예수의 죽음과 부활을 통해 바울은 옛 시대의 종말을 고하고 새 시대의 개막을 알리는 묵시적 사건이었다. 고린도 후서 5장에 등장하는 '새로운 피조물'이라는 바울의 말은 유대 묵시사상과 관련이 있다. 헤이스에 따르면, 바울의 이러한 종말론적 전망이 열정적인 과도기 윤리(interim ethic)를 만들어 냈다는 것이다. 예를 들어, 고린도 전서 7장에 나오는 독신생활의 강조는 이런 과도기 윤리와 연관이 있다. 둘째, 바울에게 십자가는 윤리적 삶의 패러다임이다. 빌립보서 2장의 케노시스(*Kenosis*) 기독론이나 로마서 15장 1-3절 등은 자신의 특권을 자발적으로 포기한 그리스도의 순종이 윤리적 모델로 제시되고 있다. 셋째, 교회는 그리스도의 몸이라는 바울의 생각은 공동체 윤리로 확대된다. 바울의 여성차별적인 언사가 집중적으로 드러나는 고린도 전서 11-14장은 공동체의 건덕(edification)과 연관이 있다. 이 단락은 예배 집회에서 여성들의 올바른 기도와 예언의 태도에 관한 문제로 시작하여 끝난다. 피오렌자에 따르면, 바울이 문제 삼은 것은 디오니소스 제의나 시벨레의 제의 같은 신비주의 종교의 여성사제들이 보인 형태와 고린도의 여성 예언자들이 유사하게 보인다는 점이다.[110] 바울은 고린도 교인들의 영적 예배가 외부인들에게 광신적이라는 인상을 줄까봐 염려한 것이다. 바울은 11장 5-6절에서 머리를 풀어헤친 여자들은 차라리 머리를 짧게 깍든지 아예 밀어버리라고 빈정거린다. 고린도 여성 예

109) 헤이스, 『신약의 윤리적 비전』, 48-73을 참조하라.
110) 피오렌자, 『크리스찬 기원의 여성 신학적 재건』, 279-280.

언자들에게 땋지 않고 풀어 헤친 머리는, 그들이 황홀경 속에서 영의 지혜를 받았다는 징표이자 참된 예언의 표징으로 이해되었다.[111] 반면에 바울의 권면은 이러한 열광주의적 황홀 상태를 저지하려는 방향으로 기울어진다. 고린도 전서 14장 12절에서 바울은 영적인 것을 사모하는 자들은 교회의 덕을 세우라고 권고한다. 또한 33절에서 하나님은 무질서의 하나님이 아니라고 말한다. 즉 바울은 교회가 질서 있는 권위 속에서 공동체가 건실하게 세워지는데 관심을 기울인다.

앞서 살펴본 슈바이처, 슈라게, 퍼니쉬, 스크록스, 헤이스 등은 모두 바울의 윤리를 그의 신학과의 연관성 속에서 파악하려고 한다. 윤리적 동기 혹은 근거라는 표현 속에서 알 수 있듯이, 이들은 바울의 윤리를 신학의 종속 변수로 간주한다. 결국 바울의 윤리는 그의 신학의 부산물이라는 생각이 이들의 주장 속에 배여 있다. 그러나 바울은 자신의 신학과 윤리를 매끄럽게 구분하지 않는다.

바울 윤리의 신학적 근거를 찾으려는 대다수 학자들의 시도들은, 바울의 윤리가 지니는 공동체적 함의를 제대로 포착하지 못했다. 대체로 신학적 주제에 함몰된 주장들은 자칫 바울의 윤리가 지니는 공시적 측면을 약화시킨다. 동시에 이러한 주장들은 바울의 윤리가 당대의 그레코-로만의 윤리적 질서를 넘어서는 지점들을 놓쳐버린다. 다시 말해 바울의 윤리가 지니는 사회, 정치적 급진성을 포착하지 못한다. 바울은 역사적

111) 고린도 교회의 여성 예언자들에 관해서는, Antoinettee Clark Wire, *The Corinthian Women Prophets* (Eugene: Wipf and Stock Publishers, 1990), 116-134를 참조하라.

예수운동이 지니는 변혁성을 그레코-로만이라는 변화된 환경 속에서 계승한다. 그는 여성 동역자들과의 적극적인 연대를 통해 그레코-로만의 대도시에 새로운 신앙 공동체들을 건설했고, 유지할 수 있었다.

여성 동역자들의 사회적 활동

바울의 여성관을 평가하기 위해서는 그가 살았던 1세기 그레코-로만 사회가 가부장제에 기초하고 있다는 사실을 상기해야 한다. 당시 유대교와 로마사회는 여성들을 교육하지 않았으며, 공적 의사결정에서 여성들을 철저하게 배제시켰다. 유대교는 여성의 법정증언과 회당에서 가르치는 행위를 엄격하게 금하고 있었다. 유대교 변증가였던 알렉산드리아의 필로(Philo)는, 남자들의 역할은 공적인 도시관리(*politeia*)에 합당하고, 여성들은 가정(*oikiai*)에 한정되어야 한다고 주장했다(Spec. Leg. 3,169). 여성들은 정치적인 대중집회(*ekklēsia*)의 참석이 금지되었고, 미트라스와 같은 종교집회에서도 여성들은 배제 되었다. 여성들에 관한 편견과 편파적인 이미지는 로마의 역사가 타키투스의 저작에서도 발견된다. 그는 로마의 상류 여성들이 "질투심이 많고, 거만하고, 방탕하고 무절제하며 겉으로는 덕망이 있어 보이지만 실제로는 경박하고 아름다운 외모와 달콤한 말로 명예로운 남자를 유혹하려 간통과 이혼에 이르게 한 다음, 다시 더 부유한 남자를 노린다"고 적고 있다.[112)]

---

112) 슈테게만, 『초기 그리스도교의 사회사』, 577.

이처럼 바울이 활동하던 1세기 로마제국은 황제를 정점으로 한 강력한 가부장제 사회였다. 황제를 가족의 아버지(*paterfamila*)로 상정하는 거대한 유사 친족체계가 바로 로마제국이었다. 고대 로마의 가정에서 아버지는 딸의 생사여탈권을 지녔고, 자신의 정치적 입지를 위해 딸을 강제로 이혼시켜 유력자에게 다시 결혼시키는 일도 허다하였다. 로마의 여성들은 자신의 의지보다는 가부장의 의지에 따라야 했고, 항상 남성들의 시각에 의해 강제당하고 지배받았다. 여성들은 단정하게 옷을 입고, 여성적인 몸가짐을 꾸미는 일이 필수적이었다. 당시 그레코-로만 세계의 철학자들이나 유대교의 랍비들은 여성들을 제자로 받아들이지 않았다. 여성은 영혼이 없는 존재로 치부되었고, 공적인 장소에서 여성이 가족이 아닌 다른 사람에게 배움을 청하는 일은 수치스러운 일로 간주 되었다.

바울이 고린도 전서 14장 35절에서 "만일 무엇을 배우려거든 집에서 자기 남편에게 질문하라"는 권유는 당시의 이러한 사회적 습속을 반영한다.[113] 그러나 바울의 이러한 권고를 표면적으로 이해하여, 그를 가부장적 인물로 치부하는 것은 곤란하다.[114] 왜냐하면 고린도 공동체 내부에는 여성들이 실질적으로 기도와 예언 행위들 통해 지도력을 발휘하고 있었

113) 고대 그리스와 로마의 저술가들의 여성에 대한 침묵 명령에 대해서는, 다우첸베르크(외)/ 윤선아 옮김, 『원시 그리스도교의 여성』(왜관: 분도출판사, 1992), 248-255를 참조하라. 스크록스(Robin Scroggs)는 바울을 남성 우월주의자로 보는 견해를 뒷받침하는 주된 증거들은 모두 제2 바울 서신으로부터 온 것이라고 주장하면서, 고린도 전서 14장 34절 이하의 본문은 후대의 삽입이라고 주장한다. Robin Scroggs, *Paul for a New Day* (Philadelphia: Fortress Press, 1977), 46.그러나 현존하는 사본 중에 34-35절이 빠진 것은 없다.

114) 바울의 가부장적 태도에 대해서는 Krister Stendahl, *The Bible and the Role of Women* (Philadelphia: Fortress, 1966)을 참조하라.

기 때문이다. 고린도 전서 11장 5절은 여성들의 이러한 활동들을 전제하고 있다. "여자가 머리에 쓴 것을 벗고 기도나 예언을 하는 자는." 이 구절은 바울이 고린도 교회 여성들에게 이미 남성과 평등하게 대중 앞에서 기도와 예언을 할 수 있다고 가르쳤다는 사실을 암시한다. 이에 대해 요더(J. H. Yoder)는 다음과 같이 지적한다.

> 여성이 예배당에서 발언하기 위해("기도나 예언하기" 위해) 일어날 때 수건을 착용한 채로 있는 것은 바로 다음의 이중적 움직임을 상징적으로 드러내는 행동이 된다. 첫째로, 이는 복음이 여성들에게 가져다준 해방의 효과를 나타낸다. 이제 여성은 아버지나 남편이 이끄는 가족의 일원으로 머무는 수준을 넘어, 직접 일어나 발언할 수도 있고 신앙적인 역할을 맡아 수행할 수 있는 지위를 갖게 된 것이다. 둘째로, 동시에 이는 그녀가 자신에게 특정한 역할을 부여하는 사회의 질서 속에서 이를 수용한다는 것을 나타낸다.[115]

다시 말해, 바울은 공동체의 유익을 위해 여성들의 자발적인 복종을 권고했다는 것이다. 고린도의 여성들이 가부장적 현실의 틀 속에서, 교회의 건덕을 위해 잠시 순응한다는 것이 곧장 그들이 남성보다 도덕적, 인격적 열등하다는 것을 의미하지는 않는다. 그녀들은 빌립보서 2장 5절 이하에 등장하는 그리스도의 자기비하를 자발적으로 본받기 위해 행동을 취한 것이다. 공동체를 위한 자발적 복종은 자유인의 표지일 수 있다. 믹스(W. Meeks)는 바울이 여성들이 고린도 내부에서 남성과 동일하게 성

---

115) 존 하워드 요더/ 신원하, 권연경 옮김, 『예수의 정치학』 (서울: IVP, 2007), 312.

령의 인도를 받아 지도력을 행사하는데 아무런 의문도 제기하지 않았다고 주장한다.[116] 바울은 단지 여성들의 옷차림과 머리모양, 그리고 성별을 구분하는 상징적 관습을 유지해야 한다고 생각했을 뿐이다. 즉 바울은 여성들의 지나친 행동들이 자칫 오해를 불러일으켜, 공동체의 분열을 가져올 수 있다는 우려에서 이러한 목회적 권고를 하고 있다.

이런 점에서 바울이 고린도 전서에서 다루고 있는 윤리적 이슈 가운데 상당부분이 성과 결혼 문제가 차지하고 있다는 것은 놀라운 일이 아니다. 특별히 바울은 고린도 전서 7장에서 성, 결혼 그리고 이혼과 같은 문제들에 관한 고린도 교인들의 질문에 응답하고 있다. 이 때문인지 7장은 질문에 관한 답변의 형식으로 되어 있다. 고린도 교인들에 대한 첫 번째 윤리적 권고가 결혼과 독신의 문제였다는 것은, 고린도 교회 내부에 성적인 문제로 인한 논란이 상당했다는 사실을 간접적으로 반영한다. 바울의 답변을 통해 고린도 교회에 존재했던 두 가지 형태의 극단주의자들의 모습을 재구성해 볼 수 있다. 첫째, 헬라적 이원론의 영향으로 육의 것은 결국 소멸될 것이니 무슨 일도 가능하다고 주장하는 그룹들이 존재했다(고전 6:12, 10:23). 이들은 자유로운 성생활을 그리스도 안에서 얻은 자유의 표시로 받아들였다(고전 5:1-2). 두 번째 부류는 육신의 일을 철저히 무시하고 부부관계마저 금하였던 극단적 금욕주의자들이다(고전 7:1). 바울은 이런 양극단을 조정하고, 현실적 대안을 제공하려고 분투한다. 그

116) W. Meeks, *The First Urban Christianity Christians: The Social World of the Apostle Paul* (New Haven: Yale University Press,1983), 220.

의 최종적 관심은 고린도 공동체의 단합이었다. 고린도 전서 12장에서 교회를 그리스도 몸으로 비유하는 것이나, 13장에서 사랑으로 단합하라고 역설한 것도 이러한 고뇌의 일환이라 볼 수 있다.

고린도 교회가 여타의 바울계 교회보다 복잡다단한, 특히 성적인 문제와 관련된 여러 가지 상황이 노정된 것은 고린도라는 도시의 지역적 특성과 관련이 있다. 당시 고린도는 이방문물이 번창했던 지중해의 대표적인 항구도시였고, 미의 여신 아프로디테와 포세이돈의 신전으로 유명했다. 이러한 도시적 특성 때문에 고린도는 향락산업으로 악명이 높았다. 고린도라는 이름에서 "간통하다"라는 헬라어 동사, 코린디아조마이(*korinthiazomai*)가 생겨날 정도였다.[117] 바울이 고린도 전서 7장, 11장, 14장을 통해 여성들의 무분별한 행태에 대해 엄격하게 발언하고 있는 것은 이러한 환경을 감안한 현실적 조치였다. 때문에 외형적으로 여성의 지위에 대한 바울의 언사는 양가적으로 나타날 수밖에 없었다. 이에 대해 피오렌자는 다음과 같이 지적한다.

> 크리스찬 선교 운동에 있어서의 여성들의 지도권에 대한 바울의 영향은 양면적이다. 한편 그는 크리스찬의 평등성과 자유를 확언한다. 그는 여성들에게 결혼의 속박에서부터 자유하게 머물러 있도록 그들을 고무함으로써 새로운 독립적 삶의 스타일을 열어 놓는다. 다른 한편 그는 결혼에 있어서나 예배 집회에 있어서 여성들의 행동을 크리스찬 선교의 관심사들에 종속시키며, "신령한 자들"뿐만 아니라 "여성들"로서의 그들의 권리를 한정한다. 왜

117) 앨버트 벨/ 오광만 옮김, 『신약 시대의 사회와 문화』(서울: 생명의 말씀사, 2004), 414.

나하면 우리는 예배 집회에서 남성 자체로서의 남성들의 행동에 대한 그러한 분명한 한정들을 발견하지 못하기 때문이다.[118]

바울의 여성관이 당대의 사회적 통념을 넘어섰다는 증거는, 그의 서신에 빈번하게 등장하는 여성 동역자들의 적극적 활동과 긍정적 역할을 통해서도 확인될 수 있다. 로마서 16장에는 바울이 인사를 전하는 8명의 여성 이름이 등장한다. 이들은 로마의 가정교회에서 주도적인 역할을 했던 인물들이었다. 그중에서 가장 먼저 등장하는 인물이 뵈뵈(Phoebe)이다. 로마서 16장 1절에 바울은 이 여성을 다음과 같이 소개한다. "겐그레아 교회의 일꾼(*diakonos*)으로 있는 우리 자매, 뵈뵈를 너희에게 추천하노니…이는 그가 여러 사람과 나의 보호자(*prostatis*)가 되었음이라." 여기 사용된 디아코노스를 흔히 집사로 번역했고, 사도보다 하위의 직분으로 간주되어 왔다. 이러한 편견은 사도행전 6장 서두에 등장하는 구제와 접대를 위해 선발된 7명의 헬라파 유대인들을 집사로 입명하면서 시작되었다. 이들이 사도들에게 안수 받았다는 사도행전 6장 6절의 기록 때문에, 이들의 직분이 사도보다 낮은 집사라는 편견이 생겨났다. 그러나 행전 7장에서 스데반은 사도들과 마찬가지로 기도하고 설교한다. 즉 집사로 일컬어지는 스데반도 사도들과 동일한 역할을 수행하고 있었다. 또한 빌립보서 1장 1절에서도 디아코노스라는 단어가 등장한다. "예수의 종 바울과 디모데는 그리스도 예수 안에서 빌립보에 사는 모든 성도와 또는

---

118) 피오렌자, 『크리스찬 기원의 여성 신학적 재건』, 289–290.

감독들과 집사들(*diakonoi*)에 편지하노니." 이 단락에서 감독들(*episkopois*)과 집사(*diakonois*)들은 어떠한 위계적 구분 없이 나란히 언급된다. 따라서 집사로 번역된 디아코노스는 사도와 동일한 역할을 했던 교회의 일꾼이라 할 수 있다. 뵈뵈는 바울의 편지를 로마교회에 배달하는 단순한 전달자가 아니었다. 그녀는 겐그레아에 있던 가정교회의 지도자로서, 바울에게 선교 위임을 받은 로마교회를 지도하기 위해 파견된 순회 설교자였던 것이다.[119)]

한편, 개역성경이 보호자로 번역한 헬라어, 프로스타티스(*prostatis*)라는 말은 원래 헬라어로 후원자(benefactor)라는 뜻을 지닌다. 이 말은 라틴어, 파트로누스(*patronus*)와 동일한 뜻을 가지고 있다. 영어로는 *minister*(목회자)나 *benefactor*(후원자)에 해당하는 단어이다. 1세기 그레코-로만 사회의 수많은 집단들은 파트로누스(파트론)의 정치적, 경제적 후원으로 유지되었다. 저지(E. A. Judge)에 따르면, 프로스타티스라는 단어는 클라이언트들에게 경제적 지원이나 정치적 이익을 제공해 줄 수 있는 라틴어, 파트로나(*patrona*)와 동일한 용어이다.[120)] 비록 바울이 로마서에서 뵈뵈의 공적인 타이틀을 의도적으로 로마 교인들에게 주지시키기 위해 프로스타티스라는 용어를 의도적으로 사용했는지는 알 수 없다. 그러나 분명한 것은 그녀가 겐그레아에 있는 크리스천 그룹들의 후원자

119) 뵈뵈가 단순한 바울의 심부름꾼이 아니라, 초대 교회의 중요한 사역자라는 주장에 대해서는, 윤소정, "초대교회 목회자 뵈뵈에 대한 여성 신학적 고찰," (한국기독교 신학논총 67집, 2010), 109-115를 참조하라.

120) E. A. Judge, "The Early Christian as a Scholastic Community," *Journal of Religious History* (1960), 128.

(patron)이었다는 사실이다.

당시 로마사회에서 후원자(patron)는 수혜자(client)들에게 제공할 사회적, 경제적 자원을 소유하고 있어야 했다. 이와 반대로 수혜자들은 후원자들에게 충성심과 명예라는 상징적 자원을 제공해야 했다.[121] 파트론/클라이언트 관계라는 로마제국의 습속은 바울 공동체를 조직하고 확산시키는데 매우 요긴하게 작동했다. 가령, 바울의 마케도니아 선교에서는 루디아(Lydia)라는 여성 파트론이 큰 역할을 했다(행전 16:14). 누가는 그녀의 직업을 자색 옷감장사라고 소개한다. 당시의 자색 물감은 금보다 비싼 물품이었다. 로마의 귀족들이나 자색 옷을 입을 수 있었다고 한다. 따라서 루디아는 빌립보 가정교회에 경제적으로 중요한 후원자로 역할을 했다.[122] 피오렌자는 루디아와 같은 여성 후원자의 역할을 다음과 같이 기술한다.

> 가정 교회들이 공동체를 위한 공간, 후원, 실제적 지도권을 제공하는 한 선교운동에 있어서 결정적 요인이었다. 그 가정 교회들은 초기 크리스천들이 주의 만찬을 거행하는 또 복음을 선포한 장소였다… 여성들이 부유한 또 탁월한 개종자들 가운데 있었기 때문에(cf. 행 17:4, 12), 그들은 그러한 가정 교회들의 설립, 유지, 촉진에서 중요한 역할을 행사했다.[123]

---

121) H. Moxnes, "Patron−Client Relations and the New Community in Luke−Act," in J. Neyrey (ed.), *The Social World of Luke−Acts: Models for Interpretation* (Peabody: Hendrickson, 1991), 242.

122) Ben Witherington Ⅲ, *Women and the Genesis of Christianity* (Cambridge: Cambridge University Press, 1992), 215−216

123) 피오렌자, 『크리스찬 기원의 여성 신학적 재건』, 222.

로마서 16장 3절에서, 바울은 브리스가(Prisca)라는 여성을 자신의 동역자(*sunēlgos*)로 소개한다. 사도행전 18장 3절에 따르면, 그녀는 남편 아굴라(Aquila)와 함께 고린도에서 천막을 제조하던 인물이었다. 사도행전 18장 3절은 바울이 이들의 작업장에서 함께 일하며, 회당에서 강론을 하였다고 보도한다. 이들 부부는 원래 로마에서 거주하고 있었는데, 49년 클라우디우스 황제의 유대인 추방령 때문에 고린도로 이주했다.[124] 이들은 바울보다 먼저 고린도에 정착하여 선교활동을 했다. 브리스가와 아굴라는 로마를 떠나 고린도에 체류하는 동안 바울뿐만 아니라 박식한 웅변가 아볼로의 후원자 역할도 하였다. 주후 51년 경 바울이 고린도에서 이들 부부를 천막을 만들던 일터에서 만나 함께 일하며, 큰 도움을 받게 된다. 바울은 고린도의 유대인 회당에서 쫓겨나자, 이들 부부의 가정교회를 근거지로 활동했다(행 18:1-8). 고린도 전서 16장 19절과 로마서 16장 5절은 브리스가의 가정이 교회로 사용되었다는 사실을 보여준다.[125] 바울이 고린도에서 활동할 수 있었던 것은 아마도 브리스가의 후원 덕분이었을 것이다. 로마서 16장 4절에서 바울은 브리스가와 아굴라가 자신을 보호하기 위해 목숨을 내놓았다고 말한다. 또한 이방인의 모든 교회들이 이들 부부에게 감사한다고 적고 있다. 이는 이들 부부가 바울뿐만 아니라, 이방인 교회에 커다란 후원자였음을 암시한다. 사도행전에서는 브리

---

124) 클라우디우스 황제의 유대인 추방령과 로마교회의 사회적 정황에 대해서는 정승우, *앞의 책*, 15-40을 참조하라.

125) Reta Halteman Finger, *A Simulation Paul and the Roman House Churches* (Scottdale: Herald Press, 1993), 33-34.

스가의 이름이 아굴라보다 먼저 언급된다. 이것은 당시의 가부장적 풍토에서 매우 이례적인 것이었다. 이것은 크리스천 공동체 내에서 브리스가의 지도력과 활동이 남편인 아굴라를 능가하였다는 것을 시사한다. 그녀는 예외적으로 바울로부터 '우리의 자매'라는 호칭을 얻고 있다. 피오렌자는 브리스가의 활동이 고린도 공동체의 카리스마적 설교가들과 유사하다고 주장한다.[126] 그런데 고린도 교회에서 활동하던 브리스가의 이름이 로마서 16장에 다시 발견된다. 그녀는 54년경 클라우디우스 황제의 사망과 더불어 유대인 추방령이 해제되자, 남편인 아굴라와 함께 로마로 귀환하여 선교활동을 하고 있었다. 바울은 아마도 이들을 통해 로마교회에 관한 소식을 정기적으로 전해 받았을 것이다. 브리스가는 바울로부터 독립적인, 아니 그보다 앞선 초기 교회의 위대한 선교 일꾼이었다.

브리스가와 더불어 주목되는 바울의 여성 동역자는, 로마서 16장 7절에 등장하는 유니아(*Junia*)이다. 유니아는 전형적인 라틴 여성 이름이다. 그녀는 남편, 안드로니고와 함께 활동한 부부 선교사였다. 바울은 그녀를 자신의 친척(*syngēneis*)이고, 함께 투옥 당했다(*synaichmalotoi*)고 소개한다. 또한 그녀는 자신보다 먼저 크리스천이 되었고, 사도들에게 존경(*episēmos*)을 받는 인물이라고 소개한다. 이러한 간략한 정보를 통해 유니아에 관해 몇 가지 추정을 할 수 있다. 첫째, 친척(kinsmen)이라는 말은, 그녀의 유대적 혈통을 암시한다. 믹스(W. Meeks)는 유니아를 바울과

126) 피오렌자, 『크리스찬 기원의 여성 신학적 재건』, 216.

동향사람으로 길리기아의 다르소 출신이었다고 추정한다.[127] 둘째, 그녀는 바울보다 먼저 크리스천이 되었다. 이 두 가지 사실로부터 바울은 초기 선교 시절부터 유니아에게 커다란 도움과 영향을 받았다는 것을 알 수 있다. 셋째, 그녀는 바울과 함께 로마 당국의 핍박을 당한 적이 있다. 바울은 빌립보와 에베소의 감옥에 투옥된 적이 있었다. 유니아가 바울과 동일한 장소에서 투옥을 당했는지는 명확하지 않지만, 그녀도 선교여행 중에 로마당국으로부터 핍박을 당했다는 사실을 암시한다. 중요한 것은 바울이 그녀에게 특별한 유대감을 표시하고 있다는 것이다. 그녀는 바울의 존경을 받은 여성 지도자 임에 틀림없다. 넷째, 그녀는 사도들로 존경을 받을 만큼 뛰어난 선교 활동가였다. 바울은 그녀에게 찬사를 보낸다. 16장 7절에 등장하는, "에피센모이 엔 토이스 아포스토로이스(*ἐπίσημοι ἐν τοῖς ἀποστόλοις*)"라는 말을 직역하면, "사도들 가운데 가장 뛰어난"이란 뜻이다.[128] 즉 유니아는 사도들로부터 칭송을 받은 뛰어난 여성사도였다는 말이다.

바울의 기준에 따르면 사도가 되기 위해서는 두 가지 조건을 충족해야 했다. 첫째, 부활의 목격자가 되어야 했고, 둘째, 선교의 사명을 위임 받아야 했다. 그러나 누가는 사도의 기준을 바울과 다소 다르게 제시한다. 첫째, 예수의 지상사역에 동참한 인물이어야 했고, 둘째, 부활의 증인이어야만 했다. 유니아는 바울과 누가의 기준을 충족한 인물이었다. 초기

127) 웨인 A. 믹스/ 황화자 옮김, 『바울의 목회와 도시사회』(서울: 대한예수교장로회총회출판국, 1992), 227.

128) Robert Jewett, *Romans* (Minneapolis: Fortress Press, 2007), 963.

기독교 지도자, 크리소스톰(John Chrysostom)은 유니아를 사도들에게 존경을 받을 만큼 공적이 큰 인물로 평가한다.[129)]

이렇듯 로마서에 등장하는 뵈뵈, 브리스가, 유니아와 같은 여성들은 교회의 봉사와 구제만을 담당한 보조적인 인물들이 아니었다. 그녀들은 고린도와 로마의 가정교회에서 후원자로서 혹은 여성사도로서 바울과 동역했던 원시 크리스천 공동체의 지도자들이었다. 사회학자 스타크(Rodney Stark)는 "기독교 여성은 이교도 여성이 사회 전반적으로 누리던 지위보다 상당히 높은 지위를 기독교 하위문화 내에서 누렸다"고 평가한다.[130)] 다양한 통계와 사회학적 통찰을 통해 스타크는 바울 공동체 내에서 여성들이 훌륭한 지도력을 발휘했다고 주장한다. 따라서 뵈뵈, 브리스가, 유니아, 루디아 등과 같은 여성들은 이름은 바울과 함께 기억되어야 할 당당한 '그녀들의 이름'이다.

그리스도 안에서 하나인 남성과 여성

바울의 신학과 윤리의 관계성 문제를 직설법과 명령법으로만 구분하는 시도는 도식적이다. 이 둘의 관계를 상보적 관련성 속에서 역동적으로 이해하는 것이 중요하다. 바울의 신학과 윤리의 관련성에 있어, 상수로 작용하고 있는 것은 그리스도의 십자가와 부활 사건 속에서 이루어진

---

129) *앞의 책*, 963.
130) *로드니 스타크*/ 손현선 옮김, 『기독교의 발흥』 (서울: 좋은씨앗, 2016), 195.

하나님의 공의(the justice of God)라 할 수 있다. 이것은 모든 이에게 공평하게 적용되는 분배적 정의(distributive justice)로 이해될 수 있다.[131] 공동체를 위한 바울의 실천은 이러한 하나님의 정의에 기초한다. 갈라디아서 3장 28절에서 바울이 말하고 있는, "유대인과 이방인, 노예와 주인, 여성과 남성이 그리스도 안에서 하나이다"라는 선언은 단순한 종교적이고 영적인 차원으로만 이해될 수 없다.[132] 이 말에는 하나님의 정의는 인종과 계급과 성적 차별을 용납하지 않는다는 사회, 윤리적 의미가 담겨있다. 이 단락에서 바울은 단순히 여성과 남성의 일치(unity)만을 말하는 것이 아니다. 그는 더 나아가 하나님 앞에서의 여성과 남성의 평등성(equality)을 주장하고 있다. 왜냐하면 이것이 그리스도 사건을 통해 드러난 하나님의 정의이기 때문이다. 그리스도 안에서 여성과 남성의 차별이 없다는 바울의 선언 배후에는, 그리스도 사건으로 도래된 새로운 질서에 관한 종말론적 확신이 자리하고 있다. 바울에게 있어, 그리스도 사건은 옛 질서를 해체하고 메시야적 질서를 도래한다. 바울은 고린도 후서 5장 17절에서 이렇게 선포한다. "그런즉 누구든지 그리스도 안에 있으면 새로운 피조물이라 이전 것은 지나갔으니 보라 새것이 되었도다."

그러나 초기 기독교가 바울과 같은 카리스마적 지도자를 중심으로 한 종파적 분위기(sectarian movement)에서 점차 제도화(institutionalization)되

---

131) 마커스 J. 보그 & 존 도미닉 크로산/ 김준우 옮김, 『첫 번째 바울의 복음』 (서울: 한국기독교연구소, 2010), 219.

132) 갈라디아서 3장 28절에 관한 초대교회의 해석에 관해서는, Pauline Nigh Hogan, "*No Longer Male and Female*" (London: T & T Clark, 2008), 47-121을 참조하라.

어 감에 따라 다시 가부장적 질서의 필요성이 대두된다. 카리스마적인 사도들이 사라진 초기 교회는 이제 제도적 권위로 교회의 질서를 유지할 필요성을 느끼게 되었다. 따라서 교회 외부의 위계적 질서를 점차 수용하면서 가부장적인 사회질서를 모방하기 시작한다. 2세기에 형성된 목회서신은 감독과 장로 그리고 집사와 같은 교회 내부의 서열구조를 보여준다. 남성과 여성에 관한 그레코-로만의 가부장적 지배질서가 교회에서도 수용되는 모습을, 제2 바울서신에 등장하는 여성차별적인 구절들에서 발견하게 된다. 이러한 분위기 속에서 여성들의 급진적 활동들이 억제되면서, 초기에 기록된 바울의 여성에 관한 진보적 견해들이 가부장적으로 채색되거나, 삭제되기 시작한다. 이러한 과정에서 진취적이고 진보적인 초대교회의 여성들이 점차 교회의 역사에서 소거되거나 누락되기 시작한다. 에베소서 5장 21절이나 디모데 전서 2장 12절에 나타나는 여성 차별적 구절들은 이러한 분위기 속에서 등장한 것이었다. 따라서 제2 바울서신이나 목회서신에 등장한 구절들을 토대로 역사적 바울을 여성차별주의자로 몰아세우는 것은 바람직하지 않다. 본격적인 여성해방 운동이 고작 1970년대에 시작되었던 것을 생각해 보면, 2000년 전의 고대인 바울이 벌써 자신의 공동체 안에서 남성과 여성의 평등한 사회적 역할과 권리를 주장한 것은 놀라운 일이다. 한국교회는 이러한 바울의 신앙실천을 전거로 삼아야 한다. 미투운동으로 야기된 억눌린 여성들의 목소리가 시대를 넘어, 바울의 여성들과 힘차게 공명하여 완고한 남성들의 여리고성을 허물기를 기대한다.

4장

로마서 다시 읽기

로마서가 서구사상사에 미친 영향력은 동북아시아에 끼친 공자의 〈논어〉를 비견될 수 있을 것이다. 동북 아시아인들의 가치관과 세계관은 논어에 등장하는 윤리적 코드에 입각하여 작동한다. 한편 로마서는 서구인들에게 죄와 구원의 문제에 관한 실존적 이해와 실천적 각성을 촉구하는 책으로 영향을 미쳐왔다. 4세기 북아프리카 히포의 주교였던 어거스틴은 로마서 12장을 통해 기독교인으로 회심하였고, 그 결과 서구의 교부철학을 개막한 인물이 되었다. 한편 종교개혁을 발화시킨 마틴 루터는 로마서 3장에서 전개되고 있는 "율법의 행위가 아니라, 믿음으로 하나님 앞에 의롭게 된다"는 소위 칭의론(稱義論, justification by faith)단락에서 종교개혁의 신학적 근거를 발견하였다. 계몽주의 시대를 거치면서 서구교회는 로마서를 구원에 관한 교리서로 이해했다. 따라서 로마서가 지닌 다양한 메시지를 종교적으로만 한정시켰다. 이후 이성을 모든 사태와 만물의 척도로 간주한 서구세계는 산업혁명을 통해 과학적 기술이성이 인류의 미래를 가져올 수 있다는 낙관주의에 빠지게 된다. 그러나 도구적인 이성 중심주의는 1차 세계대전이라는 거대한 학살극을 불러왔다. 1차 대전의 폐허 더미에서, 스위스 신학자, 칼 바르트(karl Barth)는 로마서 속에서 당시 서구사회에 만연한 인간 중심적 세계관을 극복할 단서를 발견하였다. 그에 남긴 걸작, 『로마서 주석 1919』은 이렇게 탄생하였다. 카톨릭 교회의 면죄부 판매를 공박할 신학적 근거를 로마서에서 발견한 루터처럼, 바르트도 도구적 이성의 노예가 된 자유주의 신학을 공박할 근거를 로마서에서 찾은 것이다.

이처럼 로마서는 서구 역사에 심대한 영향을 끼친 책이다. 바울의 편지들은 이천년의 시공간을 넘어 진지하게 '오늘'을 살아가는 사람들에게 여전히 영감을 부여해 주는 살아있는 '고전'이라고 할 수 있다. 바울은 도서관에 안주하며 자신의 생각을 한가롭게 가다듬은 학자풍의 인물이 아니었다. 그는 거리의 선교자요, 길 위의 구도자였다. 신약성서에 포함된 바울의 편지들은 대개가 자신이 힘겹게 조직한 그레코-로만 도시에 산재한 가정교회들이 봉착한 문제들을 해결하려는 와중에서 작성된 것이다. 이 때문에 그의 편지들은 상황적이며, 실제적인 성격을 지니고 있다. 관념적으로 간주되어 온 바울의 신학적 논변도 사실 그 배후에는 그가 설립하거나 관계한 교회들이 봉착한 구체적인 문제들과 씨름하는 과정에서 작성된 것들이다. 가령 로마서 3장에 등장하는 칭의론 단락과 14-15장에 등장하는 약한자와 강한자에 관한 권고도 사실은 로마교회 내부에 유대적 유산(율법, 음식법)을 둘러싼 견해 차이로 갈등하고 있던 이방 크리스천과 유대 크리스천들을 화해시키기 위한 의도와 관련이 있다. 이처럼 바울의 신학은 수신자 교회가 직면한 내외적 문제들을 고려하며 이해되어야 한다. 그는 관념적인 신학자가 아니라, 실천적인 선교사였다.

바울은 당시 로마제국이 자신들의 식민지 지배를 용이하게 할 목적으로 건설해 놓은 군사도로와 해상 운송로를 부단히 여행하며 예수의 가르침을 지중해의 대도시에 전파한 인물이었다. 그가 주파한 거리는 1만 마일이 넘는다. 변변한 교통수단도 없던 시대에 예수의 '도(道)'를 전파하기 위해, 헌신한 그의 이력 속에서 우리는 신념에 투철한 한 인물의 열정적인 인생을 감동적으로 목격하게 된다. 로마서는 이러한 활동을 결산하면서 기록된 편지라 할 수 있다. 바울은 고린도에서 로마방문을 앞두고, 이방선교를 둘러싼 자신에 관한 오해와 억측을 해명하기 위해 긴 편지를 쓴다. 그것이 바로 로마서이다. 로마서 배후에는 이 편지를 바울이 쓸 수밖에 없었던 다양한 동기가 자리하고 있다. 바울은 로마제국의 수탈과 기근으로 고통받던 예루살렘 교회를 돕기 위해 오래전부터 마케도니아 교회들을 독려하여 구제금을 준비하고 있었다. 그러나 바울의 반(反)율법적 태도와 이방인을 향한 개방적인 자세에 대해 의구심을 품고 있던 예루살렘 교회는 바울의 후원금을 거절할 우려가 있었다. 만일 예루살렘 교회가 이를 거절한다면 바울이 지금까지 쌓아온 선교활동의 공신력을 상실할 가능성이 있었다. 왜냐하면 예수의 형제, 야고보와 베드로가 포진한 예루살렘 교회는 초대교회의 구심점 노릇을 하고 있었기 때문이다. 바울은 예루살렘 교회와 긴밀한 관계를 지닌 로마교회의 구성원들에게 먼저 자신의 복음의 진정성을 설명할 필요를 느꼈다. 갈라디아서와 달리, 로마서에 율법에 대한 직접적인 공격이 나타나지 않는 것은 이런 이유 때문이다. 이 때문에 저벨(J. Jervell)은 로마서가 사실은 예루살렘 교회를 의식하며 쓴 편지라고 주장한다.[133] 이러한 저벨의 주장은 절반 정도만 맞는 것 같다. 왜냐하면 바울이 직접 예루살렘 교회에 편지를 쓰지 왜 굳이 로마교회에 편지를 썼는가에 대해서는 개연성이 있는 답변을 할 수 없기 때문이다. 그러나 분명한 것은 로마서에는 당대 보수적인 유대 크리스천들이 바울의 복음에 대해 의심스러워할 만한 내용들에 대한 변론들이 등장한다는 것이다. 때문에 로마서는 다른 바울의 편지보다 다소 장황한 수사학적 논변들이 등장한다. 특별히 9-11장은 예수를 메시야로 받아들이지 않은 유대인들의 구원문제를 심층적으로 다룬다. 이 단락은 다른 편지에서는 찾아 볼 수 없는 로마서만의 독특한 것이다. 갈라디아서에서 율법에 대한 격앙된 목소리도 로마서에서는 잦아들고 있다. 로마서의 분위기와 톤도 다분히 외교적이고 수사적이다. 로마서의 행간에는 다른 바울서신에서 엿볼 수 없는 사려 깊은 태도가 배여 있다.

로마서는 바울의 편지 중에서도 가장 차분하게 자신의 생각을 비교적 상세하게 진술한 편지라 할 수 있다. 이 때문에 제임스 던(James Dunn)은 『바울신학』에서 바울의 생각을 체계적으로 재구성하기에는 로마서가 가장 적절하다고 말한다. 어쨌든 로마서는 바울의 편지 중에서 가장 다양한 신학적 이슈들을 다루고 있으며, 수사학적으로도 가장 치밀한 문서라 할 수 있다.

로마서는 전통적으로 바울의 신학적 입장이 총괄적으로 나타난 문헌

---

133) J. Jervell, "the Letter to Jerusalem," in the *The Romans Debate*. (Peabody: Hendrickson Publishers, 1991), 53-64.

으로, 즉 그의 신학적 유고집으로 간주되어 왔다. 또한 종교개혁자 루터의 영향 때문에 1장 16절과 3장 28절에 등장하는 칭의론 단락이 로마서의 중심주제로 이해되었다. 그러나 슈바이처(A. Schweitzer)는 칭의론보다 그리스도와의 연합(in Christ)이라는 주제가 바울의 전체 편지를 관통하는 사상이라고 주장했다.[134] 이후로 로마서의 중심주제에 관한 논란이 끊이지 않았다. 70년대에는 케제만과 베커가 바울의 중심주제는 세상의 어둠의 세력에 관한 하나님의 승리라는 묵시사상적 종말론이라고 주장했다.[135] 이러한 분위기 속에서 로마서의 중심주제에 관한 논란이 스텐달(K. Stendahl)에 의해 재현되었다. 그는 로마서의 중심주제를, 9-11장에 등장하는 이스라엘의 구원문제라고 주장한다.[136] 스텐달에 따르면 바울이 로마서 9-11장에서 갑자기 유대인들의 구원문제를 거론한 것은 로마 교회 내부에 있던 이방 크리스천들의 반(反)유대적 상황과 연관이 있다는 것이다. 사실 로마서 11장에 등장하는 참 감람나무와 돌 감람나무 같은 비유를 바울이 언급한 이유는 이방 크리스천들이 지닌 자유주의적 태도를 지적하고, 교회 내에서 유대인들의 지위를 회복시키려는 의도 때문이

134) A. Schweitzer, *The Mysticism of Paul the Apostle* (Baltimore: The Johns Hopkins University Press, 1998)을 참조하라. 슈바이처의 원작은 1930년대 초반에 출판되어 당시 학계에 큰 방향을 일으켰다. 현대의 바울 연구가 중에서 샌더스가 슈바이처의 주장을 계승하고 있다.

135) Ernst Käseman, *Perspectives on Paul* (Philadelpha: Fortress Press, 1971); *Commentary on Romans* (London: SCM Press, 1980); J. Beker, *Paul, the Apostle: The Triumph of God in Life and Thought* (Philadelphia: Fortress Press, 1980); *The Triumph of God: The Essence of Paul's Thought* (Minneapolis: Fortress Press, 1990)를 참조하라.

136) Krister Stendahl, *Final Account: Paul's Letter to the Romans* (Minneapolis: Fortress Press, 1995).

다. 따라서 로마서 9–11장을 로마서의 부차적인 단락으로 취급한 불트만의 생각과는 달리, 9–11장은 로마서를 집필한 바울의 목적과 긴밀하게 연관되어 있는 중심단락이라고 보아야 한다.

돈프레드는 최근의 로마서 연구가 도달한 5가지 내용을 다음과 같이 지적한다. 첫째, 로마서의 역사적 '삶의 자리'는 로마의 가정교회들 사이의 갈등이다. 둘째, 로마서는 바울의 로마 방문을 위해서 뿐만 아니라, 예루살렘 헌금 지원과 스페인 선교와 같은 다양한 목적을 위해 쓰여졌다. 셋째, 로마서 16장은 후대에 부가된 편집물이 아니라, 원본의 일부이다. 넷째, 로마서에 자주 등장하는 디아트레베(diatribe)는 로마 교회의 역사적 특수성과 긴밀하게 연관하여 이해되어야 할 수사학적 기법이다. 다섯째, 로마서 9–11장은 독립적으로 이해되기 보다는 로마서 전체의 논쟁과 내적인 연관성 속에서 검토되고 해석되어야 한다.[137)]

이처럼 로마서는 로마에 존재한 가정교회들이 봉착한 문제들을 해결하려는 와중에서 작성된 것이다. 로마서 앞부분에 등장하는 다소 긴 신학적 논변(2–11장)도 사실은 로마교회가 봉착한 구체적인 문제들과 깊은 연관이 있다. 로마서가 이해하기 어려운 것은 이 편지를 추상적인 신학 논문으로 읽으려고 하기 때문이다. 로마서를 당시에 벌어진 구체적인 문제상황 속에 위치시킨 채 이해하면 미처 우리가 알지 못했던 바울의 고뇌와 신앙적 지혜를 가름할 수 있게 된다. 가령 로마서 3장에 등장하는

---

137) K. P. Donfried, *The Romans Debate* (Peabody: Hendrickson Publishers, 1991), lxix–lxx.

'칭의론' 단락도 구원에 관한 무시간적 교리가 아니라, 로마교회 내부에 존재했던 배제와 차별의 담을 허물기 위한 의도로 등장하였다는 사실을 깨닫게 된다. 이처럼 로마서에 언급되는 다양한 신학적 언사들도 로마의 가정교회들이 직면한 내외적 문제들을 배경으로 이해되어야 한다. 바울은 지나친 열정으로 동료의 오해와 동족의 비난을 받기도 하였으며, 로마 당국의 박해도 감수해야만 했다. 자신의 신념을 전파하기 위해 바울은 장터와 감옥 속에서도 펜을 놓지 않았다. 로마서는 자신의 신념을 위해 모든 것을 배설물과 같이 여긴 한 인물의 열정적인 삶의 흔적을 보여준다.

로마서에 관한 고정관념

전통적으로 로마서는 일련의 신학논문으로 이해되어 왔다. 가령, 종교개혁의 선구자 마틴 루터(Martin Luther)는 로마서를 "(인간의 선행이나 공로가 아니라) 믿음으로만(하나님 앞에) 의롭게 된다"는 칭의론(稱義論)에 관한 교리서로 읽어 왔다. 이 때문에 그는 '칭의론'에 관한 언급이 없는 〈야고보서〉와 같은 신약문서를 '지푸라기 서신'이라 부르며 낮게 평가하였다. 이러한 루터의 영향력은 후대의 연구에도 영향을 끼쳐 최근까지도 전통적인 연구들은 로마서를 칭의론에 관한 무시간적이고, 추상적인 교리서로 이해하여 왔다. 그러나 최근의 바울 연구는, 그의 편지들을 더 이상 보편적인 신학논문으로 간주하지 않는다. 원래 바울의 편지들은 지중해에 산재한 그레코-로만의 대도시들에 살고 있던 일반 독자들의 신앙을 격려하고 그들에게 옳바른 신앙지침을 주기 위한 구체적인 목적을 지닌 글들이다.

하바드 신과대학 학장을 오랫동안 역임한 스웨덴 출신의 스텐달(K. Stendahl)은 1960년대 초반에 "사도바울과 서구의 내성적 양심"(The Apostle and the Introspective Conscience of the West)이라는 제목의 글을 발표하여 서구인들의 전통적인 바울이해를 뒤흔들어 놓았다. 이 논문에서 그는 서구의 내성적이고 개인적인 바울이해가 하나의 오류임을 지적하고, 바울의 신학은 개인적이기 보다는 공동체적이고, 추상적이기 보다는 구체적인 삶의 맥락에서 이해되어야 한다고 주장하였다. 특히 루터나 멜랑히톤 같은 종교개혁자들에 의해 기독교의 핵심교리 중에 핵심으로 간주되었던, 칭의론이 이방인 개종자들의 권리를 수호하기 위한 구체적이고도 특수한 목적을 위해 제기된 것이라고 주장하였다. 그는 칭의론의 사회-역사적 삶의 자리를 복원시킬 것을 강조한다. 또한 스텐달은 우리가 흔히 죄에 대한 바울의 개인적이고 실존적인 고민의 증거로 자주 거론하는 롬 7:23-23절이 고대인 바울의 생각과는 별 관계가 없다고 주장한다. 즉 프로이드 심리학이 현대인들에게 선사한 개인의 내면적 심리지도는 이 천년전에 살았던 고대인 바울과 무관하다는 것이다. 이러한 스텐달의 연구는 대다수의 바울 연구가 현대적 가치관을 바울에게 강제함으로써, 우리가 얼마나 많은 시대착오적 해석(anachronism)을 범하고 있는지를 생생하게 보여준다.

이처럼 로마서는 기독교의 보편적 교리를 불특정 다수에게 설명하기 위해 기록된 것이 아니라, 바울 자신이 로마제국의 수도에 산재했던 가정교회(household church)내에서 벌어진 구체적이고, 특수한 문제를 해결하려는 의도에서 작성된 상황적 문건(occasional document)으로 이해되어야 한다. 가령, 로마서 13장에 등장하는 납세에 관한 문제는 당시 로마제국의 조세제도에 저항하려던 로마의 급진적인 유대 크리스천들(Jewish Christians)을 제어하려는 목적으로 언급된 것이다. 또한 유대인의 구원을 언급하는 9-11장은 로마서에만 등장하는 독특한 단락인데, 이곳에서 언급되는 돌 감람나무와 참 감람나무의 비유는 유대인과 이방인을 상징한다. 이는 49년 이후 클라우디우스 황제의 유대인 추방령으로 로마교회의 다수를 점하고 있던 이방 크리스천과 소수로 전락한 유대 크리스천의 주도권 다툼을 반영한다. 로마서 14-15장에 등장하는 “믿음이 연약한 자”와 “강한 자”에 관한 바울의 훈계는 유대교의 음식법을 둘러싼 로마교회 내부의 이방 크리스천(Gentile Christian) 그룹과 유대 크리스천 그룹간의 갈등을 배경으로 한다. 이처럼 기독교 복음을 위한 최대의 교리서로 간주되어 왔던 로마서조차 로마교회에서 발생한 ‘강한자’와 ‘약한자’의 갈등을 조정하려는 구체적 의도에서 작성된 ‘편지’라는 것이 최근의 연구를 통해 입증되고 있다. 따라서 그의 편지는 정연한 논리를 따르기보다는 대체로 시급한 사안에 대한 실제적 해답을 제공하기 위해 쓰여진 것이지, 신학적 고담준론을 한적하게 사색하며 토론할 목적으로 작성된 것이 아니다. 이런 까닭에 로마서는 도서관에서 집필된 논문으로서가 아니라, 피와 땀으로 서려 있는 구체적 현장에서 기록된 ‘육필’로 이해되어야 하는 것이다.

로마서의 저술목적

로마서는 57-58년경에 고린도에서 로마에 있는 가정교회들이 보낸 편지이다. 고린도를 저작 장소로 보는 이유는 가장 오래된 로마서 사본들이 고린도를 저작 장소로 명기하고 있기 때문이다. 또한 바울은 로마서 15장에서 자신이 편지를 쓰는 장소로 그리스 지역을 암시하고 있다. 16장에 인사목록에 등장하는 가이오와 에라스도는 고린도에서 바울을 후원하던 인물들이었다. 로마교회는 바울이 직접 세운 교회가 아니었다. 로마서 15장 20-21절에서 바울은 다음과 같이 말한다. "나는 그리스도의 이름이 알려진 곳 말고 알려지지 않는 곳에서 복음을 전하는 것을 명예로 삼았습니다. 나는 남이 닦아 놓은 터 위에다가 집을 짓지 않으려 하였습니다." 이처럼 바울은 로마교회의 창립자가 아니었다. 그래서 그는 설립자의 권위로 로마교회를 치리할 만한 위치에 있지 못했다. 로마교회는 30년대 중반 예루살렘을 방문하여 예수의 동생, 야고보가 주도한 보수적인 크리스천 그룹들로부터 영향을 받은 디아스포라 유대인들에 의해서 설립된 것으로 추정된다. 사도행전 2장 10절에는 오순절 성령강림 사건에 참여한 그룹 중에 '나그네로 머물고 있는 로마 사람'이라는 언급이 등장한다. 또한 사도행전 6장 9절은 로마제국으로부터 자유를 얻은 유대인 해방 노예들을 암시한다.[138] 아마도 이들 중 누군가가 로마교회에

138) 조셉 A. 피츠마이어/ 김병모 옮김, 『앵커바이블 로마서』 (서울: 기독교문서선교회, 2015), 50.

가정교회를 설립한 것으로 볼 수 있다. 바울은 로마교회에 지분이 없었다. 심지어는 한번도 방문한 적이 없었다. 바울은 자신이 방문하지 못한 이유를 다음과 같이 말한다. “내가 여러분에게로 가려고 하였으나, 여러 번 길이 막혔습니다.”(롬 15:22). 이런 이유들 때문에 바울은 로마교회에 별다른 영향력을 행사할 수 없었다. 그러나 바울은 로마교회에 대해서 많은 것을 알고 있었다. 로마제국의 납세문제(롬 13:7)와 믿음이 약한자와 강한자의 갈등(롬 14장), 그리고 로마 교인들에게 보내는 안부 인사(롬 16장) 등. 바울은 로마교회에 관한 정보와 심지어는 많은 교인들과 개인적인 친분을 가지고 있었다. 예를 들어, 16장 3절에 언급되는 브리스가와 아굴라는 고린도에서 선교 동역을 했던 인물들이었다. 그들은 48년 클라우디우스 황제의 유대인 추방령으로 로마에서 고린도로 피신을 왔다. 51년 봄에 이들 부부는 고린도에서 바울을 만나 함께 천막을 만들며 이방인 선교를 동역한 사람들이었다(행전 18:2-4). 이들은 54년 유대인 추방령이 취소되자 로마에 귀환했기 때문에 57년 경에 작성된 로마서에 이들의 이름이 거론된 것이다. 바울은 이들을 통해 로마교회에 관한 정보를 얻은 것으로 추정된다.

바울은 자신의 로마 방문목적을 15장 23-24절에서 다음과 같이 밝히고 있다. “내가 스페인으로 갈때에, 지나가는 길에 여러분을 만나 보고, 잠시동안만이라도 여러분과 먼저 기쁨을 나누려고 합니다. 그 다음에 여러분의 후원을 얻어, 그 곳으로 가게 되기를 바랍니다.” 바울은 에게해를 중심으로 한 동쪽 지역의 선교를 마치고 당시 지중해의 서쪽 끝인 스페인 선교를 마지막으로 자신의 선교 사명을 마감하고 싶어했다. 그는 자신의 소회를 다음과 같이 밝힌다. "나는 예루살렘에서 일루리곤에 이르기까지 두루 다니면서, 그리스도의 복음을 남김없이 전파하였습니다"(롬 15:19). 이러한 진술로부터 바울은 스페인을 선교의 최종지역으로 삼았음을 알 수 있다. 로마서 15장의 분위기로 보아서 바울은 로마를 서쪽 세계에 복음을 전하려는 전초기지로 삼으려고 계획 했던 것 같다(롬 15:24). 따라서 바울의 스페인 선교 계획이 로마서를 쓴 주요한 동기 중 하나가 된다(롬 15:24).

한편, 바울은 로마서 15장 25–26절에서 예루살렘을 방문할 예정이라고 밝힌다. 방문 이유는 마케도니아와 아가야의 교인들이 모은 구제금을 전달하는 것이다. 로마서 15장 31절에서 바울은 로마교인들에게 다음과 같이 부탁한다. "내가 예루살렘으로 가져가는 구제금이 그곳 성도들에게 기쁘게 받아들여지도록 기도해 주십시오." 바울은 자신의 모금한 구제금이 거부될 것을 걱정한다. 만일 예루살렘 교회가 바울의 구제금을 거부한다면, 그것은 바울의 이방선교가 거부되는 것이고, 그의 사도권이 거부당하는 것을 의미했다. 예루살렘 교회의 추인 없이는 바울의 이방선교가 원시 기독교 그룹 내에서 정당화될 수 없었던 분위기를 감지하게 된다. 또한 바울의 구제금에 관한 걱정 배후에는 이방교회가 예루살렘 교회를 모교회로 생각하고 있다는 상황을 시사해 준다. 바울의 구제금은 유대적 크리스천에 대한 이방적 크리스천의 관계를 강화시켜주는 상징이 될 수 있었다. 때문에 바울은 로마서 15장 27절에서 다음과 같이 말하고 있는 것이다. "그들은(이방 크리스천들) 기쁜 마음으로 그렇게 하였습니다. 그들은 정말로 예루살렘 성도들에게 빚을 진 사람들입니다." 바울은 예루살렘에 대한 이방인의 물질적 후원은 신령한 것에 대한 보답으로서의 헌금이지, 동정이 아니라는 사실을 강조한다. 또한 바울은 종말의 때에 이방인들이 예루살렘으로 예물을 들고 몰려든다는 묵시사상적 관점에서 자신의 구제금 전달을 이해하고 있었다.

로마 가정교회의 사회적 정황

로마서는 바울의 개인적 선교상황과 로마교회가 처해있던 다양한 문제들이 씨줄과 날줄처럼 얽혀있는 상황적 문건이다. 비록 바울은 1장과 15장에서 자신이 로마서를 쓴 이유를 직접적으로 밝히고 있지만, 로마서에만 등장하는 단락들, 즉 9–11장(유대인 구원문제), 13장(납세문제), 14–15장(강한 자와 약한 자의 갈등), 16장(가정교회들에 대한 인사목록) 등을 통해 로마교회가 직면한 다양한 문제들을 유추할 수 있다.[139]

주후 49년 클라우디우스 황제의 칙령으로 유대인들이 로마에서 추방된 이후 로마의 가정교회들은 이방 크리스천들을 중심으로 재편되었다.[140] 54년 네로의 즉위와 더불어 추방령이 취소된 후, 브리스길라와 아굴라와 같은 추방된 유대인들이 속속 로마로 귀환했다. 로마서 16장 3절에서 바울은 고린도에서 로마로 귀환한 이들 부부에게 안부를 전한 것으

139) 이승문, "로마교회의 납세문제와 로마제국: 바울이 로마 크리스천들에게 납세를 권면한 이유(롬 13:1–7),"「대학과 선교」27(2014. 12), 39–74를 참고하라.

140) 로마교회의 사회사에 대해서는 정승우, 『로마서의 예수와 바울』(서울: 이레서원, 2008), 15–40을 참조하라.

로 보아, 로마서는 적어도 55년 이후에 기록된 것으로 추정된다. 사도행전 18장 2절은 바울이 고린도에서 아굴라를 만나는 장면을 기술하고 있다. 그는 아내 브리스길라와 함께 클라우디우스의 유대인 추방령으로 로마를 떠나 고린도에서 천막 만드는 일로 생업을 이어가고 있었다. 학자들은 갈리오 비문에 입각하여 이 때를 51–52년경으로 추정된다. 사도행전의 보도에 따르면, 이들은 고린도에서 바울을 함께 천막을 만들다가 에베소로 동행하여 함께 활동 한다(행 18:1–4, 26; 19:1–7, 고전 16:19 참조). 이들 부부는 54년 클라우디우스의 칙령이 취소된 후, 로마로 귀환하여 로마교회의 주요한 구성원으로 다시 활동하게 된다. 이들의 가정교회는 귀환한 유대 크리스천들의 중심거점이 되었다(롬 16:3–5). 그러나 이들은 유대 크리스천들의 공백기에 교회의 주도권을 장악한 이방 크리스천들과 갈등을 겪게 되었을 것이다.

로마서 11장에 등장하는 돌 감람나무와 참 감람나무의 비유와 14–15장에 등장하는 믿음이 약한 자와 강한 자에 관한 바울의 언급은, 이방 크리스천과 유대 크리스천들의 갈등을 암시한다. 바울이 로마교회에 편지를 보낼 어간에는 브리스길라와 아굴라 같은 유대 크리스천들의 입지가 약해졌다는 것을 이들 본문들이 암시한다. 바울은 유대적 유산을 무시하려는 이방 크리스천들의 행태를 감람나무의 비유를 통해 제어하려고 한다. 이러한 바울의 시도를 통해 유추할 수 있는 사실은, 로마서가 쓰여질 어간(주후 56–57년)에는 교회의 지도력이 이방 크리스천들에게 있었다는 것을 암시한다.

또한 가지 얼마가 꺾이었는데 돌감람나무인 네가 그들 중에 접붙임이 되어 참감람나무 뿌리의 진액을 함께 받는 자가 되었은즉, 그 가지들을 향하여 자랑하지 말라. 자랑할지라도 네가 뿌리를 보존하는 것이 아니요, 뿌리가 너를 보전하는 것이니라. (롬 11:17-18)

여기서 돌감람나무는 이방 크리스천을, 뿌리는 유대교를 상징한다. 이러한 비유를 통해 바울이 의도한 바는 명백하다. 즉 그리스도를 통한 구원의 유산은 유대교에 기반한 것임을 이방 크리스천들이 명심하라는 것이다. 이 구절을 통해 바울이 의도하고 있는 바를 톰 라이트는 다음과 같이 지적한다.

이것은 바울이 이미 9:24, 30과 10:4-13절에서 말했던 내용, 즉 이방인들에게는 놀라운 사실이겠지만, 그들이 물려받고 있는 것은 이스라엘에게 약속된 축복들이라는 사실을 표현하는 또 하나의 방식이다. 하지만 사실이 그렇다면, 그들은 그들의 근본을 기억하고, 잠깐 동안 잘려 나간 유대인들을 향해 우쭐대는 일을 삼가야 한다. 그들은 메시야가 누구인지를, 그리고 그에게 완전히 의존하는 존재로서 그들 자신은 누구인지를 기억해야 한다. 예수 그리스도가 이제는 이방인 그리스도인들의 사적인 소유물이어서 그들이 뿌리를 보전하고 있는 것인가? 그렇지 않다. 육체를 따른 이스라엘의 메시아인 그가 그들을 보전하고 있는 것이다.[141]

이미 바울은 4장에서 이스라엘의 선조, 아브라함의 언약을 보편적으로

141) 톰 라이트/ 장용량, 최현만 옮김, 『로마서』 (서울: 에클레시아북스, 2014), 509.

해석함으로써, 이방인들도 아브라함의 유산에 참여할 수 있다고 강조한다. 이러한 언급을 통해 바울은 이방인의 구원이 유대적 유산에 빚지고 있다는 사실을 보여주려고 한다. 사실 바울은 갈라디아 교회에 보내는 편지에서 율법과 할례와 같은 유대적 전통에 대해 부정적인 태도를 보였다(갈 3:11-12). 그러나 로마서에서는 입장이 돌변하여 그리스도를 율법과 할례와 연관시킴으로써 유대적 가치를 이방 크리스천들에게 재고하게 만든다. 이러한 바울의 태도 변화는 로마교회에서 점증되고 있던 반유대적 분위기를 감안하지 않고는 이해하기 힘들다. 아마도 이방 크리스천들은 예수를 그리스도로 받아들이지 않는 유대인들을 향해 하나님이 그들을 버렸다고 조롱했을 것이다(롬 11:1 참조). 이에 대해 바울은 10-11장을 통해 하나님이 이스라엘을 저버린 이유를 설명한다. 그리고 궁극적으로는 이스라엘이 복음을 수용할 것이라고 주장한다. 이처럼 유대적 전통과 가치에 대한 바울의 긍정적 언급 배후에는 로마의 가정교회 내부에서 발생한 갈등과 밀접한 관련이 있다. 그러나 로마교회 내부에서 벌어진 갈등의 내용과 강도에 대해서는 학자마다 의견이 분분하다. 가령, 쥬윗(R. Jewett)은 로마교회 내부에서 발생한 갈등의 양상과 원인을 다음과 같이 분석한다.

> 로마교회에서 발생한 갈등은 보수적인 신학과 급진적인 신학의 대결이었고, 카리스마적 질서와 보수적인 전통의 대결이었으며, 유대교와 이방인의 윤리적 패턴의 차이였다. 또한 종교적 절기에 대한 상이한 태도들 때문에 발생했

다.[142)]

바울은 로마서에서 유대적 유산에 대한 이방 크리스천들의 부정적 태도를 교정할 의도로, 아브라함, 율법, 할례 등이 지닌 구원사적 가치를 옹호한다. 이러한 바울의 태도는 매우 특별한 것이다. 그가 로마서에서 유대 유산에 대한 긍정적 태도는 바울 자신의 개인적인 상황과 로마교회가 봉착한 특수한 문제들과의 연관성 속에서 이해될 수 있다. 자칫 로마교회가 분열을 야기한다면, 앞서 언급한 바울의 선교계획은 걷잡을 수 없이 어긋날 수 있었기 때문이다. 이 때문에 바울은 로마서 14장부터 15장 13절에서 믿음이 연약한 자와 강한 자의 갈등을 지적하고, 상호 이해와 화해를 권면한다.[143)]

사실 이 단락이 실제로 로마교회 구성원들의 문제를 반영하는 것인가에 대해서는 의견이 분분하다. 가령, 라인하르트(F. J. Leenhardt)와 캐리스(R. J. Karris)와 같은 학자들은 이 단락을 고린도 전서 8-10장을 문학적으로 재구성한 것이라고 주장한다.[144)] 따라서 약한 자와 강한 자의 실체를 규명하는 것은 불가능하다고 주장한다. 캐리스는 16장의 안부인사 목록도 후대에 덧붙여진 것으로 추정한다. 이러한 주장에 따르면 로마서

142) R. Jewett, *Romans* (Cokesbury Basic Bible Commentary 22 (Nashville: Graded Press, 1988), 11.

143) 로마서의 강한 자와 약한 자에 관한 국내 학자의 논의는 최선미, "로마서의 약한 자와 강한 자," 「대학과 선교」 36 (2018.04), 107-144을 참조하라.

144) F. J. Leenhardt/ H. Knight (trans), *The Epistle to the Romans: A Commentary* (London: Lutherworth, 1961), 346. R. J. Karris, "Romans 14:1-15:13 and the Occasion of Romans," in K. P. Donfried (ed.), *The Romans Debates*, 84.

는 수신자 교회가 봉착한 문제를 다루기 위한 상황적인 편지가 아니라, 불특정 다수를 향한 무시간적인 문학적 문건으로 처리된다. 그러나 다른 바울의 서신들을 상황적 문건으로 간주하면서, 유독 로마서만을 문학적으로 재구성된 추상적 문건으로 이해하는 것은 설득력이 떨어진다. 따라서 로마서 14-15장에 나타난 믿음이 강한 자와 약한 자에 관한 언급을 문학적인 것으로만 볼 이유는 없다. 오히려 로마의 가정교회 내에서 벌어진 실제적인 정황을 반영한 것으로 보는 것이 더욱 적절해 보인다. 마커스(J. Marcus)는 로마서 14-15장에 언급된 믿음이 약한 자와 강한자들은, 유대의 음식법과 절기 준수를 둘러싼 문제로 갈등을 벌인 이방 크리스천과 유대 크리스천들이라고 지적한다.

> (믿음이) 강한 자 / 약한 자라는 말은 자신들 스스로 강한 자라고 생각한 이방 크리스천들이 만든 용어였다. 이들은 율법으로부터 자유로운 복음을 받아들였다고 생각했다… 유대 크리스천들은 스스로를 할례자라고 불렀고, 그들의 적대자들은 표피가 있는 자(the foreskin)이라고 불렀다. 로마서에서 할례자와 무할례자라는 말은 이러한 사회적 갈등을 반영하는 용어이다. ἀκροβυστία와 περιτομή은 아마도 서로를 향한 경멸적인 단어로 사용되었을 것이다. 이러한 추정은 적절해 보인다. 왜냐하면 유대인들의 할례는 종종 이방인들에게 조롱의 대상이 되었기 때문이다.[145)]

바울이 로마의 가정교회 내부에서 별칭으로 불려지던(믿음이) 강한 자

145) J. Marcus, "The Circumcision and the Uncircumcision in Rome," *NTS* 35 (1989), 74-78.

(ἀκροβυστία)와 약한 자(περιτομή)라는 말을 사용하고 있다는 것은, 그가 로마서를 쓸 당시에 이미 로마교회에서 벌어진 실제적인 갈등 양상을 파악하고 있었다는 것을 의미한다. 로마서 16장에 등장하는 인물들의 존재는 바울이 로마교회 내부 인사와 긴밀한 연락망을 지녔다는 것을 암시한다.

주후 54년부터 로마로 귀환한 유대 크리스천들은 음식법이나 안식일 준수와 같은 유대적 유산과 전통을 무시하는 이방 크리스천들과 갈등을 야기하게 된다. 로마서 14장 2절에 언급되는 "채소만을 먹는 믿음이 약한 자"는 유대의 음식법 때문에 우상의 제물에 받쳐진 고기를 먹지 않는 유대 크리스천을 암시한다. 또한 6절에 나타나는 "이 날을 저 날보다 낫게 여기는 어떤 사람들" 역시 유대의 절기나 안식일을 소중하게 지키는 유대 크리스천을 행태와 관련이 있다. 이처럼 유대적 전통을 둘러싼 이방 크리스천과 유대 크리스천들의 점증하는 갈등과 반목은 로마교회의 전폭적 지원을 갈망했던 바울에게는 매우 난처한 것이었다. 왜냐하면 로마교회의 후원이 없이는 예루살렘 교회를 위한 헌금 전달과 스페인 선교가 성공하기 어려웠기 때문이다(롬 15:23-24, 25-28 참조). 이러한 이유들 때문에 바울은 로마교회가 분열되는 것을 원하지 않았고, 모두가 합심하여 자신의 계획을 지지하기를 기대했다. 따라서 바울은 로마교회 내에서 갈등하고 있던 두 집단, 즉 이방 크리스천들과 유대 크리스천들 그 누구도 자극하지 않으려고 노력한다. 이런 점에서 로마서는 상당히 외교

적인 서신이라 할만하다.[146)]

로마서의 중심주제

로마서에 등장하는 바울의 사상 중 가장 널리 알려진 것이 바로 롬 3장 21절 이하에 등장하는 소위 칭의론(Justification by faith) 단락이다. 구원은 인간의 선행으로 말미암는 것이 아니라, 그리스도에 대한 믿음으로 가능하다는 것이 칭의론의 핵심이다. 다시 말해 구원은 인간 자신의 선행의 댓가로 당연하게 요구되는 것이 아니라, 하나님의 전적인 은총에 의해 가능하다는 것이다. 법정적인 의미에서 칭의론은 죄있는 인간을 그의 믿음을 보고 재판장이신 하나님이 무죄선언을 한다는 뜻을 가지고 있다. 바울은 로마서 3장 21-22절에서 다음과 같이 말한다.

> 이제는 하나님께서 인간을 당신과 올바른 관계에 놓아주시는 길이 드러났습니다. 그것은 율법과는 아무 관계가 없습니다. 율법서와 예언서가 바로 이 사실을 증명해 줍니다. 하나님께서는 믿는 사람이면 누구나 아무런 차별도 없이 당신과 올바른 관계에 놓아주십니다. 그것은 예수 그리스도를 믿음으로써 이루어지는 것입니다. (로마서 3장 21-22절).

---

146) 쥬윗은 갈라디아서와는 달리 로마서에서 바울은 누구도 자극하지 않으려는 신중해 태도를 취한다고 주장한다. 왜냐하면 로마교회는 바울의 설립한 교회가 아니었고, 한 번도 방문하지 못한 곳이었다. 또한 로마교회는 바울의 스페인 선교의 교두보로 역할을 할 수 있었고, 예루살렘 교회를 위한 헌금 전달에 중요한 후원자 역할을 할 수 있었기 때문에 바울은 신중한 자세를 취할 수 밖에 없었다. Jewett, R. "Romans as an Ambassadorial Letter," *InT*, 36 (1982), 5-22을 참조하라.

바울은 율법의 행위와 상관없이 그리스도의 죽음과 부활에 나타난 하나님 의(*dikaiosynē tou theu*, the righteousness of God)를 믿는 것으로 구원에 이른다고 주장한다. 종교개혁의 선봉장 루터는 부패한 카톨릭에 대항하기 위한 투쟁 논리를 로마서와 갈라디아서의 칭의론 단락에서 발견했다. 그의 '오직 믿음'(*sola fide*)이라는 모토는, 교회에 대한 기부행위로 천국행 티켓(면죄부)을 얻을 수 있다는 당시의 부패한 카톨릭 교회를 반박하기 위한 강력한 무기가 되었다. 그러나 루터의 칭의론은 다소 편향적인 면도 없지 않았다. 루터는 칭의론의 전망에서 신약성서 전체를 독해했다. 따라서 행함을 강조하는 야고보서를 그는 인정할 수 없었다(참조, 약2: 14-26). 그는 칭의 교리에 정면 배치되는 야고보서를 '지푸라기 서신'으로 평가절하하기도 했다. 이후 개신교는 루터의 영향 아래에서 바울의 중심 사상을 '칭의론'으로 규정해 버렸다.

19세기의 독일 신학자 브레데(W. Wrede)는 바울의 칭의론은 유대교에 대한 투쟁이 문제될 때만이 등장하는 단락으로, 칭의론은 바울이 유대교와 대결할 때 사용한 전투론(kampfeslehre)이라고 주장한다. 브레데의 주장은 결국 칭의론은 바울신학의 핵심사상이 아니라는 것이다.

슈바이처(A. Schweitzer) 또한 칭의론을 바울 신학의 중심주제로 평가하지 않았다. 그에 따르면 그리스도 안에서의 삶(in Christ)이라는 신비적 구원론이 바울신학의 '주분화구'를 이루고 칭의론은 이에 대해여 '부분화구'에 지나지 않는다고 평가한다.[147] 한편 스텐달(K. Stendahl)은 보다 설

147) A. Schweitzer, *The Mysticism of Paul the Apostle* (London: Black, 1931), 219.

득력 있게 칭의론의 목적을 설명한다. 그는 "바울의 의인론은 이방인 개종자들도 하나님이 이스라엘에게 주신 약속의 충분한 상속자가 될 수 있다는 권리를 수호하기 위한 특수하고도 제한된 목적을 위해 다듬어진 것"이라고 주장한다.[148] 사실 이방인의 사도로서 바울이 가장 크게 고민한 문제는 바로 '예수공동체' 내에서 이방인의 위치와 지위 문제였다. 보수적 유대 크리스천들은 이방인들도 할례와 율법준수를 통해서 만이 진정한 예수의 제자가 될 수 있다고 주장하였다. 그들은 아직도 예수 사건(Jesus event)을 유대적 패러다임에 고착시켜 이해하고 있었기 때문이다. 따라서 이들의 세계관 속에서 이방인들은 하나님의 율법을 모르고 '무법자들'이었다. 정결하게 선별된 민족이란 유대인들의 자부심은, 심지어 예수 운동(Jesus movement)내에서 조차 이방신자들을 멸시하게 되었고, 자연스럽게 이들 사이에 갈등의 장벽이 존재하게 되었다. 이방인들이 지킬 수 없었던, 할례, 안식일 준수, 정결법 등은 자연스럽게 사회적 장벽으로 작용하게 되었다. 안디옥에서 벌어진 베드로와 바울의 대결은 이러한 장벽이 어떻게 예수공동체(*ekkēsia*)를 분열 시킬 수 있는지를 극명하게 보여준 사건이라 할 수 있다(갈 2:11-15절 참조).

바울은 갈라디아서에서 안디옥 사건을 보도한 직후에 칭의론을 전개하고 있다. 바울은 칭의론을 통해 율법의 의를 빙자해서 자기네들의 사회적, 종교적 특권을 고수하려는 보수적인 유대 크리스천들을 공격하고 있다. 하나님의 의는 바로 이러한 종교/사회적 기득권자들에 의해서 죄

148) K. Stendahl, *Paul among Jews and Gentiles* (Philadelphia: Fortress, Press, 1976), 2.

인 또는 불경건한 자로 낙인찍힌 사람들에게 나타났다는 주장이 바로 바울의 칭의론의 요체인 것이다. 따라서 칭의론은 인간 집단 사이의 대립, 갈등, 불평등, 억압, 착취, 소외 등등의 부당한 관계에 있어서 약자를 편들어 그 관계를 올바로 세우시는 하나님의 당파적 구원행위를 나타낸다고 볼 수 있다. 이런 점에서 바울의 '칭의론'은 사회적 강자들의 불의를 고발했던 구약의 선지자들과 부패한 성전체제와 대결했던 예수의 비판의식을 계승하고 있는 것이다.

이처럼 칭의론은 교회 내부에 배제와 차별을 비판하기 위한 특수한 목적으로 제시된 것이다. 특별히 칭의론은 갈라디아서와 빌립보서, 그리고 로마서에만 등장한다. 따라서 칭의론은 바울의 모든 서신을 관통하는 핵심적 주제라고 할 수 없다. 또한 칭의론은 로마서에 등장하는 많은 신학적 주제 중 하나일 뿐 로마서 전체를 장악하고 있는 중심주제라고 볼 수 없다. 최근에 로마서의 중심주제에 관한 새로운 논의가 제기되었는데, 9–11장에 등장하는 이스라엘의 구원문제가 로마서의 핵심이라는 주장이다. 전통적으로 로마서 9–11장은 로마서의 부록 정도로 밖에 인정받지 못했다. 불트만(R. Bultmann)은 9–11장을 바울의 사색적 환상에 불과하다고 주장했다. 인간실존의 전망에서 로마서를 독해한 불트만은 이스라엘의 집단적 구원을 언급하는 9–11장은 자신의 신학적 입장과는 거리가 먼 주제였던 것이다. 또한 영국의 신약학자, 다드(C.H. Dodd)는 로마서의 논지는 8장 39절에서 11장 1절로 곧바로 이어진다고 주장하며, 9–11장은 전체적 흐름과는 무관한 일종의 독립된 논문이라고 주장했다.[149] 한편, 비어(F.W. Beare)는 『바울과 그의 서신들, *St. Paul and His Letters*(1962)』에서 로마서를 다루는데 있어서 9-11장은 다루지 않겠다고 공언하기도 했다. 그 이유는 중심주제에서 벗어났기 때문이라고 주장하면서, 9-11장에서 바울은 불필요하게 어려운 문제에 말려들었다고 보면서, 바울은 모든 인간은 하나님 앞에서 동일하다고 주장하면서 육에 따라 이스라엘이라는 역사적이고 인종적인 우선권을 부여하려 했다고 주장한다.

이러한 주장들은 바울을 단지 위대한 신학자로 보고, 로마서를 신학사상에 대한 책으로만 전제하였기에 이스라엘의 구원이라는 특수한 문제를 다룬 9-11장을 무시했다. 만일 로마서의 중심주제가 칭의론이라면 9-11장은 불필요해 보인다. 그러나 로마서의 전체가 유대인의 구원문제에 관심했다면 9-11장은 매우 중요하다. 스텐달은 로마서 9-11장을 로마서의 핵심이라고 간주한다. 그의 주장에 따르면 9-11장의 핵심 논의는 그리스도와 율법의 대립이나 율법과 복음과 같은 신학적 문제에 있는 것이 아니라, 로마교회 내부에서 발생한 유대 크리스천과 이방 크리스천들간의 통합이라는 실질적인 문제에 있다는 것이다.[150] 그러나 로마서의 핵심주제에 관한 논쟁들은 바울의 원래적 의도와는 무관해 보인다. 바울이 로마서를 쓴 목적은 자신의 핵심 사상을 선전하는데 있지 않았다. 그는 로마교회가 자신의 선교계획, 즉 스페인 선교와 예루살렘 교회의 구

149) C. H. Dodd, *The Epistle of Paul to Romans* (New YorkL Harper & Row, 1932), 147.

150) K. Stendahl, *Paul among Jews and Gentiles*, 28.

제금 전달에 후원을 기대했다. 로마교회의 지원을 얻기 위해서 바울은 자신에 대한 오해와 풍문을 해명할 필요가 있었다. 로마서에 등장하는 바울의 신학적 언사는 이러한 바울의 의도를 배경으로 이해되어야 할 뿐이다.

로마서의 율법관

현대의 바울 연구자들을 가장 괴롭히는 주제 중에 하나는 바로 바울의 율법관이다.[151] 바울은 자신의 편지들에서 율법에 대한 긍정과 부정의 태도를 동시에 보여준다. 가령, 그는 로마서 3장 20절에서 "율법은 죄를 인식하게 할 뿐이다"라고 부정적인 평가를 내린다. 그러나 얼마 있지 않아 로마서 7장 12절에서 율법을 "거룩할 뿐 아니라 신령하다"고 긍정한다. 이처럼 같은 편지 내에서도 바울은 율법에 대한 상반된 진술을 하고 있다. 이 때문에 레이제넨(Räisänen)과 같은 학자는 바울은 율법에 대해 일관성 있는 태도를 결여하고 있다고 주장한다. 그는 "율법이 도대체 무엇을 뜻하는가를 말하려고 시도할 때, 바울은 모순에 빠져든다"라고 주장한다.[152] 더욱이 레이제넨에 따르면, 율법에 관한 바울의 비일관적 태도보다 더욱 위험한 것은 그가 유대인의 종교에 대한 하나의 왜곡된 그림

151) 바울의 율법관에 대한 학자들의 다양한 주장들에 대해서는, 베로니카 코페르스키/ 김병모 옮김, 『최근 바울과 율법 연구동향』(서울: 기독교문서선교회, 2008)을 참조하라.

152) H. Räisänen, *Paul and the Law*, (Tübingen: J. C. B. Mohr [Paul Siebeck], 1983), 266-268.

을 전달함으로써, 지난 시절 히틀러의 아우슈비치의 유대인 학살로 대변되는 서구인들의 반유대주의(anti-Semitism)를 촉발시켜 왔다는 것이다.

한편 바울 연구의 분기점을 마련한 샌더스(E. P. Sanders)는 1977년 출판된 『바울과 팔레스타인 유대교(*Paul and Palestinian Judaism*)』에서 바울 시대의 유대교가 우리가 알고 있는 것과 같은, 율법을 행함으로 의롭게 된다는 종교가 아님을 밝혀냈다. 샌더스의 이러한 연구는 기독교가 전통적으로 지녀 왔던 유대교에 대한 초상이 선입견임을 폭로한 것이다. 그의 연구에 따르면, 바울 당시의 유대교도, 기독교와 마찬가지로 하나님의 은총으로 구원을 받는다는 점을 강조하고 있었다는 것이다. 율법의 준수는 단지 하나님의 은총에 머무르는 하나의 조건일 뿐이지, 율법의 준수자체가 하나님의 구원을 인간 편에서 당당하게 요청할 수 충분조건이 아니라는 것이다. 다시 말해 율법 준수는 구원을 얻기 위한 수단이 아니라, 계약백성으로 삼아주신 하나님의 은총에 대한 응답이라는 것이다. 샌더스는 이러한 유대교의 종교패턴을 언약적 율법주의(covenantal nomisim)라고 명명하였다. 그의 주장에 따르면, 바울은 유대교와는 달리 그리스도의 종말론적 공동체에 참여함으로써 구원이 성취 될 수 있다고 믿었다는 것이다. 따라서 샌더스는 바울의 종교패턴을 참여주의적 종말론(participation in Christ)이라 주장하면서, 유대교의 언약적 율법주의와 대조시켰다.[153)]

---

153) E. P. Sanders, *Paul, the Law, and Jewish People* (Philadelphia: Fortress Press, 1983), 549.

그러나 샌더스는 은혜의 종교였던 유대교를 왜 바울이 칭의론을 동원하여 맹렬히 공격했는지를 설득력 있게 답변하지 못한다. 이러한 샌더스의 약점을 보완하기 위해 던(James Dunn)은 사회학적 전망을 사용한다. 즉 던 교수는 바울이 율법 자체를 부정했다기 보다는, 유대인의 우월적 '표지'와 관련된 의식법(ritual law)을 부정했다고 주장한다.[154] 다시 말해 바울이 율법에 대해 부정적 언사를 드러내는 경우는, 정결법(kosher law)과 같은 유대의 의식법이 바울 공동체 내에서 이방인과 유대인을 차별하는 '사회적 장벽'으로서 작용할 때라고 주장한다. 그러나 이러한 던의 주장은 상당한 설득력을 지님에도 불구하고 여전히 문제점을 남긴다. 왜냐하면 바울이 율법을 비난할 때, 단순히 의식법으로서의 율법만을 지적한 것이 아니라, 왕왕 율법 전체를 전제하고 있기 때문이다. 그렇다면 우리는 바울의 율법에 관한 비일관적인 언급들을 어떻게 이해할 수 있을 것인가? 먼저 지적해야 할 것은 바울의 편지마다 율법에 대한 태도가 변한다는 사실이다. 가령 갈라디아서는 율법에 대한 부정적 언급으로 일관한다. 그것은 율법준수를 강조하며 갈라디아 교회를 분열로 이끌고 가는 보수적 유대 크리스천들 때문이었다. 갈라디아 교회는 바울이 직접 세운 교회였고, 이방 크리스천들이 대다수를 차지하고 있었다. 할례와 안식일법, 그리고 음식법 준수를 내세워 다시 교회를 유대 보수주의로 회귀하려는 책동에 바울은 분노할 수 밖에 없었다. 이러한 정황이 바울로 하여

---

154) J. D. G. Dunn, *Jesus, Paul and the Law. Studies in Mark and Galatians* (Louisville: John Knox Press, 1990), 191.

금 율법에 대한 부정적 태도를 야기시켰던 것이다. 그러나 갈라디아서와는 달리 로마서에서는 율법에 대한 부정적 태도가 완화된다. 로마서 7장에서 바울은 율법을 긍정적으로 평가한다. "율법은 거룩하며, 계명도 거룩하고 의롭고 선한 것입니다"(롬 7:12). 이처럼 로마서에서 바울이 율법을 긍정적으로 평가하는 이유가 있었다. 로마교회는 바울이 세운 교회가 아니었다. 더욱이 바울은 로마교회가 스페인 선교와 예루살렘 교회를 위한 구제금 전달을 지지해 줄 것을 기대하고 있었다. 이런 개인적인 사정 때문에 율법에 관한 부정적인 목소리를 자제할 수 밖에 없었다. 로마서 14-15장은 로마교회가 유대 크리스천과 이방 크리스천들 사이에 유대교의 음식법 때문에 갈등이 있었다는 사실을 암시한다. 바울은 브리스길라와 아굴라와 같은 지인들을 통해 로마교회가 봉착한 갈등을 알고 있었기 때문에, 유대 크리스천들을 자극할 만한 율법에 관한 부정적 언사를 피하고 있다. 이처럼 율법에 관한 바울의 태도는 수신자 교회들의 정황과의 관련 속에서 이해되어야 한다.

사실 바울은 하나님의 계시로서의 율법을 제한적으로 긍정한다. 갈라디아서 3장 23-24절에서 율법은 그리스도가 오기 전까지 우리의 개인교사의 역할을 할 뿐이라고 주장한다. 이제 메시야의 시대에 율법은 제한적 역할밖에 하지 못한다는 것이다. 그러나 율법이 이웃 사랑의 걸림돌로 오용될 때, 혹은 억압의 기제로 악용될 때, 바울은 그것을 부정한다. 로마서 10:4에서 바울은 "그리스도는 율법의 완성이다"라고 말한다(롬

10:4).[155] 즉 율법을 통해 이룩하고자 했던 하나님의 계획이 이제 그리스도를 통해 실현되었다는 것이다. 따라서 율법은 그리스도가 올 때까지만 그 제한적 역할을 수행하였을 뿐이다. 이처럼 바울은 율법의 상대적 가치를 인정하였다. 그러나 유대인들은 율법을 구원사에서 있어 자신들의 종교적 특권을 상징하는 것으로만 생각했다. 바울은 율법이 이방인들을 향한 배제와 혐오의 근거로 사용되는 것을 철저히 거부하였다. 바울에 따르면 이제 유대인들은 특권의식을 버리고, 모든 이들의 구원을 하시려는 하나님의 새로운 경륜에 부응해야 하는 책임감을 지녀야 했다.

지금까지 서구신학은 율법에 관한 바울의 태도를 논리적인 정합성의 잣대로만 판단하였다. 그러나 바울은 논리적 일관성을 추구했던 사상가라기보다는 실천적 종교인이다. 바울은 수신자 교회들이 봉착한 다양한 문제들을, 때로는 역설적 이슈들과 씨름해야만 했다. 우리는 종교사를 통해 논리적 모순을 말하는 종교사상가들을 발견하게 된다. 가령 선사(禪師)들의 세계에서 언어적 모순이란 그다지 중요한 사항이 아니다. 왜냐하면 종교적 깨달음은 종종 언어의 논리를 넘어서 있기 때문이다. 따라서 바울의 율법관을 *either/or*의 양자택일의 논리로 재단하기보다는, both/and(이것이면서도 저것인)의 초이분법적(trans-dualistic) 사고로 이해되어야 한다. 즉 바울의 율법관은 '이다(긍정)' 이면서 '아니다(부정)'의 변증법을 보여준다. 사실 예수의 십자가 사건 역시 인간의 논리로 포획될 수 없는

155) 로마서 10장 4절의 해석에 대해서는 정승우, 『로마서의 예수와 바울』 (서울: 이레서원, 2008).

하나의 모순적 사실을 드러내고 있다. 무한한 하나님이 인간의 유한성을 체험하는 사건이 바로 성육신(incarnation)의 요지이기 때문이다.

우리는 율법에 대한 바울의 태도들을 통해, 그가 얼마나 힘들게 자신의 유대적 전통과 유산을 새로운 신앙과 조화시키기 위해 고투했는지를 엿볼 수 있다. 그는 단순히 율법을 버리고 그리스도를 취하는 손쉬운 방법을 버리고 양자를 통합하려고 고뇌한다. 율법과 그리스도는 서로를 거부하는 것이 아니라, 하나님의 새로운 구원 경륜 속에서 조화될 수 있었던 것이다. 너무나 손쉽게 새로운 풍조와 사상에 떠밀리는 참을 수 없이 부박한 한국의 지식인들에게 이러한 바울의 사상적 고투는 우리의 부끄러운 초상을 되돌아보게 만든다.

로마서의 윤리

로마서는 로마의 가정교회들 가운데 발생한 실제적인 문제들을 다룬 편지이다. 따라서 교회에서 발생한 다양한 윤리적인 문제들에 대한 실질적인 권고가 자주 등장한다. 목회자로서의 바울의 관심은 로마 크리스천들의 신앙이 추상적인 영역에 머물지 않고 구체적인 실천으로 확대되기를 기대했다. 바울은 로마서에서 1장부터 11장에 이르는 긴 신학적 담론을 마친 후에 12장부터 15장에서 로마 공동체 내 외부에서 벌어진 문제들에 대한 윤리적 권고를 하고 있다. 로마서 12장 9절부터 13장 14절까지는 기독교에 대해 호의적이지 않았던 로마제국의 적대적 환경 속에서 살아가는 신자들의 윤리적 자세를 다루고 있다. 바울은 제국의 수도에 거주하고 하면서 느꼈던 신도들의 불안을 잘 알고 있었다. 12장 12-14절은 로마당국의 핍박과 위협을 암시한다. "소망을 품고 즐거워하며, 환난을 당할 때에 참으며, 기도를 꾸준히 하십시오… 여러분을 박해하는 사람들을 축복하십시오." 바울은 이러한 환경 속에서도 로마교회가 지역사회로부터 고립되어 분파적인 삶을 사는 것을 원하지 않았다. 세상과 고립된 종파주의의 입장을 취했던 엣세네파와는 달리, 바울의 공동체는 세상과 끊임없이 대화하며 그리스도의 가르침에 적합한 윤리적 생활방식을 찾았다. 바울은 로마서에서 다음과 같이 권고한다. "여러분 쪽에서 할 수 있는 대로 모든 사람과 더불어 화평하게 지내십시오… 그리스도께서는 자기에게 좋을 대로만 하지 않으셨습니다"(롬 12:18, 15:3). 바울은 공동체를 유지하기 위해 사랑(agape)을 강조한다. 12장 9-10절에서 바울은 고린도 전서 13장에서처럼, 공동체의 실현이 사랑 없이는 이루어질 수 없음을 강조한다. "사랑에는 거짓이 없어야 합니다. 악한 것을 미워하고 선한 것을 굳게 잡으십시오. 형제의 사랑으로 서로 다정하게 대하며, 존경하기를 서로 먼저 하십시오." 13장 8절에서도 바울은 사랑을 다시 강조한다. "서로 사랑하는 것 외에는, 아무에게도 빚을 지지 마십시오. 남을 사랑하는 사람은 율법을 다 이룬 것입니다." 바울의 윤리는 개인적 차원을 넘어 공동체를 지향한다. 개인의 믿음은 공동체와의 관계 속에서 성숙해질 수 있다고 바울은 생각했다.

로마서 14-15장은 유대교의 음식법과 인식일 준수문제로 갈등하던 로마교회의 정황을 보여준다. 유대교의 음식법 때문에 우상에게 받쳐진 고기를 거부하던 유대 크리스천들은 믿음이 약한자로 조롱받았다. 한편 신앙적 자유주의자로 자처하며 유대교의 정결법을 개의치 않고 행동하던 이방 크리스천들은 믿음이 강한 자로 자처했다. 바울은 자칫 이들의 갈등과 대립이 로마교회를 분열로 이끌어 갈 것을 우려했다. 이 때문에 바울은 로마서 14–15장에서도 다음과 같이 권고한다. "그대가 음식 문제로 형제자매의 마음을 상하게 하면, 그것은 이미 사랑을 따라 살지 않는 것입니다. 음식 문제로 사람을 망하게 하지 마십시오." 바울의 이러한 윤리적 권고는 예수의 가르침을 상기시킨다. 가령 마가복음 7장 15–20절에서 예수는 유대교의 정결법을 다음과 같이 공박한다. "무엇이든지 사람 밖에서 사람 안으로 들어가는 것으로서 그 사람을 더럽히는 것은 아무것도 없다." 예수는 조건없는 이웃사랑을 강조하며 먹는 음식으로 사람을 배제하고 혐오하는 것을 비판했다. 예수가 행한 하나님 나라의 만찬은 여타의 차별을 넘어 무조건적 환대의 자리였다. 바울은 로마서에서 이러한 예수의 정신을 계승한다.

또한 로마서에 등장하는 바울의 윤리적 권고는 종말론적 삶의 태도와 밀접한 관련을 지닌다 즉, 그리스도의 임박한 재림을 준비하는 삶의 자세로써 신자는 어떻게 살아야 하는가? 라는 문제가 바울의 윤리를 추동하는 주된 동력이라 할 수 있다. 윤리적 권고가 본격적으로 등장하는 12–13장을, 바울은 종말론적 경각심을 일깨우는 말로 시작하고 마감한다.

> 여러분은 이 세상을 본받지 말고 마음을 새롭게 하여 새사람이 되십시오. 이리하여 무엇이 하나님의 뜻인지, 무엇이 선하고 무엇이 그분 마음에 들며 무

것이 완전한 것인지를 분간하도록 하십시오." (롬 12:2)

> 여러분은 지금이 어느 때인지 압니다. 잠에서 깨어나야 할 때가 벌써 되었습니다. 지금은 우리의 구원이 우리가 처음 믿을 때보다 가까워졌습니다. 밤이 깊고, 낮이 가까이 왔습니다. 그러므로 우리는 어둠의 행실을 벗어버리고, 빛의 갑옷을 입읍시다. (롬 13:11-12)

바울은 자신과 그의 신자들이 그리스도의 재림을 기대하는, 즉 카이로스의 시간을 사는 중이라고 생각했다. 따라서 현재는 다시 올 수 없는 결정적인 순간이라고 생각했다. 예수가 말씀하신 것처럼 도적같이 임할 종말의 시간을 깨어서 준비하라는 권고인 것이다. 바울이 말하고 싶은 것은 세상의 소유적 삶의 양식에서 초월해 있는 순례자적 삶의 방식이었다. 바울은 고린도 전서 3장 21절에서 카이로스적 삶의 자세를 취할 때, 크리스천들이 만물의 주인이 된다고 말한다. 바울은 자신의 교우들에게 부당한 세상의 질서에 대해 폭력적으로 항거하라고 말하지 않는다. 오히려 그는 로마당국의 부당한 조세제도에 대해 심한 거부감을 느끼고 있던 로마의 유대 크리스천들에게 세금을 내라고 권고한다(롬 13장).

전통적으로 로마서 13장은 국가권력에 대한 크리스천들의 태도를 규명해주는 단락으로 이해되어 왔다.[156] 바울은 12장 21절에서 악에게 지지 말고, 선으로 악을 이기라고 권고한 후, 13장에서 세상 권력, 즉 로마

---

156) 로마서 13장 1-7절에 관한 다양한 해석에 대해서는 미야타 미쓰오/ 양현혜 옮김, 『국가와 종교』(서울: 삼인, 2004)를 참조하라.

권력에 복종하라고 말한다. 왜냐하면 모든 권세는 하나님으로부터 온 것이기 때문이라는 것이다. 이러한 바울의 말은 종종 잘못 이해되어 왔다. 불의한 권력에도 순응하라는 말로 해석되어 오기도 했다. 그러나 국가권력에 복종하라는 바울의 말은, 모든 시대를 넘어 보편적으로 적용될 수 있는 말이 아니다. 로마서 13장 1-7절은 국가권력에 대한 절대적 원칙을 말하고 있지 않다. 당시의 지배적인 로마의 권력 상황에 대해 로마의 크리스천들이 어떻게 처신할 것인가를 바울이 목회적으로 권고한 것일 뿐이다. 따라서 로마서 13장 1-7절의 메시지는 시공을 초월한 영원한 진리라기보다는 로마서가 쓰여지던 당대의 사회, 역사적 맥락에서 이해되어야 할 상황적 메시지의 성격이 강하다. 사실 신약성서에는 국가권력에 대한 다양한 태도들이 등장한다. 가령 마가복음에서 예수는 카이사르의 것과 하나님의 것을 구별한다(막 12:13-17). 그리고 사도행전에서 베드로는 사람에게 복종하기 보다는 하나님에게 복종해야 한다고 설교한다(행 5:29). 한편 요한계시록은 상징적인 묵시문학의 언어로 로마제국의 패망을 이야기한다(13:9절 이하). 바울은 국가를 영속적인 존재로 생각하지 않았다. 그리스도의 파루시아를 대망했던 바울은 모든 지상적 권력은 잠시 존재할 수밖에 없는 상대적 질서로 생각했다. 이런 점에서 바울의 국가론은 중간기 윤리의 관점에서 이해되어야 한다. 즉 그리스도의 사건으로 메시야의 시대가 이미 시작 되었지만 그 최종적 실현은 아직 오지 않았다는 종말론적 긴장 속에서 국가권력을 고려해야 한다는 것이다. 다시 말해 국가는 하나님의 뜻을 최종적으로 실현할 수 있는 기관이 아니다. 다만 상대적으로 지상의 질서를 위한 임시방편적 도구에 불과하다.

13장 1절에서 바울은 누구나 위에 있는 권세(*ἐξουσία*)에 복종하라고 권고한다. 여기서 권세를 뜻하는 '엑수시아'라는 그리스어는 국가라는 추상적인 체제를 의미하기 보다는 당시의 로마제국의 행정 담당자를 뜻한다. 때문에 13장 1절을 모든 국가권력에 대한 무비판적 복종을 의미하는 뜻으로 이해될 수 없다. 바울은 2절에서 권세를 거역하는 사람들은 하나님이 세워주신 것을 거역하는 것이라고 말한다. 여기서 '세워주신'을 뜻하는 그리스어, 디아타게(*διαταγῇ*)은 질서보다는 임명이나 설정 등으로 번역해야 한다. 즉 바울은 하나님이 로마권력을 임시방편의 도구로 임명했다는 뜻으로 디아타게이라는 단어를 사용했던 것이다. 또한 바울이 3절에서 국가권력을 두려워할 필요가 없다고 말한 이유는 국가의 존재 이유가 선한 일의 보호와 촉진에 있기 때문이다. 즉 국가는 시민적 정의(justitia civilis)의 관점에서 인정되어야 한다는 뜻이다. 4절과 6절에서 바울은 권세를 행사하는 자들(로마의 행정관들)을 하나님의 일꾼(*διάκονός*)이라고 부른다. 이 말은 권세를 행하는 자들이 하나님의 질서와 의지 아래에 종속되어 있다는 것을 의미한다. 바울은 5절에서 양심(*συνείδησις*)을 언급하는데, 이는 로마권력에 복종하는 것은 억압적 힘에 대한 굴종이 아니라, 개인의 신앙적 자유에 근거한 책임적 행동임을 뜻한다. 바울은 13장 1-5절까지 로마제국에 복종하는 것이 왜 현실적으로 적절한 것인가를 말한 후, 6-7절에서 로마제국의 납세문제를 꺼내든다. 바울 당시 로마제국은 시민들에게 두 가지 종류의 세금을 부과하였는데, 7절에 등장하는 간접세(*τέλος*)와 직접세(*φόβος*)이다. 우리말 새번역성경은 직접세를 뜻하는 포로스를 조세로, 간접세를 뜻하는 텔로스를 관세로 번역했다. 로마의 역사가 타키티우스(Tacitius)는, 당시 텔로스를 징수하는 로마 관리들의 부패가 만연하여 네로황제가 이를 폐지하는 방안을 고려했다고 기록한다.[157] 로마서는 네로의 세제개혁을 둘러싸고 납세에 대한 시민들의 불만이 점증되던 56-57년경에 쓰여진 서신이다. 바울은 로마교회의 지인들을 통해 자칫 이러한 문제에 교인들이 휩쓸릴 수 있다는 사실을 인지하고 있었다. 바울의 후원자들 중에는 브리스길라와 아굴라와 같이 간접세를 납부하는 상인들이 많이 있었다. 세금에 대한 바울의 권고 뒤에는 이러한 정황들이 존재하고 있었다.

13장 1-7절은 국가권력에 대한 영구불변한 바울의 지침으로 이해될 수 없다. 바울은 모든 권력은 하나님의 선하신 질서를 위해 임시적으로 위임된 것에 불과하다고 생각했다. 모든 권력의 존재 의의는 공공의 이익과 선에 있으며, 악을 행사하는 자들을 억제해야 한다고 바울은 생각했다. 세금을 납부해야 한다는 바울의 권고는 이제 막 태동 중인 로마의 가정교회들을 민감한 정치적 환경으로부터 보호하기 위한 현실적인 선택지였던 것이다.[158]

로마서에 등장하는 바울의 윤리적 권고는 현재의 질서를 바꾸는 것보다, 그리스도의 재림이라는 종말론적 사건이 도래할 때를 준비하는 카이로스적 삶의 태도와 깊은 연관이 있다. 바울은 그리스도의 파루시아가 자신의 생애 동안에 실현될 것이라는 묵시적 비전(apocalyptic vision)에

157) V. P. 퍼니쉬/ 이희숙 옮김, 『바울의 네 가지 윤리적 교훈』 (서울: 종로서적, 1994), 196.
158) 리차드 홀슬리 편집/ 홍성철 역, 『바울과 로마제국』 (서울: 기독교문서선교회, 2007), 308.

사로잡혀 있었다. 바울은 자신의 이방선교를 마지막 때를 준비하기 위한 소명으로 간주했다. 로마서에서 스페인 선교에 대한 후원을 간절히 부탁한 것도 이러한 연유였다. 바울은 부당한 인간사의 억압적 제도에 대한 일시적 개혁보다는 그리스도의 파루시아라는 근원적 변혁을 대망하였다. 그렇다고 바울은 자신의 교우들에게 부조리한 현실의 삶을 외면하라고 가르치지 않는다. 바울의 윤리적 권고는 이미(already)와 아직(not yet) 사이에 살고 있는 크리스천들의 '종말론적 긴장'을 반영한다.

반(反)로마제국 메시지

로마서에서 바울은 명시적으로 로마제국을 비판하지 않는다. 그러나 황제 제의(imperial cult)나 로마의 평화(Pax Romana)와 같은 제국의 정치적 선전들에 대해서 바울이 부정적 입장을 지녔을 개연성은 매우 높다. 왜냐하면 유대인 바울에게 황제 제의는 십계명이 금지한 우상숭배였고, 십자가에 처형된 예수는 팍스 로마나의 희생자였기 때문이다. 바울 당대에 로마의 황제와 총독들은 유대교에 반하는 정책들로 악명이 높았다. 주후 39년 로마의 황제 칼리굴라는 예루살렘 성전에 자신의 청동상을 세우려다 유대인들의 강력한 저항에 봉착했다. 예수를 처형한 빌라도는 헤롯 궁에 황제를 기념하는 봉헌 방패를 세우려다 유대인들의 반대에 직면하기도 했다. 당시 로마의 황제가 새겨진 주화는 신성모독의 혐의가 있기에 예루살렘 성전에서는 통용되지 않았다. 주후 49년에는 클라우디우스 황제가 사회불안을 야기한다는 이유로 로마에서 유대인들을 추방한다. 로마서 16장에는 이 당시 추방된 브리스길라와 아굴라의 이름이 등장한다. 로마서는 네로의 즉위와 더불어 유대인 추방령이 해제된 지 불과 2–3년 후에 작성된 편지였다. 바울은 선교여행 도중에 로마의 공권력과 자주 마찰을 빚었다. 사도행전 17장 6절은 바울이 반로마적 언행으로 고소되는 장면을 다음과 같이 보도한다. "그 사람들은 모두 예수라는 또 다른 왕이 있다고 말하면서, 황제의 명령을 거슬러 행동을 합니다." 바울은 여러 차례 로마 당국자들에 의해 투옥되었다. 십자가에 처형당한 예수가 진정한 세상의 왕이라고 선포한 바울의 메시지는 로마 당국자들에게는 불온한 메시지에 다름 아니었다. 또한 황제 제의에 가담하지 않는 크리스천들은 사회의 통합을 해치는 불순분자들로 간주되었다. 그렇다면 왜 바울은 직설적으로 로마를 비판하지 않았는가? 그것은 바울의 현실주의적 태도 때문이었을 것이다. 그는 이제 막 태동한 기독교 공동체가 자칫 반로마적 태도로 뿌리 뽑힐 것을 우려했다. 로마서 13장에서 나타난 납세에 관한 바울의 권고에서 이러한 분위기를 감지할 수 있다. 또한 바울은 그리스도의 임박한 재림을 기대하는 묵시사상가였다. 유대의 묵시사상은 이스라엘을 지배한 제국들의 심판을 상징적이고 비의적인 언어로 공격한다. 그들은 결코 직설적으로 제국을 공격하지 않는다. 제국의 압도적인 폭력에 물리적으로 저항할 수 없을 때, 유대의 묵시사상가들은 상상의 시공간에 초월적인 언어로 악의 세력과 대결하였다. 이러한 방식을 통해 고통스러운 현실을 우회했던 것이다. 예를 들어, 유대–로마 전쟁당시 로마군에 의해 몰살당한 쿰란 공동체는 『전쟁 두루마리』에서 로마를 키팀(Kittim)이라는 악의 세력으로 명명한다. 요한계시록 또한 로마를 바벨론의 음녀라고 호명하며 종말 때에 심판받을 것을 예언한다. 이처럼 바울 당대의 유대-기독교의 묵시가들은 자신들만의 은유적인 언어로 로마제국을 비판했다. 바울 역시 로마서에서 이런 방식으로 로마제국에 비판을 가하고 있다. 가령 버드(M. F. Bird)는 바울이 "로마제국의 수사법을 풍자적으로 차용함으로써 사회정치적 성격을 분명히 드러낼 뿐 아니라 제국에 대항하는 태도를 은연 중에 나타낸다"고 주장한다.[159] 그는 이러한 바울의 비판방식을 탈식민주의(postcolonial) 이론가들이 지적한 흉내내기(mimicry) 전략과 유사하다고 주장한다. "이는 억압받는 소수자들이 지배권력의 수사법이나 주장을 모방함으로써 지배권력과 구별되는 자신들의 정체성을 규정함과 동시에 지배권력에 반대하는 자신의 입장을 나타내는 것"을 말한다.[160] 가령 파루시아(*parusia*)라는 말은 로마의 왕이나 황제들의 도착을 알리는 말로 사용되었다. 황제가 도시를 방문하면 트럼펫이 울려 퍼지고, 현지 고관들은 황제를 영접(*apantesis*)하기 위해 몰려들었다.[161] 로마의 황제들이 속주들을 순시할 때마다 속주민들에게 성대한 검투경기와 더불어 빵과 같은 식량을 무상으로 지원했다. 이 때문에 황제의 파루시아는 지역민들에게 축제와 같은 분위기를

---

159) 마이클 F. 버드/ 김수진 옮김, 『혁신적 신학자, 바울』 (서울: 새물결플러스, 2019), 350. 버드는 만일 로마의 관리가 로마서를 읽었다면 매우 도발적인 문서로 생각했을 것이라고 주장한다. 왜냐하면 십자가에 처형된 유대인이 가이사의 잠재적 경쟁자로 선포되는 서신이었기 때문이다. 아마도 "로마서는 좋게 보면 종교적으로 유해하고, 나쁘게 보면 정치적으로 불온한, 동방에서 발생한 한 광신적 사교 집단이 지껄이는 헛소리 정도로 치부되었을 것이다" (423-424).

160) *위의 책*, 422.

161) 카렌 암스트롱/ 정호영 옮김, 『바울 다시 읽기』 (서울: 훗, 2017), 144.

자아냈다. 그런데 바울은 황제들의 방문을 표현하는 파루시아라는 단어를, 그리스도의 재림을 표현하는데 사용하고 있다. 데살로니가 전서 4장 16절에서 바울은 그리스도의 재림을 황제의 파루시아와 유사하게 묘사한다. 이를 통해 바울은 진정한 구원의 기쁨을 제공하는 것은 황제의 파루시아가 아니라 그리스도의 파루시아라는 사실을 강조한다. 이처럼 바울은 로마제국의 통치 선전에 사용되는 언어를 역으로 사용하여 로마제국의 지배 이데올로기에 균열을 가한다.

당시 로마제국은 자신들의 지배를 정치/종교적 선전으로 합리화했다. 이를 위해 황제제의나 베르길리우스나 호라티우스와 같은 저명한 문인들의 시문(時文)과 아우구스투스 황제를 찬양하는 비문(碑文)등을 통해 로마의 세계지배를 성공적으로 선전했다.[162] 가령 로마의 시인 베르길리우스는 로마의 건국신화를 노래하고 있는『아에네이드(Aenied)』에서 로마제국의 영구적 지배를 신화적으로 합리화하고 있다. 로마제국의 전역에 세워진 비문들에는 안토니우스를 물리치고 내전에서 승리한 옥타비아누스를 로마의 평화(Pax Roman)를 가져온 이라고 칭송하고 있다. 이후 로마의 속주들에서는 옥타비아누스를 신으로 경배하는 황제숭배가 성행하였다. 바울은 자신이 방문했던 빌립보나 에베소와 같은 도시들에서 황제숭배의 광경을 목격했다.

로마제국은 속주민들에게 평화(*eirene*)와 안전(*asphaleia*)을 선전했다. 그러나 지상의 평화를 가져온 로마의 방식은 군사력이라는 물리적 수단

162) 존 도미니크 크로산/ 이종구 옮김, 하나님과 제국 (서울: 포이에마, 2010), 30-53.

에 의한 억압적 평화였다.[163] 로마는 자신들의 평화를 위해 예수를 십자가에 처형했다. 바울은 예수의 십자가에서 로마의 폭력성을 인식했을 것이다. 폭력성의 중심에는 중무장 보병사단인 레기온(legion)이 존재했다. 레기온은 약 5-6천명의 로마시민으로 구성되었고, 동맹국에서 파견된 보조병 및 기병 등으로 편성되었다. 사도행전 10장에 등장하는 고넬료와 같은 백인대장(Centurion)은 전투경험이 많은 노련한 병사들 중에서 선발했고, 대대장(Tribunus Militum)은 로마시민 중에서, 군단장은 노련한 정치가(전직 집정관 또는 전직 법무관급의) 중에서 선발되었다. 군단의 핵심병력인 중장보병은 로리카 하마타 갑옷을 입고 필룸 투창(Pilum)과 스쿠툼 방패(Scutum), 히스파니아에서 도입된 근접전에서 사용하는 글라디우스 검(Gladius)으로 무장하였다. 또한 기병, 투석병, 공성병은 보조병으로 편성되었다. 이처럼 로마군단은 조직적인 체계와 전술, 전략, 그리고 투석기와 병참기지를 동반한 로마의 평화를 위한 실제적 수단이었다. 티투스(Titus)가 이끄는 로마의 군단들은 70년에 예루살렘 성전을 초토화시켰는데, 이는 바울이 로마에서 순교한 지 채 5년이 되지 않은 때였다. 바울은 이러한 로마군단의 악명을 잘 알고 있었다. 가령 에베소서 6장 11절 이하에는 당시 로마의 군단들이 사용하던 갑옷, 가슴막이, 방패 등과 같은 군사장비들이 언급된다. 바울은 군사적 폭력을 통한 평화와 안정이라는 로마적 평화의 기만성을 충분히 인식하고 있었다. 바울은 데살로니가 전

163) 팍스 로마나의 폭력성에 대해서는 클라우스 뱅크스/ 정지련 역,『로마의 평화』(천안: 한국신학연구소, 1994), 25-120을 참고하라.

서 5장 3절에서 로마의 평화와 안전은 그리스도의 파루시아가 도래하면, 붕괴된다는 것을 다음과 같이 선언한다. "사람들이 '평안하다, 안전하다' 하고 말할 그 때에, 아기를 밴 여인에게 해산의 진통이 오는 것 같이, 갑자기 멸망이 그들에게 닥칠 것이니, 그것을 피하지 못할 것입니다." 바울은 로마서 5장 1절에서 "우리 주 예수 그리스도를 통해서 하나님과 평화를 누린다"고 말한다.

로마제국은 황제를 정점으로 한 일종의 유사가족(fictive family) 체제였다고 할 수 있다. 황제는 제국의 파터파밀리아스(paterfamilias), 즉 아버지와 같은 존재였다.[164] "황제는 로마시민의 아버지이자 자처하면서 거대한 공공 자선을 통해 그의 부성애적 헌신을 드러내 보였고, 그 댓가로 그는 신민들에게 충성(피스티스)를 요구했다."[165] 이와 같은 가부장적 왕권이 로마제국을 유지하는 이데올로기적 근간이었다. 또한 로마제국은 황제 아우구스투스를 '신의 아들'(즉 스스로 신이 되었던 카이사르가 입양한 아들)이라고 선전했다. 로마서 1장 3-4절에서 바울은 다윗의 자손에서 나신 그리스도 예수가 진정한 하나님의 아들(*theou huios*)이라고 주장한다. '테우 휘오스'라는 말은 원래 아우구스투스 황제에게 바쳐진 칭호였다.[166] 바울은 당시 황제에 바쳐진 '주님'(*kyrios*)이라는 칭호를 십자가에 처형당한 예수에게 붙인다. 특히 로마서에서 바울은 예수를 '우리 주'(our Lord)라고 반복적으로 부른다(롬 1:4b, 7b, 5:1b, 21, 7:25, 8:39, 13:14,

164) 정승우, 『로마서의 예수와 바울』 (서울: 이레서원, 2008), 45-57을 참조하라.
165) 카렌 암스트롱, 『바울 다시 읽기』, 128.
166) 마커스 J. 보그/ 존 도미닉 크로산, 『첫 번째 바울의 복음』, 137-139.

15:6, 16:18, 20). 크로산에 따르면 '우리 주'는 명백히 '유일한 주'(the Lord)라는 뜻이며, 이는 명백히 로마의 황제숭배를 겨냥한 호칭이라는 것이다. 이처럼 로마서에 등장하는 예수와 관련된 거의 모든 신성한 용어와 장엄한 칭호들(titles)은 바울이 창안한 것이 아니라, 기원전 31년부터 기원후 14년까지 로마제국의 첫 번째 황제 카이사르 아우구스투스와 이미 연관된 용어들과 칭호들이었다.[167] 아우구스투스 시대에 빌립보에서 제작된 로마의 주화에는 "아우구스투스, 신성한 율리우스에게 입양된 신의 아들(Augustus Divi Filius Divo Iulio)"이라는 문구가 새겨져 있다. 또한 베르길리우스는 아우구스투스에 대해 "오랫동안 오기로 약속되어 있던 그분, 신의 아들(divi genus)이신 아우구스투스 카이사르이시며, 황금시대를 다시 여실 분"이라고 찬양하고 있다. 로마서는 황제에게 바쳐진 이러한 용어들과 칭호들을 십자가에 처형된 예수에게 부여하고 있다. 이런 바울의 의도는 분명하다. 진정한 신의 아들은 카이사르가 아니라 예수라는 것이다.

게오르기(D. Georgi)에 따르면, 로마서에서 바울은 의도적으로 로마제국의 지배 이데올로기를 합리화하기 위해 자주 사용하던 단어들이었던 복음(*euangelion*), 믿음(*pistis*), 의(*dikaiosynē*), 평화(*eirēnē*)등의 단어를 전복적으로 차용하고 있다고 주장한다.[168] 유앙겔리온이라는 단어의 원래 의미는 아우구스투스의 생일이 모든 것의 새로운 시작을 알리는 소식이

---

167) *앞의 책*, 127.
168) 김재성 엮음, 『바울 새로 보기』 (천안: 한국신학연구소), 91-92.

라는 데에서 유래했다고 한다. 바울은 황제에게 바쳐진 유앙겔리온이란 단어를 예수의 죽음과 부활사건을 통칭하는 것으로 사용한다. 로마서 1장 3절에서 바울은 진정한 구원(*sōteria*)은 카이사르의 가문에서 나오는 것이 아니라, 다윗의 집안에서 나온다고 선포한다. 이러한 바울의 선포는 구원은 아우구스투스 황제에서 나온다는 시인 호라티우스의 찬양을 무색하게 만든다. 톰 라이트에 따르면, 1장 3–4절에는 다음과 같은 전복적인 비전이 담겨 있다고 한다. "하나님의 복음, 하나님의 아들, 최고의 능력, 모든 열방들로부터의 전 세계적인 충성, 모든 열방이 한 분 유일하신 하나님을 예배하리라는 시온으로 오게 될 것이라는 옛 이스라엘의 꿈, 다윗 가문에서 난 왕이 와서 "열방을 다스리기 위하여 일어날 것"이라는 좀 더 구체적인 오래된 비전. 혈통에서 오실 것이라는 전망이다."[169] 바울은 이러한 비전의 실현을 위해 황제가 아니라, 그리스도를 정점으로 하는 대안공동체를 건설하고자 한다. 로마서 12장 4–5절에 등장하는 공동체의 유비로서 그리스도의 지체에 관한 바울의 진술은 이러한 생각을 반영한다. 바울의 공동체는 유대인과 헬라인, 노예와 자유인, 그리고 여성과 남성의 차별을 정당화하는 모든 지상적 지배질서를 전복시킨다(롬 8:18–39을 참조). 바울의 윤리는 이러한 실천들과 깊은 관련이 있다. 바울의 공동체들은 이러한 메시야적 질서를 훈련하고 실현하기 위한 곳이었다. 바울은 이러한 로마제국의 가부장적 이데올로기에 비판적

169) N. T. 라이트/ 박문재 옮김, 『바울과 하나님의 신실하심』 (서울: 크리스천 다이제스트, 2015), 1020.

이었다. 바울은 카이사르 대신에 예수를 맏아들로 삼는 공동체(*ekklēsia*)를 꿈꾸었다(롬 8:29).

로마서를 제국의 통치 이데올로기에 대한 도전으로 해석한 게오르기의 주장은 타우베스(Jacob Taubes)에 의해서 계승된다. 그는 로마서를 다음과 같이 평가한다.

> 잘못 읽힐 수도 있고 또 누구 손에 들어가게 될지도 알 수 없는 상황에서 바울이 로마 공동체에 이런 편지를 보낸 것은 정치적 선전포고였다는 사실을 강조하고 싶습니다. 그런 식의 말들로 편지의 서두를 채워 놓다니요. 경건하거나 고요한 어조, 혹은 중립적인 어조로 쓸 수도 있었을 텐데, 이에 대한 고려는 전혀 없습니다. 따라서 저의 테제는 이렇습니다. "이러한 의미에서 〈로마서〉는 정치신학이며, 카이사르에 대한 정치적 선전포고다."[170]

타우베스의 주장을 확장해 보면 로마서는 유대인과 이방인의 차별 철폐를 의도하는 동시에, 로마제국의 지배질서에 의해 배제된 모든 이들의 권리문제로 확대 해석될 수 있다. 타우베스는 로마서를 정치적-역사적으로 해석하며, 불트만의 실존론적-존재론적 해석에 반대한다.[171] 그는 로마서에 나타난 바울의 율법비판에서 유대교의 정치신학의 흔적을 발견한다. 그것은 모든 권력을 상대화하는 고대 이스라엘이 지닌 신정정치

---

170) 야곱 타우베스/ 조효원 옮김, 『바울의 정치신학』 (서울: 그린비, 2012), 45.

171) 타우베스의 주장은 독일의 신약학자 게오르기(Dieter Georgi)에게 영향을 받았는데, 그는 80년도 중반에 로마서를 바울의 신정정치(theocracy)라는 관점에서 풀어내고 있다. Dieter Georgi, *Theocracy in Paul's Praxis and Theology* (Minneapolis, Minn: Augsburg Fortress, 1991)을 참조하라.

(theocracy)의 이상이었다. 타우베스의 지적처럼, 바울은 로마서에서(율)법의 가치를 전복함으로써 십자가 사건을 통해 드러난 하나님의 정의가 '모든' 사람들에게 미친다고 말한다(1:16, 3:22, 4:11, 10:4). 던(J. Dunn)은 '모든(all)'이라는 말이, 71번이나 등장할 정도로 로마서를 이해하는 키워드 중에 하나이며 하나님 앞에서의 유대인들의 특권의식을 철폐하기 위해서 바울이 의도적으로 사용한 단어라고 주장한다.[172] 바울은 로마서에서 끊임없이 하나님의 정의가 선천적으로 정해진 인종이나, 신분, 특별한 행위를 통해 이루어지는 것이 아니라, 모두에게 공평하게 지급되는 일종의 선물(charis)임을 강조한다. 따라서 로마서 3장 21절 이하에 언급되는 칭의론은 유대인과 이방인의 차별 철폐를 의도하는 동시에, 로마제국의 지배질서에 의해 배제된 모든 이들의 권리문제로 확대 해석될 수 있다.[173]

보그와 크로산은 로마서를 종교개혁의 신학적 컨텍스트에서 벗어나 바울이 활동하던 로마제국이라는 사회, 정치적 문맥에서 다시 읽어야 할 것을 제안한다.

> 우리가 바울을 해석하는 기본 원칙은 다음과 같기 때문이다. 즉 바울과 그의 로마서를 16세기의 논쟁적인 종교개혁의 세계로부터 끌어내어, 다시 1세기

172) J. D. Dunn, 'Paul and Justification by faith' in R. N. Longenecker (ed.), *The Road from Damascus: The Impact of Paul's Conversion on His Life, Thought, and Ministry* (Grand Rapids: William B. Eerdmans Publishing Company, 1997), 91.

173) 최근에 제닝스는 이러한 전망을 로마서 해석에 적용하고 있다. 테드 W. 제닝스/ 박성훈 옮김, 『무법적 정의』(서울: 길, 2018).

의 로마제국의 세계 속으로 정위치 시킨다는 해석의 원칙이다. 바울을, 바울이 아닌 다른 사람으로부터 읽는다는 것은 잘못이며 오해를 불러 일으킨다… 즉 바울은 로마의 제국주의를 비판하는 언약의 유대교 속에 있는 크리스천 유대인(a Christian Jew within covenantal Judaism criticizing Roman imperialism)이었다.[174]

이들은 로마서 3장에 등장하는 의(*dikaiosunē*)가 정의(justice)와 같은 의미라고 주장한다. 그들은 바울이 하나님의 의를 통해 보복적 정의(retributive justice)가 아니라, 분배적 정의(distributive justice)를 제시한다고 주장한다.[175] 그리고 하나님의 분배적 정의는 하나님이 이방인과 유대인을 차별하지 않고 모두를 평등하게 대하시는 분이라는 사실을 강조한다. 이뿐만 아니라, 바울은 칭의론을 통해 하나님의 정의를 강조함으로써 로마제국의 힘과 질서를 지탱하는 상징과 신화를 우회적으로 비판한다는 것이다. 가령, 로마서는 로마제국의 우월성을 신화적으로 합법화하는 아이네이스(Aeneas) 이야기와 유스티티아(Iustitia) 신화를 간접적으로 비판하고 있다.[176] 게오르기(D. Georgi)에 따르면, 아우구스투스 황제의 행적을 기록한 『아우구스투스 행전』 34장에는 세상을 지배한 그의 4가지

174) 마커스 J 보그 & 존 도미닉 크로산/ 김준우 옮김, 『첫 번째 바울의 복음』 (서울: 한국기독교연구소, 2010), 213-14.

175) *위의 책*, 218-19.

176) 로마제국의 정치선전에 대해서는, 존 도미닉 크로산, "로마제국의 신학", 리처드 호슬리 엮음/ 정연복 옮김, 『제국의 그림자 속에서』 (서울: 한국기독교연구소, 2014), 101-128을 참조하라. 유스티티아 숭배에 대한 바울의 비판에 대해서는 N. T. Wright, "Paul's Gospel and Caesar's Empire", in Richard A. Horsley, *Paul and Politics* (Harrisburg; Trinity Press, 2000), 171-2을 참조하라.

업적이 칭송되고 있는데, 특별히 정의(*dikaiosynē*)를 언급한다.[177] 그러나 로마제국이 이룩한 정의는 군사력을 동원한 힘에 의한 것이었다. 반면에 바울이 말하는 하나님의 정의는 모든 이들에게 공평과 평등을 동반한 평화를 통해 이루어진다. 바울은 승리를 통한 평화(peace through victory)라는 로마제국의 확장 프로그램에 반대하며, 정의를 통한 평화(peace through justice)를 추구했다.[178]

앞에서도 지적했듯이, 바울은 로마서에서 로마제국을 직설적으로 비판하지는 않는다.[179] 바울은 로마제국이 자신들의 체제를 합리화하기 위해 선전했던 신화적 질서들을 복음으로 해체한다. 바울의 텍스트 속에는 이러한 비판적 반향(echo)과 암시(allusion)가 숨어있다.[180] 가령 바울이 사용한 퀴리오스(*kyrios*), 소테르(*sōter*), 파루시아(*parusia*), 유앙겔리온(*euangelion*), 디카이오쉬네(*diakaiosynē*)와 같은 단어 속에는 로마제국의 통치 이데올로기에 대한 비판이 숨어있다.[181] 특별히 바울이 지상적 권력의 최종적 심판을 강조하는 그리스도의 파루시아를 기대했다는 점에서

177) 리차드 홀슬리 편집/ 홍성철 옮김, 『바울과 로마제국』 (서울: 기독교문서선교회, 2007), 227-8을 참조하라.

178) 크로산은 로마제국의 신화가 지닌 4가지 구조를 종교, 전쟁, 승리, 그리고 평화라는 사이클로 이해한다. 바울은 이에 대안적 방법으로 그리스도 안에서의 평등 그리고 하나님을 가장으로 하는 대안공동체 안에서 이룩되는 정의를 통한 평화를 제시한다. 마커스 J 보그 & 존 도미닉 크로산/ 김준우 옮김, 『첫 번째 바울의 복음』, 142-157.

179) 바울의 편지들을 반로마적 텍스트로 해석하는데서 발생하는 문제점에 대해서는, 스캇 맥나이트, 조지프 모디카 엮음/ 홍성수 옮김, 『가이사의 나라, 예수의 나라』 (서울: IVP, 2017), 222-3을 참조하라.

180) 톰 라이트/ 손돈호 옮김, 『바울』 (서울: 죠이선교회, 2012), 117.

181) 바울의 복음과 황제 숭배에 병행된 어구들을 구약의 배경과 더불어 살펴보려면, 마이클 버드/ 백지윤 옮김, 『손에 잡히는 바울』 (서울: IVP, 2016), 133-134를 참조하라.

그의 종말론적 메시지 속에서는 제국에 대한 부정적 인식이 존재할 수 밖에 없었다.[182] 이와 관련하여 아감벤(G. Agamben)은 바울의 호스메(hōs…mē, as if not) 용법에 주목하며, 이를 메시아적 종말 시간으로 해석한다.[183]

> 호스메는 메시아적 생의 공식이며, 소명의 최종적인 의미이다… 메시아적 소명 역시 '…이 아닌 것처럼'과 같은 형태를 통하여 모든 법률적, 사실적 구분을 소멸시키고 무화시키는 것을 의미하고 있다… 소명 받은 자가 메시아와 함께 십자가에 달려 옛 세계에서 죽음을 맞이하고, 새로운 생으로 거듭나는 것처럼 프롤레타리아는 자신을 폐지함으로써만이 자신을 해방시킬 수 있다.[184]

이처럼 아감벤은 바울의 호스메 용법이 지닌 변혁적 의미에 주목한다. 메시야의 시간은 미래적 종말의 순간이 아니라, 지금 여기에서 급진적 실천을 매개하는 유예된 시간을 의미한다. 그리고 이러한 메시야적 시간의 주체로 아감벤은 호모 사케르(Homo Sacer)를 호명한다. 이 말은 '희생

---

182) 최근에 엘리오트, 폴만, 해리슨, 스탠리 같은 학자들은 로마서를 로마제국의 지배 이데올로기에 대한 비판서로 독해한다. Neil Elliott, *The Arrogance of Nations: Reading Romans in the Shadow of Empire* (Minneapolis: Fortress Press, 2008); Mark Forman, *The Politics of Inheritance in Romans* (Cambridge: Cambridge University Press, 2011); James R. Harrison, *Paul and the Imperial Authorities at Thessalonica and Rome* (Tübingen: Mohr Siebeck, 2011); Christopher D. Stanley (ed.), *The Colonized Apostle: Paul Through Postcolonial Eyes* (Minneapolis: Fortress Press, 2011)를 참조하라.

183) 조르조 아감벤, 『남겨진 시간』 (서울: 코나투스, 2008), 65-6.

184) *위의 책*, 47, 59.

물로 바칠 수는 없지만 죽여도 되는 생명'을 의미한다.[185] 바울의 경우에 있어,(율)법으로부터 배제당한 이방인, 여성, 그리고 노예들이 호모 사케르에 해당한다. 바울에게 있어 하나님의 정의란 법으로부터 배제당한 이들에게 정당한 주권을 부여하는 것을 의미했다.

로마서는 제국의 수도에 있는 크리스천들에게 보낸 편지라는 점에서, 유대교의 장벽을 넘어 팍스 로마나의 힘에 입각한 정의를 겨냥한다. 바울은 황제에 대한 믿음(충성)이 아니라, 십자가에 죽임당한 예수에 대한 믿음(*pistis*, faith)을 강조함으로써 로마제국의 이데올로기에 의문을 제기한다. 로마서 3장 21–26절에서 자주 언급되는 피스티스라는 말은 원래 로마의 정치선전에 사용되던 어휘라는 것을 게오르기는 지적한다.[186]

> 로마 황제는 '로마의 fides'라는 말을 충성, 협정 의무에 대한 신실함, 올곧음, 진실함, 정직, 신뢰 그리고 확신–말하자면, 완전한 로마의 독점–의 의미로 사용했다. 여신 피데스(Fides)에게 드리던 고대의 제의는 아우구스투스 때 부활되었다. 원수(元首) 정치 시대에, 그 단어가 주화에 자주 나타나는 것 역시 의미심장하다.

로마서 3장 22절에서 바울이 예수 그리스도를 믿는 신실함(*pistis*)을 강조하는 이면에는 로마의 정치선전에 대한 비판이 숨어있다. 당시 황제제

---

185) 조르조 아감벤/ 박진우 옮김, 『호모 사케르』(서울: 새물결, 2008), 175.
186) Dieter Georgi/ David E. Green (trs), *Theocracy in Paul's Praxis and Theology* (Minneapolis: Fortress Press, 1987), 83–84.

의는 로마 황제가 세상의 구원을 가져다 준다는 믿음(*pistis*)에 기반하고 있었다. 그러나 바울은 로마황제에 대한 피스티스로는 진정한 정의에 도달할 수 없다고 주장한다. 로마서는 황제에 대한 믿음을 예수에 대한 믿음으로 대체함으로써, 세상의 진정한 구세주가 누구인가를 독자들에게 암시하고 있다. 이러한 바울의 복음은 로마제국의 폭력적 질서에 시달리는 크리스천들에게는 좋은 소식(*euangelion*, good news)이었지만, 로마의 지배자들에게는 나쁜소식(*dysangelion*, bad news)이었던 것이다.[187)]

한편, 바디우(Alain Badiou)는 바울의 텍스트에서 당대의 특권적 질서를 해체하려는 보편주의를 발견한다.[188)] 그에 따르면, 바울은 당대에 지배담론으로 작동하던 유대/그리스 담론을 모두 지양하는 새로운 담론, 곧 기독교 담론을 제시한다는 것이다. 이를 통해 바울은 유대와 그리스/로마의 담론들이 지닌 억압적 질서와는 다른 메시야적 질서를 제기한다.[189)] 바디우가 말한 기독교 담론은, 법이라는 고착된 상태적 실재가 아

187) Ekkehard Stegemann, "Coexistence and Transformation: Reading the Politics of Identity in Romans in an Imperial Context", in *Reading Paul in Context: Explorations in Identity Formation*, eds. K. Ehrensperger and J. B. Tucker, Library of New Testament Studies 428 (London: T & T Clark, 2010), 2-23을 참조하라.

188) Alain Badiou, *Saint Paul: The Foundation of Universalism* (Stanford: Stanford University Press, 2003), 17. 알랭 바디우/ 현성환 옮김, 『사도바울』(서울: 새물결, 2008), 조르조 아감벤/ 강승훈 옮김, 『남겨진 시간』(서울: 코나투스, 2008). 슬라보이 지젝/ 김정아 옮김, 『죽은 신을 위하여』(서울: 도서출판 길, 2007), 도미니크 핀켈데/ 오진석 옮김, 『바울의 정치적 종말론』(서울: 도서출판 B, 2015) 등을 참조하라. 정치철학적으로 바울을 전유한 최근의 연구들에 대한 개론적 소개에 대해서는, 김성민, 『바울과 현대철학』(서울: 새물결플러스, 2018)을 참조하라.

189) 알랭 바디우, 『사도바울』, 81-107을 참조하라. 바디우에 관한 신학적 해설에 대해서는 김학철, 고형상, "알랭 바디우의 신학적 수용," *한국기독교신학논총 70권* (2010)을 참조하라.

닌 '사건'에 정초해 있다. 바울에게 사건이란 다마스쿠스에서 부활한 그리스도와의 만남이다. 바디우에 따르면, 바울은 다메섹 사건을 통해 자기 주체성, 즉 개별적인 인간이 지니는 보편적 가치를 깨달은 인물이었다.[190] 바디우는 다메섹에서 부활한 그리스도를 만나는 사건을 통해, 바울은 자신의 모든 생애를 걸고 진리-사건의 투사로서 변모했다고 주장한다. 바울이 율법의 행위와 대조시킨 믿음(*pistis*)은 진리 사건이 자신을 주체로 세웠다는 것에 대한 전적인 확신을 의미한다. 이러한 확신을 이방인(타자)들에게 전투적으로 선전하는 과정에서 사랑 곧 아가페(*agape*)가 발생한다. 로마서 13장 10절에서 바울은 "사랑은 이웃에게 해를 입히지 않습니다. 그러므로 사랑은 율법의 완성입니다"라고 말한다. 이처럼 바울의 진리가 보편화될 수 있는 것은 바로 이방인이라는 타자를 향한 무조건적 사랑 때문이었다. 바울에게 있어 그리스도의 십자가 사건은 바로 모든 이를 향한 하나님의 무조건적 사랑의 기표였다.

로마서를 반드시 반제국주의적(counter-imperial) 전망으로만 이해할 필요는 없을 것이다. 로마서 13장에서 볼 수 있듯이, 바울은 로마제국의 권세를 완전히 부정하지는 않았다. 그러나 로마제국은 하나님의 진정한 의를 실현할 수 없다는 점에서 제한적이며, 그리스도의 재림 앞에 있다는 점에서 임시적이다. 바울은 로마제국을 일정한 권세를 지닌 지상의 통치자로 인식했지만, 크리스천들이 진정한 충성(*pistis*)을 바칠 대상은 카이사가 아니라 예수 그리스도라고 선포한다. 이런 점에서 바울의 복음

---

190) Badiou, *Saint Paul*, 108.

은 반(反)제국주의적이라기 보다는, 초(超)제국주의적이었다고 할 수 있다.[191)]

191) 브루스 W. 롱네커, 토드 D. 스틸/ 박규태 옮김, 『바울– 그의 생애, 서신, 신학』, (서울: 성서유니온, 2019), 626.

5장

로마서의 예수

빌립보 가이사랴 인근을 걷고 있던 예수는 느닷없이 제자들에게 자신에 관한 당대 사람들의 평가를 묻는다. 복음서 중에서 가장 일찍 기록된 마가복음은 이 장면을 다음과 같이 보도한다.

> 예수와 제자들과 함께 빌립보의 가이사랴에 있는 여러 마을로 길을 나서셨는데, 도중에서 제자들에게 물으셨다. "사람들이 나를 누구라 하느냐? 제자들이 예수에게 말하였다. "세례자 요한이라고 합니다. 엘리야라고 하는 사람들도 있고, 또 예언자 가운데 한 분이라고 하는 사람들도 있습니다." 예수께서 그들에게 물으셨다. "그러면 너희는 나를 누구라고 하느냐?" 베드로가 예수께 대답하였다. "선생님은 그리스도이십니다." 예수께서 그들에게 엄중히 경고하시기를, 자기에 관하여 아무에게도 말하지 말라고 하셨다. (막 8:27-30)

이 이야기는 역사적 예수의 것이라기 보다는, 예수를 메시야(그리스도)로 증언하는 마가의 신학적 각색이라 할 수 있다. 원시 기독교는 십자가에 죽은 예수를 유대인들이 대망하던 메시야(구원자)로 변증하기 위해 노력했다. 그들은 메시야의 탄생과 고난을 상기시키는 시편(2:7)과 이사야

(53:4-5)와 같은 소위 메시야 본문들을 이용했다. 그런데 복음서보다 일찍 기록된 바울의 서신들은 예수에 관한 이해와 전망이 복음서와는 상이하다. 그는 복음서 저자들의 서사적 서술방식과는 다른 방식으로 예수이해를 전개한다. 바울은 예수의 지상적 사역에 관심하기 보다는, 그리스도로서 예수의 죽음과 부활이 의미하는 바에 관심을 둔다. 역사적 예수는 비유로서 하나님 나라를 가르쳤지만, 바울은 수사학적 담론으로 그리스도 사건에 나타난 하나님의 의(義)를 변증한다.

이번 장에서는 로마서에 나타난 바울의 예수이해를 다룬다. 바울의 편지들은 예수의 생애와 가르침을 서사적 방식으로 다루지 않는다. 바울은 산상수훈과 주기도문 같은 예수의 가르침도, 치유기적도, 예루살렘의 당한 수난이야기도 언급하지 않는다. 바울은 예수 사건이 지닌 의미를 수신자 공동체가 직면한 상황과의 관련성 속에서 재해석한다. 가령 데살로니가 전서는 예수의 파루시아를, 고린도 전서는 예수의 약함을, 빌립보서는 예수의 비움을 강조한다. 이러한 강조점 배후에는 각각의 교회들이 직면한 문제상황들이 존재한다. 그렇다면 로마서에는 예수의 어떤 모습이 강조되고 있을까? 그리고 로마서에서만 등장하는 바울의 특징적인 예수이해는 로마교회의 어떤 문제상황과 연관되어 있는 것일까?

로마서의 특징적 예수 이미지

로마서는 바울의 다른 편지들에서 찾아볼 수 없는 독특한 전망에서 예수를 묘사하고 있다. 가령, 예수는 육으로는 다윗의 자손(1:3; 15:12)이며, 제2의 아담(5:14)으로 아브라함과 야곱과 같은 유대 족장들의 후손이다(9:5). 특별히 바울은 이러한 구절들에서 카타 사르카(*kata sarka*)라는 전치사 어구를 반복적으로 사용함으로써 예수의 유대성(Jewishness)을 강조한다. 또한 로마서 10장 4절에서 바울은, 그리스도는 율법의 텔로스(*tēlos*)라고 진술하며, 토라와의 연관성 속에서 그리스도 사건의 의미를 포착하려고 한다. 한편 15장 8절에서 바울은 그리스도를 유대인의 종(*diakonos peritomes*) 이라고 선포하며, 다시 한번 예수의 유대적 기원을 로마교회의 청중들에게 강조한다.

이러한 유대적 예수상(Jewish portraits of Jesus)은 바울의 다른 서신들에서는 찾아보기 힘든 로마서만의 독특한 전망이다. 이방인의 사도로 자처하던 바울이 왜 로마서에서 예수의 유대적 정체성을 이처럼 강조하고 있는 것일까? 율법과 할례, 그리고 안식일 준수와 같이 유대적 표지(Jewish badges)들에 대해 그토록 부정적이었던 바울이, 유독 로마서에서만 이러한 유대적 표상들과 연관하여 예수를 묘사하고 있는 것은 무슨 이유 때문인가?

로마서의 기독론에 관한 기존의 연구들은 이러한 질문들에 대해 적절히 답변하지 못해왔다. 기존의 연구들은 칭의론(justification by faith)이나, 그리스도와의 신비적 연합(in Christ) 그리고 종말론(eschatology)과 같은 특정한 신학적 전망에서만 로마서의 기독론적 진술들을 강제해 왔다. 그중에서도 가장 큰 영향력을 발휘해 온 것은 아마도 로마서를 칭의론에 관한 신학논문으로 간주해 온 종교개혁자 루터(M. Luther)의 입장일 것이다. 그는 카톨릭의 면죄부 판매에 대한 신학적 저항의 논리를 로마서 3장

21절 이하에서 전개된 소위 칭의론 단락에서 발견했다. 이후 로마서 연구를 지배해 온 루터리안적 시각은 로마서가 상황적 편지(occasional letter)라는 사실을 망각한 채, 이 편지를 단지 칭의론에 관한 무시간적 교리서로만 취급해 왔다. 이러한 루터의 입장은 훗날 칼 바르트와 불트만, 그리고 케제만과 같은 독일의 신학자들로 계승되면서, 로마서의 칭의론 단락이 원래 지니고 있었던 역사/사회적 의미맥락을 무시한 채, 개인의 내면적 실존의 문제로 후퇴시켜 버리는 결과를 자아내게 되었다. 자연스럽게 1세기 로마의 가정교회 청중들을 의도적으로 의식하면서 기술된 바울의 특징적인 예수담론들이 지니는 사회적 함의들이 무시될 수밖에 없었다.

그러나 1960년대 후반부터 스텐달(K. Stendahl)과 돈프레드(K. P. Donfried), 쥬윗(R. Jewett) 등에 의해 제기된 로마서에 관한 새로운 전망들은 이 편지를 탈역사적이고 무시간적인 신학논문으로 간주하기 보다는, 로마교회가 봉착한 구체적 문제를 해결하려는 와중에서 기록된 상황적 문건으로 이해한다. 따라서 특정한 신학적 전망에서만 로마서의 기독론적 진술들을 파악하려는 시도들은, 로마서에 묘사되고 있는 예수상 배후에 있는 바울의 개인적인 상황과 로마교회의 역사/사회적 정황들을 간과해 왔다.

이번 장에서는 로마서에서만 발견되는 특징적인 예수담론들이 지닌 사회, 정치적 함의(social implication)들을 분석하기 위해 기존의 연구들을 비판적으로 검토하고, 최근에 진행되고 있는 사회과학적 모델을 소개하고자 한다. 이를 위해 먼저 로마서에 나타난 바울의 기독론들에 관한 전통적인 연구들을 비판적으로 살펴볼 것이다. 가령 다윗의 아들(son of David), 주(kyrios)와 같은 기독론적 칭호들과, 칭의론과 같은 신학적인 전망에서만 이해하고자 했던 기존의 연구들이 지닌 한계를 지적할 것이다.

로마서의 기독론은, 바울이라는 한 천재적인 신학자의 머리에서 나온 관념적 결과물이라기보다는, 구체적인 목회현장에서 일어나고 있는 실제적인 문제와 고투하는 과정에서 생산된 사회적 산물이라는 사실이다. 로마서에 등장하는 바울의 예수담론들은 단순히 기독론이라는 체계적이고 객관적인 신학적 구상물로 대상화 될 수 없다. 왜냐하면 바울의 예수 이해는 주체(예수)와 더불어(com) 존재하는 지식, 그리고 그 주체에게 자신을 위임(commitment), 혹은 헌신(devotion)하는 실천적 앎을 시사하기 때문이다. 바울과 로마교회의 멤버들에게 '예수가 누구인가'라는 물음은 주관/객관의 도식에 의해서 전개될 수 있는 중립적인 질문이 될 수 없었다. 그들은 예수라는 프리즘을 통해 자신들의 현존(現存)을 묻고 있다. 바울이 자신의 편지에서 '예수 안(in Christ)'이라는 어구를 반복적으로 사용하고 있는 것은 예수사건의 구속사적 의미에 터하여 집단적인 자아의 서사(self-narrative)를 진행하고 있다는 것을 의미한다. 즉 예수의 이야기와 그들의 이야기는 서로 나눌 수 없이 오버랩(overlap)되어 있다. 따라서 이번 장에서는 로마서의 예수 담론에 깃들여 있는 이러한 역동적인 관계들을 드러내 줄 수 있는 새로운 전망들을 살펴볼 것이다.

이전 연구들

지난 시기 동안 로마서에 나타난 바울의 예수이해를 독립적으로 다룬 저작이나 논문이 상대적으로 적다는 사실은, 이 서신이 개신교 역사에서 차지하는 비중에 비추어 볼 때 다소 의아한 일이다. 그것은 앞서 지적한 대로 칭의론의 시각만으로 로마서를 강제하였던 종교개혁자 마틴 루터가 개신교 신학에 드리운 깊은 그림자 때문일 것이다. 그러나 칭의론의 관점에서만 로마서의 예수담론들을 이해하는 것은 부적절하다. 왜냐하면 칭의론은 로마서에 등장하는 다양한 신학적 언술 중에 한 부분일 뿐이기 때문이다. 가령 스텐달(K. Stendahl)은 로마서의 중심주제는 칭의론이 아니라, 9–11장에서 전개되는 이스라엘의 구원문제라고 주장한다.[192] 또한 칭의론은 그리스도 사건(Christ event)으로서의 예수의 구원사적 직능에만 초점을 맞추고 있을 뿐이다. 로마서는 칭의론뿐만 아니라, 아담 기독론(5:12–21), 그리고 유대적 기독론(Jewish Christology, 1:3, 9:5, 10:4, 15:8)과 같은 바울의 다양한 예수이해가 등장한다는 사실에 주목해야 한다.

로마서에서 바울은 다채로운 방식으로 예수의 신적인 정체성과 하나님의 구원사에 있어서 예수사건의 기능과 역할을 단편적으로 진술한다.

---

192) K. Stendahl, *Final Account: Paul's Letter to the Romans* (Minneapolis: Fortress Press, 1995). 최근에 게이거(John G. Gager)는 로마서의 핵심이 칭의론이 아니라는 스텐달의 주장에 동의한다. John G. Gager, *Reinventing Paul* (Oxford: Oxford University Press, 2000), 128–42를 참조하라.

예를 들어, 로마서 1장 3~4절에서 바울은 그리스도로서 예수의 역할을, 원시교회로부터 이어받은 신앙고백문의 형식으로 소개한다. 한편, 9장 5절과 10장 4절은 그레코-로만의 수사학적 기술에 입각하여 예수의 유대적 정체성을 강조한다.[193] 더욱이 가장 중요한 사실은 이러한 예수에 관한 바울의 진술이 그의 사도권을 강조하거나 자신의 청중들에게 자신의 윤리적 가르침(ethical exhortation)을 훈계하려는 논쟁적 문맥에서 대부분 드러난다는 것이다. 이것은 로마서에 등장하는 바울의 예수담론들이 바울 자신의 개인적 상황과 로마교회가 직면한 문제들과 긴밀하게 연관되어 있다는 사실을 암시한다. 이런 점에서 마틴(Dale. B. Martin)이 기독론을 단순히 신학적 관점에서만 취급할 때, 발생할 수 있는 오류를 다음과 같이 지적한 것은 설득력을 지닌다.

> 기독론과 같은 종교적 언어는 사회적 구조와 이데올로기 그리고 수사학적 전략과 명백하게 연관되어 있다. 신학적 관점에서만 신학의 언어를 분석하려는 것은 신학 언어에 내재되어 있는 실재적인 사회적 의미를 왜곡시키게 된다.[194]

그러나 전통적으로 로마서의 예수이해에 관한 연구들은 대개가 기독론이라는 신학적 주제 아래에서 진행되어 왔다. 사실 바울의 기독론이라는 말은 바울이 예수에 관한 조직적이고 일관적인 신학적 작업을 진행했

---

193) Robert Jewett, *Romans* (Fortress Press, 2007), 555-569, 607-620을 참조하라.
194) Dale. B. Martin, *Slavery As Salvation: The Metaphor of Slavery in Pauline Christianity* (New Haven: Yale University Press, 1990), xiv.

다는 것을 전제한다. 그러나 우리는 바울의 편지들 어디에서도 예수의 본질과 그의 죽음과 부활에 관한 조직적이고 일관된 형태의 진술을 발견할 수 없다. 바울의 예수담론은 수신자 교회들이 직면한 문제들을 해결하는 와중에서 단편적으로 언급될 수밖에 없었으며, 대적자들의 잘못된 예수이해를 교정하기 위한 논쟁의 과정에서 등장한다. 네이레이(J. Neyrey)는 바울의 기독론이 지닌 비조직적 성격을 다음과 같이 지적한다.

> 바울은 모든 문제에 관여하는 넓은 의미의 예수상을 구축하는 데에는 관심이 없다. 오히려 바울은 각개 수신자 교회들을 위해 예수가 의미하는 바를 선택적으로 선정하고 있다. 이것은 여러 가지 이슈에 대한 예수의 태도에 관심하기 보다는, 바울 자신이 관심 있는 특별한 주제와 이슈에 예수를 연관시킨다는 것을 의미한다.[195)]

1980년대에 샌더스(E. P. Sanders)의 연구와 던(J. D. G. Dunn)의 제안으로 촉발된 소위 바울에 대한 새로운 전망(New perspective on Paul)들을[196)] 기점으로 로마서를 여타의 다른 바울서신과 마찬가지로, 로마의 가정

---

195) J. H. Neyrey, *Christ Is Community* (Wilmington: Michael Glazier, 1985), 198.

196) 바울에 대한 새로운 전망 (New perspective on Paul)이라는 말은 1982년 영국의 맨체스타 대학이 주최한 맨슨 기념 강연회(Manson Memorial Lecture)에서 던 (J. D. G. Dunn)에 의해 제기되었다. 그는 샌더스 (E. P. Sanders)가 바울의 율법관을 이해하기 위해, 제2성전기의 유대교를 '계약적 율법주의 (covenantal nomism)'라고 주장한 것을 '바울에 대한 새로운 전망'의 개막으로 보았다. 던은 샌더스의 주장을 더욱 발전시켜 율법에 대한 바울의 부정적 언사는 율법 자체에 대한 거부라기 보다는 이방인과 유대인 사이에 불평등한 경계선으로 작동했던 유대의 할례와 정결법과 안식일 준수와 같은 의식적인 법이었다고 주장한다. 이러한 던의 주장은 이후 톰 라이트 (N. T. Wright)로부터 지지를 받으며 바울 연구에 새로운 반향을 일으키게 된다. J. D. G.

교회(들)에 발생한 특수하고도 구체적인 문제들을 해결하려는 상황적 문건으로 이해하려는 시도가 진행되고 있다. 즉 로마서에 등장하는 기독론적 진술들이 바울 개인의 내밀한 사색의 결과로부터 기인했다기보다는 다양한 사회적 관계망 속에서 형성된 상징적 우주(symbolic universe)의 한 형태라는 것이다.

그렇다면 로마서의 기독론 연구는 어떤 방식으로 진행되어 왔을까? 신약 기독론 연구에 종교사학파의 방법론을 적용한 부셋(W. Bousset)은 원시 기독교 공동체들의 기독론의 발전 궤적을 기독론적 칭호에 입각하여 추적하였다.[197] 이후 예수에 관한 다양한 기독론적 호칭들을 둘러싼 논의들은 쿨만(O. Culmann)[198]과 풀러(R. H. Fuller)[199]에 의해 더욱 다양한 방식으로 전개되었고, 발전사적인 입장을 견지한 이들의 연구는 바울의 기독론 연구에도 적용되기 시작한다. 가령, 막센(W. Marxen)은 그리스도(Christ), 주(Lord), 하나님의 아들(Son of God) 등과 같은 칭호들의 신학적 기능을 분석한다. 그에 따르면 바울에게 있어서 그리스도란 칭호는 대부분의 경우 십자가와 부활을 가리키는 상용문구와 결합되어 나타나

Dunn, 'The New Perspective on Paul', *Bulletin of the John Rylands University Library of Manchester* 65 (1983): 95–122. 'New Perspective on Paul'에 대한 보다 진전된 논의를 위해서는, R. B. Matlock, 'Almost Cultural Studies? Reflections on the "New Perspectives" on Paul', in J. C. Exum and S. D. Moore (eds.), *Biblical Studies/Cultural Studies: The Third Sheffield Colloquium* (Sheffield: Sheffield Academic Press, 1998): 433–459.

197) W. Bouseet, Kyrios Christos: *A History of the Belief in Christ from the Beginnings of Christianity to Irenaeus*. Tr. J. E. Steely. (Abingdon Press, 1970).

198) O. Cullmann, *The Christology of the New Testament* (London: SCM Press, 1963).

199) R. H. Fuller, *The Foundation of New Testament Christology* (New York: Charles Scribner's Sons, 1965)

고 있으며, 주(*kyrios*)라는 칭호는 예수의 신분을 높이는데, 그리고 하나님의 아들이라는 호칭은 선교적 주제에 주로 사용된다고 지적한다.[200)]

그러나 기독론 칭호들을 중심으로 바울의 예수이해를 다루려는 시도들은 이러한 칭호들과 개념들을 고정된 실체로 취급한다. 따라서 이들은 이러한 기독론 칭호들을 가능하게 만들었던 원시 기독교 공동체들의 다양한 문화적 차이들, 혹은 지식사회학이 지적하고 있는 삶의 세계(life-world)들이 수반하는 다양한 언어의 동적인 실재를 간과한다.[201)] 다시 말해 기독론적 칭호의 기원을 통시적으로만 추적하는 연구들은 다음과 같은 질문에 개연성 있는 답변을 제공할 수 없었다. 왜 바울은 다른 편지와는 달리, 로마서 1장 3-4절과 같은 기독론적 고백문을 편지 서두에 배치하고 있는가? 이방인의 사도로 자처하던 바울이 유독 로마서에서만 예수의 유대성(Jewishness)을 강조하고 있는 이유는 무엇일까?

한편 커크(L. E. Keck)는 로마서에서만 등장하는 특징적인 바울의 예수이해를 파악하고자 시도한다.[202)] 그의 주장에 따르면 로마서의 독자들은 이미 예수에 관한 지식을 일정정도 지니고 있었기 때문에, 바울은 굳이 예수의 말씀이나 사역에 관해 언급할 필요를 느끼지 못했다는 것이다.

---

200) W. Marxen, "Christology in the New Testament," *IBD Suppl*. (Nashville: Abingdon Press, 1976), 150-51.

201) R. Scroggs, *Christology in Paul and John* (Philadelphia: Fortress Press, 1988), 12. 키이(H. C. Kee) 교수는 신약의 다채로운 기독론을, 이를 생산한 원시 기독교 공동체들의 사회문화적 삶의 자리에서 살펴 볼 것을 강조한다. H. C. Kee, "Christology and Ecclesiology: Titles of Christ and Models of Community" *Semeia* 30 (1985): 171-92.를 참조하라.

202) L. E. Keck, "Jesus in Romans," *JBL* 108/3 (1989):443-460을 참조하라.

따라서 바울은 자신의 기독론과 로마교회 구성원들이 이미 지니고 있었던 예수에 관한 지식사이에 연관성이 있음을 강조했다는 것이다. 커크는 로마 교인들이 지니고 있던 예수지식과 구별되는 바울 자신의 독특한 기독론적 진술들이 3장 21-6절, 5장 12-21절, 5장 8절 등 세 곳에 드러난다고 주장한다. 특별히 이 단락들을 통해 바울은 하나님에 대한 예수의 충성과 복종을 강조한다는 것이다. 따라서 이러한 바울 기독론의 주요한 목적은 내적인 구원의 원리(internal soteriological rationle)에 초점이 있다는 것이 커크의 주장이다.[203] 그는 로마서에 언급되는 기독론적 단락들에서 로마의 독자들이 이미 알고 있었던 예수에 관한 정보와 바울 자신이 특별히 강조했던 단락들을 식별하고자 시도한다. 이러한 시도는 편집비평을 복음서에 적용해 복음서 저자들의 독특한 신학적 전망들을 규명해 내려고 하였던 연구들과 방법론적으로 유사하다고 볼 수 있다.

한편 쥬윗(R. Jewett)은 로마서의 기독론적 진술들에서 발견될 수 있는 바울의 편집의도를 분석하고자 시도 한다[204] 가령 그는 로마서 1장 3-4절을 분석하면서, 바울은 이 단락의 서두인, περὶ τοῦ υἱοῦ αὐτοῦ와 결론 부분인 Ἰησοῦ Χριστοῦ τοῦ κυρίου ἡμῶν을 자신이 전해 받은 전승에 첨가하였다고 주장한다. 게다가 1장 4절의 ἐν δυνάμει와 ἁγιωσύνης 역시 바울의 첨가로 간주한다. 더욱이 최근에 출판된 로마서 주석에서, 쥬윗

203) *Ibid.*, 460.

204) R. Jewett, '*Ecumenical Theology for the sake of Mission: Romans 1:1-17 + 15:14-16:24*,' in D.M. Hay & E.E. Johnson (eds.), *Pauline Theology. Vol III: Romans* (Minneapolis: Fortress Press, 1995), 98.

은 1장 3~4절 배후에는 적어도 3개의 전승 층위가 자리하고 있다고 주장한다.[205] 첫째, 원시 유대 크리스천들의 신조로 형성된 것으로, '하나님의 아들로 인정된 다윗의 후손으로 태어난'이란 구절과, '죽음에서 부활한'과 같은 어구들이 이에 해당된다. 둘째는 헬라적 크리스천에 의해 채택된 구절들로, '육신으로는', '성령으로는'과 같은 것이다. 마지막으로는 바울 자신의 삽입 구절로, '거룩한 영으로는', '예수 그리스도, 우리의 주'와 같은 어구들이다. 쥬윗에 따르면, 바울의 이러한 변형 의도 이면에는 로마교회와의 신앙의 공통분모를 내세우고자하는 목적 때문이라고 주장한다.

그러나 로마서에 나타난 특징적인 기독론적 단락을 규명하려는 커크와 쥬윗의 연구는 자연스럽게 편집비평(Redaction Criticism)이 봉착하였던 문제들에 다다른다. 왜냐하면 이들의 연구는, 왜 로마서에서 바울이 이와 같은 독특한 예수이해를 제시하고 있는가에 대한 질문에 적절한 답변을 제공하지 못하고 있기 때문이다.

피츠마이어(J. A. Fitzmyer) 역시 커크와 동일하게 로마의 크리스천들이 이미 나사렛 예수에 관해 알고 있었다고 전제한다.[206] 이러한 이유 때문에 바울은 굳이 로마서에서 역사적 예수의 지상적 사역과 가르침을 소개할 필요가 없었다고 피츠마이어는 지적한다. 그는 3가지 관점에서 로

205) R. Jewett, *Romans*, 96-108.

206) J. A. Fitzmyer, "The Christology of the Epistle of the Romans" in A. J. Malherbe and W. A. Meeks (eds.), *The Future of Christology: Essays in Honor of Leander E. Keck* (Minneapolis: Fortress Press, 1993), 81.

마서에 나타난 바울의 예수상을 종합할 수 있다고 주장한다. 첫째, 예수에 관한 이름과 타이틀을, 둘째, 예수의 역할에 관한 진술들을, 그리고 마지막으로 그리스도 사건의 효과를 조사함으로써 가능하다는 것이다.[207] 이러한 세 가지 관점에서 피츠마이어는 로마서에 나타난 기독론의 전체적 윤곽을 스케치 할 수 있다고 주장한다. 그에 따르면 로마서에서 예수는 유대인과 이방인 모두의 구원과 의로움을 위한 하나님의 새로운 대리인(God's new agent)으로 묘사되고 있다는 것이다.[208] 그러나 피츠마이어 역시 커크의 연구가 봉착한 다음과 같은 질문에 개연성 있는 답변을 내놓지 못하고 있다. 왜 바울은 로마서에서 예수를 유대인과 이방인 모두를 위한 하나님의 새로운 대리자로 서술할 수밖에 없었는가?

새로운 연구들

인류학 이론에 따르면, 인간은 사회적 실재를 직접적으로 이해할 수 없기 때문에 인지적 필터가 필요하다고 지적한다.[209] 따라서 인간은 사회적 실재를 간접적인 방식으로 인지할 수밖에 없는데 이를 위해서 이론(theory)이나 모델(model)을 필요로 한다는 것이다. 엘리옷(J. H. Elliott)은 모델의 인지적 기능과 관련하여 다음과 같이 언급한다. "모델이란 인지

207) *Ibid.*, 82.

208) *Ibid.*, 81–2.

209) 지식사회학(sociology of knowledge)은 실재의 사회적 구성을 설명하기 위해 '상징적 우주(symbolic universe)'라는 개념을 사용한다. 따라서 상징적 우주라는 말은 인류학에서 사용되는 인지적 필터라는 개념과 유사한 것으로 간주할 수 있다.

적 지도와 렌즈이며, 이것을 통해 우리는 순수한 대상들을 조직하고, 걸러내며, 인식한다."[210] 모델은 우리가 의식하건 의식하지 못하건 간에 일상적 삶 속에서 항상 사용된다. 가령, 구약성서의 저자들은 하나님의 권력과 권능을 독자들에게 인지시키기 위해 고대 사회의 가부장적 모델인 아버지, 왕, 전사들의 이미지를 차용한다. 그러나 이러한 하나님에 관한 모델들은 경험적 실재에 관한 직접적 묘사이기보다는,[211] 사회적 실재들의 구체적인 측면들을 선택, 분류, 비교, 종합하기 위한 귀납적인 도구라는 사실을 유념해야 한다. 믹스(W. Meeks)는 해석이 없다면 사실도 없으며, 특정한 이론 없이 사실(facts)들을 모으는 것은 단지 상식적인 추정을 이론으로 대체하는 것을 의미할 뿐이라고 지적한다.[212] 이것은 이론이나 모델에 의존하지 않고는 어떠한 해석도 진행될 수 없다는 것을 의미한다.

그러나 모델은 해석자에게 새로운 역사적 정보나 지식을 제공해 주지 않는다. 모델은 해석의 과정에서 증거들 사이의 패턴이나 관계성을 부여

---

210) J. H. Elliott, *What Is Social-Scientific Criticism*? (Minneapolis: Fortress Press, 1993), 42.

211) 한편 호렐(D. G. Horrell)은 모델에 근거한 신약성서 연구를 비판한다. 그는 "최근의 컨텍스트에서 가져온 모델(이론)을 초기 기독교에 적용시킬 때 발생하는 문제 중에 하나는 연대기적인 역전이 일어날 수 있으며, 환원주의의 문제를 야기시킬 수 있다"고 주장한다. 필자의 생각에는 호렐은 모델을 너무 규범적인 관점에서 이해하는 것 같다. 이에 비해 에슬러(P. F. Esler)는 모델을 사회적인 규범보다는 귀납적인 도구로 간주한다. David G. Horrell, *The Social Ethos of the Corinthian Correspondence: Interests and Ideology from 1 Corinthian to 1 Clement* (Edinburgh: T & T Clark, 1996), 9-26. 에슬러의 주장에 대해서는 P. F. Esler, "Review of Horrell, Social Ethos", *JTS* 49 (1998): 253-60을 참조하라.

212) W. Meeks, *The First Urban Christians: The Social World of the Apostle Paul* (New Haven: Yale University, 1983), 5.

해 준다. 말리나(B. Malina)는 모델을 실제 사회의 대상과 사건들을 추상적으로 단순하게 재현하는 것, 혹은 이러한 것들을 이해, 조정, 예측하기 위해서 구성하는 상호작용으로 정의한다.[213] 이러한 점에서 모델은 실재를 이해하기 위한 개념적 도구로서 기능한다고 할 수 있다. 에슬러(P. Esler)는 모델은 성서 텍스트와 현대의 독자들 사이에 존재하는 문화적 거리와 차이를 다루는 최상의 전략이라고 말한다.[214] 이처럼 모델을 통해서 성서 텍스트에서 가져온 사회적 데이터와 성서의 의미를 조직하고, 조사하며 설명할 수 있게 된다. 예를 들어, 인류학자 메리 더글라스(Mary Douglas)의 그룹(group)/그리드(grid) 모델이나 브라이언 윌슨(Bryan Wilson)의 종파주의 모델은 원시 기독교 공동체들의 다채로운 사회적 행동, 패턴, 그리고 구조들을 적절하게 설명할 수 있게 해준다.[215]

사회과학적 전망에서 신약성서를 이해하고자 할 때, 모델이라는 개념

---

213) B. Malina, 'The Social Science and Biblical Interpretation,' *Int* 37 (1982): 231.

214) P. F. Esler, 'Model in New Testament Interpretation: A Reply to David Horell,' *JSNT* 78 (2000):107. 초기 기독교 이해를 위한 다양한 사회과학적 모델의 적용에 대해서는 Philip F. Esler (ed.), *Modelling Early Christianity: Social-scientific Studies of the New Testament in its Context* (London: Routledge, 1995)를 참조하라.

215) 더글라스의 그룹/그리드 모델에 대해서는 Mary T. *Douglas*, *Natural Symbols* (New York: Pantheon Books, 1982)을 참조하라. 이 모델을 초기 기독교 공동체를 이해하기 위해 적용한 사례에 대해서는 Bruce J. Malina, *Christian Origins and Cultural Anthropology: Practical Models for Biblical Interpretation* (Atlanta: John Knox Press, 1986)을 참조하라. 네이레이는 이 모델을 요한복음의 고기독론(high Christology)을 해석하는데, 적용하고 있다. Jerome H. Neyrey, *An Ideology of Revolt: John's Christology in Social-Science Perspective* (Philadelphia: Fortress Press, 1988)를 참조하라. 한편 윌슨의 종파주의 모델을 사용하여 신약의 기독론을 분석한 학자로는 요한복음의 기독론을 연구한 믹스를 들 수 있다. Wayne A. Meeks, "The Man from Heaven in Johannine Sectarianism," *JBl* 91 (1972): 44-72를 참조하라.

은 초기 기독교 공동체들의 상징적 우주와 신학적 이념들을 분석할 수 있는 유용한 이론적 도구이며, 넓은 의미에서 이론들을 지칭할 때 사용될 수 있는 개념이라고 할 수 있다. 그렇다면 기존의 신학적인 접근으로 파악될 수 없었던 바울의 기독론이 지닌 사회적 차원을 드러낼 수 있는 사회과학적 모델은 무엇일까?

신학적 전망이나 기독론적 칭호를 중심으로 전개되는 바울의 기독론 연구가 지니는 환원론적 위험에서 벗어나고자, 타이센(G. Theissen)은 유비적인 모델을 제안한다. 타이센은 골드만(L. Goldmann)의 문학사회학의 통찰을 빌려와서, 기독론과 그것의 사회적 삶의 자리 사이의 구조적 유사성(structural homologue)에 주목한다. 이러한 전망에 기반하여 타이센은 바울의 기독론을 지위 기독론(Positionschristologie)과 참여 기독론(Partizipatioschristologie)으로 분류한다. 타이센에 따르면 지위 기독론은 그리스도 사건을 사회의 철저한 지위 전환의 유비에 따라 해석하는 것으로, 이 지위 그리스도론은 사회 형태의 형상과 관계된다는 것이다(참고, 롬 5:12; 고전 7:21절 이하; 갈 3:28; 빌 2:6절 이하). 이에 비해 참여 기독론은 신체형태(physimorphe)의 은유와 관계되는 것으로, 몸의 상(像), 즉 고대세계에서 널리 퍼졌던 사회의 통합을 위한 은유, 특히 국가를 위한 은유에 제한되며, 이 형상은 은유라기보다는 공동체의 의식 속에 존재한다. 왜냐하면 공동체는 어떤 몸이 아니라 그리스도의 몸이며, 그리스도의 몸은 부활자로서 기적적인 방식으로 공동체 속에 현존하기 때문이다.

타이센의 주장에 따르면 이러한 참여 기독론은 성례전 의식을 통해 나타난다(고전 10:17, 12:13).[216] 그러나 그의 분석은 바울의 기독론이 종교와 사회의 상호작용 속에서 구성 되었다는 지식사회학의 명제를 충실히 반영하고 있지만, 이렇게 구성된 기독론이 바울의 수신자 교회 안에서, 특히 다양한 로마의 청중들로 구성된 로마교회 내부에서 어떻게 기능하고 있는지에 대해서는 구체적으로 언급하지 않는다.

한편 싱클레어(S. G. Sinclair)는 바울 편지들에 나타난 다채로운 예수상들은 수신자 교회들이 처한 다양한 사회적 정황의 빛에서 이해되어야 적실하게 파악될 수 있다고 주장한다.[217] 가령, 로마서에서 바울은 예수를 유대인들과 긴밀한 관계를 지닌 것으로 서술한다. 이를 위해 바울은 로마서의 서두(1:1-5), 중간(9:1-5), 그리고 결론(15:8-12)에 이러한 특별한 관계를 강조하고 있다는 것이다. 이러한 문학적 배치는, 바울의 의도가 담긴 것이며, 이를 통해 바울은 로마교회의 청중들에게 그리스도가 우선은 유대인들의 구세주이며, 또한 헬라인들의 구세주라는 사실을 밝히려 한다고 주장한다.

싱클레어의 주장에 따르면, 예수의 유대적 이미지는 로마교회 내부에서 벌어진 강한자(이방 크리스찬)와 약한자(유대 크리스찬) 사이의 갈등과 연관이 있다.[218] 그러나 싱클레어는 예수의 유대적 이미지가 어떻게 강한

---

216) G. Theissen, 『원시 그리스도교에 대한 사회학적 연구』김명수 역 (서울: 대한기독교서회, 1986), 394-409를 참조하라.

217) S. G. Sinclair, *Jesus Christ According to Paul: The Christologies of Paul's Undisputed and the Christology of Paul* (Berkeley: Bibal Press, 1988)을 참조하라.

218) 강한자와 약한자의 정체에 대해서는 Chung Sung-Woo, "Reconsideration about the Identity of the Weak and the Strong in Romans 14:1-15:13," *KJCS* Vol. 39 (2005), 65-77을 참조하라.

자와 약한자 사이의 갈등을 조절하고 중재하는 기능을 수행하고 있는지에 대해서는 침묵한다. 더욱이 싱클레어는 기독론 단락의 문학적 단위(literary unit)에만 치중함으로써 바울의 의도를 너무 문학적인 것으로만 축소시킨다. 이 때문에 싱클레어는 강한자와 약한자의 사이의 갈등을 실제적인 것으로 간주하기 보다는 문학적으로 내재된 정황(implied situation)으로만 파악하고 있다.

그러나 앞에서도 지적했듯이 로마서의 유대적 예수상은 창의적 저자의 문학적 생산물로만 환치될 수 없다. 오히려 이것은 바울과 로마교회의 사회적 상호작용이 빚어낸 사회적 생산물이라는 사실이 강조되어야만, 로마서의 유대적 예수상에 숨어있는 바울의 의도를 찾아 낼 수 있을 것이다. 그렇다면 이러한 사실을 감안하여 로마서의 예수상을 새롭게 조명할 수 있는 방법론은 무엇일까?

맥그라스(J. F. McGrath)는 지금까지 신약의 기독론을 분석하기 위해 적용되어 온 다양한 방법들은 대략 세 가지 모델로 분류할 수 있다고 주장한다.[219] 첫 번째 모델은 혼합모델(syncretistic model)로, 초기 기독교 공동체들의 기독론적 아이디어의 발생을 새로운 종교와 문화적 혼합의 영향으로부터 발생한 것으로 간주한다. 이러한 연구의 대표적인 인물로는 부셋(W. Bousset), 풀러(R. H. Fuller), 카세이(M. Casey) 등을 들 수 있다.[220] 이들은 주로 기독론적 칭호들이나, 칭호들의 역사적 배경, 그리고

---

219) J. F. McGrath, 'Change in Christology: New Testament Models and the Contemporary Task,' *ITQ* 63/1 (1998): 39-50.

220) 이들의 연구는 기독론적 칭호들에 부합하는 역사적 배경이나 종교/문화적 환경에 집

종교적 환경들을 분류하는 데 연구의 중점을 두었다. 그러나 이러한 연구들이 지닌 약점은 초기 예수 전승과 그것의 최종적 전승 사이의 연속성이 무시된다는 점이다. 그리고 칭호를 정태적이고 고정된 실체로만 처리한다. 이와 관련하여 네이레이(J. Neyrey)는 기독론적 칭호에만 집중하는 바울의 기독론 연구들의 문제점을 다음과 같이 지적한다.

> 바울은 초대교회의 전승을 알고 있었다. 그는 자신이 여느 교회의 전승으로부터 독립적이라고 주장하지만, 그것은 과장에 불구하다… 문제는 그가 초대교회의 풍부한 전승들을 알고 받아들였음에도 바울은 그것들을 정교하게 변용시키며, 수신자 교회들의 어울리게끔 예수에 관한 언설을 새로운 방식으로 변주하고 있다는 것이다. 바울은 그의 개종자들에게 예수를 의미 있게 말하는 새로운 방식들을 정교화하게 그리고 신선하게 전하는 능력을 지니고 있었다.[221)]

따라서 혼합모델이 놓치고 있는 점은 신약의 저자들이 변용하고 있는 기독론들이 어떻게 각개의 초기 기독교 공동체들의 사회/정치적 정황과 연관하여 어떻게 변주되며 작동하고 있는가를 규명하지 못한다는 점이다.

중한다. 이들은 기독론적 칭호들의 배경을 '팔레스타인 원시 공동체(primitive Palestinian community)'와 '헬라적 공동체(hellenistic community)'와 같은 두 가지로 분류한다. 이에 대해서는 다음 책들을 참조하라. W. Bousset, *Kyrios Christos: A History of Belief in Christ from the Beginnings of Christianity to Irenaeus* (tr. John Steel; Nashville: Abingdon, 1970); R. H. Fuller, *The Foundation of New Testament Christology* (London and New York: Scibner, 1965); M. Casey, *From Jewish Prophet to Gentile God* (Cambridge: James Clarke and Co., 1991).

221) J. Neyrey, *Christ Is Community*, 197.

한편 맥그라스는 혼합모델이 기독론적 칭호의 발전 양상을 간과하고 있는 것에 대한 대안으로 등장한 것이 유기적 모델(organic model)이라고 지적한다. 이 모델은 기독론의 역사적 배경보다는 기독론의 변화에 초점을 맞춘다. 가령, 모울(C. F. D. Moule)과 던(J. D. G. Dunn)의 연구를 이러한 모델을 적용한 사례로 볼 수 있는데, 이들은 초기의 기독론 전승과 최종 단계 사이의 발전적 연속성을 강조한다는 점에서 유기적 모델이라고 맥그라스는 주장한다.[222] 그러나 유기적 모델 역시, 기독론의 발전과 변형을 야기한 다양한 사회/정치/문화적 변수들을 적절하게 고려하지 못한다는 점이다.

사실 기독론의 발생학적 원인을 역사, 문화적 배경에서 고려하는 혼합모델이나, 기독론적 이념의 성장을 발전사적으로만 취급하려는 유기적 모델 모두 기독론의 발전 궤적을 원인과 결과라는 역사주의적 전망에 기반하고 있다. 따라서 이러한 모델들은 기독론적 진술들이 지니는 다양한 공시적 측면을 간과할 수밖에 없다. 그리고 바울의 기독론이 수신자 교회가 처한 구체적인 문제들과 관련하여 어떻게 발현되고, 왜 형성되었는가라는 문제에 보다 개연성 있는 설명들을 제공하지 못한다.

기존의 모델들이 지닌 한계를 넘어서기 위해 맥그라스는 목회 설교적 모델(pastoral preaching model)이라는 것을 제안한다. 이 모델은 신약성서

222) McGrath, 'Change in Christology', 39–40. 모울과 던의 기독론 연구에 대해서는, C. F. D. Moule, *The Origin of Christology* (Cambridge: Cambridge University Press, 1977); James D. G. Dunn, *Christology in the Making* (Philadelphia: The Westminster Press, 1980)을 참조하라.

의 다양한 예수상들은 신약의 문서들이 독자로 상정하고 있는 그룹들의 사회적 경험들 반영하면서, 형성되거나 명료화 된다는 가정에 기반하고 있다.[223] 이 모델은 기독론의 발전은 전승과 환경의 상호작용 때문에 발생하며, 기독교의 신념과 전승들은 특정한 기독교 공동체의 필요에 의해서 형성 된다는 점을 보여준다.[224] 이러한 통찰들을 로마서의 기독론 연구에 반영한다면 우리는 로마서에서만 등장하는 특정한 기독론적 진술들을 로마 공동체의 사회적 정황과 바울의 개인적 목회적 상황이라는 두 가지 매개변수 속에서 이해할 수 있는 가능성을 얻게 된다.

그러나 맥그라스의 목회 설교모델은 신약 기독론을 둘러싸고 있는 사회적 맥락을 너무 작게 설정한다. 이를테면 이 전망에서 로마서의 기독론를 이해하게 될 때, 단지 로마교회라는 수신자 공동체의 정황 속에서만 그 기능과 역할을 분석하게 된다. 다시 말해 로마의 크리스천 공동체에서 야기한 문제를 해결하기 위한 바울의 목회적 전략에서만 기독론의 기능을 해석하는 차원에만 머물게 된다. 그러나 로마서의 기독론적 진술들을 로마제국이라는 거시 사회적 차원(macro-social level)에 기반하여 해석할 때, 바울의 기독론이 지니는 또 다른 사회-정치적 함의가 드러날

223) 신약의 기독론 연구에 있어서 '목회 설교적 모델'을 일관적으로 사용한 최초의 학자는 아마도 네이레이(J. H. Neyrey)가 될 것 같다. J. H. Neyrey, *Christ Is Community: The Christologies of the New Testament* (Wilmington: Michael Glazier, 1985), 271-272를 참조하라. 한편 맥그라스는 '목회 설교적 모델'에 터하여 요한복음의 기독론을 분석하였다. J. M. McGrath, *John's Apologetic Christology: Legitimation and Development in Johannine Christology* (Cambridge: Cambridge University Press, 2001), 4-47을 참조하라.

224) McGrath, 'Change in Christology', 41.

수 있다.[225] 이와 관련하여, 덜링(D. C. Duling)은 신약의 기독론을 하나의 사회적 상호작용의 산물로 간주하면서, 기독론이 지니는 사회적 삶의 정황을 세 가지 차원에서 고려해야 한다고 주장한다.[226] 미시 사회적 수준(macro-social level)과 중간 범위(middle range), 그리고 거시 사회적 수준(micro-social level)이 그것이다. 가령 로마서의 기독론을 미시 사회적 수준에서 다룬다는 것은 저자로서의 바울과 로마의 크리스천 공동체라는 미시적 사회의 맥락에서 로마서의 기독론을 해석한다는 것을 의미한다. 이와 반대로 거시 사회적 수준에서 다룬다는 것은, 그레코-로만 세계나 로마제국과의 관련 속에서 바울의 기독론이 지니는 사회, 정치적 의미를 독해한다는 것이다.[227] 그러나 거시 사회적 수준에서만 로마서의 기독론을 다룰 경우, 저자로서의 바울의 독자성과 그의 수신자 공동체의 특수한 정황들은 축소될 수밖에 없으며, 그의 편지들은 단순히 반로마 선전 팜플렛으로 전락할 수 있다. 한편 미시 사회적 측면에서 기독론을 이해할 때, 저자로서의 바울의 독자성이나 그의 기독론적 진술에 담긴 목회적 전략을 부각시킬 수 있다. 그러나 기독론이 지니는 사회, 정치적

225) 가령 엘리옷은 바울의 십자가 담론에 담긴 로마에 대한 권력비판의 성격을 로마제국이라는 동심원적 구조 속에서 분석한다. Neil Elliott, *Liberating Paul: The Justice of God and the Politics of the Apostle* (Sheffield: Sheffield Academic Press, 1995), 93-139를 참조하라.

226) Dennis C. Duling, 'Insights from Sociology for New Testament Christology: A Test Case', *SBL Seminar papers* (1984), 351-368을 참조하라.

227) 가령, 딜 마틴은 당시 그레코-로만 사회의 노예 이미지를 바울이 고린도 교인들을 설득하기 위해 어떻게 차용하고 유비하고 있는지를 분석한다. Dale B. Martin, *Slavery as Salvation: The Metaphor of Slavery in Pauline Christianity* (New Haven: Yale University Press, 1990)를 참조하라.

측면은 약화되어, 기독론을 독창적인 신학자의 추상적인 이념으로 전락시킬 우려가 있는 것이다. 따라서 바울의 기독론 연구를 위해 거시적 방법과 미시적 방법이 지니는 약점들을 상쇄하기 위해, 중간 범위 연구가 적절하다. 이는 저자로서의 바울의 위치를 감안하면서 그가 속한 초기 기독교 공동체와 로마제국이라는 사회적 세계를 동시에 고려하는 것을 의미한다.

최근의 홀슬리(R. Horsley)와 크로싼(D. Crossan)은 바울의 기독론을 자신의 내부 공동체 멤버들의 잘못된 기독론을 교정하기 위한 변증적 성격에만 머무르는 것이 아니라, 당시 로마의 황제숭배에 대한 거부와 저항의 메시지가 담겨 있다는 사실을 지적한다.[228] 이 때문에 크로싼은 보그와 함께 쓴 최근 저작에서 바울의 편지들이 위치해 있는 4개의 동심원적 컨텍스트를 함께 고려해야 한다고 주장한다.[229] 이들의 주장에 따르면 첫째 동심원은 바울의 수신자 교회들이 처한 사회적 정황이다. 가령, 로마서는 로마의 크리스천 공동체들이 직면해 있는 다양한 사회적 이슈들(롬

228) 바울의 편지와 사상을 로마 제국이라는 거시 사회적 맥락에서 분석한 책으로는 다음을 참조하라. Richard. A. Horsley (ed.), *Paul and Empire: Religion and Power in Roman Imperial Society* (Harrisburg: Trinity Press International, 1997); R. A. Horsley (ed.), *Paul and Politics* (Harrisburg: Trinity Press International, 2000); R. A. Horsley (ed.), *Paul and the Roman Imperial Order* (Harrisburg: Trinity Press International, 2004); Bruno Blumenfeld, *The Political Paul* (Sheffield: Sheffield Academic Press, 2001); John Dominic Crossan & Jonathan L. Reed, *In Search of Paul: How Jesus's Apostle Opposed Rome's Empire with God's Kingdom* (New York: HaperCollins Publishers, 2004).

229) Marcus J. Borg & John Dominic Crossan, *The First Paul: Reclaiming the Radical Visionary Behind the Church's Conservative Icon* (New York: HaperCollins Publishers, 2009), 16–19를 참조하라.

13장 1-7절에 나타난 로마제국의 납세문제)과 공동체 내부의 문제들(롬 11장과 14장과 15장에 나타난 강한자와 약한자의 갈등)들을 고려하면서 로마서에 나타난 바울의 기독론적 진술들과 칭호들을 분석하는 것이다.

둘째 동심원은 초기 예수운동의 맥락으로, 바울의 기독론을 다른 예수운동의 것들과 관련하여 이해하는 시도라 할 수 있다. 이에 따라 로마서의 기독론이 다른 서신들의 기독론과 강조점이 다른 이유를, 각개 수신자 교회가 직면해 있는 사회-정치적 환경의 차이점으로부터 설명할 수 있을 것이다.

세 번째는 1세기 유대교라는 동심원이다. 바울은 예수와 마찬가지로 열정적인 유대 사상가였다. 그의 생각과 행동을 지배한 것은 구약성서와 유대교의 종교적 습속이었다는 사실은 그 자신의 고백으로부터 확인할 수 있다(갈 1:14; 롬 11:1; 빌 3:5-6; 고후 11:22). 특별히 로마서에서 바울은 이러한 동심원의 맥락에서 예수의 유대적 정체성을 반복적으로 진술한다. 예수는 육으로는 다윗의 후손이며(1:3; 15:12), 아브라함과 야곱과 같은 유대 족장들의 후손이다(9:5). 또한 바울은 로마서 10장 4절에서 그리스도는 율법의 마침이라고 주장한다. 이는 로마서에서 바울이 예수의 정체와 의미를 유대적 사유의 패러다임 속에서 진행하고 있음을 보여준다. 따라서 바울의 기독론을 이해하기 위한 배경으로 1세기 유대교는 필수 불가결한 요소임을 명심해야 한다.

바울의 편지들을 둘러싸고 있는 마지막 동심원의 구조는, 로마제국이라는 사회, 정치적 컨텍스트라고 할 수 있다. 다른 동심원보다 이것은 기존 연구에서 상대적으로 덜 중요하게 취급되었지만, 모든 초기 기독교 공동체들의 사회적 세계를 구성하고 지배하는 가장 큰 문맥이 바로 로마제국이라 할 수 있다. 바울과 그의 공동체들은 로마제국의 지배아래에서 살았고, 이 세계가 제공하는 상징적 우주와 지속적으로 길항(拮抗)하면서 자신들의 새로운 신학적 이념들을 발전시켜 나갔다. 따라서 로마제국이라는 동심원은 단지 바울의 시대적 배경을 이해하는 정보만을 제공해 주는 것만으로 끝나지 않는다. 오히려 이것은 바울의 기독론적 칭호와 언술들을 끊임없이 자극하고 확대하게 만든 계기를 제공한다. 로마제국은 자신의 통치를 정당화하기 위해 끊임없이 제국 신학을 유포하는데, 가령 황제를 하나님의 아들(Son of God), 주(Lord), 세상의 구세주(Savior of the World)와 같은 단어들로 선전하였다. 바울은 이러한 로마제국의 정치신학에서 발견되는 칭호들을 예수에게 적용시키고 있다는 사실에 유념해야 한다.[230]

로마서의 예수와 로마교회의 정황

로마서의 특징적인 기독론적 진술과 칭호들을 이해할 때, 우리는 우선 바울이 지중해 세계에 산재한 원시 기독교 그룹들이 직면한 구체적인 문제를 해결하려고 시도했던 조직 운동가(goal-oriented community organizer)라는 사실을 먼저 기억해야 한다. 이러한 사실은 바울의 예수상

230) 보그와 크로싼은 바울의 기독론이 지니는 반로마적 의미를 당시 로마제국의 정치 선전물들과 비교하여 제시하고 있다. M. J. Borg & J. D. Crossan, *The First Paul*, 93-121을 참조하라.

이 분열되어 있는 로마의 가정교회들을 위한 그의 목회적 관심과 일정정도 함수관계가 있다는 것을 의미한다. 만일 바울의 기독론을 그 자신의 목회적 관심과 수신자 교회가 직면해 있는 사회적 정황과 무관하게 이해한다면, 우리는 일종의 신학적 가현설에 빠지게 될 것이다. 따라서 예수를 '다윗의 아들'(1:3)과 '율법의 마침'(10:4)으로 묘사하려는 로마서의 유대적 기독론(Jewish Christology)을 이해하기 위해서는 이러한 예수상이 로마에 산재한 가정교회들의 사회적 정황과 바울의 개인적인 목회 상황을 어떻게 반영하고 있는가를 이해하는 것이 필수적이라 생각된다. 더불어 바울의 기독론 연구자들이 유념해야 할 것은 바울과 그의 공동체들은 예수사건의 의미를 자신들의 삶 속에서 재현하는 가운데, 자신들을 규명하고 있다는 점이다. 초기 기독교 공동체들은 이러한 작업에 자신들의 전 삶을 삽입시키고 있다. 그리하여 우리가 바울의 기독론을 연구할 때, 여기서 단지 예수의 삶과 사역뿐만 아니라 초기 바울 공동체들의 다사다난한 삶과 관련된 상세한 언급까지도 또한 발견하게 되는 것이다.

앞서 살펴본 로마서의 기독론 연구에 관한 다양한 사회과학적 모델들은 그 나름의 약점과 장점을 동시에 지니고 있다. 그러나 전통적인 연구와 대별되는 가장 커다란 특징은 바울의 기독론이 위치한 공시적 문맥을 보다 확대하여 이해한다는 점이다. 또한 기독론적 칭호와 진술들이 지니는 신학적 의미나, 역사적 기원과 종교적 배경에만 치중하였던 연구들이 놓치고 있는 점들을, 즉 바울이 선교지 도처에서 직면할 수밖에 없었던 로마제국의 황제숭배와 같은 정치신학과의 갈등과 대결의 결과로서 기독론이 지니고 있는 정치적 의미를 포착해야 한다. 이 지점에서 우리는 바울의 예수 담론들이 필연적으로 이데올로기적 분석을 수반할 수밖에 없다는 사실을 깨닫게 된다. 따라서 바울의 기독론적 어휘들과 진술들을 단순한 신학적 전망에서만 이해할 수 없다. 바울의 예수담론들이 어떻게 당대의 사회적 집단과 그룹들 사이에서 발생한 사회적 구조나 갈등과 연관되어 있는가를 면밀히 검토해야 한다. 로마의 크리스천 공동체에서 발생한 문제들은 추상적인 신학적 논쟁으로만 간주될 수 없다. 로마서에서 빈번히 언급되는 유대 크리스천과 이방 크리스천의 갈등 문제나 13장에 언급되는 로마제국에 관한 납세문제는 다른 세계관과 상징적 우주를 지닌 집단들 사이에서 발생한 갈등을 전제로 한다. 바울은 자신의 편지들을 통해 이러한 투쟁과 갈등의 정황 속에 뛰어들고 있는 것이다. 이러한 투쟁의 와중 속에서 바울이 취할 수 있는 가장 강력한 수사학적 무기 중에 하나가 바로 세상의 권력자로서가 아닌 종과 화해자로 자기를 십자가에서 희생한 주님(*kyrios*)/그리스도 예수의 모습이었다. 바울은 이러한 예수의 자기비하의 스토리에서 로마제국을 전복할 대안적 상징과 묵시적 희망을 보았던 것이다.

6장

할례의 추종자, 예수

로마서에 등장하는 기독론적 진술 중에서 가장 특징적인 것 중에 하나가 바로 로마서 15장 8절이다. 이곳에서 바울은 그리스도는 하나님의 신실하심을 위하여 '할례의 추종자'(Χριστὸν διάκονον γεγενῆσθαι περιτομῆς ὑπὲρ ἀληθείας θεοῦ)가 되었다고 선포한다. 이 구절에서 흥미로운 지점은, 바울이 그리스도를 유대교의 언약징표인 할례와 관련하여 언급하고 있다는 것이다. 이방인의 사도로 자처하며, 율법, 할례, 음식법을 비판했던 바울이 유대인들의 종교적 우월의 표증으로 간주하던 할례를 그리스도와 관련하여 언급한다는 것은 대단히 흥미롭다. 사실 로마서에는 15장 8절 외에도 그리스도의 유대적 기원을 언급하는 단락들이 자주 등장한다. 가령, 1장 3절에서 바울은 그리스도는 육신으로는 다윗의 혈통(ἐκ σπέρματος Δαυὶδ κατὰ σάρκα)이라고 진술한다. 9장 5절에서도 그리스도는 유대 조상들의 후손이라고 언급한다. 그리고 10장 4절에서는 그리스도는 율법의 마침(τέλος)이라고 선포한다. 이처럼 바울은 로마서의 중요한 단락마다, 그리스도를 유대교의 중요한 표징들과 연결시킴으로써 그리스도의 유대적 정체성(Jewish identity)를 강조하고 있다. 그렇다면 로마서에서 바울이 그리스도를 유대교의 주요한 표징들과 연관시키고 있는 이유는 무엇일까? 고린도 후서 5장 16절에서 그리스도를 육신의 기준에 따라 더 이상 알지 않겠다고 공언했던 바울이, 왜 로마서에서는 자신의 입장을 바꾸고 있는 것일까?

이번 장에서는 이러한 질문에 대한 개연성 있는 답변을 제시하고자 한다. 이를 위해 로마서 15장 8-9절을, 바울이 처해있던 선교적 상황과 로마교회가 봉착해 있던 문제들과의 관련 속에서 살펴보고자 한다. 즉 바울이 로마교인들에게 그리스도를 할례의 추종자로 소개한 의도와 목적을 드러내고자 한다. 필자는 유대적 유산들(다윗, 유대 족장, 율법, 할례)과 관련하여 그리스도의 유대성(Jewishness)을 강조한 단락들을 기독론(Christology)이라는 정태적 관점에서 파악하기 보다는, 바울과 로마교회의 상호작용 가운데 형성된 사회적 소산물로 간주한다. 왜냐하면 로마서에 등장하는 다양한 그리스도 담론들은 로마의 가정교회들의 사회적 경험들을 반영한다고 생각하기 때문이다.[231] 다시 말해 그리스도에 관한 신앙적 진술들은 특정한 바울 공동체의 필요 때문에 형성되었다는 사실을 밝히고자 한다.[232] 이러한 점에서 로마서에서 등장하는 유대적 예수상(像)들은 로마 공동체의 사회적 정황과 바울의 개인적 목회적 상황이라는 두 가지 매개변수 속에서 이해될 수 있다. 마틴(Dale. B. Martin)은 기독론

231) J. H. Neyrey, *Christ Is Community: The Christologies of the New Testament* (Wilmington: Michael Glazier, 1985), 271-272를 참조하라.

232) J. F. McGrath, "Change in Christology: New Testament Models and the Contemporary Task," *ITQ* 63 (1998), 41.

과 같은 종교적 언어는 사회적 구조와 이데올로기 그리고 수사학적 전략과 명백하게 연관되어 있다고 지적한다. 따라서 할례의 추종자라는 바울의 선포를 신학적 관점에서만 분석하려는 것은, 그 속에 내포되어 있는 실재적인 사회적 의미를 축소시키게 된다.[233]

사실 바울은 수신자 교회가 처해있는 다양한 사회, 정치적 문맥 속에서 예수 사건의 의미를 변주한다. 가령, 데살로니가 전서에서는 그리스도의 재림이, 고린도 전서에서는 그리스도의 약함이, 그리고 빌립보서에서는 그리스도의 자기비하가 강조된다. 이러한 모습은 바울이 넓은 의미의 기독론을 구축하는 데에는 관심이 없었다는 것을 의미한다. 오히려 바울은 각개 수신자 교회들을 위해 그리스도 사건이 의미하는 바를 선택적으로 선정하고 있다. 즉 바울은 여러 가지 이슈에 대한 역사적 예수의 가르침에 관심하기 보다는, 수신자 교회가 봉착한 특수한 문제와 이슈에 그리스도를 연관시킨다.[234]

이번 장에서는 15장 8절에 등장하는 그리스도는 할례의 추종자라는 바울의 선포 속에 담겨있는 다양한 의도와 목적을 살펴보려고 한다. 이를 위해 로마서 15장 8-9절의 문학적 컨텍스트와 수사학적 장르를 분석하여, 이 구절을 통해 바울이 의도하고 있는 바가 무엇인지를 규명하고자 한다.

---

233) Dale. B. Martin, *Slavery As Salvation: The Metaphor of Slavery in Pauline Christianity* (New Haven: Yale University Press, 1990), xiv.

234) Neyrey, *Christ Is Community*, 198.

로마서 15장 8절 해석

바울이 로마서에서 그리스도의 유대적 정체성을 강조한 이유는 그의 목회전략과 긴밀히 연결되어 있다. 그렇다면 어떻게 15장 8절이 로마교회를 향한 바울의 목회전략과 긴밀히 연결되어 있는가를 살펴보자.

15장 8-9절은 로마서에 등장하는 바울의 마지막 기독론적 언급이라고 할 수 있다. 이 구절은 믿음이 강한 자와 약한 자 간의 환대를 권고하는 15장 1-13절 속에 위치하고 있다. 그리고 이 단락은 14장부터 전개되고 있는 믿음이 강한 자와 약한 자에 관한 상호용납에 관한 최종적 결론에 해당된다. 로마서에서 바울이 특별하게 관심을 표명하는 것은 유대인과 이방인의 통합이다.

> 서로 마음을 같이하며 높은 데 마음을 두지 말고 도리어 낮은 데 처하며 스스로 지혜 있는 체하지 말라(12장 16절).
> 피차 사랑의 빚 외에는 아무에게든지 아무 빚도 지지 말라 남을 사랑하는 자는 율법을 다이루었느니라. (13:8).
> 한마음과 한 입으로 하나님 곧 우리 주 예수 그리스도의 아버지께 영광을 돌리게 하라 (15:6)

이러한 윤리적 권고는 교회를 그리스도의 몸으로 이해하는 바울의 생각에서 연유한다. 12장 4절에서 바울은 다음과 같이 말한다. "우리가 한 몸에 많은 지체를 가졌으나 모든 지체가 같은 기능을 가진 것이 아니니

이와같이 우리 많은 사람이 그리스도 안에서 한 몸이 되어 서로 지체가 되었느니라."

바울은 15장 1-13절에서 그리스도를 상호용납의 모델로 제시한다. 15장 7-13절은 '그러므로(Διὸ)'라는 접속사로 6절과 문맥적으로 분리되면서, 이전 단락에 관한 윤리적 훈계의 분위기를 형성한다. 윤리적 권고의 핵심은 강한 자와 약한 자 간의 환대라고 할 수 있다. 15장 7-13절은 그레코-로만 시대에 개인이나 단체에게 도덕적 가르침이나 윤리적 권고를 할 때 사용되던 파라이네시스(paraenesis) 형식을 보여준다. 파라이네시스는 헬라어, παραίνεσιςς에서 유래한 말로 도덕적 충고나 윤리적 권고, 촉구 등을 의미한다. 말허브(A. J. Malherbe)와 스타워즈(S. K. Stowers)와 같은 학자들은 신약성서에 나타나는 파라이네시스가 지닌 사회적 기능에 주목하는데, 도덕적 실천을 부드럽게 권고함으로써 서로의 합의점을 찾아가기 위한 일종의 수사학적 어법으로 간주한다.[235] 로마서 15장 7절은 파라이네시스의 전형적인 어법을 보여주는데, 바울은 서로를 받아들이라는 뜻의 동사(*προσλαμβάνω*)를 2번이나 사용한다. 한편 15장 7a절, "너희도 서로를 받아들여라(*Διὸ προσλαμβάνεσθε ἀλλήλους*)"는 말은 14장 1절의 "믿음이 연약한 이들을 받아들이라"라는 권고와 상응한다. 이처럼 15장 7-13절은 14장부터 시작된 강한 자와 약한 자에 대한 윤리적 권고

235) A. J. Malherbe, "Exhortation in First Thessalonians," *Novum Testamentum* 25 (1983), 238-256. S. K. Stowers, *Letter Writing in Greco-Roman Antiquity*, Library of Early Christianity 5 (Philadelphia, 1986).

에 관한 최종적 결론에 해당하는 단락이라 할 수 있다.[236)]

한편 15장 7-13절은 이전 단락인 15:1-6절과 내용적으로 다음과 같은 유사성을 지니고 있다. 1) 서로를 받아들이라는 윤리적 권면(1-2절; 7a절), 2) 그리스도의 모범에 호소(3a; 7b), 3) 성경 인용(3b-4절; 8-12절), 4) 간구(5-6절; 13절) 등이다. 특징적인 것은 바울이 8절에서 그리스도가 '할례의 추종자'가 되었다는 진술을 입증하기 위해서 4차례에 걸쳐서 구약성서를 인용하고 있다는 사실이다. 9절에서는 시편 18장 49절이, 10절에서는 신명기 32장 43절이, 11절에서는 시편 117편이, 그리고 12절에서는 이사야 11장 10절이 인용되고 있다. 바울이 인용하고 있는 구절들은 기본적으로 칠십인역을 따르고 있는데, 성문서, 토라, 그리고 예언서 등에 나타난 열방(*ἔθνη*)의 구원을 암시하는 구절들을 균등하게 인용한다. 바리새파 출신답게 바울은, 미드라쉬적으로 구약성서를 자유롭게 인용하면서 자신의 복음을 정당화하기 위한 근거로 제시한다. 그리고 결정적으로 이방인의 구원을 위한 그리스도가 이새의 뿌리 즉, 유대적 메시야라는 사실을 이사야 11장 10절을 인용하면서 강조한다. 그렇다면 바울은 어떤 목적으로 15장 8절에서 그리스도를 '할례의 추종자'로 언급하고 있는 것일까? 우선 '할례의 추종자'라는 의미는 과연 무엇일까?

---

236) 환대의 윤리는 로마서를 관통하는 가장 중요한 주제 중에 하나이다. 3장에 등장하는 칭의론도 종교적 기득권에 사로잡혀 있던 유대인들에게 이방인 환대를 촉구하기 위한 화합의 담론으로 이해할 수 있다. 정승우, "칭의론에 나타난 환대의 윤리," 「대학과 선교」 40 (2019.06), 129-159를 참조하라.

15장 8절의 번역 문제

대다수의 한글 개역개정판은 로마서 15장 8절의, Χριστὸν διάκονον γεγενῆσθαι περιτομῆς를 "그리스도는 할례의 추종자가 되었다"라고 번역한다. 그런데 할례의 추종자라는 말은 다소 모호하다. 자칫 그리스도가 유대교의 관습을 따라 할례를 받았다는 뜻으로 이해될 소지가 있다. 그리고 추종자로 번역된 말은 디아코노스(*διάκονος*)라는 헬라어인데, 이 단어는 그레코-로만 사회에서 노예나 종을 지칭할 때 사용되었다.

한편 RSV는 Christ became a servant to the circumcised 라고 번역한다. 영어번역은 할례의 추종자라는 모호한 표현보다 할례받은 자, 즉 유대인들의 종이라고 번역한다. 사실 개역성경이 할례라고 번역한 페리토메(*περιτομή*)라는 단어는 남성 생식기의 포피를 절개하거나 베어내는 것을 말한다. 창세기 17장 9-14절에서 아브라함은 하나님과의 언약의 상징으로 할례를 행했으며, 이후 모세율법에 관한 충성의 표식으로 간주되었다(레 12:3, 수 5:1-9). 이처럼 할례는 일종의 유대인의 표지로서 언약적 정체성을 나타내는 동시에 종교적, 인종적 정체성을 상징했다. 바울은 자신의 편지에서 페리토메라는 말을 유대인을 지칭할 때 주로 사용한다. 가령 갈라디아서 2장 8절에서 바울은 베드로를 '할례자의 사도(*Πέτρῳ εἰς ἀποστολὴν τῆς περιτομῆς*)'라고 말하는데, 이때 페리토메라는 말은 할례받은 유대인을 의미한다. 이런 이유들 때문에 15:8절은, "그리스도는 유대인의 종이 되었다"고 번역하는 것이 적절해 보인다.

바울은 로마서 서두에서 자신을 그리스도의 종(*Παῦλος δοῦλος Χριστοῦ*

Ἰησοῦ)라고 소개한다. 또한 로마서 13장 4절에서 바울은 로마의 관리를 하나님의 종(*θεοῦ γὰρ διάκονός ἐστιν σοὶ*)이라고 말한다. 이러한 용례들을 감안해 볼 때, 바울은 디아코노스라는 단어를 사회적 신분을 나타내는 단어로 사용하기보다는, 다른 사람을 위해 봉사하는 사역자(agent) 정도의 의미로 사용하고 있다. 이와 관련하여 톰 라이트는 15장 8–9절이 내포하고 있는 의미를 다음과 같이 지적한다.

> 메시아가 종이 되신 것은 (가) 조상들에게 하신 약속을 확증하고, (나) 이방인들이 그 긍휼에 대해 하나님께 영광을 돌리게 하려는 것이다. 그런데 이방인이 포함되는 것은 바로 바울이 특별히 4장에서 강조했던, 하나님께서 조상들에게 주셨던 핵심적인 약속 가운데 하나이다… 메시야가 할례의 종이 되신 것은 –너희 이방인 그리스도인들이 메시아 안에 있는 너희 유대인 형제들을 사랑하고 봉사하며, 그들을 깔보지 않게 하기 위함이다.[237)]

라이트는 바울이 로마서 15장 8–9절을 통해 유대교에 대해 승리주의적 입장을 취하고 있던 이방 크리스천들을 견제한다고 본다. 바울은 15장 6–7절에서 상호 연합과 환대를 강조한다. 그리고 15장 8절에서 바울은 그리스도가 하나님의 약속을 성취하기 위해 유대인의 종이 되셨다고 강조한다. 이 구절은 빌립보서 2장 7절 이하에 등장하는 소위 케노시스(*kenosis*, 비움) 기독론을 상기시킨다. 바울은 그리스도의 십자가 사건을 다음과 같이 해석한다. "그리스도는 하나님의 본체시나 하나님과 동등됨

237) 톰 라이트/ 장용량, 최현만 옮김, 『로마서』(서울: 에클레시아북스, 2014), 616.

을 취할 것으로 여기지 아니하시고 오히려 자기를 비워 종의 형체를 가지사 사람들과 같이 되셨다." 바울이 그리스도의 비움과 자기비하를 강조하고 있는 것은 빌립보 교인들이 서로 "마음을 같이하여 같은 사랑을 가지고 뜻을 합하여 한마음을 품어…오직 겸손한 마음으로 각각 자기보다 남을 낫게 여기"를 원했기 때문이다(빌 2:2–3). 이처럼 바울은 공동체의 일치와 화합을 위한 윤리적 모범으로 그리스도를 제시한다.

빌립보서와 마찬가지로 바울은 로마서 15장 8절에서 서로 갈등하고 있던 두 그룹의 일치와 화해의 상징으로 종의 모습으로 오신 그리스도의 이미지를 사용한다. 피츠마이어는 15장 8절을 다음과 같이 이해한다.

> 이 단락에서 바울은 '약한 자들'과 '강한 자들' 및 그들의 상호 관계에 대하여 해야 하는 권면의 마지막에 도달한다. 그는 또 다시 그리스도의 모범에 호소한다. 그를 통하여 하나님은 한 목소리로 당신을 찬양하도록 예정된 연합 백성을 모으셨다. 이제 우리는 인간 세상에 퍼진 하나님의 의의 복음이 어떻게 한 공동체에서 유대인 그리스도인들과 이방인 그리스도인들의 관계에까지 스며들 수 있는지를 보게 된다.[238)]

이처럼 바울은 그리스도 사건이 의미하는 바를, 로마교회가 봉착한 문제와 상황 속에서 이해하고 해석하고자 한다. 그리고 이를 윤리적으로 확대하여 실천의 모델로 제시한다. 바울은 십자가 사건을 모든 크리스천을 위한 윤리적 근간으로 이해한다.

---

238) 조셉 A. 피츠마이어/ 김병모 옮김, 『로마서』(서울: CLC, 2015), 1162

바울은 로마서 15장 8-9절에서 그리스도가 할례받은 자들, 즉 유대인의 종이 된 것은 두 가지 이유 때문이라고 선포한다. 첫째, 유대인에게는 아브라함으로 대표되는 족장들과 하신 약속을 확증하기 위해서이고, 둘째, 이방인들에게는 하나님의 영광을 돌리게 하기 위함이라는 것이다. 사실 15장 8-9절의 구조와 스타일은 1장 3-4절과 매우 유사하다. 두 단락 모두 어떻게 그리스도 사건이 유대인과 이방인 모두에게 하나님의 신실함과 자비를 드러내고 있는가를 지적하고 있다. 1장 3절에서 바울은 그리스도를 육적으로는 다윗의 후손이라는 사실을 언급함으로써 예수와 이스라엘의 특별한 관계를 상기시킨다. 한편 1장 4절에서 바울은 그리스도를 당시 그레코-로만 사회의 이방인들에게 익숙한 하나님의 아들(son of God)이라는 호칭으로 부른다. 바울은 15장 8절에서 1장 3-4절의 기독론적 주제를 다시 한번 변주한다. 즉 그리스도가 할례의 추종자가 된 것은 유대인과 이방인 모두의 구원 때문이라는 것이다. 그리스도는 유대인에게 있어서는 하나님의 약속을 성취시킨 메시야인 동시에, 이방인들에게는 하나님의 자비를 드러내는 구원자(redeemer)인 것이다(9:15-18, 23; 11:30-32).

바울은 15장 12절 이하에서 유대적 메시야가 어떻게 이방인의 구원자가 될 수 있는가를 이사야 11장 10절을 인용하여 부연한다. 여기서 언급되는 이새의 뿌리, 즉 다윗의 자손에서 이방인의 구원자가 등장할 것이라는 예언을 상기시킨다. 바울은 아브라함뿐만 아니라 다윗조차 이방인의 구원을 예비한 인물로 재해석한다. 로마서에서 바울은 구원의 뿌리로서 이스라엘의 역할을 특별히 강조한다. 로마서 11장에 등장하는 올리브

나무의 비유는 이러한 사실을 잘 보여준다. "네가 뿌리를 보전하는 것이 아니요, 뿌리가 너를 보전하는 것이니라"(롬 11:18). 이러한 바울의 언사는 로마교회의 탈 유대적 성향을 지닌 이방 크리스천들에 대한 경고로 이해할 수 있다.

이와 관련하여 와그너(J. R. Wagner)와 와이트셋(C. G. Whitsett)은 15장 8-9절을 이중 기독론(twofold Christology)으로 이해한다.[239] 즉 바울은 유대인과 이방인의 구원은 모두 전적으로 그리스도 사건에 나타난 하나님의 은혜에 기반한다는 사실을 강조한다는 것이다. 와그너는 인종적으로 혼합회중으로 구성된 로마교회를 위해 바울이 그리스도의 이중적 구원 사역을 강조하고 있다고 주장한다. 와그너는 바울이 로마교회를 하나의 단일 공동체로 연합시키기 위한 의도 때문에 그리스도를 유대인과 이방인의 간격을 허무는 인물로 묘사하고 있다는 것이다.

그러나 비록 바울이 15장 8-8절을 통해 그리스도 사건이 지니는 이중적 의미를 드러내고 있지만, 그가 특별히 강조하고자 했던 점은 그리스도의 유대적 정체성(Jewish identity)이다. 이는 "그리스도가 할례의 추종자가 되었다"라는 자신의 선포를 입증하기 위해 15장 9절 이후부터 구약성서의 본문을 4차례나 인용하고 있는 사실에서 확인된다. 15장 8절은 바울이 구약성서의 본문들과의 연관성 속에서 그리스도를 이해하고 있

239) J. R. Wagner, "The Christ, Servant of Jews and Gentiles: A Fresh Approach to Romans 15:8-9," *JBL* 116 (1997), 473-85. C. G. Whitsett, "Son of God, Seed of David: Paul's Messianic Exgesis in Romans 1:3-4," *JBL* 119 (2000), 664-762을 참조하라.

다는 것을 분명히 보여준다. 바울은 15장 12절에서 이사야서 11장 10절을 인용하고 있다. 이 구절을 통해 바울은 로마교회의 이방 크리스천들에게 자신들을 향한 그리스도의 사역이 이미 구약성서에 예언되어 있다는 사실을 강조한다. 바울의 강조점은 유대인의 메시야로 온 그리스도가 이제 이방인의 구원자로도 역할하고 있다는 점이다. 이러한 점 때문에 11장 17-24절에서 바울은 그리스도를 통해 구원받은 이방인들(돌 감람나무)은 이스라엘(참 감남나무)에게 빚지고 있다는 사실을 망각하지 말라고 권고한다.

그러나 바울이 단순히 이방 크리스천들의 탈 유대적 경향을 교정하기 위해 그리스도의 유대적 기원을 강조하고 있는 것은 아니다. 사실 로마서 15장 8-9절에 담겨있는 바울의 목회적 전략은 다층적이다. 바울은 우선 자신의 복음이 반 유대적이라는 소문에 대해서 변호하고자 한다. 또한 로마교회에서 약한 자로 전락한 유대 크리스천들의 입장을 지원하기 위한 목적도 담겨있다. 사실 바울은 로마교회에 지분이 없었다. 로마교회는 바울이 설립한 교회도 아니었고, 심지어 한번도 방문한 적이 없는 곳이었다. 이 때문에 바울은 설립자의 권위로 로마 크리스천들을 훈계할 입장이 아니었다. 또한 바울은 예루살렘 교회에 보낼 헌금에 관한 지지와 스페인 선교의 후원을 기대하고 있었기 때문에 특정한 그룹들에 대한 공격을 자제하고 있다. 비록 고린도에서 알게 된 브리스길라와 아굴라와 같은 인물들이 로마의 가정교회 내에서 중요한 역할을 하였지만, 바울은 갈라디아서와 같은 거친 목소리로 로마교회의 구성원들을 훈계할 수 있는 입장은 아니었다. 로마서를 주의 깊게 살펴보면 바울이 자신의 주장을 매우 신중하게 전개하고 있다는 사실을 발견한다(3:8, 6:1, 15, 7:1 참조).

그레코-로만의 수사학 스킬, 디아트레베

로마서에서 바울은 자신의 복음을 변호하기 위해 디아트레베(diatribe)와 같은 수사학적 스킬을 자주 사용한다. 디아트레베는 바울 당시 그레코-로만 세계에서 논쟁의 상황에서 자주 사용되던 연설 기법을 말하는데, 연설자가 논쟁의 주제나 질문을 스스로 제기하고 이에 대해 논리적으로 답변하는 방식으로 진행된다. 연설자가 디아트레베를 구사하는 이유는 청중들을 논쟁의 주제에 집중하게 만들어서 합의를 이끌어 내는데 있다.[240)]

바울은 로마서에서 주요한 신학적 논제를 다룰 때마다 디아트레베를 구사한다. 예를 들어, 3장 8절, 6장 1절, 7장 1절 등에서 바울은 가상적 논쟁 상대의 질문을 상정하면서 이에 대한 답변의 형태로 죄와 은혜 그리고 율법에 관한 자신의 주장을 진행한다. 이러한 수사학적 논쟁은 로마교회 내부에 바울의 복음을 오해하고 있는 구성원들이 있었다는 것을 보여준다. 디아트레베에 등장하는 주제들은 주로 바울의 탈 유대적 복음(free-law gospel)을 의심하는 자들의 비판과 긴밀히 연관되어 있다. 갈라

---

240) 로마서의 디아트레베에 대해서는 S. K. Stowers, *The Diatribe and Paul's Letter to the Romans* (Chico:Scholars, 1981)을 참조하라.

디아서에서 보여준 바울의 율법과 할례에 관한 과격한 언사는 로마 교회의 유대 크리스천들에게 부정적으로 비추어졌을 것이다. 이 때문인지 로마서에서 바울은 율법과 유대적 유산에 대해서 긍정적으로 평가한다. 가령 7장 12절에서 바울은 "율법은 거룩하고 계명도 거룩하고 의로우며 선하다"고 말한다. 심지어 9장 3절에서는 "나의 형제 곧 골육의 친척을 위하여 내 자신이 저주를 받아 그리스도에게서 끊어질지라도 원하는 바이다"라고 고백하기도 한다. 또한 11장 1절에서 자신의 유대적 정체성을 다음과 같이 밝힌다. "나도 이스라엘의 자손이요 아브라함의 씨에서 난 자요, 베냐민 지파라." 더욱이 9-11장을 통해 바울은 이스라엘이 그리스도를 거부함에도 불구하고 여전히 하나님은 이스라엘을 포기하지 않았다고 주장한다. 이러한 이스라엘의 구원에 대한 바울의 각별한 관심은 로마서에만 등장한다. 이러한 점 때문에 스텐달(K. Stendahl)은 9-11장이 실제적인 로마서의 주제라고 주장하기도 한다.[241]

브라운(R. E. Brown)은 로마교회가 베드로와 야고보와 긴밀히 연관된 예루살렘 출신의 크리스천들에 의해 설립되었다고 주장한다. 만일 브라운의 주장이 사실이라면 로마서에 나타난 바울의 친유대적 진술들은 이해할 만하다. 아마도 바울은 이들을 의식하여 자신의 복음이 반유대적이 아니라는 사실을 자세히 해명하고 싶어 했을 것이다. 슈틀마허(P. Stuhlmacher)는 로마서의 3장 1절, 4장 1절, 6장 1절 등에서 이러한 바울

---

241) K. Stendahl, *Final Account: Paul's Letter to the Romans* (Minneapolis: Fortress Press, 1995), 33-44를 참조하라.

의 태도를 발견할 수 있다고 주장한다.[242] 한편 벨(R. H. Bell)은 로마서 9-11장에서 바울을 향한 유대인들의 두 가지 고소내용을 유추할 수 있다고 주장한다.

> 1. 칭의에 관한 바울의 복음은 구원사에 있어서 유대인과 이방인의 구분을 모호하게 한다. 바울은 로마서 1장 16-17절, 3장 1-2절, 29-30절, 9장 1-5절 등에서 이러한 비난에 대해서 답변하고 있다. 2. 바울의 이방인 선교는 이스라엘에게 재앙이 되어 왔다는 비판이다. 바울의 선교는 이스라엘을 구원으로 인도하기는 커녕 오히려 역효과를 초래했다. 바울의 선교는 이스라엘에게 분노를 유발했다 (행전 13:45, 17:5).[243]

바울은 로마서 11장 11-12절을 통해 이러한 비판에 대해 자신을 변호한다. 즉 하나님이 이스라엘을 우둔하게 만들어서 복음이 이방인들에게 전파되는 역설적인 상황이 연출되었다는 것이다. 바울은 자신의 이방선교가 이스라엘의 시기심을 자극하여 결국 그들도 그리스도를 받아들이게 될 것이라고 주장한다(11:14). 이러한 주장을 통해 바울은 자신의 복음을 변호한다. 그리고 유대 크리스천들에게 우월적인 종교적 태도를 버리고 신중하게 처신할 것을 권고한다.

11장 17절 이하에서 바울은 대화 상대를 강한 자로 자처하는 이방 크

---

242) P. Lapid and P. Stuhlmacher, *Paul: Rabbi and Apostle* (ET, Minneapolis, 1984), 18-30.

243) R. H. Bell, *Provoked to Jealousy: The Origin and Purpose of Jealousy Motif in Romans 9-11* (Tübingen: J. C. B Mohr [Paul Sieback], 1994), 75.

리스천들로 바꾼다. 바울은 그들에게 "자랑하지 말라"(*μὴ κατακαυχῶ τῶν κλάδων*)고 권고한다. 왜냐하면 이방 크리스천들은 참 감람나무로 상징되는 이스라엘에게 접붙임을 통해 구원에 이르게 되었기 때문이다(11;18). 바울은 이러한 권고를 통해 유대인을 향한 이방 크리스천들의 승리주의를 제어한다. 또한 바울은 15장 1절에서 "믿음이 강한 우리는 마땅히 믿음이 약한 자의 약점을 담당하고 자기를 기쁘게 하지 말라"고 권고한다. 앞에서 살펴보았듯이, 믿음이 강한 자는 이방 크리스천을, 약한 자는 유대 크리스천을 암시한다.

9-11장에 나타난 바울의 친유대적 분위기는 15장 8절에서 다시 나타난다. 바울은 유대의 전통적인 메시야 사상의 전망에서 그리스도를 이해하고 있기 때문이다. 이러한 흔적들을 우리는 1장 3절(다윗의 자손)과 15장 8절(할례의 추종자), 12절(이새의 뿌리)에서 찾아 볼 수 있다. 레이즈너는 할례의 추종자라는 말에서 바울이 역사적 예수의 유대적 정체성에 관심이 있었다고 주장한다.[244] 톰슨은 15장 8절이 예수의 유대인 사역을 보여주고 있는 마가와 마태복음의 구절을 연상시킨다고 주장한다.

> 바울은 분명하게 히브리서 성서가 기록하고 있는 약속을 지상적 예수가 성취하였다고 언급한다 (9:4절 참조)…15장 8절의 διάκονον γεγενῆσθαι라는 구절은 인자는 '온 것은 섬김을 받으려 함이 아니라 도리어 섬기려 왔다'는 주의 말씀을 상기시킨다. 바울이 주의 사역이라고 특정하기 위해 선택한 단어

244) M. Reasoner, *The Strong and the Weak* (Cambridge: Cambridge University Press, 1999), 194.

는 정확하게 예수가 자기 자신에게 적용했던 것이다… 그리스도가 유대인의 종이 되었다는 바울의 주장은, 이스라엘의 잃어버린 양을 찾기 위해 보냄을 받았다는 예수의 주장과 상응한다 (마태 15.24).[245]

로마서 15장 8절이 공관복음서에 보도되는 지상적 예수(earthly Jesus)의 유대인 선교를 연상시킬 수는 있다. 그러나 바울의 초점은 역사적 예수가 보여준 유대적 사역을 암시하는 데 있지 않다. 바울의 그리스도는 십자가 사건을 통해 죽음과 죄의 세력을 극복하고 하나님의 의를 드러낸 부활한 주님이다(고전 15:3-8). 복음서 저자들과는 달리 바울은 역사적 예수보다는 부활한 그리스도에 초점을 맞춘다. 바울은 자신의 사도권을 부활한 예수와의 만남을 통해 얻었다고 주장한다(갈 1:11-12, 15-17).

바울이 예수에 대해 침묵한 이유

로마서에서 바울은 역사적 예수의 가르침과 행적에 대해 침묵한다. 또한 복음서가 그토록 비중 있게 다루고 있는 예수의 재판과 수난에 대해서도 바울은 언급하지 않는다. 바울은 십자가 사건을 비역사화한다. 가령 로마서 6장 3절에서 바울은 십자가 사건을 세례와 연관시키며 그리스도와의 합일이라는 관점에서 이해한다. 또한 6절에서는 "우리의 옛사람이 예수와 함께 십자가에 못 박힌 것은 죄의 몸이 죽어 다시는 우리가 죄

245) M. Thompson, *Clothed with Christ: The Example and Teachung of Jesus in Romans 12.1-15.13* (Sheffield: Sheffiled Academic Press, 1991), 232-233.

에게 종 노릇하지 아니하려 함이니"하고 말하며, 십자가의 정치적 의미를 종교적으로 탈색시킨다. 피츠마이어는 로마서에 나타나는 바울의 예수이해를 다음과 같이 지적한다.

> 바울은 로마서에서 역사적 예수님이 지상의 삶과 사역에서 말한 것이나 행한 것에 대하여 아무 것도 전해 주지 않는다. 하지만 그는 예수님이 아버지의 구원 계획에서 담당한 역할의 의의를 탁월한 방식으로 요약한다. 바울은 존재론적 기독론(ontological christology)의 측면에서는 우리에게 아무것도 제공하지 않는다. 그는 그리스도 예수께서 인류를 위해 무엇을 했느냐는 기독론의 기능적인 측면(the functional aspects of christology)에 관심을 가지고 있다. 이 이유 때문에 바울의 가르침은 그리스도 중심적 구원론(a christocnetric soteriology)으로 가장 잘 규정된다.[246)]

바울이 로마서에서 역사적 예수에 관해 침묵하고 있는 가장 주된 이유는 로마교회가 이미 예수에 관한 전승을 알고 있었기 때문이다. 그러나 바울이 침묵한 또 다른 이유는 그는 베드로와 같은 역사적 예수의 직계 제자가 아니었기 때문이다. 그가 예수의 가르침과 생애를 언급한다는 것은 분명히 어색한 일이었다. 바울의 동역자, 누가조차 그를 사도들의 명단에 포함시키지 않았다. 더욱이 바울은 초기 예수운동을 박해한 전력이 있었고, 예수로부터 직접 가르침을 받아 본 적이 없었다. 따라서 바울은 그의 주장과는 달리 초기 예수운동의 추종자들에게 사도로 인정받지 못

---

246) 피츠마이어, 『로마서』, 174.

했다. 그가 보낸 편지의 서두마다 자신을 사도라고 주장하는 이면에는 이러한 상황이 존재하고 있었다. 바울은 다메섹 사건을 부활한 그리스도와의 만남으로 규정하면서 자신의 사도권을 정당화한다(15:5-9 참조).

바울은 직계제자들과는 달리 예수의 가르침과 생애보다는, 그리스도 사건이 지닌 보편적 의미에 집중한다. 사실 그레코-로만 사회의 환경 속에서 유대의 묵시사상적 성격이 강한 예수의 하나님 나라에 관한 가르침은 이방인들이 수용하기 힘들었다. 이 때문에 바울은 십자가와 부활 사건을 하나님의 義(*δικαιοσύνη*) 라는 그레코-로만 사회의 구성원들에게 익숙한 개념으로 해석한다. 디카이오수네라는 헬라어에 상응하는 라틴어 단어, 유스티티아(*iustitia*)는 로마의 신들과 황제들의 공적을 서술할 때 자주 등장하는 단어였다. 가령, 로마의 시인, 오비디우스는 아우구스투스의 동상을 정의의 신, 유스티티아에게 헌정하고 있으며, 네로 황제 치세 3년(56-57년경)에 주조된 동전에는 황제의 초상과 함께 디카이오수네라는 헬라어 단어가 새겨져 있다. 이처럼 정의라는 단어는 그레코-로만 세계에서 칭송되던 가장 중요한 사회, 정치적 덕목이었다.[247]

바울이 로마서에서 그리스도의 유대적 기원을 강조하고 있는 이유는 두 가지 때문이다. 첫째, 바울이 이방 크리스천들의 신앙의 뿌리가 유대교에 있음을 상기시킴으로써 로마교회 내부에서 점증하는 이들의 탈 유대적 행동들을 제어하고자 한다. 로마서에 등장하는 유대적 예수상들을

247) 마이클 F. 버드/ 김수진 옮김, 『혁신적 신학자 바울』(서울: 새물결플러스,2019), 389-390.

이러한 의도의 소산물이다. 둘째, 바울은 로마교회에 퍼져있던 자신의 복음에 관한 오해를 풀기 위해 노력한다. 이를 위해 율법의 상대적 가치를 인정하고, 그리스도의 유대적 뿌리를 강조한다. 가령, 10장 4절, "그리스도는 율법의 마침이다"라는 구절은 바울의 이러한 노력을 보여준다. 이 구절은 그리스도와 율법의 단절을 의미하는 것으로 이해될 수 없다. 개역한글 성경이 마침(the end)으로 번역한 텔로스(τέλος)라는 헬라어는, 원래 목적(goal)과 성취(fulfillment)의 의미도 포함하고 있기 때문이다. 바울은 7장에서 율법의 가치를 인정한다. 그는 결코 율법의 폐기를 주장하지 않았다. 이런 점에서 10장 4절은 율법이 미처 이루지 못한 것을 그리스도가 완성한다는 뜻으로 해석되어야 한다. 즉 바울은 율법과 복음(그리스도)의 연속성을 말하고 있는 것이지, 단절을 의미하지 않는다. 이런 이유로 바울이 그리스도를 할례의 추종자로 언급한 이면에는 율법을 복음의 빛에서 새롭게 이해하고자 하는 법고창신(法古創新)의 고뇌가 자리하고 있었다. 바울은 그리스도 사건의 의미를 자신의 처해있던 삶의 문맥 속에서 끊임없이 되묻는다. 바울의 그리스도 이해는 수신자 교회와의 부단한 상호관계 속에서 형성되었다는 점에서 공동체적인 성격을 지닌다. 다시 말해 바울은 그리스도 사건이 지니는 다양한 의미들을 수신자 교회 각각의 새로운 정황에 맞게 해석하고 적용한다. 따라서 로마서 15장 8절, '할례의 추종자'는 로마교회의 사회적 정황과 관련하여 두 가지 의미를 지닌다. 첫째, 바울은 자신의 복음이 반 유대적이라는 풍문에 대한 오해를 불식시키고자 한다(13:16). 즉 그리스도의 유대적 기원을 강조함으로써 자신의 복음이 유대적 유산과 괴리되어 있지 않다는 점을 분명히

한다. 둘째, 로마교회에서 점증하고 있던 이방 크리스천들의 승리주의에 대한 경고이다. 이를 위해 바울은 종으로 오신 그리스도의 이미지를 윤리적 모델로 제시한다.

로마서에 등장하는 바울의 유대적 예수이해는 한적한 도서관에서 산출된 관념의 소산물이 아니다. 감옥과 장터를 전전하며 삶의 한복판에서 일어나고 있는 신앙실천의 문제와 고투하는 과정에서 형성된 것이다. 따라서 로마서에 등장하는 바울의 유대적 예수상들은 단순히 기독론이라는 객관적인 신학적 구성물로만 이해될 수 없다. 왜냐하면 바울과 로마의 크리스천들은 그리스도 사건의 비추어 주는 프리즘을 통해 자신들의 현존(現存)을 묻고 있기 때문이다.

7장

칭의론과 환대의 윤리

이번 장에서는 바울의 칭의론이 내장하고 있는 조건 없는 이웃사랑의 윤리를 현대철학자, 데리다와 레비나스의 환대(hospitality)와 타자(the Other)의 개념에 기반하여 살펴보려고 한다. 바울에게 있어 그리스도의 십자가와 부활 사건은 유대인뿐만 아니라, 이방인에게까지 확대된 하나님의 보편적 정의(universal righteousness of God)를 보여주는 사건이었다. 때문에 칭의론은 낯선 타자를 배타적인 태도로 거부하기 보다는 환대의 정신으로 맞이할 것을 가르친다. 칭의론에 내재된 타자를 위한 환대의 윤리를 살피기 위해서 현대 성서학이 제공하는 역동적 유비 해석학에 관한 전망을 먼저 살펴볼 필요가 있다. 역동적 유비의 해석학(dynamic analogy hermeneutics)이란 우리와는 다른 시공간에서 다른 세계관과 우주관을 지닌 바울이 기록한 텍스트(text)가 현대인의 다양한 컨텍스트(context)와 만나 새로운 윤리적 의미를 창출할 수 있다는 전망이다. 다시 말해 바울의 편지들을 이해하고 수용하는 데 있어, 그의 편지들이 쓰여진 시대의 사회/역사적 배경이 고려되어야 한다는 것이다. 또한 바울의 편지를 이해하려는 현대인들의 다양한 삶의 맥락도 살펴야 한다.

성서의 본문은 어떤 시대적 상황 속에서 선포되고, 해석되는가에 따라 새로운 의미를 형성할 수 있다. 예를 들어 초대교회는 예수의 고난과 부활의 의미를 구약성서에 등장하는 언약과 성취라는 관점에서 해석했다. 한국교회는 일제 식민지에서 모세와 예수의 부활 이야기를 독립의 서사로 전유하였고, 70-80년대의 민중신학자들은 예언자들과 예수의 사회정의에 관한 메시지를 군사정권을 비판하는 인권담론으로 해석하였다. 이처럼 성서의 메시지는 새로운 역사, 사회적 환경과 만나 재해석되며, 그 의미의 지평이 확장된다.

그렇다면 바울의 텍스트가 우리시대의 새로운 삶의 맥락 속에서 어떤 새로운 메시지를 던져 줄 수 있을까? 현금의 국제질서는 신자유주의를 기점으로 국제적인 금융자본들이 국경을 자유롭게 넘나든다. 그러나 자본을 따라 이동하는 수많은 제3세계 노동자들과 인종/종교 갈등으로 내어 쫓긴 난민들은 국민국가의 법으로부터 소외된 존재들이다. 이들은 강요된 언어로 환대를 요청해야만 하는 폭력에 노출된 존재들이기도 하다.[248] 한국사회에 낯선 타자의 모습으로 나타난 동남아 노동자들과 예멘 난민들을 향한 근거 없는 혐오와 배제의 정서가 이를 보여준다. 이런 상황 속에서, 이방인을 향한 무조건적 환대의 실천 속에서 배태된 칭의론은, 분명 우리에게 많은 시사점을 던져 줄 것이다.

이를 위해 먼저 칭의론에 관한 바울의 새로운 전망들(New perspectives on Paul)이 제기한 주장들을 비판적으로 소개한다. 그리고 바울의 칭의론

---

248) 자크 데리다/ 남수인 옮김, 『환대에 대하여』 (서울: 동문선, 2004), 64.

을 로마제국이라는 보다 확장된 문맥 속에서 위치시킨 채 해석하려는 최근의 시도들이 지닌 의미와 한계를 일별해 볼 것이다. 7장에서는 이러한 연구들을 토대로 법과 환대에 관한 데리다와 레비나스의 철학적 성찰을 수용하여 칭의론이 우리 시대에 던지는 윤리적 함의를 간략하게 성찰해 볼 것이다.

새로운 주장들

바울이 전개한 칭의론에 따르면, 인간은 율법의 행위로 구원을 받는 것이 아니라, 그리스도를 믿는 믿음으로 구원받는다는 것이다. 다시 말해, 구원은 인간 자신의 선행의 댓가로 당연하게 요구되는 것이 아니라, 하나님의 전적인 은총에 의해 가능하다는 것이다. 바울은 갈라디아서와 로마서에서 칭의론을 집중적으로 언급하고 있다.

> 사람이 율법을 행하는 행위로 의롭게 되는 것이 아니라, 예수 그리스도를 믿는 믿음으로 의롭게 되는 것임을 알고, 우리도 그리스도 예수를 믿은 것입니다. (갈라디아서 2:16)

> 이제 율법과는 상관없이 하나님의 의가 나타났습니다… 하나님의 의는 예수 그리스도를 믿는 믿음을 통하여 오는 것인데, 모든 믿는 사람에게 미칩니다. 거기에는 아무 차별이 없습니다. (로마서 3:21-22)

바울은 로마서 1장 17절에서, 그리스도의 죽음과 부활의 복음 속에는 모든 사람을 향한 하나님의 의(God's righteousness)가 보편적으로 드러난다고 주장한다. 바울에게 의롭게 된다(being justified)는 것은 관계(relationship)와 관련이 있다. 즉 의롭게 된다는 것(justification)은 관계의 회복을 의미하는 것으로, 이를 통해서만이 인간은 하나님과 올바른 관계에 들어갈 수 있다는 것이다. 바울은 의롭게 됨의 근거를 '하나님의 의'에서 찾는다. 이 용어는 2가지 의미를 지닌다. 첫째, 추상명사로 사용될 경우에는, 하나님의 속성이나 성질을 뜻한다. 즉 하나님의 속성이 의롭거나 혹은 하나님의 그 존재에 있어서 의로운 분이라는 뜻이다. 둘째, 하나님의 행동이나 활동을 나타내는 동작명사로 사용되는 경우에는, 자동사적 의미와 타동사적 의미를 모두 살펴야 한다. 전자는 하나님의 의로우신 처신, 태도, 행동 등을 뜻하며, 후자는 하나님이 이룩하시는 의로운 활동이나 사건 또는 그러한 활동으로 생긴 사태를 의미한다.[249] 바울이 사용한 '하나님의 의'는 성질, 속성의 추상명사로 사용될 수도 있지만, 대체로 행동, 활동의 자동사적, 혹은 타동사적 의미로도 사용 된다(롬 4:5, 8:33; 갈 3:8).

피츠마이어(J. A. Fitzmyer)는 구약에 있어서 '하나님의 의' 개념은 하나님의 구원하시려는 강직성(God's salvific uprightness)을 나타낸다고 주장한다(사 46:13; 51:5, 6, 8; 시 36:7, 11; 단 9:15; 느 9:33; 단 9:7). 그에 따르면 바울도 이와 같은 맥락에서 '하나님의 의'란 어휘를 사용한다는 것이

249) 김창락, "바울의 칭의론: 무엇이 문제인가?", 김재성 엮음, 「바울 새로 보기」(천안: 한국신학연구소, 2000), 203.

다. 그러나 과연 바울이 '하나님의 의'를 반드시 구약적 맥락에서만 이해하고 있는지는 의문이다. 왜냐하면 이방인의 사도로 자임하던 바울에게 있어 예수의 십자가와 부활 사건 속에 드러난 '하나님의 의'는 이스라엘을 대한 하나님의 신실하심을 나타내는 동시에, 이방인 개종자들도 약속의 충분한 상속자가 될 수 있다는 것을 보여주기 때문이다. 가령, 바울은 로마서 1장 16절에서 하나님의 의가 나타난 복음은, "모든 믿는 자"에게 구원을 주시는 하나님의 능력이라고 강조하면서, 이 복음 안에서 유대인과 헬라인의 차별이 극복됨을 강조하고 있다. 1장 17절과 3장 22절에 나타나는 소위 칭의론 단락들은 또한 '하나님의 의'의 수혜자가 유대인만이 아닌 헬라인을 포함한 "모든 믿는 자"에게 적용되는 보편적인 하나님의 구원의 능력을 의미했기 때문이다.

스텐달(K. Stendahl)은 1963년에 발표한 논문, "사도바울과 서구의 내향적 양심"에서 칭의론에 관한 서구사회의 오래된 통념을 다음과 같이 비판했다.

> 바울의 이신칭의 주장은 유대교에 대한 불만이나 율법주의에 대한 최전방의 공격을 위해 의도된 것이다. 하나님이 이스라엘에게 한 약속에 충분하고 참된 상속자가 될 이방 개종자들의 권익을 수호하려는 특수하고 제한된 목적을 가진 것이다. 이런 권한은 오직 그리스도를 믿는 것에 토대한다… 이방 그리스도인의 지위를 영예로운 유대인과 같이 정당화하려는 변증적인 교리이다.[250]

250) K. Stendahl, *Paul Among Jews and Gentiles* (London: SCM Press, 1976), 27.

이러한 문제의식 속에서 스텐달은 칭의론이 바울의 서신 전반에 나타나는 핵심적 주제라기보다는, 교회 내부에서 갈등하고 있던 유대인과 이방인 그룹을 겨냥한 상황적인 성격이 강한 일종의 투쟁 담론이라고 본다.[251] 이러한 스텐달의 주장은 20세기 후반 바울연구에 큰 반향을 일으켰다. 특히 바울이 칭의론에서 믿음과 대비시킨 율법의 행위(the work of law)를 구체적으로 규명하려는 연구들로 확대되었다. 만일 칭의론이 이방 크리스천들을 옹호할 특별한 목적으로 제기된 것이라면, 바울이 비판한 율법의 행위도 유대인들의 종교적 기득권과 관련된 특수한 항목으로 이해될 수 있기 때문이다. 가령 샌더스(E. P. Sanders)는 1977년에 출판한 『바울과 팔레스타인 유대교, *Paul and Palestinian Judaism: A Comparision of Patterns of Religion*』에서 바울이 비판한 율법을 구체적으로 규명하려고 시도했다.[252] 이러한 연구는 이후 루터적 전망으로만 이해되어 온 유

251) K. Stendahl, "The Apostle Paul and the Introspective Conscience of the West", *HTR* 56 (1963), 199–215. 또한 스텐달은 로마서의 중심주제가 3장의 칭의론이 아니라, 9–11장에서 전개된 유대인의 구원문제라고 주장한다. Krister Stendahl, *Final Account: Paul's Letter to the Romans* (Minneapolis: Fortress Press, 1995), 33–44을 참조하라.

252) 던은 샌더스의 이 책을 기점으로 현대의 바울연구를 나누고 있다. 그는 이를 샌더스 혁명(the Sanders revolution)이라고 부를 만큼 높이 평가한다. E. P. Sanders, *Paul and Palestinian Judaism: A Comparision of Patterns of Religion* (London: SCM Press, 1977); *Paul, the Law, and the Jewish People* (Philadelphia: Fortress Press, 1983); *Paul* (Oxford: Oxford University Press, 1991). 샌더스도 스텐달처럼, 칭의론이나 율법에 대한 비판이 바울의 중심주제가 아니라고 생각한다. 그는 일찍이 슈바이처(A. Schweitzer)가 주장한 그리스도와의 신비적 연합(being in Christ)을 바울의 핵심사상으로 간주한다. 이 때문에 샌더스는 바울의 사상을 함축할 수 있는 단어로 '참여(participation)'를 선택한다. 그에 따르면, 바울 당대 유대교의 신앙실천의 패턴을 언약적 율법주의(covenantal nomism)라고 규정한다면, 바울의 사고패턴은 참여적 종말론 (participationist eschatology)으로 볼 수 있다는 것이다.

대교에 관한 고정관념을 뒤흔들어 놓았다. 샌더스는 유대인들이 율법을 준수하는 것은 공적을 쌓아 하나님과 구원을 거래하기 위한 것이 아니라, 은총에 대한 감사의 뜻으로 율법을 지켰다고 보았다. 즉 율법의 행위는 하나님의 은혜 안에 머물기 위한(staying in) 조건에 불과했다는 것이다. 샌더스는 이러한 유대교를 언약적 율법주의(covenantal nomism)라고 명명했다. 그의 주장에 따르면, 바울이 율법의 행위를 문제 삼은 것은 공적주의적 행태 때문이 아니라, 그리스도를 통하지 않는 구원은 불충분하기 때문이라는 것이다. 이러한 주장은 바울의 칭의론 연구에 새로운 전망을 제공해 주었다. 왜냐하면 바울이 칭의론을 통해 공박한 율법의 행위라는 것이, 과연 율법 그 자체인지 아니면 율법의 제한적 기능 때문인지가 문제로 대두되기 때문이다.

제임스 던(James Dunn)은 샌더스의 주장을 적극적으로 수용하면서, 갈라디아서(2.16)와 로마서(3.28)에서 바울이 그리스도의 복음과 대조시킨 율법의 행위를 구체적으로 규명한다. 던은 바울이 말한 율법의 행위는, 율법 자체라기보다는 할례, 안식일 법, 정결법과 같은 항목들이라고 본다. 던에 따르면, 이러한 율법의 행위는 이방인들을 유대인으로부터 분리시키는 일종의 사회적 장벽으로 기능한다.[253] 결국 칭의론은 이러한 장벽을 허물기 위한 주장이라는 것이다.

253) J. D. G. Dunn, *Jesus, Paul and the Law. Studies in Mark and Galatians* (Louisville, KY: John Knox Press, 1990), 194.

칭의론은 인종, 문화, 국적이라는 미덕을 통해 하나님 앞에서 특권적 지위를 지닌다는 모든 종류의 가정에 대항하여 바울이 들어 올린 기치이며, 배제와 분리의 행위를 통해 거짓된 구별을 유지하려는 일련의 시도들에 대해 반대하는 것이다.[254)]

한편, 왓슨(F. Watson)은 사회학의 소종파 형성 이론을 칭의론 연구에 도입한다. 그에 따르면 칭의론은 바울의 공동체가 유대 회당에서 벗어나 개혁운동(reform-movement)으로 변모하는 과정에서 산출된 것이라고 한다.[255)] 그의 견해에 따르면, 로마서 3장 21절 이하에 등장하는 율법의 행위에 관한 안티테제(anththesis)는 여전히 유대교 회당과 관련을 맺고 있는 신자들을 겨냥한 것이다. 따라서 칭의론은 유대회당에서 분리된 구성원들에게 분리의 정당성을 확보하는 과정에서 형성된 것으로 볼 수 있다. 왓슨은 로마서의 칭의론 단락(3:21-31)이 종파(sect)로 이행하려는 초기 로마교회의 사회적 성격을 보여준다고 생각한다. 따라서 로마서의 칭의론은 유대회당의 주장을 반박하기 위한 일종의 논쟁담론의 성격을 지니게 된다. 이처럼 스텐달과 샌더스에 의해 촉발된 새로운 전망들은 칭의론이 탈역사적이고 추상적인 구원교리가 아니라, 바울 공동체가 직면한 구체적인 문제를 해결하는 과정에서 산출되었다는 점에서 견해를 같이한다. 네이레이(J. Neyery)는 바울의 모든 기독론적 진술들은 수신자 공

---

254) James D. G. Dunn, "The Justice of God. A Renewed Perspectives on Justification by Faith," *JTS 43* (1992. 1), 15.

255) F. Watson, *Paul, Judaism and the Gentiles* (Cambridge: Cambridge University Press, 1986), 123-135.

동체의 구체적인 사회적 경험과 정황에서 이해되어야 한다고 지적한 바 있다.

> 바울의 서신들에서 발견되는 예수상은 수신자 교회들의 특수성에 따라 바울에 의해서 선택되고 적용된 것이다. 바울은 두 가지 방식으로 예수상들을 발전시킨다. 첫째, 예수 이야기는 각각의 그룹들의 경험에 비추어 긍정적인 범례로 발전하며, 적절하게 이들의 경험을 해석하고, 개종자들을 격려하는 방식으로 (바울에 의해) 진행된다. 둘째, 바울은 부정적이고 도전적 기능을 지닌 예수상을 제공한다. 이를 통해 바울은 새로운 경험과 확신에 수신자 교회들을 직면케 한다.[256)]

이처럼 칭의론에 관한 새로운 해석들은, 칭의론이 설파될 수밖에 없었던 바울과 그의 수신자 공동체들이 자리한 사회적 삶의 여건과 정황들을 속에서 이해하려고 한다. 그러나 새로운 전망들에 속한 연구들은, 칭의론의 컨텍스트를 유대교 또는 초기 기독교 공동체 내부로만 한정시키는 경향이 있다. 이러한 설정은 자칫 칭의론이 지닌 사회/정치적인 함의를 약화시킬 수 있다. 이 때문에 로마제국이라는 보다 확대된 컨텍스트에서 칭의론을 이해하려는 연구들이 활발하게 대두되었다. 이에 따라 칭의론이 단순히 유대교와의 논쟁담론이라는 차원을 벗어나 로마제국에 대한 비판담론으로 확장될 수 있는 해석학적 지점들이 발견된다. 가령, 칭의론을 통해 바울이 공박하고 있는 법(*nomos*)이, 단지 유대교의 율법만으

---

256) J. H. Neyrey, *Christ Is Community* (Wilmington: Michael Glazier, 1985), 198.

로 한정되지 않고, 로마제국의 불평등한 법체계를 포함할 수 있다는 통찰이다.[257] 다음 장에서는 로마제국에 대한 투쟁담론으로써의 칭의론이 지닌 사회정치적 함의를 살펴보고자 한다.

칭의론과 로마제국

칭의론의 사회적 삶의 자리를 로마제국이라는 보다 큰 맥락으로 확장한다면, 그 성격이 논쟁담론에서 해방담론으로 확대될 가능성이 있다. 다시 말해 칭의론을 통해 바울이 공박하고 있는 법(*nomos*)이, 단지 유대교의 율법만을 상정하지 않고 로마제국의 불평등한 법체계를 포함할 수 있다는 통찰이다. 율법에 대한 바울의 비판에는 유대교의 정치신학의 흔적이 남아있다. 고대 이스라엘은 모든 권력을 상대화하는 신정정치(theocracy)의 이상을 지니고 있었다. 가령 사무엘상 8장 11–18절 이하에는 왕정(王政)에 대한 고대 이스라엘의 부정적 인식이 남아있다.

로마서에서 바울은 반복적으로 (율)법의 가치를 전복함으로써 십자가 사건을 통해 드러난 하나님의 정의가 '모든' 사람들에게 미친다고 강조한다. 다시 말해 바울의 칭의론은 하나님의 정의가 선천적으로 정해진 인종이나, 신분, 특별한 행위를 통해 이루어지는 것이 아니라, 모두에게 공평하게 지급되는 일종의 선물임을 강조한다. 따라서 칭의론은 유대인과

---

257) 최근에 제닝스는 철학자 데리다의 통찰을 빌려, 바울의 법, 칭의, 십자가, 은혜, 환대, 용서 등을 정치철학적으로 해석한다. 테드 W. 제닝스/ 박성훈 옮김, 『데리다를 읽는다/바울을 생각한다』 (서울: 그린비, 2014)를 참조하라.

이방인의 차별 철폐를 의도하는 동시에, 로마제국의 지배질서에 의해 배제된 모든 이들의 권리문제로 해석될 수 있다.[258]

최근에 데리다의 철학적 통찰을 로마서에 전용한 제닝스(Theodore W. Jennings)는 칭의론을 신학적 의미로만 축소시키는데 반대하며, 다음과 같이 주장한다.

> 로마서 읽기와 관련하여 통상 이어져 내려온 가정에 따를 때, 은혜와 법에 대한 바울의 관심은 이 사안이 신의 정의와 인간에 대한 정당화(칭의) 행위를 강조하는 범위로 한정된다. 그러나 이러한 일군의 문제들, 즉 이 텍스트(로마서)에서 (그리고 갈라디아서에서) 의심의 여지없이 중요성을 가지는 문제들은 영어에서 'righteousness'(의로움)라고 지칭되는 어떤 것을 다루고 있다고 가정하는 술책을 통해 비판적인 평가로부터 봉인되었다. 여기에서 이 의로움이라는 용어에는 종교적으로 제한된 의미 –무엇보다도, 개인의 내면으로 축소된 의미–가 주어진 것이다. 내가 주장하고자 하는 것은 의로움(righteousness)과 정의(justice)에 대한 통속적인 구분과 이 두 용어의 차별적인 사용으로 인해 바울이 착수한 작업에 내포된 의도와 중요성이 모호하게 되었다는 것이다…바울의 정의에 대한 관심이 사회적인 또는 정치적인 정의의 문제로 간주되는 어떤 것에 관한 관심이라는 것이다.[259]

이처럼 제닝스는 칭의(稱義, justification)와 정의(正義, justice)를 동일한 개념으로 생각한다. 그의 주장에 따르면, 의로움(righteousness)과 정의에

---

258) 최근에 제닝스는 이러한 전망을 로마서 해석에 적용하고 있다. 테드 W. 제닝스/ 박성훈 옮김,『무법적 정의』(서울: 길, 2018).

259) 제닝스,『데리다를 읽는다/바울을 읽는다』, 24-25.

관한 통속적 구분이 칭의론에 내재한 사회정치적 함의를 축소 시켜 왔다는 것이다. 제닝스는 칭의론을 사회/정치적 맥락에서 재해석하기 위해 정의와 법 사이의 역설적 관계에 대한 데리다의 정치철학적 사유를 받아들인다. 데리다는 정의는 법의 바깥에 또는 법 너머에 있다고 생각한다. 다시 말해 법은 정의를 보장하지도, 정의를 실현하지도 못한다.

> 법은 정의가 아니다. 법은 계산의 요소이며, 법이 존재한다는 것은 정당하지만, 정의는 계산 불가능한 것이며, 정의는 우리가 계산 불가능한 것과 함께 계산할 것을 요구한다. 그리고 아포리아적인 경험들은 정의에 대한, 곧 정당한 것과 정당한 것 사이의 결정이 결코 어떤 규칙에 의해 보증되지 않는 순간들에 대한 있을 법하지 않으면서도 필연적인 경험들이다.[260)]

이러한 법과 정의의 관계에 관한 데리다의 전복적 사유는 (율)법에 관한 바울의 역설적 진술에 많은 시사점을 던져준다. 로마서 3장에서 바울은 율(법)으로는 하나님의 정의에 도달할 수 없다고 주장하며, 율(법)으로는 죄를 깨달을 뿐이라고 말한다(롬 3:20). 그러나 7장에서 바울은 (율)법은 거룩하고 의로우며 선하다고 평가한다. 이러한 바울의 양가적 태도는 데리다가 지적한 것처럼 법에 근거한 정의의 (불)가능성과 깊은 연관이 있다. 이 때문에 바울은 정의가 (율)법을 통해 구현될 수 없다고 생각한다. 제닝스는 바울은 (율)법으로부터 벗어난 무법적 정의(Outlaw Justice)를 말한다고 주장한다. 사실 칭의론은 법에 기초한 정의가 아니라, 법을

---

260) 자크 데리다/ 진태원 옮김, 『법의 힘』(서울: 문학과 지성사, 2004), 37.

초월한 하나님의 선물(gift)을 의미한다. 왜냐하면 인간의 행위와 자격과는 무관하게, 값없이 주어지는 것이기 때문이다. 바울은 로마서 5장 15절에서 "한 사람 예수 그리스도의 은혜로 말미암은 **선물**은 많은 사람에게 넘쳤느니라"고 말한다. 이처럼 칭의는 하나님의 무조건적인 관대함과 자신의 언약에 대한 충실함(faithfulness)에 기초한 메시아적 정의라 할 수 있다. 바울은 메시야를 기소한 (율)법의 무능과 그를 십자가에 처형한 로마법의 부정의를 깨달았다. 로마서 1장 18절에서부터 2장은 이러한 법들에 대한 바울의 기소문으로 읽힐 수 있다.[261] 바울에게 있어서 정의를 실행하지 못하는 율법의 근본적인 무능력을 명백히 드러내는 것이 바로 예수의 십자가 처형이었다. 따라서 정의는 율법의 외연에서, 그리고 어떤 면에서는 율법과 대립하여서 나타나야 한다. 데리다는 이러한 역설적 관계를 다음과 같이 서술한다.

> 강제성은 법에 대하여 보충적으로 추가되거나 추가되지 않을 수 있는 외재적이거나 부차적인 가능성이 아니다. 그것은 법으로서의 정의 개념 자체에, 법이 되는 것으로서의 정의, 법으로서의 법 개념 자체에 본질적으로 함축되어 있는 힘이다. 여기서 나는 곧바로 어떤 정의의 가능성, 곧 단지 법을 초과하거나 그것과 모순될 뿐만 아니라 아마도 법과 무관하거나 또는 그것과 기묘한 관련을 맺고 있어서 법을 배제하면서도 법을 요구하는 어떤 정의, 심지어 어떤 법의 가능성을 유보해보고자 주장하고 싶다.[262]

---

261) 테드 W. 제닝스, 『무법적 정의: 바울의 메시아 정치』, 58-77.
262) 자크 데리다, 『법의 힘』, 15-16.

또한 데리다는 법과 무관하게 또는 법과 연관하여 정의가 드러날 수 있다고 본다. 제닝스는 이러한 정의를 바울에게서 확인한다.

> 바울은 (율)법이 단순히 실수를 범했다고 생각했던 것이 아니라 심각하게 부당하거나, 또는 적어도 정의를 생산할 능력이 없는 것으로 드러났다고 생각했다… 메시아는 (율)법의 실책이 아니라, (율)법과 정의 사이의 근본적인 대립을 통해 유죄 판결을 받고 처형되었던 것일 수 밖에 없다. 즉 예수의 유죄 판결은 (율)법의 관점에서 볼 때 잘못된 것이 아니며, 그의 처형 또한 합법성이라는 관점에서 볼 때 잘못된 것이 아니다. 오히려 반대로, (율)법의 관점에서 유죄 판결과 처형은 옳은 것이었다. 그렇다면 (율)법 자체에 문제가 있다는 귀결이 따르게 된다. (율)법은 합법적이지만 불의하며, 정의와 충돌하거나 또는 근본적으로 대립하는 위치에 선다. 그리고 이것은 합법적으로 유죄 판결을 받고 처형된 그 인물이 신의 정의, 메시아였기 때문이다.[263]

믿음으로 의롭게 된다는 칭의론은, 신 앞에서의 개인적인 올바름만으로 한정되어 이해될 수 없다. 그것은 신 앞에서의 모든 이들이 인종, 신분, 성별과 관계없이 평등한 것을 의미한다. 바울이 칭의론을 통해 말하고자 했던 것은 이런 의미일 것이다. 바울은 (율)법이 아니라, 복음을 통해 이러한 정의가 드러났다고 선포한다. 이러한 정의는 인종(유대인/헬라인), 계급(노예/주인), 그리고 성별(여성/남성)을 뛰어넘는 하나님의 선물이며, 모든 인간을 향한 하나님의 환대이다(롬 5:15).

263) 테드 W. 제닝스, 『데리다를 읽는다/바울을 생각한다』, 143.

칭의론에 나타난 환대의 윤리

칭의론은 이방인 크리스천들을 믿음이라는 자기 결단 외에 아무런 조건과 자격 없이 기독교 공동체에 받아들여진다는 점에서 환대(hospitality)의 윤리와 밀접한 관련이 있다. 왜냐하면 칭의론은 이방인들에게 유대교의 율법과 전통이 요구하는 어떤 것과도 무관하게 하나님의 새로운 언약 백성이 될 수 있다는 것을 의미하기 때문이다. 이러한 바울의 환대의 정신은(율)법의 바깥에서 작동하는 하나님의 정의와 깊은 연관이 있다.

환대란 라틴어 호스페스(hospes)에서 유래된 것으로, 주인과 손님이 식탁을 함께 나눈다는 뜻이다. 김현경은 환대의 의미를 다음과 같이 말한다.

> 환대란 타자에게 자리를 주는 행위, 혹은 사회 안에 있는 그의 자리를 인정하는 행위이다. 자리를 준다/인정한다는 것은 그 자리에 딸린 권리들을 준다/인정한다는 뜻이다. 또는 권리들을 주장할 권리를 인정한다는 것이다. 환대받음에 의해 후리는 사회의 구성원이 되고, 권리들에 대한 권리를 갖게 된다.[264)]

그러나 바울 당대의 유대사회에는 환대를 가로막는 다양한 사회, 종교적 습속이 존재했다. 가령 1세기 유대교는 정결/부정의 체계(clean/unclean system) 속에서 이방인과의 식탁교제(table fellowship)를 엄격하게 금지하였다. 사도행전 10장에는 베드로가 율법이 금지한 부정한 음식을 거부하는 장면이 등장한다. 이러한 베드로의 태도는 당시 유대인들에게

264) 김현경, 『사람, 장소, 환대』 (서울: 문학과 지성사, 2015), 207.

매우 보편적이며, 상식적인 태도였다. 그러나 바울은 율법이 금지한 이방인들과의 식탁교제를 마다하지 않았다. 로마서 14-15장에 등장하는 약한자와 강한자에 관한 권고에서도, 바울은 유대교가 금지한 음식을 먹고 마시는 것이 중요한 것이 아니라, 서로를 그리스도의 사랑으로 환대한 것이 중요하다고 말한다. 이처럼 바울에게 있어서 식탁교제는 예수의 정신을 실천하고, 하나님의 정의를 실현하는 중요한 자리였다.

바울이 칭의론을 최초로 언급하는 곳은, 안디옥에서 베드로가 정결법을 어겨가며 이방인과 함께 식탁교제를 나눈 자리였다. 갈라디아서 2장 11-13절에서 바울은 당시 상황을 다음과 같이 기록하고 있다.

> 게바가 안디옥에 이르렀을 때에 책망 받을 일이 있기로 내가 그를 대면하여 책망하였노라. 야고보에게서 온 어떤 이들이 이르기 전에 게바가 이방인과 함께 먹다가 그들이 오매 그가 할례자들을 두려워하여 떠나 물어가매 남은 유대인들도 그와 같이 외식하므로 바나바도 그들의 외식에 유혹되었느니라.

바울이 언급한 '야고보에게서 온 어떤 이들이'는 율법을 엄격히 준수하던 유대 크리스천들(Jewish Christians)이었다. 그들은 예수의 동생 야고보와 함께 예루살렘 교회의 주요 인물들로 추정된다. 이들은 성전예배에 충실히 참석했으며, 율법이 규정한 할례, 안식일법, 음식법 등을 이방 크리스천들(Gentile Christians)들에게 강요했다. 안디옥에서 베드로는 이들의 비난이 두려워 그 자리에서 물러난다. 이에 대해 바울은 다름과 같이 비판한다. "네가 유대인으로서 이방인을 따르고 유대인답게 살지 아니하면서 어찌하여 억지로 이방인을 유대인답게 살게 하려느냐"(갈 2:14). 바울은 음식법의 대한 베드로의 일관성 없는 태도를 공박한다. 당시의 명예와 수치(honor/shame) 코드에 따르면, 이러한 베드로의 행동은 이방인들에게 커다란 사회적 상처를 안겨주는 행동이었다. 바울은 위선적인 게바의 태도를 공박하는 논리로 칭의론을 언급한다. 바울이 보기에 베드로의 행동은 그레코-로만사회의 사회적 습속을 위반하는 것을 넘어, 예수가 죽음으로 제정한 식탁교제의 정신을 훼손한 것이었다. 예수의 식탁교제는 율법에서 배제된 이들을 향한 무조건적인 환대의 정신에 기반한 것이었다. 복음서가 보도하는 예수의 식탁에는 당시 유대사회에서 거부당한, 여성, 세리, 이방인들로 가득하다. "거저 받았으니 거저주라"는 예수 언사는 무조건적인 환대의 정신을 보여준다(마 10:8). 또한 예수는 무조건적인 환대의 식탁을 하나님 나라에 대한 표적(sign)으로 생각했다. 특별히 누가복음서는 하나님 나라를 식탁교제와 관련하여 묘사하고 있다.[265)]

> 사람들이 동서남북으로부터 와서 하나님의 나라 잔치에 참여하리니… 무릇 하나님의 나라에서 떡을 먹는 자는 복되도다…너희로 내 나라에 있어 내 상에서 먹고 마시며. (눅 13:29, 14:15, 22:30)

누가의 예수는 타자를 향한 무조건적 환대의 정신을 유독 강조한다. 누가복음 10장에 25절 이하에 등장하는 사마리아 인의 이야기는(율)법 외부에 있던, 이방인을 강도 만난 유대인의 이웃으로 등극시킨다. 이를

265) 예수의 식탁교제가 지닌 환대의 정신에 대해서는 정승우, 『예수, 역사인가 신화인가』(서울: 책세상, 2005), 133-137을 참조하라.

통해 예수는 이웃의 범주를(율)법의 테두리 내에서 규정하려는 율법교사의 고정관념을 전복시킨다. 이웃의 범주를 묻는 율법교사의 질문에 예수는 다른 프레임으로 답한다. 즉 고정된(율법) 규범으로 이웃을 정의하기보다는, 이야기라는 열린 범주에서 이웃을 재고하게 만든다. 예수는 사마리아 인을 등장시켜 이웃에 관한 유대인들의 상식적인 범주를 역전시킨다.[266] 즉 유대의 역사를 통해 부단히 타자화되었던 사마리아 사람이 이상적인 이웃의 모습으로 등장하는 것이다. 존경받는 대제사장도, 레위인도 강도 만난 자신의 동족을 외면했다는 점에서 이웃에 관한 청중들의 상식을 여지없이 해체한다. 사마리아인은 자신들을 악마화했던 유대인을 조건없이 치료해 준다. 이러한 사마리아 인의 행동은 무조건적 환대의 모습이라 할 수 있다. 이처럼 환대의 정신을 강조한 누가는 바울의 가장 가까운 동료였다. 아마도 누가는 이방인을 조건없이 환대하는 바울의 모습에서 이를 내면화 했을 것이다. 그렇다면 무조건적 환대(unconditional and absolute hospitality)란 무엇일까? 데리다(Jacques Derrida)는 다음과 같이 지적한다.

> 환대의 무조건적인 법이란 어떤 것일지 우리가 생각해 본다면, 그것은 결국 명령 없고 지시 없고 의무 없는 그러한 법일 터이다. 한마디로 법 없는 법일 터이다. 명령하지 않고 요청하는 호소일 터이다. 왜냐하면 만일 내가 의무에 의해(의무에 맞게 만이 아니라) 환대를 실천하게 되면, 이러한 빚 갚기 환대는 더

266) 정승우, "너는 누구의 이웃인가: 누가복음 10장에 나타난 '뜻밖의 이웃'" 『예수의 비유』 (서울: 대한기독교서회, 2008), 137-159를 참조하라.

이상 절대적 환대가 아니요, 더 이상 빚과 경제를 넘어서 무상으로 제공된, 타자에게 제공된 환대가 아니기 때문이고, 도래자 단 하나(단수성)를 위해, 때 아니게 나타난 방문객 단 하나를 위해 발명된 환대가 아니기 때문이다.[267)]

데리다는 초대(invitation)와 환대(hospitality)를 구분한다. 그에 의하면, 초대는 주인이 관용(tolerance)의 이름으로 타자를 대하는 방식이다. 그러나 이러한 방식은 강자의 논리를 내장한다. 권력과 지위가 우월한 자가 약자에게 베푸는 시혜적 관점이 존재하기 때문이다. 데리다는 관용이 시혜자의 양보와 자비, 은혜 베풀기에 기댈 수밖에 없는 한, 그것은 힘이 곧 정의라고 하는 강자의 논리에 서게 된다고 지적한다. 이 지점에서 관용을 극복할 윤리적 이념으로 환대(hospitality)라는 말이 요청된다. 다시 말해 초대는 주체 중심적이라면, 환대는 타자 중심적 개념이라고 할 수 있다.

이러한 데리다의 환대개념을 바울의 신앙실천에서 발견하게 된다. 바울은 율법의 요구와는 상관없이 이방인을 환대하였다. 이러한 바울의 급진적 태도 때문에 그는 예루살렘의 보수적인 유대 크리스천들과 여러차례 마찰을 일으켰다. 그러나 바울은 끊임없이 자신의 구성원들에게 환대를 강조한다. 예를 들어, 바울은 로마 교인들에게 "성도들의 쓸 것을 공급하며 손 대접하기를 힘쓰라"(롬 12:13) 권고한다. 또한 14장 1절에서 믿음이 약한 자들을 판단하지 말고, 환대하라고 권면한다. 당시 로마교회는

---

267) 자크 데리다/ 남수인 옮김,『환대에 대하여』(서울: 동문선, 2004), 107-8.

율법이 규정한 음식법으로 인해 내부갈등이 벌어졌다. 우상에게 받쳐진 음식을 자유롭게 먹는 자들을 '믿음이 강한 자'들로 불렀으며, 대다수의 이방 크리스천들이 이에 속하였다. 한편, 유대교의 금지조항 때문에 먹기를 꺼려했던 소수의 유대 크리스천들을 '믿음이 약한 자'라고 조롱당했다.[268] 이에 대해 바울은, "그리스도께서 대신하여 죽으신 형제를 네 음식으로 망하게 하지 말라"고 권고한다(롬 14:14). 이러한 바울의 입장은 타자의 윤리(the ethics of the other)를 강조한 레비나스의 주장과 상응한다.[269]

바울과 레비나스

레비나스(E. Levinas)는 서양 철학사에서 타자의 문제를 가장 깊이 숙고한 인물이었다. 그는 홀로코스트의 체험을 통해 서구 철학의 존재론(ontology)이 히틀러의 국가사회주의와 같은 전체주의를 가능케 했다고 비판한다. 왜냐하면 서구 철학의 존재론은 자기 동일성에 기반하여 타자의 다름을 인정하지 않고 굴복시키는 폭력적 논리가 내재 되어 있기 때문이다. 이런 이유로 레비나스는 철학의 중심과제는 존재론이 아니라, 윤리학이라고 주장한다. 양심의 정언명령에서 윤리의 근거를 찾으려는 칸트와는

---

268) 로마서의 약한자와 강한자의 정체에 대해서는, M. Reasoner, *The Strong and the Weak: Romans 14.1-15.13 in Context* (Cambridge: Cambridge University Press, 1999), 1-23을 참조하라.

269) 이러한 레비나스의 성찰을 로마서에 차용한 연구에 대해서는, Kathy Ehrensperger, "Reading Romans "in the Face of the other", in David W. Odell-scott (ed.), *Reading Romans with Contemporary Philosophers and Theologians* (New York: T & T Clark International, 2007), 115-154를 참조하라.

달리, 레비나스는 초월적 차원에서 타자를 향한 윤리의 근거를 찾는다. 타자는 상처를 받을 수 있는 가능성의 존재이기 때문에, 타자에 대한 존중 가운데, 결코 나로 환원될 수 없는 그 타자성(other/ness)을 기쁜 마음으로 환영하라고 레비나스는 말한다.[270] 그는 인간의 윤리적 행위 즉, 타자를 위한 무조건적 환대를 통해 신성의 자취가 발견될 수 있다고 믿었다.

> 타자의 인격은 형이상학적 진리의 장소이며, 하나님과의 관계를 위해 필수불가결한 요소이다. 타자는 어떠한 중재자의 역할을 하지 않는다. 오직 (절대자) 타자(The Other)만이 하나님이 계시되는 곳에서 나타나는 높이의 신적 현현(the manifestation of the height)이다.[271]

레비나스는 신의 모습을 고통받는 타자의 얼굴에서 발견한다. 그에게 타인의 얼굴이 곧 윤리적 사건이 된다. 그는 신이 인간의 마음을 찾아오는 곳이 바로 얼굴이라고 말한다. 타자의 얼굴은 강자가 아닌 낯선 이방인의 모습, 그것도 헐벗고 주린 비참한 얼굴로 나타나는 이방인이다.[272] 이들은(율)법의 보호도, 사회의 지원도, 여타의 기득권도 지니지 못한 존재들이다. 신의 정의는 이러한 이방인들과의 직접적인 관계 속에 드러난다.

---

270) 엠마누엘 레비나스/ 강영안 옮김, 『시간과 타자』(서울: 문예출판사,1996), 83-102를 참조하라.

271) Emmanuel Levinas, *Totality and infinity: An Essay on Exteriority*, translated by Alphonso Lingis (Pittsburgh: Duquesne University Press, 1969), 78-9. 박원빈, 『레비나스와 기독교』(서울: 북코리아, 2011), 87에서 재인용.

272) 강영안, 『타인의 얼굴, 레바나스의 철학』(서울: 문학과 지성사, 2005), 35-37.

레비나스의 타자는 바울서신에서 (율)법의 밖에 있는 이방인, 여성, 노예들과 같은 존재들로 다가온다. 바울이 이들을 환대했던 것은 이들의 고통을 십자가의 고난과 동일시했기 때문이다. 애초에 예수는 바울에게 낯선 타자로 나타났다. 갈릴리의 목수로서, (율)법을 위반한 부정한 자로, 로마법에 의해 십자가에 처형된 인물로! 그런데 바울은 이 낯선 타자의 고난에서 신의 정의를 발견한다. 바디우가 바울의 다메섹 체험을 진리 사건이라 말한 연유가 여기에 있다. 다메섹 사건은 바울을(진리의) 주체로 소환한 사건이었다. 이후 그는 한 개인의 정체성을 확정하는 인종, 신분, 성별에 더 이상 얽매이지 않는다. 바울이 칭의론을 통해 강조한 하나님의 정의는 모든 사회적 범주를 넘어, 심지어는 법으로 규정한 모든 경계를 넘어 실현된다. (율)법에 의해 타자로 규정된 이방인들과 로마의 법으로 배제된 노예와 여성들에게도 하나님의 공평한 정의가 드러난다.

마태복음 25장 40절에서 예수는 "지극히 작은 자 하나에게 한 것이 곧 내게 한 것이니라"고 말한다. 여기서 예수는 고통받는 타자와 자신을 동일시한다. 이처럼 타자의 윤리는 고통 받는 이웃의 작은 외침에 자신을 개방할 줄 아는 무조건적인 환대에서 발생한다. 레비나스는 도스토예프스키의 "우리 모두는 타인에 대한 책임적 존재이며, 나의 책임은 그 누구보다 더 크다"라는 말을 자주 인용한다. 이 말은 타자의 고통에 대한 무한 책임을 강조하는 것인 동시에, 무조건적 환대로 타인의 고통에 응답하라는 말이다. 레비나스는 메시야를 타인의 고통을 대신 짊어진 주체적 존재로 이해한다.[273] 다메섹에서 낯선 타자의 모습으로 다가온 예수를 메

---

273) *앞의 책*, 188.

시야로 자각한 후에, 바울이 무법적 존재들인 이방인의 사도로 나섰다는 것은 많은 것을 시사한다. 바울의 편지에 등장하는 윤리적 권고들은 바로 레비나스가 강조한 타자를 향한 책임의 윤리라 할 수 있다. 그것은 타자인 이방인의 얼굴에서 그리스도의 모습을 보았기 때문이다. 그리고 이들과의 환대의 사귐 속에서 도래하는 메시야의 질서를 선취하는 기쁨을 얻었기 때문이기도 하다.

바울은 1세기 그레코-로만 세계의 다양한 문화와 인종을 넘어 그리스도의 사랑과 화해의 정신을 역설했다. 예수의 십자가와 부활사건은 하나님과 인간의 화해사건이었고, 이 사건은 모든 인간 세상의 배제와 증오를 넘어서는 전거(典據)가 되는 원형적 사건이었다. 바울에게 있어 그리스도의 십자가와 부활 사건은 유대인뿐만 아니라, 이방인에게까지 확대된 하나님의 보편적 정의(universal righteousness of God)를 드러낸 사건이었다. 칭의론은 단지 종교적 올바름만을 강조한 신학적 논변으로만 생각될 수 없다.

칭의론은 초대 교회 내부에서 이방인 크리스천들의 권리수호의 과정 속에서 형성된 것이었다. 바울은 칭의론을 통해 메시야를 기소한(율)법의 무능과 그를 십자가에 처형한 로마법의 부정의를 고발한다. 이 지점에서 칭의론은 기존의 법체제가 하나님의 정의를 실현하는데 있어 지극히 무능하다는 것을 폭로한다. 무조건적 이웃사랑을 실천하는데 있어, 유대법과 로마법은 물론 근대의 국민국가가 제정한 법조차도 장애물로 작용한다. 법에 의해 국민으로 인정받지 못한 불법 이민자, 난민과 사회적 소외자들에게 기존의 법은 정의롭지 못하다. 바울이 말한 하나님의 정의는 법의 외곽지대에 있는 모든 타자들을 향한 것이었다.

이러한 점에서 바울의 칭의론은 정치적 근본주의가 양산한 배제와 차별의 논리를 혁파하는 타자의 윤리로 우리를 이끈다. 오늘날 크리스천들에게 절실히 요청되는 것은 고통받는 타자를 무조건적으로 환대하는 하나님의 정의를 실천하는 일이다. 그러나 이러한 실천은 법의 이름으로 빈번히 봉쇄당할 수 있다. 우리 사회에 낯선 이웃의 얼굴로 나타난 동남아 노동자들, 예멘 난민들은 국내법의 환대를 받을 수 없다. 국민국가의 틀 안에서 만들어진 법은 하나님의 정의를 보편적으로 실현하기에는 무능하다. 이런 점에서 바울의 칭의론은 무능한 법의 외연에서 어떻게 정의를 실천할 수 있는가, 그리고 어떻게 낯선 이웃을 환대할 수 있는가를 성찰하게 만든다.

8장

바울의 아브라함 이해

이번 장에서는 로마서에 나타난 바울의 아브라함 이해를 살펴볼 것이다. 아브라함은 유대 민족의 시조와 같은 인물이다. 마치 한국인들에게 단군이 지닌 기원적 위상을, 유대인들은 아브라함에게 부여한다. 유대인들은 아브라함을 자신들의 민족의 시조로 이해했으며, 그를 통해 신의 은총과 언약 백성으로서의 위상이 시작되었다고 믿는다. 따라서 아브라함은 유대인들의 민족 신화를 구성하는데 가장 핵심적인 인물이라 할 수 있다. 그런데 바울은 아브라함에 관한 전통적인 이해를 뒤집는 새로운 해석을 갈라디아서와 로마서에서 보여 준다. 그는 아브라함을 유대인뿐만 아니라 이방인들의 조상으로 상정한다. 바울은 혈통이 아니라, 믿음이라는 새로운 항목을 통해 아브라함을 모든 민족의 조상으로 재해석한다. 갈라디아서 3장 6절에서 바울은 “믿음에서 난 사람들이야말로 아브라함의 자손임을 여러분은 아십시오”라고 말한다. 또한 로마서 4장 16절에서 바울은 “율법으로 사는 사람들에게만이 아니라 아브라함이 지닌 믿음으로 사는 사람들에게도 보장하시려는 것입니다. 아브라함은 우리 모두의 조상입니다”라고 강조한다. 이러한 바울의 언사는 정통 유대인들에

계는 그야말로 어불성설이었다. 단군이 한민족의 조상을 넘어 일본인과 미국인 모두의 조상이 될 수 있다는 주장과 마찬가지였다. 당시 로마인들이 이런 소리를 들었다면 바울은 광신자로 취급되었을 것이다. 그렇다면 바울은 왜 이런 발상을 했을까? 이번 장에서는 아브라함에 관한 바울의 재해석 배후에 자리한 목적과 의도를 살펴볼 것이다. 이를 위해 먼저 창세기와 중간기 문헌에 나타난 아브라함에 관한 다양한 전망들을 알아보고, 바울이 이러한 전통적인 해석들과 결별하는 지점이 무엇인지를 알아볼 것이다.

구약성서에 나타난 아브라함

아브라함은 모세와 더불어 유대인들의 민족 서사를 구성하는 가장 중요한 인물이다. 모세가 십계명으로 상징되는 유대인의 정신적 정체성을 상징한다면, 아브라함은 최초로 가나안 땅에 정착한 인물로서 기원적 의미를 지닌다. 창세기에 등장하는 이야기 중에 가장 중요한 부분을 차지하는 것이, 바로 아브라함으로부터 시작된 족장들의 이야기이다. 그중에서도 아브라함의 이야기가 가장 많은 분량을 차지하고 있다. 창세기 12-25장은 아브라함의 이야기를 다루고 있다. 사실 아브라함의 이야기는 바벨론 포로기 이후에 민족의 정체성을 재구성하는 과정에서 확대 재생산되었다. 외세의 침입 앞에 민족의 시원을 다시 정립할 필요를 느낀 일군의 인물들이 전승되던 족장들의 이야기를 아브라함을 중심으로 재편성한 것이라 볼 수 있다. 현대의 역사 비평학적 연구들은 창세기의 아브라함 이야기는 소위 J, E, P라고 불리우는 다양한 자료들에 등장하는 전승들의 편집이라고 주장한다. 각 문서의 저자들이 처해있던 역사적 상황과 신학적 입장들은 아브라함에 관한 다양한 신학적 전망들을 만들어 냈다. 가령, 하나님의 신명을 야웨라고 부르는 J 문서는 아브라함과 하나님 사이의 언약의 동기를 강조하며(창 12:1–3), 엘로힘이라는 신명을 채택한 E 문서는 자손의 약속을 강조한다(창 15:5, 22:1–4). 한편 포로기 이후에 형성된 P 문서(제사장 문서)는 아브라함과 사라의 후손이 큰 민족의 조상이 될 것이라고 말한다(창 17:5, 16). 그러나 이들 문서들은 하나님과 아브라함과의 약속, 아브라함의 믿음, 그리고 큰 민족을 이룰 자손에 관한 언급들이 공통적으로 나타난다. 바울은 창세기에 등장하는 아브라함에 관한 다양한 전망들을 선택적으로 차용하여 자신의 주장들을 강화하는 데 사용한다. 바울은 아브라함의 신실성, 믿음에 관한 모티프를 차용한다. 그러나 바울은 이삭의 순종과 땅과 후손에 관한 약속 등에 대해서는 언급하지 않는다. 그렇다면 먼저 창세기에 등장하는 아브라함의 이야기를 구성하는 중요한 사건과 신학적 모티프를 살펴보자.

아브라함이 처음 등장하는 단락은 창세기 11장 26절이다. 그는 원래 메소포타미아 지역의 아래쪽에 위치했던 고대 수메르의 도시국가 중에 하나였던 우르(Ur) 출신이었다. 그의 아버지, 데라는 식솔들을 우르에서 하란으로 이끌고 가서 그곳에서 사망한다(창 11:32). 이후 12장부터 아브라함에 관한 이야기가 본격적으로 시작된다. 하나님은 아브라함에게 자신이 보여 주는 땅으로 가라고 명령한다(12:1). 아브라함은 그의 조카 롯과 함께 가나안 땅에 정착한다. 이후 기근으로 이집트에 잠시 머문 후

(12:10-20), 네겝으로 돌아와 조카 롯을 위기에서 구해준다(13-14:16). 14장 17-24절에서는 살렘의 왕, 멜기세덱과에게 축복을 받는 이야기가 등장한다. 15장은 아브라함의 이야기 중에서 신학적으로 가장 중요한 에피소드를 담고 있는데, 하나님과 아브라함의 언약을 체결하는 장면이다. 아브라함은 한밤중에 불로서 현현한 하나님과 고대 수메르인들의 계약 체결방식으로 언약을 맺는다(창 15:17). 복종의 댓가는 자손과 땅에 관한 약속이었다. 바울은 이 이야기 중에서 믿음이라는 모티프에 주목한다. 창세기 15장 6절에 등장하는 "아브람이 주를 믿으니, 주께서 아브람의 그런 믿음을 의로 여기셨다"라는 구절을 바울은 갈라디아서 3장 6절과 로마서 4장 3절에서 인용한다. 이처럼 바울은 창세기 15장에 등장하는 다양한 주제 중에서 특별히 믿음이라는 모티프에 주목한다. 그러나 창세기 15장은 믿음보다는 언약이라는 주제가 더 강조되고 있다.

창세기의 아브라함과 관련된 이야기 속에서 특별히 바울이 강조한 것은 17장에 등장하는 할례에 관한 에피소드이다. 할례는 하나님과 아브라함 사이의 언약을 나타내는 육체적 표징이다. 창세기 17장 11-14절에서 하나님은 아브라함에게 할례의 방식과 대상, 그리고 의미에 대해서 다음과 같이 말한다.

> 너희는 양피를 베어서, 할례를 받게 하여라. 이것이 나와 너희 사이에 세우는 언약의 표이다. 대대로 너희 가운데, 남자는 모두 난 지 여드레 만에 할례를 받아야 한다. 너희 집에서 태어난 종들과 너희가 외국인에게 돈을 주고서 사온 종도, 비록 너희 자손은 아니라 해도, 마찬가지로 할례를 받아야 한

다…그렇게 하여야만, 나의 언약이 너희 몸에 영원한 언약으로 새겨질 것이다. 할례를 받지 않은 남자, 곧 양피를 베지 않은 남자는 나의 언약을 깨뜨린 자이니, 그는 나의 백성에게서 끊어진다.

할례는 유대인들의 정체성을 육체적으로 상징하는 것으로, 남자아이들은 태어나서 팔일만에 성기의 귀두 부분의 표피를 잘라내야 했다. 바울은 빌립보서 3장 5절에서 "나는 태어난 지 여드레 만에 할례를 받았다"고 말한다. 바울은 아브라함의 할례 문제를 로마서 4장 9절 이하에서 거론한다. 특별히 바울은 아브라함의 할례 시기에 대해서 문제를 제기한다. 이는 할례가 바울의 선교에서 매우 중요한 의미를 지닌다는 것을 의미한다. 바울은 이방인 개종자들에게 할례를 강요하는 보수적인 유대 크리스천들과 심한 갈등을 겪었다. 바울은 이방인들에게 할례가 필요 없다는 사실을 입증하기 위해 창세기 17장의 아브라함의 할례 시기를 강조한다. 흥미로운 것은 창세기 22장에 등장하는 이삭의 희생제사 이야기를 바울이 전혀 언급하지 않는다는 것이다. 그가 아브라함의 혈통적 후손 이삭을 재론하지 않은 것은, 아브라함이 이방인을 포함한 모든 믿는 자의 조상으로 주장했기 때문이다(롬 4:16).

창세기 18장은 아브라함이 마므레 상수리나무 밑에서 나중에 천사로 밝혀진 이방인 세 사람을 환대하는 이야기를 다루고 있다. 이 이야기는 바울의 편지에서 명시적으로 드러나지 않지만 이방인의 사도로 자처한 그의 삶의 여정 속에서 실현되었다. 바울은 유대의 정결법을 무시한 채 이방인들과 자주 식탁교제를 나누었다. 이로 인해 그는 보수적인 유대 크리스천들과 자주 마찰을 일으켰다. 가령 갈라디아서 2장에 기록된 안디옥에서의 베드로와의 갈등은 바로 이방인들에 관한 환대의 문제 때문에 발생한 것이었다. 바울은 아브라함과 마찬가지로 아무 조건 없이 할례받지 아니한 이방인들을 식탁교제에 초대했고, 그들을 환대했다. 갈라디아서 2장 15절 이하에서 바울이 전개한 칭의론은, 이방인의 환대문제와 긴밀히 연관되어있다. 다시말해 칭의론의 배경은 할례 받지 못한 이방인들이 어떻게 하나님의 새로운 언약 공동체의 일원이 될 수 있는가라는 문제와 깊은 연관이 있는 것이다. 이처럼 바울은 자신의 새로운 사유를 창세기의 아브라함 기사에서 이끌어 낸다. 바울은 모세보다 아브라함의 이야기에서 칭의론의 전거가 될 수 있는 신학적 모티프를 발견한다. 그것은 출애굽 기사에 등장하는 모세 이야기가 민족적 기원신화의 성격이 강했기 때문이었다. 이방인의 구원을 역설한 바울의 보편주의는 모세 이야기를 차용하기가 쉽지 않았을 것이다.

중간기 문헌에 나타난 아브라함

구약성서가 마감되고 신약성서가 등장하기까지 약 400년간, 즉 기원전 3세기부터 기원후 1세기까지 유대인들은 페르시아의 지배와 헬레니즘의 유입, 그리고 마키비 혁명과 로마의 지배로 이어지는 복잡다기한 역사 속에서 구약성서에 편입되지 않은 소위 외경이라고 불려지는 다양한 유대문헌들이 쓰여진다. 이러한 문헌들 속에 등장하는 아브라함 이야기는, 그 시대의 사회, 역사적 상황에 따라 다양하게 변형된다. 가령 요셉푸스(Flavius Josephus, 37–100)와 필로(pilo, B.C. 30–A.D 45)는 아브라함을 이교도, 특히 헬레니즘의 관점에서 묘사한다. 바울과 비슷한 시기에 알렉산드라에서 활동했던 필로는, 아브라함을 율법의 완성자로, 헬라 철학자들이 추구했던 도덕적 덕목들을 훌륭하게 실천한 인물로 묘사한다. 한편 유대의 역사가, 요셉푸스는 『유대고대사』에서 아브라함을 유일신을 맨처음 신봉한 인물로 서술한다. 그는 아브라함이 가나안으로 이주한 이유는 유일신 신앙을 지키기 위해서라고 주장한다. 흥미로운 것은 필로나 요셉푸스 모두 이삭의 희생제사를 강조한다. 이삭은 공동체의 죄를 위해 자신을 희생한 순교자의 모델로 이해된다. 그러나 바울은 이삭에 관해서 침묵한다.

한편 기원전 2세기에 기록된 희년서(the Book of Jubliee)와 같은 문헌들은 아브라함을 이방문화의 영향으로부터 자신을 정결하게 지킨 인물로 묘사한다. 예를 들어 희년서 15장은 할례의 중요성을 아브라함을 통해 다음과 같이 강조한다.

> 이미 주어진 성결함의 상태에 거하기 위해 반드시 할례를 행해야 한다. 따라서 할례는 이스라엘이 하나님의 거룩한 백성으로 택함을 받은 증표이다. 이스라엘 백성이라 할지라도, 할례를 받지 않은 자는 하나님이 아브라함과 맺은 언약의 백성으로 살 수 없고, 하나님을 기쁘시게 할 수도 없으며, 따라서 백성 중에서 끊어지게 된다(희년서 15: 26–28).

희년서가 이처럼 아브라함의 할례를 강조하는 것은, 기원전 2세기 헬레니즘의 영향과 연관이 있다. 즉 헬레니즘의 여파 속에서 유대인들의 신앙적 정체성을 지키기 위해 아브라함 전승을 차용하고 있는 것이다. 희년서와 비슷한 시기에 쓰여진 벤 시락의 집회서는 에녹, 노아와 함께 아브라함을 믿음의 영웅으로 칭송한다.

> 수많은 민족의 조상, 아브라함은 (어떤 흠과 함께) 자신의 영광을 더럽히지 않았다. 아브라함은 지극히 높으신 분의 명령을 지켰고, 그분과의 언약으로 들어갔다. 아브라함은 자신의 육체에 그분의 명령을 새겼고, 시험 가운데에서도 신실한 사람으로 드러났다. 그리하여 주께서는 아브라함을 일으켜 세워 맹세하시되, 민족들이 그의 후손들 통하여 복을 받게 하시고, 그들에게 바다에서 바다까지, 강에서 땅끝까지 상속하여 주셨다 (44:19-21)

이러한 집회서의 아브라함 묘사는 히브리서 11장에 등장하는 믿음의 선조들에 관한 언급과 매우 유사하다. 히브리서 저자는 아벨로부터 시작되는 믿음의 선조들을 열거하면서, 11장 8절에서 아브라함에 대해서 다음과 같이 평가한다. "믿음으로 아브라함은, 부르심을 받았을 때에 순종하고, 장차 자기 몫으로 받을 땅을 향해 나갔습니다. 그런데 그는 어디로 가는지를 알지 못했지만, 떠난 것입니다." 그러나 바울은 히브리서 저자와는 달리 아브라함의 순종에 대해서는 거론하지 않는다. 그리고 바울은 벤 시락의 집회서와는 달리, 아브라함의 행위들(할례, 순종)을 강조하지 않는다. 그에게 중요한 것은 아브라함의 믿음이었다.

중간기 문헌의 저자들은 아브라함의 이야기를 자신들의 신학적 입장을 변증하거나 교훈적인 목적에서 전유하였다. 희랍의 지배와 마카비혁명, 그리고 로마제국의 지배라는 복잡다기한 삶 속에서 아브라함은, 유대인들이 본받아야 할 삶의 모델로 제시되었으며, 인종적, 민족적 구심점을 상징하는 인물로 부각되었다. 중간기 문헌들은 아브라함의 유일신 숭배와 하나님과의 언약, 그리고 후손들에 대한 축복을 강조한다. 이러한 점은 창세기의 생각을 계승한다고 볼 수 있다. 그러나 중간기 문헌들은 종종 아브라함을 모세율법과의 관련성 속에서 언급한다. 가령 쿰란에서 발견된『다마스커스 문서』는 아브라함의 할례와 율법준수를 일치시킨다(CD, 16:1-6, 20:3-4). 그러나 바울은 이러한 생각에 반대한다. 그는 로마서 4장에서 아브라함은 할례와 율법과 상관없이 믿음으로 하나님으로부터 의롭다고 인정받았다고 주장한다.

로마서에 나타난 아브라함

로마서에 나타난 아브라함을 알아보기 위해서는 먼저 로마서의 저술 의도를 살펴보는 것이 중요하다. 로마서에 반영된 바울의 개인적 정황은 다른 그의 서신들과 전적으로 다르다. 가령 갈라디아서는 이방인이 주축을 이룬 갈라디아 교회를 보수화하려고 했던 유대주의자들에 대한 투쟁의 편지라 할 수 있다. 갈라디아서는 정결법, 율법, 안식일 준수, 그리고 할례와 같은 유대교의 종교적 습속을 이방신자들에게 강요하던 사람들에 대한 분노한 바울의 목소리로 가득하다. 심지어 바울은 할례를 강변하는 자들에게 차라리 성기를 잘라버리라고 말한다(5:12). 이러한 분위기 속에서 바울은 갈라디아서 3장에서 아브라함을 유대주의화를 획책하던 인물들의 주장을 반박하기 위한 근거로 제시한다. 3장 16절 이하에서 바

울은 아브라함 전승을 기독론적으로 해석하며, 율법보다는 약속의 인물로 아브라함을 재해석한다.[274)]

> 그런데 하나님께서 아브라함과 그 후손에게 약속을 말씀하실 때에, 마치 여러사람을 가리키는 것처럼 '후손들에게'라고 말씀하시지 않고 단 한 사람을 가리키는 뜻으로 '너의 후손에게'라고 말씀하셨습니다. 그 한 사람은 곧 그리스도이십니다. 내가 말하려는 것은 이것입니다. 하나님께서 이미 맺으신 언약을, 사백삼십 년 뒤에 생긴 율법이 이를 무효로 하여 그 약속을 폐하지 못합니다. (갈 3:16-17)

그러나 로마서는 갈라디아서와는 다소 다른 관점에서 아브라함에 관해 이야기한다. 갈라디아서가 율법보다 앞선 언약을 강조한다면, 로마서 4장은 아브라함의 할례 시점을 강조한다.

아브라함에 관해 바울이 갈라디아서와는 다른 입장을 로마서에서 개진한 이유는, 로마교회의 상황이 갈라디아 교회와 달랐기 때문이다. 갈라디아 교회는 바울이 직접 설립한 교회였던 것에 반해 로마의 가정교회(들)은 다른 사람들에 의해 설립되었고, 심지어 바울이 방문조차 하지 않는 곳이었다. 따라서 로마교회는 바울의 영향력과는 무관하게 조직되었고 운영되었다. 이 때문인지 로마서에서 바울은, 갈라디아서나 고린도서와는 달리 특정한 개인이나 그룹들과 직접적으로 논쟁하지 않는다. 가

274) 갈라디아서에 나타난 아브라함에 대해서는 G. Walter Hansen, *Abraham in Galafians* (sheffield: JSOT press, 1989)를 참조하라.

령, 갈라디아서에서의 율법에 대한 맹공은 로마서에 와서는 더욱 완화된 형태로 나타난다. 바울은 로마서에서 설립자의 권위(the authority of founding father)에 입각하여 로마의 청중들을 설득할 처지가 아니었다. 바울은 다른 서신에서 자신의 권위를 내세우기 위해 사용했던 가부장적 메타포를 사용하지 않는다. 이런 연유로 바울은 자신을 '아버지'로 묘사하지 않으며, 로마 교인을 '자녀'로 대하지도 않는다. 그는 로마서에서 율법으로부터 자유로운 자신의 복음을 설득하기 위해 '설립자'로서, 또는 '아버지'로서의 권위를 내세울 수 없었다. 로마서에 드러나는 비교적 온건한 어투와 수사적 문체는 바울의 이러한 사정을 간접적으로 보여 준다. 그렇다면 바울은 자신의 탈율법적 복음(free-law gospel)을 로마 교인들에게 어떤 권위에 입각하여 전달할 수 있었을까?

타이센(G. Theissen)은 수신자 교회들을 향한 바울의 권고는 사랑의 가부장제(love-patriarchalism)에 기초하고 있다고 주장한다.[275] 그러나 로마서에 배어 있는 바울의 개인적 정황을 고려할 때, 바울은 자신이 로마 교인들에게 가부장의 권위를 지닌 자로 이해되기보다는, 파트너로 이해되기를 원했던 것 같다. 이러한 바울의 속내는 예루살렘 교회에 전달될 헌금의 지지를 부탁한 사실에서뿐만 아니라(롬 15:30-31), 스페인 선교의 지원을 간접적으로 요청하는 것에서도 감지될 수 있다(15:23, 28). 더욱이 로마서 1장 12절에서 바울은 자신이 편지를 보낸 목적 중의 하나가

---

275) G. 타이센/김명수역, 「원시 그리스도교에 대한 사회학적 연구」(서울: 대한기독교출판사, 1986), 258

'서로의 안위'를 위한 것이라고 말함으로써 로마 교회와의 파트너쉽을 강조한다. 따라서 로마서에서 바울은 타이센의 주장처럼 가부장의 권위에 기초해 있기보다는, 파트너쉽이나 형제애에 기초한 설득과 동의의 권위(persuasive–consensual authority)에 기반해 있는 것으로 보인다.

한편, 로마서에 반영된 바울의 권위와 관련하여 스토워즈(S. K. Stowers)는 로마서에서의 바울의 권위는 '헬라 철학 학파의 선생–학생 관계'(the teacher–student relationship of the Hellenistic philosophical school)로 이해 될 수 있다고 주장한다.[276] 그는 로마서에서 빈번히 사용되는 수사학적 기법인 디아트레베(diatribe)가 이러한 관계를 반증한다고 주장한다. 그는 로마서 16장에서 호명되고 있는 다양한 인물들은, 바울의 이전 학생들(former student) 로 간주될 수 있을 것이라고 주장한다. 따라서 바울은 헬라 철학 학파에서 드러나는 선생의 권위에 입각하여 자신의 가르침(복음)을 전하고 있다는 것이다. 그러나 바울은 한 번도 명시적으로 자신을 '선생'으로 언급하고 있지 않기 때문에 스토워즈의 주장은 적절해 보이지 않는다. 더욱이 바울은 로마의 청중들을 '학생'이라고 부르기보다는 '형제'라고 부르며, 동등한 상호관계와 역할을 강조한다. 예를 들어, 로마서 1장 12절에서 바울은 분명하게 이러한 상호간의 역할을 언급한다. "내가 여러분과 함께 지내면서, 여러분과 내가 서로의 믿음으로 서로 격려를 받고자 하는 것입니다."

---

276) Stanley K. Stowers, *The Diatribe and Paul's Letter to the Romans* (SBLDS57. Chico: Scholar Press, 1981), 76

이처럼 바울은 로마서의 초입에서부터 자신의 입장과 처지를 로마 교인들과 동등한 것으로 간주하며 자신의 의견을 개진하고 있다. 바울은 로마서에서 자신을 '종'과 '일꾼'으로 규정한다. 이러한 타이틀은 대개 그레코-로만사회의 관료계급의 공적인 의무와 관련되어 사용된 용어들이다. 가령, 황제를 위해서 복무한 노예들은 자신들을 '시이저의 노예'라고 부르는 것을 기꺼워했다. 반면에 '일꾼'이라는 말은 로마제국의 관료계급에서 공적인 업무를 수행하는 사람들을 일컫는 데 사용되었다.

로마서에서 바울은 자신을 그리스도의 '종'과 '일꾼'으로 규정한다. 로마서를 통해 추정할 수 있는 '종'으로서의 그의 임무는 두 가지로 추정된다. 로마서 15장 31절에서 바울은 로마 교인들에게 두 가지 사항을 위해 기도해 줄 것을 요청한다. 첫째는 유대에 있는 믿지 않는 자들에게 화를 입지 않도록 기도해 줄 것을, 둘째는 예루살렘 교회를 위한 자신의 구제금 전달이 성공적으로 끝날 수 있도록 간청한다. 이러한 바울의 부탁에서 우리는 로마교회가 직간접적으로 예루살렘 교회와 연계되어 있다는 사실을 추정할 수 있다. 바울은 아마도 소아시아 지역에서 행한 자신의 율법과 할례에 관한 자신의 급진적인 주장들이 유대인 사이에서 논란이 되고 있다는 사실을 의식하고 있었다. 이러한 오해가 확대되어 자칫 자신의 구제금에 대한 거부로까지 발전되는 것을 바울은 염려했다. 때문에 예루살렘 방문 이전에 로마에 보내는 편지를 통해 자신의 입장을 일부 개진할 필요성을 느꼈다. 이러한 바울의 의도는 아브라함을 언급하고 있는 로마서 4장에서도 드러난다.

로마서 4장의 구조와 내용

로마서 4장 13-25절은 3장의 '칭의론' 단락과의 연관 속에서 이해되어야 한다. 왜냐하면 바울은 자신의 칭의론에 관한 구체적인 실례로 창세기 15장의 아브라함을 예로 들어 설명하기 때문이다. 3장 21절에서 26절까지 칭의론을 주장한 다음, 바울은 곧바로 구속사에서의 유대인의 우월성에 대한 회의적인 질문을 던진다. 이러한 질문의 연속성 속에서 4장의 아브라함 이야기가 등장한다. 다음은 이러한 맥락에서 살펴본 4장의 구조다.

※ 논쟁의 맥락: "유대인이 더 나은 것이 무엇이냐" 3:27-4:25

1) 자문자답식의 대화 (Diatribe), 3:27-4:2

2) 모든 믿는 자들의 조상, 아브라함의 예, 4:3-25

a. 아브라함은 은혜의 선물인 믿음으로 의롭게 됨, 4:3-8

b. 아브라함의 의와 할례 문제, 4:9-12

c. 아브라함의 의와 율법문제, 4:13-16

d. 아브라함과 우리(이방인/유대인)의 믿음, 4:17-25

로마서 4장에서 바울이 유대인의 '단군'인 아브라함을 포괄적으로 해석하여 모든 믿는 자들의 '조상'이라는 새로운 해석을 도출해 낸 이면에는, 자신의 복음이 결코 유대의 전통을 벗어난 것이 아니라는 사실을 간접적으로 시사한다. 다시 말해, 바울은 4장에서 자신의 새로운 신념(예수 = 메시아)을 유대적 전통과 조화시키는 것이다.

로마서 4장은 일반적으로, 3장 21-31절에서 나타난 칭의론 교리에 대한 성서적 증명이라고 이해되어 왔다. 가령, 다드(C. H. Dodd)는 로마서 4장을, 3장에서 전개된 칭의론의 부록 정도로 취급했으며, 콘첼만(H. Conzelmann) 또한 로마서 4장은 칭의론에 대한 무작위적인 실례라고 주장한다. 그리고 그랜필드(Cranfield)는 로마서 4장의 기능은 3장 27절에서 바울이 말한 것이 진실이라는 것을 확증하는 것에 있다고 지적한다. 이러한 주장들은 종교개혁자 마틴 루터가 칭의론을 중심으로 로마서를 이해하려 했던 시도와 부합하는 것이다. 루터는 로마서를 칭의론에 관한 무시간적인 교리서로 간주했다. 그러나 로마서는 앞서 언급한대로 로마 교회에서 벌어진 구체적인 문제와 스페인 선교와 예루살렘 헌금 전달이라는 바울의 개인적인 정황이 씨줄과 날줄로 엮어진 상황적 편지(occasional letter)였다. 따라서 로마서 4장은 먼저 이러한 상황적 문맥에서 파악되어야 한다.

최근에 왓슨(F. Watson)은 4장에 반영된 바울의 논지를 사회학적 관점에서 분석하고 있다. 그는 4장에 나타나는 아브라함에 관한 바울의 재해석(re-interpretation)을 종파주의(sectarianism)의 자기 정당화의 논리와 관련이 있는 것으로 이해한다.[277] 그에 따르면 4장에서 바울이 주요 타깃으로 삼는 것은 아직도 유대적 관습과 정체성에서 벗어나고 있지 못한 유대 크리스천들(Jewish Christians)이라는 것이다. 왓슨은 4장이 개혁운동

277) Francis Watson, *Paul, Judaism, and the Gertiles* (Cambridge: cambridge University, 1989), 135-142

(reform movement)에서 종파(sect)로 이동해 가고 있는 로마의 유대 크리스천 그룹들을 위한 정당화 작업의 일환으로 쓰여졌다는 것이다. 그러나 바울이 회당으로부터 유대 크리스천들을 분리시켜 자신의 계파로 이끌려는 의도가 4장의 아브라함 재해석에 담겨 있다는 왓슨의 주장은 다소 설득력이 부족하다. 왜냐하면 로마서 1장 12절과 15장 26-27절은 분리의 분위기보다는 상호협력과 격려의 분위기를 드러내고 있기 때문이다. 더욱이 예루살렘의 구제금 전달 계획이 성공적으로 이루어질 수 있도록 로마 교회의 지지를 요청하는 대목에서(롬 15:31) 우리는 바울이 자신의 계파를 수립하려고 유대 크리스천들을 획책하고 있다고 보기는 힘들다.

바울의 아브라함에 대한 언급은 로마 교회 내부에서 벌어진 이방 크리스천과 유대 크리스천 간의 갈등과 분명 관련이 있다. 왜냐하면 4장에서 바울은 아브라함이 하나님으로부터 의롭다고 인정된 것은, 할례로 대표되는 유대인의 특권 때문이 아니라,(이삭을 바친) 그의 믿음 때문이라고 역설한다. 이로써 아브라함은 할례로 대표되는 율법이 아니라, 믿음이라는 새로운 통로를 통해 하나님의 의에 이른 인물로 간주된다. 따라서 아브라함은 유대인의 선조일 뿐 아니라, 모든 믿는 이방인의 선조가 된다는 것이다. 박익수는 이러한 바울의 주장을 다음과 같은 사실에서 확인할 수 있다고 주장한다.

> 로마서 전체를 통해서 “유대인과 이방인”, “유대인과 헬라인”, “이스라엘과 이방인”, 혹은 “할례자와 무할례자”라는 한쌍의 표현들이 바울로의 다른 서신들 전체를 합한 것보다 더 많이 언급되고 있다는 사실을 주목할 필요가 있

다… 더욱 놀라운 것은 이런 표현들이 새로운 단락이나 세 주제의 논의의 시작이나 끝에 자주 언급되고 있다는 사실이다.[278)]

로마서 4장의 13-25절에서 바울은 "아브라함의 의는 율법으로 말미암은 것이 아니다"라는 사실을 논증하고 있다. 이 단락에서 바울은 유대인 크리스천들에게 아브라함이 할례를 받기 이전에 이미 믿음으로 하나님으로부터 의롭다고 인정받았다고 주장한다. 이러한 바울의 주장은 3장에서 전개된 칭의론에 관한 구약적 논증이라고 볼 수 있다. 다시 말해, 로마서 4장에서 바울은 자신의 탈율법적 복음(law-free gospel)에 대한 논증으로 창세기 15장 6절을 미드라쉬적으로 해석한다. 4장에서 바울은 믿음으로 의롭게 된 선례를 아브라함을 통해 세 가지로 예증한다. 첫째, 아브라함의 '칭의'는 율법에 의해서 입증된다. 둘째, 아브라함의 '칭의'는 할례를 받기 이전이다. 셋째, 아브라함의 '칭의'는 율법과는 관련이 없다. 이러한 논증을 통해 바울은 아브라함을 유대 민족주의의 표지 인물에서 이방인을 포함한 보편주의를 표방하는 상징적 인물로 재해석하고 있다. "율법으로 사는 사람들에게만이 아니라 아브라함이 지닌 믿음으로 사는 사람들에게도 보장하시려는 것입니다. 아브라함은 우리 모두의 조상입니다"(롬 4:16). 이러한 바울의 주장은 이미 로마서 3장 30절에서 언급되고 있다. "그러므로 하나님께서는 할례를 받은 사람도 믿음을 보시고 의롭다고 하시고, 할례를 받지 않은 사람도 믿음을 보시고 의롭다고 하십

278) 박익수, 『성서 전승과 해석』(서울: 한국신학연구소, 1988), 186.

니다.” 따라서 4장에 나타난 아브라함의 ‘칭의’는 유대인과 이방인 모두에게 그리스도 사건을 통해 드러나는 차별 없는 하나님의 은혜를 나타낸다.

바울의 법고창신

4장에서 바울은 아브라함을 유대인과 이방인 모두의 조상으로 해석한다. 유대인에게 아브라함은, 한국인에게 ‘단군’과 같은 민족주의의 표징과 같은 인물이었다. 그러나 바울은 이러한 아브라함을 민족주의의 좁은 울타리에서 이해되는 것을 원치 않는다. 그는 보다 보편적인 토대에서 아브라함을 새롭게 해석함으로써, 그를 이방인과 유대인 모두를 위한 상징적 인물로 그려 내고 있다. 아브라함의 칭의는 그가 할례받기 이전에, 믿음으로 얻은 것이라는 사실을 강조함으로써 이방인들로 하여금 할례와 정결법, 안식일 준수와 같은 특수한 유대적 통로를 거치지 않고도 구원에 이를 수 있다는 사실을 역설한다. 이러한 주장에서, 우리는 구속사에서의 우월적 지위를 스스로 폐기하고 이방인에게 구원의 문호를 개방한 바울의 열린 정신을 엿보게 된다. 그것은 갈라디아서 3장 28절에서 이미 바울이 주장하고 있듯이, “그리스도 예수 안에서, 유대 사람이나 그리스 사람이나, 종이나 자유인이나, 남자나 여자나 차별이 없기” 때문이다.

바울은 자신의 전통(율법, 아브라함)과 자신의 새로운 신념(예수=메시아)을 조화시키고자 고투한다. 새로운 것을 위해 과거의 것을 외면하고 폐기하려는 손쉬운 방법을 택하지 않고, 이 둘을 조화시키고자 바울은 시도한다. 아브라함은 유대인 바울에게 있어 아담과 같이 그리스도를 예표하는 인물로 이해된다. 밀려오는 새로움에 압도되어 자신의 전통을 스스로 폐기하는 우리시대의 얄팍한 지적 풍토에 이러한 바울의 태도는 법고창신(法古創新)의 자세가 진정 무엇인가를 우리에게 시사한다.

바울이 소개한 아브라함의 삶은, 업적과 실적에 고착된 삶으로는 구원에 이룰 수 없다는 사실을 보여준다. 만일 인간이 구원을 자신들의 행위와 업적으로 얻을 수 있다면, 하나님의 은혜는 개입할 여지가 없다. 그리스도 '안'에 거하는 삶, 다시 말해 철저한 자기 부정의 정신으로, 그리스도와 연합하는 삶을 추구하는 자만이 하나님의 은혜로 인해 '칭의'의 선물을 받을 수 있다는 사실을 아브라함은 보여준다. 이 때문에 바울은 모든 믿는 자의 롤모델로 아브라함을 선정한 것이다.

9장

칭의와 성령

바울은 로마서 3-4장을 통해 모든 믿는 이들에게 믿음을 통해 나타나는 하나님의 의를 논파한 다음, 5장에서 하나님의 의로 나타나는 결과들에 대해 이야기하고 있다. 즉 믿음으로 의롭다고 칭함을 받은 로마 교회 신도들에게 어떤 보상들이 주어지는가를 바울은 언급하고 있다. 이 단락에서 주목할 것은 주어가 모두 1인칭 복수인, '우리'로 나타난다. 바울은 로마서 1장 16-17절에서 "복음은 모든 믿는 자에게 구원을 주시는 하나님의 능력이 됨이라 첫째는 유대인에게요 또한 헬라인에게로다"라고 주장하면서, '칭의'의 결과가 유대인과 이방인 모두를 포괄하는 것이라고 강조한다. 따라서 바울이 5장에서 '우리'라는 1인칭 복수형을 쓴 것은, 의롭게 됨의 결과가 특정한 그룹이나 인종으로 한정된 것이 아니라, 유대인과 이방인 모두를 포괄하는 보편적인 것임을 강조하기 위해서이다.

로마제국의 수도에서 형성된 로마교회는, 이방인과 유대인의 복합 회중으로 구성되어 있었다. 로마서 16장에서 바울이 안부 인사를 전하고 있는 26명의 이름을 분석해 보면 그리스인과 로마인 그리고 유대인 등의 다양한 인종으로 구성되어 있다는 사실을 알 수 있다. 계층적 성향 또한 도시의 재무관에서부터 일꾼에 이르기까지 그 직업의 다양함을 알 수 있다. 이런 코스모폴리탄적 성격을 지니고 있던 로마교회를 위해 바울은 복음의 보편적 성격을 강조한다. 바울은 인종적, 계층적 울타리를 타파하고 예수 그리스도를 통해 계시된 하나님의 구원 사역에 모든 이들이 초대 받았다는 사실을 칭의론(義認論, justification by faith)이라는 새로운 상징 세계(symbolic world)를 통해 제공한다. 5장은 모든 믿는 자들이 결과적으로 누릴 수 있는 보상 목록들을 소개한다. '화평', '영광', '기쁨', '소망' 등이 그것이다.

바울에게 있어, 이러한 목록들은 유대인과 이방인으로 구별되지 않는 '우리' 모두에게 성령을 통해 제공되는 하나님의 선물이다. 이렇게 바울이 '우리'라는 1인칭 복수를 사용하여 결속력을 강조하는 분위기 이면에는, 로마서 14-15장에서 '강한 자'와 '약한 자'의 대립으로 암시되고 있는 로마교회 내부의 갈등과 분열이 도사리고 있었기 때문이다. 주후 49년 클라우디우스 황제의 유대인 추방령으로 유대인들과 함께 로마에서 유대 그리스도인(Jewish Christians)들이 추방된다(참조, 행 18:2). 이후 54년 네로 황제의 즉위로 추방령이 취소되자, 이들은 로마로 귀환하게 된다. 그런데 유대 그리스도인들이 로마를 떠나 있던 시기에 교회의 주도권은 자연스럽게 이방 그리스도인(Gentile Christians)들에게 넘어가게 되었고, 이들은 정결법과 안식일 준수와 할례와 같은 유대의 관습들을 자신들의 신앙에서 부차적인 것으로 간주하여 다소 무분별하게 탈 유대적인 방향으로 나아갔다. 로마서 11장 18절은 이들에 대한 바울의 견책이다. 귀환한 유대 그리스도인들이 진보적인 이방 그리스도인 그룹과 반목하고 갈등했던 것은 당연했다. 이러한 갈등이 우상의 제물을 먹는 문제로 노정되었으며, 로마서 14–15장의 나타난 '강한 자'와 '약한 자'의 대립은 이러한 갈등을 반영하는 단락들이다.

로마교회 내부에서 유대의 정결법에 얽매여 있던 보수적인 유대 그리스도인들은 우상의 제물을 먹는 이방 그리스도인들을 의혹의 눈으로 바라보았다. 한편 채소만을 먹으며 자신들의 유대적 관습에 젖어 있던 일부 유대 그리스도인들을, 이방 그리스도인들은 믿음이 '약한 자'로 경멸하고 무시하고 있었다. 바울은 이러한 로마교회의 사정을 54년 로마로 귀환한 고린도에서 함께 일했던 브리스가와 아굴라를 통해 전해 듣고 있었다(참고, 행 18:1–3; 롬 16:3). 바울은 로마서를 통해 이들의 갈등을 중재하기 위한 통합의 상징을 제공하려고 노력한다. 바울은 로마서 전체를 통해 특정한 그룹을 일방적으로 비난하거나 지지하지 않는다. 그는 제 3자의 중재자의 입장에서 이들을 권면한다. 로마서 1장 18절–3장 20절을 통해 바울은 유대인과 이방인 모두 죄 아래 있다는 사실을 논증한다. 또한 3장 21절부터 4장 25절까지 '칭의론'을 설파하며, 유대인의 특권 의식에 제동을 건다. 이제 아브라함은 유대의 조상만이 아니라 의롭다함을 받은 모든 이들의 조상이라고 재해석한다(롬 4:11, 16).

한편, 바울은 로마서 11장 13–24절에서 감람나무의 비유를 통해 로마교회에서 '강한 자'로 자처하던 이방 그리스도인들의 신앙적 자만을 견책한다. 이처럼 바울은 로마서에서 유대 그리스도인들과 이방 그리스도인들의 입장을 조정하고 화해 시키려고 시도한다. 따라서 바울은 로마서 5장 1–5절에서 갈등하고 있던 로마교회의 내부 그룹들을 '우리'로 부르며 통합의 길로 인도한다. 성령을 통해 하나님이 제공하는 선물인, 화평과 기쁨, 인내 그리고 소망은 로마교회 구성원 모두에게 공동체의 유지와 질서를 위해 요청되는 중요한 덕목들이다. 이러한 덕목들을 거짓 신도들의 '다른 복음'으로 흔들리는 갈라디아 교회의 통합을 요청하는 바울의 훈계에서도 발견한다. "이런 짓을 하는 사람들은 하나님의 나라를 상속받지 못할 것입니다. 성령의 열매는 사랑과 기쁨과 화평과 인내와 친절과 선함과 신실과 온유와 절제입니다"(갈 5:21-22).

평화와 희망, 그리고 성령

5장 1절의 전치사 "그러므로"는 앞 장에서 설파된 논증의 결과를 이끈다. 로마서 5장 1-5절은 비교적 단순한 구조로 되어 있다. 1-2절은 일종의 징검다리 역할을 하는 단락으로, 이전 장의 믿음으로 의롭게 된다는 논의로부터 그 결과로 얻어지는 희망에 관한 새로운 주제들로 이전된다. 3-4절은 동일한 주장을 담고 있는데, 환난은 '자랑'의 근거를 제공한다고 주장한다. 5절은 '희망'의 신학적 근거를 말한다. 즉 하나님의 사랑은 명백히 성령을 통하여 입증된다는 것이다.

바울은 1절에서, 의롭게 됨의 결과로 야기되는 것이 '평화'라고 말한다. 여기서 바울이 말하는 평화라는 단어는 단지 마음의 평화를 의미하거나 죄에서 벗어난 양심의 평화 그리고 전쟁이 없는 소극적 평화를 의미하기보다는 구약의 '샬롬'(*salom*)과 같은 적극적 평화를 의미한다. 즉 하나님과의 올바른 관계에서 오는 풍요로움을 의미한다. 이런 점에서 이사야 32장 17절의 "의의 열매는 평화이요, 의의 결실은 영원한 평안과 안전이다"라는 말씀과 상응하는 것이다.

바울에게 있어, 그리스도로 말미암아 하나님과 더불어 누리는 평화는 당시 로마 황제들이 자신들의 지배를 합리화하기 위해 선전한 로마의 평화(Pax Romana)와는 다른 차원의 것이었다. 톰 라이트에 따르면 로마서 5장 1절에 등장하는 '우리 주 예수 그리스도로 말미암아 하나님과 더불어 누리는 평화'는 로마의 평화와 대척점에 서 있다.

> 이 구절을 통해 바울이 당시 세계를 향해 말하고 있던 의미의 울림은 강력하다. 아우구스투스 카이사르(Augustus Caesar)는 유스티티아(Justitia, 정의)에 기초하여 로마의 팍스(Pax, 평화)를 수립했다. 그의 계승자들은 "주", "구주"와 같은 그들의 칭호를 만끽하면서, 특히 황실 숭배를 통해서 강력한 제국의 신화를 유지해 나갔다. 바울은 로마 청중들에게 로마의 황제가 아닌 다른 주와 다른 신에 의해서 수립된 다른 정의, 다른 평화를 드러내 보여주고 있다. 즉 아브라함의 하나님, 이 세상의 창조자가 "우리 주 예수그리스도"를 통해서 이제 세계의 평화를 확립하셨다.[279]

바울은 로마제국의 평화가 지닌 기만성을 폭로한다. 예수의 십자가 사건은 그 자체로 로마의 폭력성을 고발한다. 로마의 평화를 유지하기 위해 로마제국은 군사력에 의존했다. 당시 로마의 군단인 레기온(legion)은 5,000명 정도의 병력으로 구성된 정예군이었다. 이들은 지중해 속주의

---

279) 톰 라이트/ 장용량, 최현만 옮김, 『로마서』(서울: 에클레시아북스, 2014), 214.

주민들에게는 살인 기계로 악명이 높았다. 마가복음 5장에 등장하는 거라사의 귀신은 바로 이 로마 군단의 이름인 레기온이었다. 예수는 레기온을 부정한 돼지와 동일하게 취급한다. 이들은 출애굽 이야기에 등장하는 바로의 군대와 마찬가지로 바다 속에 수장된다. 즉 로마의 레기온도 물로 심판을 받은 바로의 군대처럼 하나님의 심판을 받을 것이라는 당시 팔레스타인 민중들의 로마제국에 대한 거부감과 저항의식이 이 이야기 속에 반영되어 있다.

바울은 로마제국이 군사적 지배를 효율적으로 진행하기 위해 건설한 로마의 군사 도로를 그리스도의 평화를 전하기 위해 역으로 이용한 인물이었다. 그가 전한 복음은 로마당국에 의해 십자가에 처형된 예수가 죽음의 세력을 이기고 부활했다는 것이었다. 이처럼 바울의 복음을 로마제국이라는 당시의 구체적 맥락에 터하여 이해할 때, 그가 말한 그리스도의 평화가 추상적인 영혼의 영역에서만 이룩되는 것이 아니라, 이 땅 위에 실현될 하나님 나라의 현실적 질서와 관련이 있다는 사실을 암시해 준다.

로마서 5장 2절에서 바울은 “하나님의 영광에 이르게 될 소망을 품고 자랑을 합니다”라고 말한다. 여기서 ‘자랑하다’로 번역된 동사는 헬라어 καυχώμεθα인데, 이 단어는 바울의 종말론적 비전을 암시한다. 즉 바울이 로마서 8장 18절에서 말하고 있듯이, “현재의 고난은 장차 우리에게 나타날 영광과 족히 비교할 수 없기” 때문이다. 빌립보 교인들에게 보내는 편지에서 바울은 자신의 고난을 아랑곳하지 않고 끊임없이 기뻐하라고 말한다(빌 1:18, 4:4 참조). 바울의 기쁨은 ‘그럼에도 불구하고’의 기쁨이다. 무엇인가 기뻐할 현실적 조건이 있어서 기뻐하는 것이 아니라, 하나님의 현존에 거하는 그리스도인의 존재 양식으로서의 기쁨이다. 그러한 기쁨은 장차 하나님이 우리에게 드러내시는 영광으로 보상하기 때문에 가능한 것이다.

5장 3절에서 바울은 로마 교인들에게 환난 중에서도 기뻐하라고 격려한다. 당시 교인들은 로마제국의 억압 속에서 이제 막 발화한 신앙의 불꽃을 지켜야만 했다. 로마서 8장에서 바울은 이러한 억압을 암시한다. "우리가 그리스도와 함께 영광을 받으려고 그와 함께 고난을 받으면, 우리는 하나님이 정하신 상속자요, 그리스도와 더불어 공동 상속자입니다"(8:17). "누가 우리를 그리스도의 사랑에서 끊을 수 있겠습니까? 환난입니까, 곤고입니까, 박해입니까, 굶주림입니까, 헐벗음입니까, 위협입니까, 또는 칼입니까"(8:35). 또한 13장 1-7절에 등장하는, 로마당국에 세금을 납부하라는 바울의 충고는, 로마제국에 굴복하라는 것이기 보다는 이제 막 성장하고 있는 로마교회를 지키기 위한 현실적인 자세이다. 바울은 그리스도의 파루시아가 자신의 시대에 도래할 것을 믿었다. 데살로니가 교회에 보내는 편지에서 바울은 임박한 그리스도의 재림을 이야기한다. 또한 로마서 8장 18절에서 바울은 다음과 같이 로마교인들을 위로한다. "현재 우리가 겪는 고난은, 장차 우리에게 나타날 영광에 견주면, 아무것도 아니라고 나는 생각합니다." 로마제국은 그리스도의 파루시아가 올 때까지 존재하는 임시적인 지상권력일 뿐이다. 해서 바울은 로마제국으로 인한 고난을 인내하라고 권고한다.

경건한 자가 고난을 받는다는 주제는 구약에서 자주 발견된다. 가령, 시편 18편이나 56편, 예레미야 36-45장에 등장하는 예레미야의 고난 그리고 욥기 등은 고난받는 경건한 자들이 하나님의 도움으로 그들의 어려움을 극복한 이야기를 담고 있다. 벤 시라의 집회서 2장 5절은 의인의 환난은 그들을 정화하는 기능을 한다고 적고 있다. "금은 불로 단련되고 주님께 맞갖은 이들은 비천의 도가니에서 단련된다. 질병과 가난 속에서도 그분을 신뢰하여라." 바리새파로서 유대 율법 교육을 받은 바울이 이러한 유대교 문헌의 고난 이해를 물려받은 것은 당연하다고 할 수 있다.

4절에서 바울은 "환난은 인내력을 낳고, 인내력은 단련된 인격을 낳고, 단련된 인격은 희망을 낳는 줄을 알고 있기 때문입니다."라고 말한다. 바울은 이미 로마서 4장에서 연단을 통과한 믿음의 사례로 아브라함을 제시하고 있다. 아브라함은 바랄 수 없는 중에 바라고 믿음으로써 모든 민족의 조상이라는 소망을 이루게 되었다는 것이다. 여기서 바울이 말하고 있는 소망은 이기적 계산에 의한 '욕망'과는 다른 것이다. 그것은 인간의 희망이 절연된 상태에서 오직 하나님의 은혜에 의해 동터 오는 궁극적인 비전인 것이다.

바울은 5절에서 이러한 소망의 근거가 인간적인 계획이나 신념에 기반한 것이 아니라, 하나님의 사랑에 근거한다고 말한다. 이러한 사랑은 성령을 통해 우리 마음에 부은바 된다. 여기서 '붓다'로 번역된 헬라어는 εκχεω인데, 직역하면 "쏟아 붓는다"라는 의미이다. 피츠마이어(J. A. Fitzmyer)에 따르면 "쏟아 붓다"(엑케오)라는 동사는 자비, 지혜, 은혜, 진노, 영 등과 같은 하나님의 속성이나 덕성을 대상으로 사용된다.[280] 즉

280) 조셉 A. 피츠마이어/ 김병모 옮김, 『로마서』(서울: 기독교문서선교회, 2015), 621.

하나님의 사랑은 인간에게 불가항력적인 어떤 것으로 체험된다는 것이다. 마치 여름 장마비와 같이 우리의 의지와는 무관하게 쏟아 부어지는 그런 불가항력적인 사랑을 뜻한다. 이러한 사랑은 신도들이 서로를 사랑하는 원동력으로 작동한다.

이처럼 바울은 성령의 역동성을 물의 이미지로 표현한다. 고린도 전서 12장 13절에서 바울은 "모두 한 성령을 마시게 되었다"라고 말한다. 사도행전 2장 17절은 "마지막 날에 영을 부어 주겠다"라는 요엘서를 인용한다. 이처럼 바울과 원시 기독교도들은 성령이 마치 물과 불처럼 사람의 인격을 압도하며 하나님으로부터 오는 실체적인 힘으로 체험하고 있다. 이 때문에 바울은 '성령을 통해서' 하나님의 사랑의 임재를 알게 된다고 말한다. "성령을 통하여 그의 사랑을 우리 마음에 부어 주셨기 때문입니다."(롬 5:5). 따라서 성령은 하나님의 선물이며(살전 4:8), 그리스도의 구속을 보증할 뿐 아니라, 하나님의 사랑이 전달되는 매체로서의 기능을 수행한다(롬 8:15-17; 갈 4:6). 그렇다면 바울에게 있어 성령이란 무엇이었을까? 로마서 8장을 중심으로 살펴보자.

바울의 성령이해

바울은 로마서 8장에서 성령에 관해 무려 19번이나 언급한다. 바울의 편지 중에서 성령에 관하여 가장 집중적으로 언급하는 단락이 바로 로마서 8장 1-13절이라 할 수 있다. 이곳에서 바울은 성령의 법(the law of the Spirit), 성령의 일(the work of the Spirit), 그리고 그리스도의 성령(the Spriti of Christ)에 대해서 말하고 있다. 바울의 성령에 관한 이해는 이론적인 것이기 보다는, 체험적이라 할 수 있다. 바울에게 있어 성령은 그리스도의 부활과 파루시아 사이에서 신자들이 그리스도의 현존을 경험하게 하는 영적인 힘이다. 이미(already)와 아직(not yet)이라는 힘겨운 종말론적 삶의 자세를 견지해야 하는 크리스천들에게 위로와 격려의 힘을 주는 것이 성령이다. 고든 피(G. D. Fee)는 성령의 종말론적 성격을 다음과 같이 지적한다.

> 성령은 하나님의 능력의 임재를 뜻하므로 미래가 이미 상당한 정도로 이 세대 안에 도래한 것이다. 따라서 현재의 고난은 제자도의 표식이며, 그 모델은 십자가에 못 박힌 우리 주님이시다. 그러나 십자가에 못 박힌 그분을 죽은 자들로부터 일으킨 동일한 능력이 또한 이미 우리의 죽을 몸 안에서 활동하고 있다.[281)]

바울은 성령의 부으심으로 신자들의 삶이 새롭게 변화될 수 있다고 확신한다. 성령에 대한 바울의 이해는 구약성서에 등장하는 하나님의 영(the Spirit of God)에 기초하고 있다. 바울은 로마서 8장 14절에서 "하나님의 영으로 인도하심을 받는 사람은, 누구나 다 하나님의 자녀입니다"라고 말한다. 또한 고린도 전서 2장 11-12절에서 하나님의 영을 언급한다. "하나님의 영이 아니고서는, 아무도 하나님의 생각을 깨닫지 못합니

281) G. D. 피/ 길성남 역, 『바울, 성령, 그리고 하나님의 백성』 (서울: 좋은씨앗, 2007), 199.

다. 우리는 세상의 영을 받은 것이 아니라, 하나님에게서 오신 영을 받았습니다." 구약성서는 하나님의 영을 루아흐(*ruach*)라고 부른다. 원래 루아흐는 바람의 소리를 본뜬 의성어였다고 한다. 이것이 구약성서에서는 하나님의 생명의 숨, 혹은 활력을 주는 생명력으로 이해되었다. 가령 창세기 2장 7절에서 하나님은 흙으로 사람을 지으시고, 그의 코에 루아흐(생명의 기운)를 불어 넣는다. 에스겔 36장 26절은 "너희에게 새로운 마음을 주고 너희 속에 새로운 영(루아흐)을 넣어"주겠다는 말이 등장한다. 또한 이사야 44장 3절은 "네 자손에게 내 영(루아흐)을 부어"주겠다는 말씀이 있다.[282] 이처럼 루아흐는 하나님의 새로운 활동이나 현존을 표현할 때 주로 사용된다. 한마디로 변화의 바람을 불러 일으키는 하나님의 다이나믹한 힘을 상징한다. 기원전 3세기경에 알렉산드리아에서 형성된 70인역은 히브리어, 루아흐를 프뉴마(*πνεύμα*)로 번역했다. 바울은 70인역을 따라서 성령을 지칭할 때, 프뉴마(*pneuma*)를 사용한다. 피츠마이어는 성령에 관한 바울의 생각을 다음과 정의한다.

> 바울의 생각에 성령은 하나님의 현존이 의롭게 된 그리스도인들에게 미치는 역동적인 영향을 표현하는 방식, 즉 그들을 향한 그의 사랑을 분명하게 드러내는 방식이고, 그리스도 안에서 사는 새로운 삶의 강력한 근원이다. 또한 성령은 부활한 그리스도 자신의 활력을 주는 힘이다(고전 15:45). 그래서 "하

282) 요엘서 2:28–29절도 이사야와 유사한 생각을 보여준다. "내가 모든 사람에게 나의 영을 부어 주겠다. 너희의 아들 딸은 예언을 하고, 노인들은 꿈을 꾸고, 젊은이들은 환상을 볼 것이다. 그때가 되면, 종들에게까지도 남녀를 가리지 않고 나의 영을 부어 주겠다."

나님의 영"은 바울에게는 또한 "그리스도의 영"이 되었다.[283)]

로마서 8장 9절에서 이러한 성령이 크리스천들 안에 거주한다고 말한다. 또한 크리스천들은 성령 안에 있다고 바울은 말한다. 이러한 바울의 생각은 요한복음 14장 11절과 17장 21절에 등장하는 하나님과 예수, 그리고 크리스천들의 상호내주와 매우 유사하다. "내가 아버지 안에 있고, 아버지께서 내 안에 계시다는 것을 믿어라"(요 14:11). 흥미로운 것은 상호내주에 관한 예수의 말씀이 끝난 후, 보혜사에 관한 언급이 등장한다는 것이다(요 14:16-17, 26). 보혜사는 요한복음에만 등장하는 성령에 관한 독특한 단어이다. 보혜사로 번역된 그리스어, 파라클레토스(*parāketos*)는 변호사, 조력자, 또는(활동적인) 원조자의 의미를 지니고 있다. 즉 예수의 죽음으로 인한 그의 부재를 대신하여 크리스천들을 위로하고 격려하는 영적인 힘을 의미한다고 볼 수 있다. 이러한 요한의 성령이해는 원시 크리스천들의 공통된 인식이었고, 요한복음 보다 앞선 바울의 편지에서도 성령에 관한 이러한 이해가 드러난다. 가령 로마서 8장 26절에서 바울은 "성령께서도 우리의 약함을 도와 주십니다"라고 말한다.

바울의 편지들은 성령의 역할과 기능에 대해서 다양하게 언급한다. 첫째, 크리스천들은 성령으로 인해 예수를 그리스도로 고백할 수 있다는 것이다. 고린도 전서 12장 3절은 "성령을 힘입지 않고서는 아무도 '예수

283) 조셉 A. 마이어/ 김병모 역, 『로마서』(서울: 기독교문서선교회, 2015), 766.

는 주님이시다'라고 말할 수 없습니다"라고 이야기한다. 둘째, 성령을 받은 자는 하나님을 '아빠 아버지'라고 부를 수 있다(갈 4:6, 롬 8:15). 예수는 제자들에게 하나님을 압바(*abbā*)로 부르라고 말한다(막 14:36). '압바'라는 말은 그 당시 일상언어였던 아람어로서, 우리 말에 아빠에 해당하는 말이다. 즉 바울은 성령을 받은 자들만이 하나님을 아빠처럼 친근하게 느낄 수 있다는 것이다. 왜냐하면 성령을 통해 크리스천들은 양자의 지위를 얻게 되기 때문이다(롬 8:15). 여기서 양자는 입양된 아들을 뜻한다. 입양에 해당하는 그리스어, 휘오이테시아(*huiothesia*)는 당시 그레코-로만 사회에서 널리 행해지던 사회적 습속이었다. 즉 아들이 없는 왕족이나 귀족이 친척의 아들을 입양하여 자신의 유산과 법적 권리를 상속하였다. 대표적인 사례가 아들이 없었던 쥴리어스 시이저의 경우이다. 그는 자신의 양자, 옥타비우스(63 B.C-A.D 14)에게 정치적 유산을 상속했다. 훗날 옥타비아누스는 시이저의 유산을 계승하여 로마의 황제, 아우구스투스가 된다. 바울은 휘오이테시아라는 단어를 사용하여 성령을 통해 크리스천들이 신분이 시이저의 아들보다 높은 하나님의 아들이 된다는 것을 은유적으로 표현한다.

셋째, 성령은 크리스천들에게 다양한 은사(*Charis*)를 선물한다. 가령 고린도 전서 12장은 성령으로 인한 신령한 은사들에 대해서 열거한다. 성령을 통한 은사는 다양하게 나타나는데, 지혜, 지식, 병 고침, 기적, 예언, 영 분별, 방언, 통역 등이다. 그러나 바울은 은사는 다양하지만, 이 모든 은사는 한 분 성령으로부터 발원하며, 그는 원하는 대로 각 사람에게 은사를 나누어 준다고 말한다. 그러나 다채로운 성령의 은사는 하나님의 선물이기 때문에 개인의 유익보다는 공동체의 이익을 위해 사용되어야 한다고 바울은 강조한다. "성령을 나타내 주시는 것은 공동 이익을 위한 것입니다"(고전 12:7). 로마서 12장 6절에서도 바울은 신령한 선물을 공동체를 위해 적절하게 사용할 것을 권면한다. 이 때문에 바울은 성령의 열매를 신비한 기적보다는 다음과 같은 실천적 덕목들과 연결시킨다. "성령의 열매는 사랑과 기쁨과 화평과 인내와 친절과 선함과 신실과 온유와 절제입니다"(갈 5:22). 이러한 덕목들은 바울의 교회들을 건실하게 유지하는데 필요한 요소들 이었다. 성령은 신비를 가장한 비윤리적 행동을 야기하지 않는다고 바울은 생각했던 것이다.

바울의 연약함과 제자도

앞서 살펴보았듯이 바울은 로마서 5장 3-4절에서 의롭다함을 입은 신자들이 취해야 할 자세에 대해 말하고 있다. 그중에서도 바울은 환난 중에 인내와 연단 그리고 소망을 잃지 않는 자세를 강조한다. "우리는 환난을 자랑합니다. 우리가 알기로, 환난은 인내력을 낳고, 인내력은 단련된 인격을 낳고, 단련된 인격은 희망을 낳는 줄을 알고 있기 때문입니다." 환난이 그리스도인들에게 의미 있는 것은, 이를 통해 진정한 그리스도의 제자로 거듭날 수 있기 때문이다. 바울에 따르면 성령은 힘이 있을 때가 아니라 연약한 중에, 고난 중에 체험하게 된다. 성령의 능력은 말할 수 없는 탄식 중에 경험하게 되며(롬 8:23), 약하고 두려울 때에 나타난다(고전 2:1-5). 바울은 자신의 강함보다는 약함을 자랑한다. "우리는 약하나,

여러분은 강합니다. 여러분은 영광을 누리고 있으나, 우리는 천대를 받고 있습니다"(고전 4:10). "꼭 자랑을 해야 한다면, 나는 내 약점들을 자랑하겠습니다"(고후 11:30). 이러한 "바울의 연약함은 성령의 가장 활발한 역사(役事)를 위한 전제조건이었다."[284] 왜냐하면 바울은 가장 수치스러운 십자가 죽음에서 역설적으로 세상을 구원하시는 하나님의 새로운 경륜을 보았기 때문이다. 바울은 자신의 고난을 그리스도와 고난과 등치시킨다. "나는 그리스도와 함께 십자가에 못 박혔습니다"(갈 2:20). 바울에게 있어, 그리스도는 하나님과 동등하신 분이지만 고난의 종으로 자기를 낮추고, 순종하여 십자가에 죽은 분이다(빌 2:8). 그는 자신의 삶 속에서 예수의 십자가 사건을 재현하고자 한다. 이 때문에 바울은 자신의 고난을 당당하게 이야기한다.

> 우리는 바로 이 시각까지도 주리고, 목마르고, 헐벗고, 얻어맞고, 정처 없이 떠돌아다닙니다. 우리는 우리 손으로 일하면서, 고된 노동을 합니다. 우리는 욕을 먹으면 도리어 축복하여 주고, 박해를 받으면 참고, 비방을 받으면 좋은 말로 응답합니다" (고전 4:11-12).

> 나는 수고도 많이 하고, 감옥살이도 더 많이 하고, 매도 더 많이 맞고, 여러 번 죽을 뻔하였습니다. 유대 사람들에게서 마흔에서 하나를 뺀 매를 작은 것이 다섯 번이요, 채찍으로 맞은 것이 세 번이요, 돌로 맞은 것이 한 번이요, 파선을 당한 것이 세 번이요, 밤낮 꼬박 하루를 망망한 바다를 떠다녔습니

284) 제임스 던/ 박문재 옮김, 『바울신학』(서울: 크리스천다이제스트, 2003), 598.

다. 자주 여행을 하는 동안에, 강물의 위험과 강도의 위험과 동족의 위험과 이방 사람의 위험과 도시의 위험과 광야의 위험과 바다의 위험과 거짓 형제의 위험을 당하였습니다. 수고와 고역에 시달리고, 여러 번 밤을 지새우고, 주리고, 목마르고, 여러 번 굶고, 추위에 떨고, 헐벗었습니다. 그 밖의 것은 제쳐놓고서라도, 모든 교회를 염려하는 염려가 날마다 내 마음을 누루고 있습니다. (고후 11:)

바울은 고난을 그리스도를 위하여 받는 특권이라고 생각했다(빌 1:29). 왜냐하면 고난은, 그 자체가 그리스도인의 기쁨의 또 다른 원인이 되기 때문이다. 이 때문에 바울은 로마의 감옥에서 조차 기뻐했다. 옥중서신으로 알려진 빌립보서에서 바울은 교우들에게 다음과 같이 권면한다. "주님 앞에서 기뻐하십시오. 내가 다시 말하거니와 기뻐하십시오. 여러분의 관용을 모든 사람에게 알리십시오. 주께서 가까이 오셨습니다. 아무것도 염려하지 말고, 모든 일을 오직 기도와 간구로 하고, 여러분이 바라는 것을 감사하는 마음으로 하나님께 아뢰십시오. 그리하면 사람의 헤아림을 뛰어넘는 하나님의 평화가 여러분의 마음과 생각을 그리스도 예수 안에서 지켜 줄 것입니다." (빌 4:3-7) 옥중에 있는 바울은 무엇 때문에 기뻐했을까? 그것은 그리스도와의 일치를 통해, 얻어지는 신앙의 힘 속에서만 가능한 것이다. 바울은 갈라디아서 2장에서 그리스도와의 일치를 다음과 같이 고백한다. "나는 그리스도와 함께 십자가에 못박혔습니다. 이제 살고 있는 것은 내가 아닙니다. 그리스도께서 내 안에서 살고 계십니다."

또한 로마서 8장에서 바울은 다음과 같이 말한다. "현재 우리가 겪는 고난은 장차 우리에게 나타날 영광에 견주면, 아무것도 아닙니다." 신앙의 힘은 고난을 통해 발현된다. 신앙의 인격은 불로 단련된 금처럼, 어려움을 돌파하며 성장한다. 십자가 없는 부활이 없듯이, 고난이 동반되지 않는 신앙은 값싼 은혜에 주저앉고 만다. 진정한 제자도는 십자가의 고난을 통과해야만 이룩될 수 있는 것이다. 기독교 신앙의 근거는 나사렛의 가난한 청년 예수가 배고픈 자들에게 떡을 나누어 주고 눈먼 자들을 보게 하고 정의를 위하여 살다가 고난받고 죽었다는 데 있다. 그리고 하나님이 이 청년의 죽음을 부활로서 신원하셨다. 바울에 따르면, 성령은 십자가 고난을 통해 부활하신 그리스도의 구속을 보증한다. 또한 성령은 분열된 세상의 갈등과 반목을 치유하는 능력을 우리에게 부여해 주신다. 성령을 받는다는 것은 개인적인 은사에 만족하는 것이 아니라, 분열된 세상을 치유하기 위해 고난을 받으신 예수 그리스도의 사역에 동참하는 것을 의미한다.

10장

서양회화에 나타난 바울

서양 고딕성당에 있는 스테인드 글라스는 단순히 예술적 기능을 넘어, 중세인들에게 성서의 주요 내용과 인물들을 이해하는 중요한 시각매체로 기능하였다. 양피지에 기록된 필사본 성서는 엄청난 고가였기 때문에 일반인들은 좀처럼 소유할 수 없었다. 또한 라틴어로 기록된 불가타(Vulgate) 성서는 교육받지 않은 일반 신도들은 제대로 읽을 수가 없었다. 이러한 환경 속에서 성당의 창문과 천장 그리고 벽에 그려지진 그림들은 일종의 시각 텍스트로 기능하였다. 이 때문에 중세의 성화는 단순한 그림을 넘어 성서를 이해하고, 교회의 신학을 내면화하는 중요한 교육적 수단이었다. 가령 그레고리우스 교황(Gregorious Ⅰ, 590-604)은 문맹자들을 위해 성당 내부에 성화상을 설치하라고 지시했다. 이처럼 중세의 성화는 문맹자들에게 글과 같은 역할을 했다.

역설적으로 현대사회는 문자보다는 이미지를 선호한다는 점에서 중세와 닮아있다. 이탈리아의 기호학자 움베르토 에코는 광고의 시각적 이미지로 넘쳐나는 현대사회를 새로운 중세라고 풍자하기도 했다.[285] 현란한

285) 움베르토 에코/조형준 옮김, 『포스트 모던인가 새로운 중세인가』 (서울: 새물결,

광고 이미지에 길들여진 젊은 세대에게 문자매체를 통한 종교교육은 이미 고루한 것이 되어버렸다. 몸의 일부처럼 지니고 다니는 스마트폰은 시각매체의 총화라 할만하다. 이러한 시대에 문자 문화의 기념물인 성서를 대학에서 가르친다는 것은 참으로 난감한 일 중에 하나일 것이다. 이미지를 통한 정보 습득에 익숙한 세대에게 성서를 효과적으로 가르칠 수 있는 방안은 무엇일까? 이번 장에서는 이러한 문제의식에 답해보고자 한다. 기독교 대학에서 성서를 강의하면서, 필자는 시각매체를 통한 정보습득에 익숙해 있는 젊은 세대를 위한 효율적인 교육 방안을 고민하게 되었다.[286] 이러한 고민의 과정 속에서 바울 연구자로서 필자는 서양회화 속에 나타난 바울에 관한 그림들을 살펴 보았고, 지난 1500년간 수많은 화가들이 그린 바울의 초상과 그의 사상을 형상화한 놀라운 그림들을 발견할 수 있었다.

4세기에 익명의 화가가 카타콤 벽에 그린 바울의 초상을 시작으로 18세기 렘브란트가 그린 바울까지, 이들의 작품은 바울 신학의 시각적 텍스트라고 불려도 손색이 없었다. 가령 미켈란젤로와 카라바조가 그린, 〈바울의 회심〉이란 작품은 사도행전 9장 1-19절과 갈라디아서 1장 15-16절의 기록을 각자의 전망에서 이미지화 한 것이다. 즉 언어로 된 텍스트를 시각언어로 번역한 것이다. 또한 이들의 작품들은 단순한 그림을 넘어 자신이 몸담고 있던 시대정신으로 바울의 신학을 새롭게 해석하

1993), 42.

286) 예술을 통한 성서교육에 대해서는 Mark Roncace & Patrick Gray, *Teaching the Bible* (Atlanta: Society of Biblical Literature, 2007), 175-186을 참조하라.

고 있었다. 필자는 바울에 관한 서양회화들을 바울의 텍스트와 비교해 가면서, 바울신학이 어떻게 그 시대의 사상과 대화하며 재해석되고 재현되는가를 학생들과 함께 생생히 목격할 수 있었다. 따라서 이 글은 문자 텍스트(Written text)로서의 바울서신을 서양회화라는 시각 텍스트(Visual text)로 다시 읽어보려는 시도라고 할 수 있다. 다시 말해 서양회화라는 시각 텍스트를 바울신학의 전망에서 독해하려는 일종의 독자(감상자) 반응비평이라 할 수 있다. 이를 통해 문자로만 표현할 수 없는 바울 신학의 의미를 시각적으로 음미해 보고자 한다. 다시 말해 인류의 위대한 유산인 서양회화가 바울과 그의 사상을 어떻게 시각적으로 재해석하고 새롭게 재현하고 있는가를 살펴 볼 것이다. 이를 위해 초대교회의 벽화에 나타난 바울의 초상으로부터 렘브란트까지 서양화가들이 그린 바울의 그림 속에 함의된 신학적 메시지를 도상학(iconography)의 전망에서 분석해 보고자 한다.[287)]

대머리 성인, 바울

사도행전과 바울의 편지에 기록되어 있는 이야기는 서양화가들의 상상력을 촉발시킬 만큼 극적인 것이었다. 바울은 신약성서 최대의 저자

287) 도상학(iconography)란 "작품의 일정 주제, 또 그 안에 포함된 개별 형태, 개별 형태의 상징물(attribute), 상징(symbol), 알레고리에 대한 일종의 '형상 프로그램'을 파악하고, 다시 그 모든 개체를 종합하여 해석하도록 하는 미술사의 한 방법론이다." 홍진경, 니콜, 『베로니카의 수건』 (서울: 예경, 2001), 31.

요, 예수 운동의 박해자에서 지지자로, 로마의 시민에서 사형수로, 그리고 율법교사에서 천막 제조공으로, 신약성서의 어느 등장인물보다 극적인 생애를 연출하였다. 결국 60년 중반, 네로황제의 기독교 박해시기에 처형된 파란만장한 그의 이야기는 수많은 화가들의 예술적 영감을 자극했다. 바울의 이야기는 4세기경부터 수많은 기독교 미술의 소재가 되었다. 가령, 카타콤의 익명의 인물로부터, 러시아 정교회의 루블로프(Andrei Rublev, 1360/70–1430), 로만 카톨릭의 미켈란젤로, 라파엘, 카라바지오, 엘 그레코, 그리고 프로테스탄트였던 렘브란트(Rembrandt, 1606–1669)에 이르기까지, 바울은 예수 다음으로 주목받는 서양종교회화의 모델이었다. 더욱이 중세의 성인숭배가 시작되면서 바울은 가장 각광받는 성인으로 추대되었다.

바울에 관한 그림은 4세기 이전까지는 등장하지 않았다. 그것은 아마도 신의 모습을 형상화하는 것에 심한 거부감을 지녔던 유대교의 습속 때문이었을 것이다. 유대교는 십계명의 2번째 계명에 기록된 것처럼, 하나님의 신상이나 도상을 남기지 못하게 하였다. 심지어 황제의 초상이 새겨진 주화조차 예루살렘 성전에서 거래되지 못할 정도였다. 그러나 4세기가 지나면서 로마문화에 동화된 익명의 크리스천들이 바울의 초상을 카타콤에 남기기 시작한다.[288] 재미있는 것은 바울의 초상을 그리기

288) 유대교의 이미지에 관한 금기 때문에 예수의 초상은 4세기 초에나 등장한다. 흥미로운 사실은 바울과 베드로의 초상을 담은 청동 메달과 석관은 예수의 이미지보다 2세기 앞서 등장한다는 사실이다. 이에 대해서는 이덕형, 『이콘과 아방가르드』 (서울: 생각의 나무, 2008), 223–24를 참조하라.

위해 초기 기독교인들은, 그레코-로만 세계에서 유통되던 인물 도상을 참조했다는 것이다. 그레코-로만 세계의 이교의 도상에 등장하는 철학자들이나 현자들은 보통 어깨나 상체가 드러나는 엑소미스(*exomis*)라는 옷을 입고 있었다. 이들은 또 한 양피지나 두루마리를 읽고 있거나 들고 있는 모습으로 그려진다.[289] 그러나 나체가 드러나는 엑소미스의 복장은 초기 기독교도들에게 거부감을 주었기 때문에, 카타콤에서 발견된 바울의 초상은 대개가 로마의 귀족들의 복장인, 토가를 입고 있는 철학자의 풍모를 하고 있다.

4세기에 등장하기 시작한 바울의 초상은, 초기 기독교의 순교자 숭배와 깊은 관련이 있다.[290] 로마제국의 박해를 경험한 초기 기독교인들은 신앙을 위해 목숨을 바친 순교자들을 영웅시하기 시작한다. 예수의 십자가 사건은 그레코-로만의 영웅과는 전혀 다른 새로운 영웅상을 제공했다. 오이디푸스와 헤라클레스가 자신의 숙명적 운명에 남성적 힘으로 맞서 싸우며 숭고의 영웅상을 보여주었다면, 예수와 바울은 신의 뜻에 순복하는 여성적인 순응의 미덕을 보여주었다. 아우얼바하는 이를 통해 초기 기독교가 비천의 영웅상을 새롭게 제시해 주었다고 지적한다.[291] 따라서 순교는 실패가 아니라, 신의 뜻을 위해 목숨을 바친 성스러운 행동으

289) 앙드레 그라바/ 박성은 옮김, 『기독교 도상학의 이해』 (서울: 이화여자대학교 출판부, 2007), 61-61.

290) 초기 기독교 미술에 대해서는 Robin Margaret Jensen, *Understanding Early Christian Art* (London: Routledge, 2000)을 참조하라.

291) 에리히 아우얼바하/김우창, 유종호 역, 『미메시스, 고대, 중세편』 (서울: 민음사, 1992), 54-63을 참조하라.

로 간주되었다. 초기 기독교인들은 강함보다는 약함 속에서 새로운 신의 뜻을 발견한 것이다(고전 1:22-25절 참조).

카타콤에 그려진 바울의 초상들은 초기 기독교의 순교자 숭배와 밀접한 연관이 있다. 순교한 성인들을 숭배하는 것에 관한 신학적 정당성을, 최초로 제공한 인물은 오리겐(Origenes, 185-254)으로 알려져 있다. 그는 사도신경에 등장하는 "성도가 서로 교통하는 것"이라는 구절에 근거하여 성인들의 중보기도가 큰 효력을 지닌다고 주장하였다. 그 후 중세의 교황들은 성인공경을 장려하였고, 이로 인해 다양한 성인들의 유골과 성물들이 광적으로 수집되었다.[292] 또한 성인들의 순교 장면들이 캐릭터화 되어 다양한 직업인들의 수호성인으로 자리 잡게 된다. 흥미 있는 것은 13세기 중엽에 제노바의 주교였던 보라기네의 야코부스(Jacobus de Voragine)가 기록한 『황금전설』은 사도 요한을 명상적인 사람으로 묘사하고 있는데 반해, 바울을 행동적인 인물로 묘사하고 있다.[293]

그렇다면 서양회화에서 바울은 어떻게 묘사되고 있는가? 아래 그림에서 볼 수 있듯이, 서양회화에 등장하는 바울은 대부분 대머리의 모습을 하고 있다. 그러나 신약성서 어디에도 바울이 대머리라는 사실은 언급되어 있지 않다. 다만 고린도 후서 10장 10절에서 바울의 용모를 간접적으로 추론할 수 있는 기록을 찾아볼 수 있다. "저희 말이 그 편지들은 중하

292) 중세의 성인 숭배에 대해서는 피터 브라운/ 정기문 역, 『성인숭배』 (서울: 새물결, 2002)를 참조하라.

293) 자세한 내용에 대해서는 임영방, 『중세미술과 도상』 (서울: 서울대학교출판부, 2006), 588-596을 참조하라. 예수의 사도들의 최후의 행적에 대해서는 13세기에 저작된 보라기네의 야코부스/ 윤기향 역, 『황금전설』 (서울: 크리스찬다이제스트, 2007).

고 힘이 있으나 그 몸으로 대할 때는 약하고 말이 시원치 않다." 이 글에서 알 수 있듯이 바울의 용모는 그다지 출중한 것이 아니었던 것 같다. 그렇다고 바울의 외모를 직접적으로 추론할만한 근거도 부족한 글이다. 그런데 서양회화에 등장하는 바울의 모습은 한결같이 대머리와 매부리코로 정형화되어 있다. 아래 그림들은 살펴보자.

상단의 왼쪽 그림은 로마의 카타콤에서 발견된 4세기경의 그림이고, 오른쪽은 중세 초반에 그려진 프레스코 그림이다. 두 그림 모두에서 발견되는 바울의 용모에 관한 공통점이 있다. 대머리와 매부리코, 그리고 로마의 귀족들이 입는 토가를 걸치고 있다. 그러나 신약성서 어디에도 바울의 이러한 외모에 관한 진술을 찾아 볼 수 없다. 그렇다면 서양회화에서 바울이 대머리와 매부리코로 정형화된 것은 무슨 이유 때문인가? 그것은 3세기 에베소에서 기록된 것으로 추정되는 신약 외경문서 『바울과 테클라 행전』에 근거한 것이다. 이 책에서 작가는 바울의 용모를 다음과 같이 묘사한다.

> 그는 바울이 걸어오는 것을 보았는데, 작은 체구에 머리에는 머리칼이 거의 없고, 다리는 휘어져 있었다. 몸은 건강한 상태로 보였고, 미간이 좁고, 코는 약간 매부리코였다. 그는 은혜가 넘친 모습이어서 때로는 사람의 모습처럼 보였지만 때로는 천사의 얼굴을 가진 것처럼 보였다. (The Acts of Paul and Thecla, 2.3)

또한 6세기 안디옥의 요한이 남긴 글에서도 바울의 용모를 테클라 행전과 유사하게 묘사한다.

> 직접 보면 그는 어깨가 구부정하고, 머리에는 흰머리가 드문드문 나 있고 수염이 있으며, 매부리코에 회색 눈을 하고 있으며, 미간이 좁고, 안색은 창백하고 붉은 빛이 혼합되어 있고, 수염이 많았다. 그는 온화한 용모를 가지고 있는 사람으로서 분별력이 있으며, 진지하고 쉽게 다가갈 수 있으며, 다정다감하며 성령에 감동된 분이었다.

이러한 기록들은 후일 바울의 초상을 그리는데 있어 하나의 준거점을 제공했다. 대머리와 매부리코, 그리고 좁은 미간으로 형상화된 바울의 전형적인 이미지는 이렇게 형성된 것이다. 다음 그림은 최근에 에베소의 동굴에서 발견된 바울과 테클라에 관한 벽화이다.

에베소는 바울이 가장 오래 머물렀던 곳이며, 후대에 바울의 전승과 위서들이 가장 많이 유통되고 작성된 곳이다. 위 벽화는 5세기경에 그려

진 것으로 추정된다. 오른쪽에 있는 테클라 어머니의 그림이 심하게 훼손된 것을 볼 수 있는데, 후대의 남성주의자들이 바울과 동등하게 묘사된 그녀의 모습을 용납할 수 없었기 때문이었다. 여하튼 이 벽화도 〈바울과 테클라 행전〉이 묘사된 바울의 인상착의를 충실하게 따르고 있다는 사실이 확인된다.

사실 현대인의 미적 감수성으로는 이러한 바울의 모습은 추남에 가깝다. 그러나 2천년 전 그레코-로만 사회의 미적 기준은 오늘날과는 큰 차이가 있었다. 폴 잔커(Paul Zanker)에 따르면 바울의 얼굴은 그리스의 철학자 소크라테스를 모델로 한 것이라고 한다.[294] 현존하는 소크라테스의 흉상은 대머리와 매부리코라는 점에서 바울의 용모와 매우 유사하다.[295]

294) Paul Zanker, *The Mask of Socrates: The Image of the Intellectual in Antiquity*, trans. A. Shapiro (Berkeley: Univ. of California Press, 1995), 304.

295) Robin Margaret Jensen, *Face to Face* (Minneapolis: Fortress Press, 2005), 190을

바울 당시의 그리스와 로마인들은, 특정 인물의 성격을 그의 외모와 행동으로 파악하려는 시도가 있었다. 기원전 3세기경에 작성된 아리스토텔레스의 위서로 알려진 『관상학(*Phusiognōmonika*)』은 한 사람의 본성과 개성을 행동이나, 피부 색깔, 얼굴 표정, 머리칼, 목소리와 같은 외형적인 신체적 특징으로 파악하려고 했다.[296] 가령 아래와 같이, 동물의 형상과 행태적 특징을 사람의 성격과 유비적으로 연결시키고 있다.

> 모든 동물 중에서 사자가 남성적인 모습에서 가장 완전한 몫을 차지하는 것처럼 보인다. 사자는 매우(적절하게) 큰 입을 가지고 있으며, 그 얼굴은 사각형에 훨씬 가깝고, 지나치게 골격만 앙상하지 않으며, 위턱은 돌출하지 않고 아래턱과 균형 잡혀 있다…이와 같은 것이 사자의 신체적 특징에 대한 것이다. 영혼에 관련해서는 관대하며 자유롭고, 고결하며(위엄이 있으며) 승리만을 원하고(philonikos), 온화하고, 그의 동료들에 대해서는 애정을 나타낸다.[297]

따라서 사자의 용모를 닮은 사람은 용기가 있고 고결한 인물로 간주된다. 이 때문인지 서양성화에서는 사자는 마가와 제롬의 상징물로 자주 등장한다. 말리나와 네이레이는 『바울과 테클라 행전』에 묘사된 바울의

참조하라.

296) 고대 그레코-로만의 관상학에 대해서는 아리스토텔레스/ 김재홍 옮김, 『관상학』(서울: 도서출판 길, 2014), 19-73을 참조하라. 설혜심은 그리스에서 태동한 서양 관상학의 역사를 타자에 대한 시각화의 과정이라고 주장한다. 즉 관상을 통해 타자를 자신들과 구별 짓고자 했다는 것이다. 설혜심, 『서양의 관상학 그 긴 그림자』(파주: 한길사, 2003)을 참조하라.

297) 아리스토텔레스, 『관상학』, 122-23.

용모착의를 그레코-로만의 관상학적 전망에서 분석하였다. 그들의 주장에 따르면, 『바울과 테클라 행전』에 기록된 바울의 용모는 그레코-로만 사회의 전형적인 남성상을 반영한다.[298] 가령, '짧은 다리'는 강건함을 상징하고, '대머리'는 경건함과 정의로움을 표상한다는 것이다. 따라서 대머리와 짧은 다리를 지녔다는 기록은 바울이 추남이었다는 말이 아니다. 오히려 바울이 그리스의 철학자의 풍모를 지닌 현인이었으며, 매우 남성적인 인물이라는 사실을 강조하려는 수사학적 진술이라 할 수 있다.

4세기부터 르네상스 초기까지 서양회화에 등장한 바울의 이미지는 크게 변화하지 않았다. 그러나 르네상스 중기에 들어서면서 인문학적 교양을 갖춘 화가들이 등장하면서 바울의 이미지에 변화가 일어난다. 가령 중세의 성화 속에 등장하는 바울의 초상은 거의 표정이 없는 얼굴이다. 왜냐하면 중세인들은 거룩한 성화 속에 인간의 삿된 감정, 즉 희노애락을 표현하는 것을 금기시했기 때문이다. 그러나 르네상스에 들어서면서 인간의 육체와 감정에 대한 중세적 관념이 바뀌면서, 바울의 얼굴에 표정이 드러나기 시작한다. 그 대표적인 사례가 뒤러(Albrecht Dürer, 1471-1528)가 그린 바울의 도상이라 할 수 있다. 하단의 두 작품은 16세기 독일 뉘른베르크를 중심으로 활동했던 뒤러의 대표작이다.

---

298) Bruce J. Malina & Jerome H. Neyrey, *Portraits of Paul* (Louisville: Westminster John Knox Press, 1996), 137-143.

두 그림은 각각 〈4명의 사도, 1526〉와 〈멜랑콜리1, 1514〉라는 작품이다. 오른편 그림에서 캠퍼스를 들고 우울한 표정을 짓고 있는 천사의 모습과 왼쪽 그림에서 칼을 들고 날카로운 시선으로 응시하고 있는 바울의 표정을 비교해 보면, 서로 닮아 있다는 것을 알 수 있다. 둘 다 우울한 얼굴 표정을 짓고 있는 것이다. 도상학자, 파노프스키(Erwin Panofsky, 1892-1968)는 뒤러의 그림에 등장하는 바울의 얼굴을 다음과 같이 평가한다.

> 성 바울로는 55-60세 사이의 남자로서 권력을 뽐내며 가까이 가기 힘들 정도로 근엄하고, 검은 담즙의 징후로서 몇 번 반복되어 언급되는 '까무잡잡한 얼굴'이므로 우울질이 틀림없다… 성 바울로의 우울질은 뒤러의 시대에 의해서, 그리고 뒤러 자신에 의하여 숭고하는 후광을 부여 받는다. 성격에서도

> 성 바울로와 성 요한은 탄력성으로, 옷에서는 차가운 흰색과 따뜻한 붉은 색으로 대조된다… 우울질이 오늘날 천재에 상응하는 새로운 인간 유형으로 증명되듯 성 바울로는 새로운 교의의 영웅이었다.[299)]

파노프스키에 따르면, 뒤러는 아리스토텔레스 이후로 유행하였던 4가지 체액론에 근거하여 바울을 묘사하고 있다는 것이다. 이 이론에 따르면 인간의 육체와 정신은 네 가지 채액들에 의해 결정된다. 즉 다혈질, 우울질, 점액질, 담즙질로 인간의 성격을 분류할 수 있다. 뒤러의 〈4명의 사도〉에서 맨 왼쪽에 붉은 옷을 입은 사도 요한은 다혈질로, 그와 마주보고 있는 흰옷을 입은 대머리 바울은 우울질로, 그리고 중앙에 자리하고 있는 베드로와 마가는 점액질과 담즙질의 인물로 묘사된다. 바울의 얼굴을 자세히 살펴보면 그의 시선은 신경질적으로 날카로우며, 검은 얼굴빛의 우울한 즉, 멜랑콜리한 표정을 짓고 있다. 진중권은 뒤러의 그림에 나타난 멜랑콜리가 상징하는 바를 다음과 같이 지적한다.

> 피치노라는 사람은… '멜랑콜리'를 신학자와 학식 있는 사람들이 가진 긍정적인 성격으로 해석했다. 저기에 우울하게 앉아 있는 천사가 바로 사투르누스(토성)의 자식, 이 창조적 우울함의 상징이라고 한다. 피치노는 또 창조적 멜랑콜리를 세 가지로 나눈다. 예술가와 장인, 학자와 정치가, 그리고 신학자.[300)]

---

299) 에르빈 파노프스키/임산 옮김, 『인문주의 예술가, 뒤러 2』(파주: 한길아트, 2006), 317-18.
300) 진중권, 『춤추는 죽음 1』(서울: 세종서적, 2000), 240.

즉 듀러가 바울의 표정을 침울하게 묘사하고 있는 것은, 그를 우울한 체질(melancholic)을 지닌 창조적 인간이었다는 사실을 강조하기 위해서였다.[301] 기독교 역사는 바울을 창조적인 인물로 기억하고 있다. 신약성서 27권의 절반에 해당하는 13권은 바울의 이름으로 기록되고 수집되었다. 그는 그리스의 수사학과 헬라어를 능수능란하게 구사했던 인물이었다. 사도행전의 보도에 따르면, 바울은 당대 최고의 율법학자 가말리엘에게서 바리새파 교육을 받은 유대사회의 엘리트였다(행전 22:3). 바울은 유대교의 그림자에서 벗어나지 못했던 초기 기독교를 그레코-로만 사회에 창조적으로 이식한 인물이었다. 갈라디아서 2장 16절과 로마서 3장 21-24절에서 전개하고 있는 바울의 칭의론은 이방인들도 차별 없이 하나님의 백성이 될 수 있는 신학적 근거를 제공했다. 한편 루터는 바울의 칭의론을 면죄부 판매를 공박할 수 있는 프로테스탄트의 신학적 전거로 사용하였다.

뒤러가 살았던 시대는 중세의 세계관이 해체되던 시기였다. 루터가 종교개혁을 진행하던 시기이기도 했다. 뒤러는 〈4명의 사도〉를 1525년 뉘른베르크에서 제작하였는데, 이 시기에 뉘른베르크市 당국은 로마 교황청과 결별을 시도한다. 파노프스키는 이 그림에서 루터에 관한 뒤러의 충성심을 읽어낸다.[302] 그는 〈4명의 사도〉에서 교황의 상징으로 간주되는 베드로의 모습이 축소되고, 요한과 바울이 전면에 부각되고 있다는

---

301) 신준형, 『파노프스키와 뒤러』(서울: 시공사, 2004), 133-140.
302) 파노프스키, *앞의 책*, 313.

점에 주목한다. 즉 루터의 종교개혁이 요한과 바울의 신학에 근거하고 있다는 것을 보여준다. 따라서 〈4명의 사도〉에 등장하는 바울의 이미지에서 루터의 자취를 찾으려는 파토프스키의 주장은 타당성을 지닌다고 볼 수 있다.

이제 근대유럽의 시민들은 '믿음'이라는 새로운 항목을 통해 카톨릭 교회라는 매개자를 통하지 않고, 신 앞에 주체적 자아로 설 수 있게 되었다. 이러한 시대변화 속에서 뒤러의 바울像이 자리하고 있는 것이다. 어찌 보면, 뒤러가 그린 바울의 초상은 중세가 해체되고 있던 시기, 근대 유럽인들의 자화상이라 할 수 있다. 더 이상 카톨릭 교회와 구원을 손쉽게 거래할 수 없게 된 유럽인들의 근대적 자아의 모호한 불안감이 바울의 얼굴에 투영되어 있다고 보는 것은 지나친 생각일까.

바울의 회심을 바라보는 두 가지 시선

서양회화 속에 재현된 바울의 이미지는 화가 자신들의 해석과 더불어 그들이 몸담고 있었던 시대의 종교적 세계관에 의해 빈번히 좌우된다.[303] 왜냐하면 중세와 르네상스 시기의 회화들은 작가의 '창작'이기보다는 주문자에 요구에 따른 '제작'이기 때문이다. 일례로, 미켈란젤로(Michelangelo, 1475-1564)의 〈바울의 회심, 1542-5〉 같은 그림은 카톨

303) 이에 대한 자세한 논의에 대해서는 신준형, 『천상의 미술과 지상의 투쟁』(서울: 사회평론, 2007)을 참조하라.

릭 당국의 요청에 따라 제작된 제도적 그림이라 할 수 있다. 이 그림은 화가의 창작보다는 교회의 요구를 수용한 제작에 가깝다. 따라서 미켈란젤로의 그림에는 그 당대의 종교적 이데올로기가 요청한 전형적인 구도와 신학적 세계관이 그림 속에 반영되어 있다. 그러나 그는 자신의 작품을 강제하는 주류적 세계관과 곧잘 길항(拮抗)한다. 미켈란젤로의 그림이 외형적으로는 당시의 이분법적인 종교적 우주관을 반영하고 있는 듯 보여도, 그의 그림에는 파격이 존재한다. 다시 말해 인간의 육체와 쾌락을 죄악시한 당대의 카톨릭적 인간관을 거부하고, 인간의 육체가 지닌 아름다움을 과감하게 표현하고 있다. 그리고 사실적인 인간 육체를 그려냄으로써 실제적인 인간의 몸에 주목한다. 그러나 이러한 파격에도 불구하고

그의 그림은 여전히 카톨릭적 세계관을 반영한다. 가령, 미켈란젤로는 바울의 세계를 천상과 지상으로 양분한다. 그의 그림 속에서 예수는 천상에 속한 존재로 무수한 성인들과 함께 천상에서 바울에게 빛을 발한다. 한편 바울은 말위에서 떨어져 땅위에서 쓰러져 있다. 눈먼 그의 모습은 그리스도의 복음에 무지한 것을 상징한다. 율법이라는 과거의 세계에 고착되어 그리스도가 보여준 새로운 세상을 알지 못하는 바울의 모습을 보여준다. 이러한 묘사에서 우리는 천상과 지상을 엄격하게 이분화하려는 중세적 세계관에서 아직 벗어나지 못한 미켈란젤로의 사고방식을 확인하게 된다.

미켈란젤로의 〈바울의 회심〉이 보여주는 장면들과 소재들은 사도행전의 기록에 의존하고 있는 것 같다. 왜냐하면 말에서 떨어진 바울의 모습과 천상에서 빛을 발하는 예수의 이야기는 정작 바울의 편지에서는 등장하지 않기 때문이다. 바울은 갈라디아서에서 다메섹 사건을 간략하게 다음과 같이 암시하고 있을 따름이다. “그의 아들을 이방에 전하기 위하여 그를 내 속에 나타내시기를 기뻐하셨을 때에(갈 1:16).” 바울은 사도행전처럼 자신의 체험을 극적인 시각적 사건으로 표현하지 않는다. 다만 자신의 내부에서 일어난 실존적 체험이라는 사실을 담백하게 진술할 뿐이다. 이런 점에서 미켈란젤로의 그림은 바울 자신의 고백에 기초하고 있기 보다는, 사도행전에 근거하고 있다.

이와 대조적으로 카라바조(Michelangelo Merisi da Caravaggio, 1571–1610)의 〈바울의 회심, 1610〉은 다메섹 사건을 개인의 내면적이며, 실존적 사건으로 표현하고 있다.

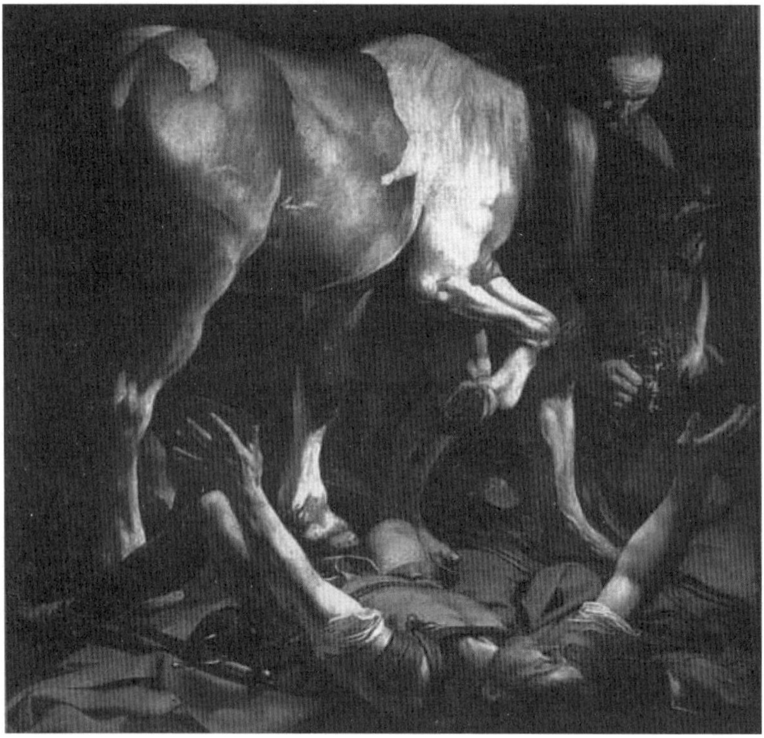

이 그림 어디에도 천상과 지상의 구도가 존재하지 않는다. 다만 말에서 떨어진 젊은이가 화면에서 튀어 나올 듯 두 팔을 벌리고 허우적대는 모습이 사실적으로 묘사되어 있을 뿐이다. 이런 점에서 카라바조의 그림은 갈라디아서 1장 16절에 기록되어 있는 바울의 내적인 고백과 상응한다. 사실 그림의 제목을 알지 못하고 피상적으로 본다면, 말에서 떨어진 젊은이의 모습을 묘사한 것처럼 보인다. 미켈란젤로의 그림과는 달리, 어디에도 신화적인 면모를 찾아 볼 수 없다. 신준형은 미켈란젤로과 대비되는 카라바조의 특징을 다음과 같이 지적한다.

카라바조가 이루어낸 영혼의 리얼리즘이다. 이 순간에 사울은 번쩍이는 빛을 보았다. 마치 마태오가 소명의 빛, 신성의 빛이 자신을 선택하는 것을 보았듯이, 사울 역시 빛을 보았고 그 빛에 눈이 멀었다. 보통의 화가라면 한 줄기 섬광이 하늘로부터 내려와서 사울을 꿰뚫는 장면으로 그렸으리라. 전 세기의 천재화가 미켈란젤로가 택한 방법도 그러하다. 그러나 명암 대조를 즐겨 사용했던 카라바조의 그림에서는 오히려 강렬한 신의 빛이 발견되지 않는다. 사울이 보았던 빛을 우리는 볼 수가 없는 것이다. 왜 인가? 그것은 이 빛이 자연의 빛이 아니라 영혼의 빛, 사울이 영혼의 눈으로 본 빛이기 때문이다.[304)]

카라바조는 다메섹 체험을 바울의 내면에서 일어난 사건으로 해석하고 있다. 그는 미켈란젤로와는 달리 천상의 신비로운 이미지들을 과감하게 생략한다. 단지 말에서 떨어진 바울의 몸에 깃든, 볼 수 없는 신성한 빛을 간접적으로 암시할 뿐이다. 미켈란젤로가 다메섹 사건을 시각적으로 신화화하고 있다면, 카라바조는 이를 비신화화하고 있다. 이런 점에서 카라바조의 그림을 종교적 리얼리즘이라 부를 수 있다. 바울의 텍스트를 비신화화(demytholoyization)의 전망에서 실존적으로 해석한 독일의 신약학자 불트만처럼, 카라바조도 바울의 다메섹 사건을 바울 개인의 실

---

304) 신준형, 『천상의 미술과 지상의 투쟁』(서울: 사회평론, 2007), 243. 김상근도 유사하게 카라바조의 〈바울의 회심〉을 다음과 같이 평가한다. "사울이 바울이 되는 회심의 순간을 그리면서 카라바조는 미켈란젤로를 위시한 많은 르네상스 화가들이 즐겨 묘사했던 우주적 사건이나, 천군천사의 나팔소리가 들리는 가운데 구름 위에서 예수 그리스도가 신비한 자태를 드러내는 요란스러움을 과감히 생략한다. 바울의 회심은 지극히 내면적인 사건이었으며, 어둠을 뚫고 찾아오는 한줄기 빛처럼 평범한 인간에게 찾아온 하나님의 신비로운 은혜임을 카라바조는 〈성 바울의 회심〉을 통해 표현하고 있다. 김상근, 『이중성의 살인미학, 카라바조』(서울: 평단, 2005), 148.

존적 사건으로 형상화한다.

카라바조는 놀라운 재능을 지닌 인물인 동시에, 도덕적으로 문란한 삶을 살았던 인물로 유명하다. 그는 당대의 난봉꾼이었으며, 살인을 저지른 인물로 악명이 높았다. 그는 항상 무기를 소지하고 다녔으며, 대단히 격정이고 폭력적인 인물이었다. 그의 무분별한 삶이 예술가로서의 그의 이력에 큰 오점을 남겼다. 화가 자신도 이러한 격정적인 성격을 스스로 조절할 수 없었던 듯하다. 그의 그림 속에 등장하는 어두움은 그의 내면세계를 상징하며, 그 속에 뿜어져 나오는 빛은 그가 갈망하는 구원의 세계를 반영한다. 이러한 빛/어둠의 이중성은 그의 그림의 주된 모티프로 작용한다. 카라바조는 자신의 화폭에 등장하는 인물들의 심리를 빛과 어두움이라는 명암대조를 통해 탁월하게 포착한다. 테네브리즘(tenebrism)이라 지칭되는 이러한 명암 기법은 훗날 렘브란트에게 큰 영향을 미친다.

〈바울의 회심〉은 살인 사건에 연유되어 예술가로서 자신의 이력에 흠집을 내고 만 것을, 말에서 떨어진 바울의 이야기에 비유하고 있다. 카라바조는 자신의 몰락을 율법교사로 승승장구하던 바울이 다메섹에서 예수를 만나 말에서 떨어진 이야기와 오버랩 시키고 있다. 이로써 카라바조는 바울의 사건을 자신의 실존적 사건으로 재맥락 하고 있다. 이제 바울의 다메섹 회심사건은 과거에 일어난 사건인 동시에, 우리 모두의 삶 속에서 재현될 수 있는 실존적 사건이 될 수 있는 것이다.

카라바조에게 나타나는 명암대조 기법을 발전시킨 인물은, 렘브란트

(Rembrandt, 1606-1669)였다.[305] 특히 테네브리즘 기법을 통해 바울의 내면 풍경을 탁월하게 포착한 화가가 바로 렘브란트였다. 개신교도였던 렘브란트는 카톨릭의 화가들과는 다르게 바울을 묘사한다. 이제 바울은 공동체의 '성인'에서 신 앞에 고뇌하는 '개인'으로 묘사된다. 렘브란트의, 〈옥중의 바울, 1627〉은 이러한 개인의 내면적인 신앙의 풍경을 고스란히 보여주는 대표작이다. 아래 그림은 옥중에 있는 바울을 그린 것이다. 편지를 쓰던 늙은 바울이 무언가 깊은 생각에 잠겨있다. 낡은 침대 위에는 필사본 성경책이 쌓여 있고, 그 옆에 비스듬히 커다란 칼이 놓여있다. 칼은 바울의 순교를 암시한다. 바울의 뒷면 벽에는 창에서 스며들어 온 빛이 어른거린다. 빛은 아마도 하나님의 임재를 상징할 것이다.[306] 감옥이라는 고난의 현장 속에서도 하나님이 함께 한다는 뜻일 것이다. 그러나 이 그림의 전체적인 분위기는 위대한 성인으로서 바울을 강조하기 보다는, 한 개인의 내면풍경을 담담히 그려낸다. 렘브란트가 바울을 깊은 생각에 잠겨있는 인물로 묘사하는 것은 그의 내면에 대한 관심을 반영한다. 바울이 자신의 오른손을 턱에 괴고 있는 장면을 통해 렘브란트는 바울의 영혼의 상태를 형상화한다.

렘브란트는 바울의 외적 모습 보다, 내면의 풍경을 표현하고 싶어한다. 바울은 고린도 교회에 보내는 두 번째 편지에서 다음과 같이 말한다.

---

305) 렘브란트가 그린 그림의 신학적 의미에 대해서는 김학철, 『렘브란트, 성서를 그리다』 (서울: 대한기독교서회, 2010)을 참조하라.

306) 렘브란트의 그림에 나타나는 빛의 의미에 대해서는 발터 니그/ 윤선아 옮김, 『렘브란트, 영원의 화가』(왜관: 분도출판사, 2008), 57-59를 참조하라.

"우리의 겉 사람은 낡아지나 우리의 속사람은 날로 새로워지도다"(고후 4:16). 렘브란트의 그림에 나타난 바울의 노년상은 내면의 승리를 이야기한다. 바울의 주름진 얼굴 위로 비추는 하나님의 빛은, 그가 이미 삶의 저편에 서 있음을 보여준다.

렘브란트는 바울의 초상에 자신의 얼굴을 그려 넣은 것으로 유명하다. 그 뿐만 아니라, 렘브란트는 복음서의 예수 이야기를 그린 여러 편의 그림 속에서도 자신의 얼굴을 그려 넣었다. 왜 그랬을까? 바울의 인생역정과 자신의 삶을 오버랩 시키고 싶었던 것일까? 르네상스 이후 서양회화의 전통 속에서, 자화상은 화가 자신이 그리고 있는 신성한 사건 속에 목격자로서 참여한다는 종교적 의미를 지니고 있었다. 따라서 렘브란트가 바울의 얼굴에 자신의 자화상을 투영하고 있는 것은, 바울의 사건 속에 목격자로 참여함을 의미한다.

카라바조나 렘브란트 모두 바울의 사건을 신화적으로 대상화하지 않았다. 오히려 근대적인 자의식 속에서 바울과 그가 경험한 사건의 의미를 실존적으로 재맥락화 하였다. 이제 바울은 근대인의 얼굴을 하고 우리 앞에 등장한다.

바울에 관한 상징물과 신학

르네상스 시대에 등장하는 바울의 초상화에는 중세 회화에서는 보지 못한 물건이 하나 등장한다. 바로 칼(sword)이다. 다음 아래 그림은 각각 마사치오(Masaccio, 1401–1428)와 엘 그레코(El Greco, 1541–1614)가 그

린 바울의 초상이다.[307] 아래의 두 그림 모두 오른손에 큰 칼을 들고 있는 바울의 모습을 그리고 있다. 왜 이들은 칼을 든 바울의 모습을 그리고 있는 것일까? 평화와 사랑의 사도에게 칼이라니, 도대체 무슨 사연이 있는 것일까?

서양회화에서는 등장인물을 암시하는 상징물들이 곧잘 등장한다. 예를 들어, 사랑의 신 큐피트는 활과 화살을 들고 등장한다. 바다의 신, 포세이돈은 삼지창과 말이 함께 그려진다. 이처럼 등장인물의 캐릭터를 결정하는 상징물을, 서양회화에서는 어트리뷰트(attribute)라고 한다. 다시 말해 어트리뷰트란, 그림에 등장하는 기독교 성인들의 정체를 암시하기 위한 상징물이라 할 수 있다. 대개 성인들의 생애와 그의 순교와 관련된 물건들이 그려진다.[308] 예를 들어, 베드로는 예수가 맡긴 천국의 열쇠를, 바울은 편지의 상징인 두루마리와 순교의 상징인 칼을 들고 있다. 바울의 어트리뷰트로 칼이 설정된 것은 그의 순교와 관련이 있다. 바울은 로마의 시민권자이기 때문에 십자가 처형을 면했다. 그 대신 바울은 단칼에 목이 베어지는 참수를 당했다고 알려져 왔다. 이에 반해 갈릴리 어부 출신이었던 베드로는 십자가 처형으로 순교를 했다고 전해진다. 13세기에 기록된 〈황금전설〉에 따르면 바울을 참수하자, "그의 목이 땅에서 한 줄기 우유빛 액체가 흘러나와 군인의 옷을 적셨고 그 다음에 피가 솟아 나왔다"고 한다.[309] 이처럼 참수형을 당한 바울의 순교 장면은 그의 회심

307) 왼쪽 그림의 제작 연대는 1426년, 오른쪽 그림의 제작 연대는 1612년으로 알려져 있다.
308) 조이한, 진중권, 『천천히 그림읽기』 (서울: 웅진닷컴, 2004), 70.
309) 보라기네의 야코부스, *앞의 책*, 561-62를 참조하라.

장면과 더불어 중세와 르네상스 성화에서 인기 있는 소재였다.

어트리뷰트의 등장과 더불어 르네상스 시대에 나타난 특징 중 하나는, 바울의 신학을 알레고리적으로 표현하기 시작한 점이다. 그 대표적인 인물이 루터의 종교개혁을 지지한 루카스 크라나흐(Lucas Cranach the Elder, 1472-1553)라 할 수 있다. 그의 작품, 〈율법과 복음, *Gesetz und Gnade*, 1529〉은 칭의론에 근거한 루터의 신학을 알레고리적으로 형상화하고 있다. 아래 그림을 살펴보면, 그는 율법(구약)과 복음(신약)의 세계를 대칭적으로 도해하고 있는 것을 볼 수 있다. 이 그림에 등장하는 소재들은 율법으로 인해 인간 세상에 들어온 죽음과 복음을 통한 세상의 구원을 명확하게 보여준다. 이 그림의 정중앙에 있는 나무를 중심으로 구약(율법)과 신약(복음)의 세계가 명확하게 나눠진다. 나무의 왼쪽 가지에는 이파리가 하나도 남아 있지 않는데 반해, 오른쪽 이파리는 풍성하게 달려 있

다. 이는 모세의 율법에 따른 죄에 대한 심판과 생명이 없는 구약의 세계와 그리스도로 말미암아 생명이 넘치는 신약의 세계를 상징한다. 왼쪽에는 선악과를 따먹는 아담과 하와의 모습이 보인다. 이들이 지은 죄로 말미암아 인류에게 죄가 발생했다는 의미이다. 그리고 그 대가는 죽음이었다. 그림 왼편으로 죽음과 죄를 상징하는 해골과 사탄이 인간의 뒤를 쫓고 있다. 또한 나무 아래에서 돌판에 새긴 십계명을 들고 있는 모세가 보인다. 반면에, 오른쪽은 신약 즉, 복음의 세계를 형상화하고 있는데, 인간에게 십자가에 못 박힌 예수를 가리키는 인물은 세례요한이다. 십자가 위에 붉은 망토를 걸친 부활한 그리스도가 등장한다. 이 작품은 종교개혁의 사상을 명확하게 보여 준다. 즉 구원을 얻는 길은 율법 준수가 아니라, 그리스도의 대속의 죽음을 믿는 믿음으로 이르게 된다는 주장이다. 크라나흐은 다양한 성서의 상징과 알레고리를 동원하여 루터의 신학적 주장을 시각적으로 표현하고 있다. 한마디로 말해, 종교개혁의 아젠다를 선전하는 일종의 종교개혁 포스터라 할 수 있다.

이 그림을 그린 크라나흐는 루터와 친분이 깊은 인물이었다. 그는 루터의 독일어 성서 편찬 작업에 참여하기도 했고, 심지어는 루터의 초상화를 여러 차례 그리기도 하였다. 다음 그림은 그가 그린 루터의 초상화들이다. 크라나흐는 루터의 사상을 형상화한 가장 대표적인 인물로 평가받는다.[310] 크라나흐는 종교개혁의 신학적 내용을 형상화한 그림을 통해

310) 크라나흐와 루터의 연관성에 대해서는 Bonnie Noble, *Lucas Cranach the Elder: Art and Devotion of the German Reformation* (Lanham: University Press of America, 2009), 34를 참조하라.

카톨릭의 교리를 공박하고, 루터의 사상을 선전하는데 중요한 기여를 했던 인물이었다. 그는 심지어 카톨릭의 성인들과 상응하는 인물로, 루터를 프로테스탄트의 성인으로 부각시키고자 했다. 그가 그린 루터에 관한 일련의 초상화들이 이를 대변한다고 볼 수 있다.[311)]

한편 스페인 궁정에서 활동했던 엘 그레코(El Greco, 1541–1614)의 〈오르가백작의 매장〉에는 反종교개혁의 이데올로기가 반영되어 있다. 가령, 엘 그레코의 〈오르가 백작의 매장〉은 12세기 카톨릭 교회의 유명한 후원자 오르가 백작의 시신을 스테반과 어거스틴과 같은 성인들이 매장하는 장면을 스펙타클하게 묘사한다. 전설에 따르면, 오르가 백작이 숨을 거두자, 하늘에서 황금 옷을 입은 두 성인이 내려와 그의 시신을 정성

311) 왼쪽으로부터 크라나흐가 그린 루터 초상의 제작연대는 각각 1528년, 1543년, 1523년으로 알려져 있다.

스럽게 매장해 주었다고 한다. 그림 속에서 두 사람이 갑옷을 입고 있는 그의 시신을 들어 올리고 있는데, 왼쪽의 인물이 바로 순교자 스데반이고, 오른쪽 인물이 히포의 주교였던 어거스틴이다. 구름 위쪽은 천상을 나타내는데, 예수가 정중앙에 앉아 죽은자를 심판하고 있다. 예수 발아래 앉아 있는 인물들은 어머니 마리아와 세례요한이다. 이들은 천사가 인도한 오르가 백작의 영혼을 예수에게 탄원하고 있다. 이 그림을 통해 엘 그레코가 의도하는 바는 명확하다. 즉 오르가 백작과 같은 교회의 후원자들은 스테판과 어거스틴과 같은 성인들의 통공(通功, intercession)으로 천국에 들어가게 된다는 것이다. 이는 면죄부의 이데올로기와 동일한

논리를 담고 있다. 이 그림은 종교개혁의 주장, 즉 선행이나 후원이 아니라 믿음으로 의롭게 된다는 루터의 칭의론에 대한 당대 카톨릭의 반대 입장을 보여준다. 따라서 〈오르가 백작의 매장〉은 16세기 후반에 등장한 스페인의 반종교개혁을 시각화한 작품으로 평가될 수 있다. 앞서 살펴본 크라나흐의 작품과는 대조적인 사상을 보여주고 있다. 다시 말해 엘 그레코는 카톨릭의 공로신학을 반영한다면, 크라나흐는 프로테스탄트의 칭의 신학을 드러낸다고 볼 수 있다.

바울과 아담의 해골

바울의 신학을 엿볼 수 있는 작품들을 생산한 화가들은, 종교개혁을 지지하는 크라나흐와 같은 화가들만으로 한정되지 않는다. 카톨릭에 속한 르네상스 화가들의 작품 속에서도 빈번하게 바울신학의 그림자를 발견할 수 있다. 예를 들어, 아래 두 그림은 예수의 십자가 처형을 소재로 이탈리아의 화가 프라 안젤리코(Fra Angelico, 1390−1455)가 그린 그림들이다.

왼쪽의 그림은 1450년경에 그린, 〈예수가 어머니 마리아를 요한에게 부탁하다〉란 작품이고, 오른쪽 그림은 비슷한 시기에 그린 〈십자가, 1441-2〉란 그림이다. 각각 십자가 위에서 예수의 마지막 순간을 형상화한 것들이다. 프라 안젤리코의 상단 왼쪽 그림은 요한복음 19장 26-27절에 기록된 일화를 소재로 한 것이다. 이에 반해 오른쪽 그림은 누가복음 23장 32-43절에 등장하는 예수와 더불어 십자가 처형을 당했던 두 강도의 이야기를 소재로 하고 있다. 그런데 두 그림에는 공통적으로 등장하는 소품이 하나 발견된다. 바로 십자가 밑에 그려져 있는 해골이다. 널리 알려진 대로 해골은 서양회화에서 죽음을 상징한다. 라틴어, 메멘토 모리(*memento mori*), 즉 '죽음을 기억하라'는 서양의 격언과 연관이 있다. 또한 예수의 십자가 밑에 등장하는 해골은 아담의 해골을 상징한다. 왜냐하면 아담이 에덴동산에서 선악과를 따먹고 인류에게 죽음을 가져왔기 때문이다. 그러나 예수의 십자가는 아담의 죄로부터 인류를 구원한다고 바울은 로마서 5장 12절 이하에서 밝히고 있다.

> 이러므로 한 사람으로 말미암아 죄가 세상에 들어오고 죄로 말미암아 사망이 왔으니 이와 같이 모든 사람이 죄를 지었으므로 사망이 모든 사람에게 이르렀느니라… 그러나 아담으로부터 모세까지 아담의 범죄와 같은 죄를 짓지 아니한 자들 위에도 사망이 왕노릇하였나니 아담은 오실 자의 표상이라 (롬 5:12, 14절).

바울은 아담과 예수를 유형론적으로 대조시킴으로써 예수는 생명을, 아담은 죽음을 가져 온 존재로 묘사한다. 프라 안젤리코의 그림에서 예수의 십자가에서 흘러내린 붉은 피가 아담의 해골을 적시고 있다. 이는 아담의 범죄로 가져온 죽음을 예수의 대속적 죽음을 통해 생명으로 전환시키는 것을 상징한다. 따라서 이들 그림은 바울이 로마서 5장에서 역설한 아담 기독론(Adam Christology)을 형상화한 작품이라 할 수 있다.

한편 16세기 루터의 종교개혁 이후 개신교 주류세력들은 율법과 복음을 대조적인 것으로 생각해 왔다. 그러나 바울이 생각한 율법과 복음의 관계는, 루터의 생각과는 달리 대조적인 것이 아니라, 연속성을 지닌 것이라는 주장이 바울에 관한 새로운 전망(new perspectives on Paul)이라는 이름으로 진행되고 있다.[312] 바울이 율법 자체를 공격한 것이 아니라, 당대 유대인들의 편협한 율법이해를 공박했을 뿐이라는 것이다. 대표적으로 던(James Dunn)과 톰 라이트(Tom Wright)가 이런 입장을 취한다. 그들에 따르면 율법에 관한 바울의 부정적인 언사는 율법자체에 대한 공박이기 보다는, 율법을 배제와 차별의 논리로 사용하던 보수적 유대 크리스천들에 대한 비판이라는 것이다. 따라서 던과 라이트는 율법과 복음

312) J. D. G. Dunn, "The New Perspectives on Paul," *Bulletin of the John Rylands University Library of Manchester* 65 (1983); 95-122를 참조하라. 새로운 전망에 관한 다양한 주장들에 대해서는 제임스 던/ 최현만 옮김, 『바울에 관한 새 관점』(서울: 에클레시아북스, 2012); Kent L. Yinger, *The New Perspective on Paul* (Eugene: Cascade Books, 2011)을 참조하라.

은 불연속적인 것이 아니라, 연속성을 지닌다고 주장한다.

그런데 율법과 복음의 연속성을 알레고리적으로 형상화하고 있는 중세의 조각 작품이 있어 매우 흥미롭다. 율법과 복음의 관계를 대립적으로 표현한 16세기의 크라나흐와는 달리, 이 둘의 관계를 상호보완적으로 보고 있는 12세기의 조각 작품이 존재한다. 아래 조각은 프랑스, 베즐레(Vezelay)의 마들렌느 성당 주두에서 발견된 것인데, 율법과 복음의 연속성을 상징적으로 보여준다. 두 인물이 탈곡기를 다루고 있다. 위에서 탈곡기에 밀 이삭을 넣고 있는 인물이 바로 모세이고, 탈곡된 밀알을 자루에 받고 있는 인물이 바울이다. 구원사에 있어서 모세와 바울의 협업을 묘사하고 있다. 생드니의 쉬제는 이 작품에 대한 자신의 해석을 다음과 같이 적고 있다.

> 바울, 당신께서는 곡물을 빻아서 껍데기를 빼고 곡물가루만 가려내십니다. 모세율법의 알맹이를 당신께서는 우리에게 알려주십니다. 저 모든 곡물들에서 껍데기가 섞이지는 않은 참된 빵이 나오고, 그래서 우리와 천사의 영원한 양식이 됩니다.[313]

이 조각은 모세와 바울로 상징되는 율법과 복음의 연속성을 형상화한 것이라고 할 수 있다. 바울은 로마서 10장 4절에서 "그리스도의 율법의 텔로스(*tēlos*)"라고 주장한다. 오랫동안, 율법과 그리스도를 대조적으로 생각해 온 루터의 영향으로, 텔로스는 '마침(end)'으로 번역되어 왔다. 그

---

313) 야곱 타이베스/조효원 옮김, 「바울의 정치신학」, (서울: 그린비, 2012), 96에서 재인용.

러나 최근의 연구들은 '성취(fulfillment)'라고 번역할 수도 있다고 주장한다.[314] 즉 그리스도는 율법이 지향했던 목표를 완성했다는 것이다. 바울은 로마서 7장에서 율법의 가치를 긍정한다. "이로 보건대 율법은 거룩하고 계명도 의로우며 선하도다(12절)… 우리가 율법은 신령한 줄 알거니와(16절)."

마들렌느 성당의 주두에 모세와 바울에 관한 조각은 일종의 알레고리라고 볼 수 있다. 즉 구원사에 있어서 신약과 구약의 연속성을 상징하고 있다. 마들렌느 성당의 조각가는 루터와는 달리, 바울이 율법을 부정했다고 보지 않았다. 모세가 전해준 곡물(율법)을 잘 탈곡하여, 불필요한 껍데기를 벗겨내어 영원한 양식(복음)으로 변모시킨 이가 바로 바울이라는 것이다. 이로써 조각가는 현대 신약학이 어렵게 도달한 결론을, 이미 800년 전에 신앙의 직관으로 형상화하고 있는 것이다. 이처럼 예술은 신학언어가 미처 포착하지 못한 구원의 신비를 예민하게 이미지화할 수 있는 힘을 지니고 있다.

그 시대의 바울

서양회화에 나타난 바울에 관한 이미지와 그림들은, 신학언어로 미처 표현하지 못한 것들을 포착한다. 본다는 것은 언어보다 선행한다. 하나

314) R. Badenas, *Christ the End of the Law* (Sheffield: JSOT Press, 1985), 117–118을 참조하라. 정승우, 『로마서의 예수와 바울』 (서울: 이레서원, 2008), 129–157을 참조하라.

님의 신성한 이미지를 시각화하는데 거부감을 느꼈던 유대교의 습속을 넘어, 3세기부터 기독교는 자신들의 성인들을 시각화하기 시작한다. 이를 통해 신자들의 신앙을 독려하고자 했던 곳이다. 로마의 국교가 된 기독교는 이제 적극적으로 성인들의 도상을 활용하여 카톨릭의 교리를 시각화한다. 이를 통해 대다수가 문맹이었던 신자들은 기독교의 세계관을 내면화하기 시작한다.

중세에 등장한 바울의 도상들은 전형적이다. 외경문서 〈바울과 테클라 행전〉이 기록하고 있는 바울의 인상착의에 근거하여, 그를 대머리와 매부리코로 묘사한다. 또한 특기할 만한 것은 성인들의 순교에 관한 다양한 민간전승들이 수집되고 유포되면서 바울의 도상에 변화가 생기기 시작한다. 예를 들어, 보라기네의 야코부스(Jacobus de Voragine)가 기록한 〈황금전설〉은 신약성서에는 없는 바울의 최후를 상세하게 기록하고 있는데, 바울의 참수장면을 인상적으로 묘사한다. 순교자 바울을 영웅으로 기억하고 싶은 서양인들은 바울의 도상에 그의 순교를 상징하는 칼을 그려 넣기 시작한다. 르네상스를 거치면서 바울의 얼굴에는 인간의 표정이 등장하기 시작한다. 중세의 성화에 등장하지 않았던 다채로운 감정들이 바울의 초상에 그려지기 시작한다. 대표적인 인물은 뒤러였다. 〈4명의 사도〉에서 그는 바울의 천재성을 강조하기 위해 그의 얼굴을 멜랑콜리하게 묘사했다. 그리고 종교개혁의 정당성을 상징하기 위해, 상대적으로 베드로보다는 바울을 크게 그렸다.

16세기 종교개혁의 영향은 크라나흐의 그림에서도 발견된다. 그는 뒤러보다 노골적으로 종교개혁의 프로파간다를 자신의 화폭에 표현했다.

이제 루터는 바울의 뒤를 이어 프로테스탄트 성인의 반열에 오른다. 그리스도의 충실한 계승자로, 루터는 바울의 대변자가 되었다. 한편 바울의 회심 이야기는 르네상스의 수많은 화가들의 상상력을 자극하였는데, 이중 미켈란젤로와 카라바조의 그림이 대표적이다. 재미있는 것은 동일한 소재도 화가의 신학적 세계관에 따라 매우 다르게 표현된다는 점이다. 미켈란젤로는 사도행전에 기록된 바울의 다메섹 사건에 착안하여 이분법적인 카톨릭의 구원관을 신화적으로 표현하고 있다. 이에 반해 카라바조는 다메섹 사건을 바울의 내면에서 일어난 실존적 사건으로 묘사한다. 카라바조의 기법에 영향을 받은 렘브란트 역시 바울의 외모보다는 내면의 풍경 즉, 바울의 자아를 표현한다. 이처럼 바울의 도상을 통해 각 시대는, 그 시대의 세계관을 담보한다. 화가들은 자신의 예술의지만이 아니라 자신의 몸담고 있는 시대의 변화를 민감하게 형상화한다. 바울과 그의 사상은 화가들의 신학적 전망에 따라 다채롭게 재해석된다. 그리고 그들의 탁월한 상상력으로 바울의 신학이 시각 텍스트로 재현된다.

서양회화에 나타난 바울의 도상과 신학을 살펴보는 것은 종교 교육에 있어, 매우 중요한 시사점들을 제공할 수 있다. 언어보다 더 보편성을 지닌 그림을 통해 신학적 상징과 알레고리가 어떻게 형상화되는가를 배움으로써 학생들의 메마른 상상력을 확장시킬 수 있다. 또한 위대한 화가들이 자신의 작품을 통해 바울신학을 어떻게 자신의 시대에 재현하려고 했는가를 살필 수 있다. 이를 통해 바울의 신학적 화두가 어떻게 우리 시대의 문제와 유비적으로 결합될 수 있는지를 성찰할 수 있을 것이다.

11장

바울신학의 전망에서 바라본 <레미제라블>

2012년에 개봉된 빅토르 위고의 원작, 〈레 미제라블〉은 한국의 정치적 상황과 맞불려 엄청난 사회적 반향을 일으켰다. 우리 사회가 〈레 미제라블〉을 소비하는 방식은 무척 다양하였다. 대선의 결과에 낙망한 진보진영에서는 이 작품의 사회, 정치적 메시지에 주목하였고, 보수적 기독교계에서는 성서적 구원의 서사에만 반응하였다. 그러나 어느 누구의 해석이 절대적이라고 말할 수는 없을 것이다. 어떤 영화든 감독의 손을 떠난 그 순간부터 작품의 의미는 관람객의 몫이기 때문이다. 중요한 것은 그 해석이 얼마만큼 대중들의 공감을 받고 개연성을 인정받는가에 달려있다. 성서와 영화는 모든 시대에 모든 사람에게 열려진 텍스트이기 때문이다. 자신만의 해석만이 절대적이라고 강변하던 시대는 지나갔다. 움베르토 에코의 『장미의 이름』이란 소설은 중세의 종교권력이 보여준 진리에 관한 독선적 주장이 얼마나 폭력적일 수 있는가를 보여준다. 중요한 것은 그 시대의 정신과 보편적 상식에서 얼마나 일리(一理) 있는 해석을 담아내는가에 있다.

이번 장에서는 지극히 상업적이고 대중적인 매체인 영화가 어떻게 인류의 고전인 성서와 회통(會通) 할 수 있는가를 살펴본다. 이를 위해 〈레 미제라블〉의 서사와 인물, 그리고 주제의식을 바울의 신학사상과 유비적으로 연결시키고자 한다. 얼마 전에 작고한 미국의 신약학자, 로버트 쥬웻(Robert Jewett)은 자신의 책, 『영화로 돌아온 사도 바울』(*St. Paul Returns to the Movies*)에서 신학자들이 바울신학에서 미처 깨닫지 못한 부분들을 현대의 영화들이 훨씬 깊게 접근할 수 있다고 지적한다. 영화는 시각과 청각적 방법을 통해 문자 텍스트가 미처 전달하지 못한 내용을 입체적으로 대중들에게 손쉽게 표현하고 전달할 수 있다. 이미 중세의 성당들은 스테인드 글라스와 그레고리안 성가를 통해 문자매체에서 소외된 대중들에게 성서의 메시지를 효율적으로 전달했다.

〈레 미제라블〉에 나타나는 주제와 내용은 바울서신에 등장하는 메시지와 매우 유사하다. 용서와 회개, 은총과 자기희생이라는 주제들은 바울신학의 중심적 테마들이다. 특별히 주인공 장발장과 그의 숙적, 자베르의 세계관에 나타나는 은총과 법치라는 주제는 바울의 중요한 화두 중에 하나였다. 바울은 율법과 복음의 상관성에 대해서 평생을 고뇌했다. 그는 다메섹 도상에서 얻은 깨달음을 율법과 조화시키고자 노력했다. 가령 로마서 10장 4절의 "그리스도의 율법의 마침이다"라는 바울의 언사는 이러한 고뇌의 단면을 보여준다.

한편 평생 바울을 공격했던 사람들은, 자베르처럼 엄격한 율법준수를 주장했던 자들이었다. 갈라디아 교회에 보낸 편지에서 바울은 이들을 '거짓형제'라고 부르며, 그들의 주장을 치열하게 공박한다. 이들은 시리아의 안디옥 교회에 있던 이방 크리스천들에게 모세율법을 집요하게 강요하며 바울의 이방선교를 끊임없이 방해했다. 〈레 미제라블〉에 등장하는 자베르는 바울의 편지에 나타난 유대 율법주의자를 연상케 한다. 그는 엄격한 법의 준수를 통해 기성체제가 유지될 수 있다고 생각했고, 도덕은 법의 집행을 통해서만 지켜질 수 있다고 믿었다. 그러나 바울은 인간의 구원은 율법이 아니라, 하나님의 은총에 거할 때 가능하다고 생각했다. 이러한 바울의 생각은 〈레 미제라블〉에서 미리엘 주교와 장발장의 모습을 통해 형상화된다.

이번 장에서는 먼저 영화 〈레 미제라블〉에 나타난 장발장과 자베르의 삶을 바울이 말한 율법과 복음(은총)의 관점에서 살펴볼 것이다. 그리고 〈레 미제라블〉을 통해서 바울 사상이 지닌 현재적 의미를 성찰할 것이다. 이를 위해 바울의 텍스트를 통해 영화를 살펴보고, 그리고 역으로 영화를 통해 바울의 텍스트를 살펴보는 양방향의 대화를 시도할 것이다. 래리 크라이처(Larry Kreitzer)는 성서 텍스트에서 영화로 가는 이해의 과정보다 그 반대 방향 즉 영화에서 성서 텍스트로 나아갈 것을 제안한다.[315] 이렇게 함으로써 영화가 신학에 종속되는 일방적인 입장에서 벗어나서 영화의 관점에서 성서의 의미를 새롭게 확장할 수 있는 계기가 마련될 수 있다. 이 글은 2천년 전에 쓰여진 바울의 텍스트와 현대의 영화 〈레 미제라블〉을 동등한 위치에서 대화시킴으로써, 양자가 지닌 의미의 스펙트럼을 확장시키는 계기를 마련하고자 한다. 이를 위해 영화가 지닌

---

315) Larry J. Kreitzer, *The New Testament in Fiction and Film* (Sheffield: Sheffield Academic Press, 1993), 18-19.

다양한 기능과 함께 초월적 기능을 살펴볼 것이다. 그리고 2천년 전에 쓰여진 바울의 텍스트가 어떻게 현대의 영화 텍스트와 대화하고 소통할 수 있는지를 알아본다. 마지막으로 바울의 신학과 〈레 미제라블〉의 주제가 어떻게 상통할 수 있는지를 아렌트와 레비나스의 전망에서 살펴볼 것이다.

영화를 통한 초월의 경험

영화는 단순한 엔터테인먼트의 기능을 넘어 다양한 사회적, 심리적 기능을 지닌다. 관객들은 영화를 통해 자신의 일상 속에서 체험하지 못한 다른 세상을 엿보게 된다. 영화를 통해 가보지 못한 나라나 문화를 간접적으로 체험할 수 있다. 우리는 손쉽게 할리우드 영화와 미드를 통해 미국 사회의 대중문화와 역사를 접하게 된다. 이때 영화는 일종의 창문의 역할을 한다(film as a window). 다시 말해 관객들은 영화라는 창문을 통해 가보지 못한 새로운 시공간을 엿볼 수 있다.

한편 관객들은 영화 속에 등장하는 인물들에 자신의 심리를 투사하며 공감한다. 영화는 강력한 정서적 매체로서 관객들의 감정과 정서에 큰 영향을 미친다. 일찍이 그리스의 철학자 아리스토텔레스는 《시학》(詩學, *Περὶ ποιητικῆς*)에서 그리스 비극의 기능으로 카타르시스(Catharsis)를 언급하고 있다. 카타르시스란 일종의 억눌린 감정의 배설을 의미한다. 관객들은 주인공의 숭고하고 비극적 운명에 공감하며, 함께 울고 웃으며 억눌린 자신의 감정을 해소하게 된다. 이는 영화가 지닌 심리적 기능이라 할 수 있다. 관객들은 주인공의 이야기에 감정을 이입하며, 대리만족을 통해 카타르시스를 느낀다. 즉 자신의 감정을 주인공에게 투사하는 것이다. 이런 점에서 영화는 관객들의 심리를 비추어 주는 거울의 기능을 한다고 볼 수 있다(film as a mirror). 또한 영화는 그 시대의 집단적 욕망을 의식적으로 또는 무의식적으로 반영한다. 가령, 〈기생충〉은 한국 사회가 지닌 집단적 욕망의 단면을 보여주는 영화라 할 수 있다. 이 영화는 한국 사회의 소외계층들의 욕망과 그들 사이에 존재하는 소외와 갈등을 중층적으로 보여주고 있다.

그러나 영화는 현실뿐만 아니라, 우리가 가보지 못한 과거나 미래사회의 모습을 재현해 준다. 〈터미네이터〉와 〈승리호〉와 같은 SF 영화들은 미래사회가 봉착할 수 있는 문제들은 제시해 준다. 인공지능과 기후변화가 지닌 문제들이 미래사회를 어떻게 변화시킬 수 있는지를 비판적으로 보여준다. 이때 영화는 미래사회를 보여주는 망원경의 역할을 해 준다(film as a telescope). 영화를 통해 관객들은 미래사회가 봉착한 다양한 문제들을 내다 볼 수 있게 되는 것이다.

그렇다면 영화는 어떤 종교적, 신학적 기능을 할 수 있을까? 첫째 영화는 초월을 매개하는 비유적 기능을 지닌다(film as a parables).[316] 다시 말해 언어로 표현될 수 없는 신적 실재와 궁극적 가치를 영화가 상징적으로 보여줄 수 있다는 것이다. 사실 영화는 대단히 세속적인 매체이다. 영화산업이라는 말은 영화가 지닌 자본주의적 속성을 보여준다. 그러나

316) 비유로서 영화가 지닌 의미에 대해서는, 데이비드 존 그레이엄, “신학에서 영화 사용하기”. 클라이브 마쉬, 『영화관에서 만나는 기독교 영성』 (서울: 살림, 2007), 85-88을 참조하라.

영화는 때때로 종교적 경험이나 신학적 성찰을 촉발하는 매개로 작용할 수 있다. 종교학자, 루돌프 오트(Rudolf Otto)는 인간은 익숙한 사물이나 사람을 통해 현시되는 성스러움을 경험할 수 있다고 주장했다.[317] 마치 모세가 호렙산의 불타는 떨기나무를 통해 하나님의 현현(hirophany)을 체험했듯이, 베드로와 요한이 갈릴리 목수, 예수에게서 신의 현존을 보았듯이 관객들은 영화를 통해 초월을 경험할 수 있다.

기독교 신학에서 말하는 성육신(incarnation) 사상은, 속된 인간의 육신에 하나님의 성스러운 실재가 임재하였다는 것을 의미한다. 복음서의 예수는 다양한 비유를 통해 하나님 나라라는 궁극적이고 초월적인 가치를 상징적으로 전파한다. 비유의 이야기 속에서 갈릴리 농부들이 일상 속에서 흔하게 만날 수 있는 겨자씨, 포도나무, 누룩 등이 하나님 나라를 암시하는 상징으로 등장한다. 예수는 비유를 통해 청중들의 종교적 상상력을 자극했다. 이런 점에서 비유는 일종의 그림 언어라고 할 수 있다. 영화도 유사한 기능을 할 수 있다. 다시 말해 영화를 통해 관객들은 일상속에서 느끼지 못했던 숭고한 종교적 감정과 신학적 메시지를 체험할 수 있다. 예를 들어, 일본 에도시대의 카톨릭 박해를 다룬 〈침묵〉이나, 넬라 판타지아의 멜로디로 널리 알려진 영화 〈미션〉은 기독교적 주제와 가치를 관객들에게 감동적으로 보여준다. 이런 점에서 영화는 관객들에게 간접적으로 초월의 경험을 제공할 수 있다.

마지막으로 영화는 신성한 시공간을 체험할 수 있는 경험을 제공할 수

---

317) 루돌프 옷토/ 길희성 역, 『성스러움의 의미』 (왜관: 분도출판사, 2009), 39.

있다. 이와 관련하여 스코틀랜드의 셀틱 기독교에서 사용하는 독특한 용어가 있다. 바로 씬 플레이시스(thin places)라는 말이다. 이 말은 하나님과 만나는 시간, 장소, 경험, 사건, 인물 등을 의미한다. 다시 말해 일상 속에서 느끼지 못하는 초월의 감정을 경험할 수 있는 다양한 시공간을 의미한다. 가령, 고대 유대교에서 예루살렘 성전은 하나님을 만나는 공간이었다. 유럽의 오래된 고딕 성당은 천국의 지상적 구현이었다. 중세의 신자들은 화려하고 웅장한 성당에서 천국을 추체험할 수 있었다고 한다. 극장은 관객들에게 잃어버린 종교적 감정을 되찾게 만들 수 있다. 어쩌면 인간의 종교성을 가장 잘 경험 할 수 있는 곳은, 이제 성당이나 교회와 같은 종교적 건물이 아니라 세속적인 영화관일 수 있다.

물론 영화는 조작된 연출과 편집으로 만들어진 상품이라는 사실을 모르는 관객들은 없다. 그러나 영화는 동시에 새로운 세계로 관객들을 인도한다. 관객들은 영화라는 창조된 세계 속에서 일상과는 전혀 다른 시공간을 체험한다. 마치 '나니아의 세계'로 인도하는 벽장 속의 문처럼 관객들은 영화가 창조한 새로운 세계로 입장한다. 관객들은 영화라는 일상을 초월한 시공간 속에서 잃어버린 자신의 종교성을 감지하기도 한다. 이를 잘 보여주는 영화가 있다. 웨인 왕 감독이 만든 〈스모크 smoke〉라는 영화이다. 영화의 배경은 뉴욕의 브루클린 빈민가 담배가게이다. 이곳의 주인, 오기는 취미로 아침마다 가게 앞에서 거리의 풍경을 사진으로 찍는다. 어느 날 단골손님, 폴이 담배를 사러 와서는 계산대 위에 놓여진 낡은 사진기를 발견한다. 그런데 폴이란 인물은 거리에서 벌어진 갱들의 총격전으로 사랑하는 아내를 잃고 실의에 빠진 이류 소설가였다.

문득 오기의 사진에 관심이 생긴 폴은 그의 사진을 보고 싶다고 말한다. 토요일 오후 오기의 낡은 아파트를 방문한 폴은 그가 찍은 낡은 사진들을 보게 된다. 그런데 이게 뭔가! 오기가 찍은 사진은 똑같은 풍경만을 보여주고 있었다. 오기는 매일 가게에 출근한 후, 동일한 시간에 똑같은 거리의 풍경만을 매일 찍었던 것이다. 마치 일기를 쓰듯이. 심드렁한 폴에게 오기는 말한다. "자세히 봐! 조금씩은 다를 거야." 사진을 자세히 들여다보던 폴은 미세한 변화들을 발견한다. 같은 거리풍경을 찍은 사진이지만 계절에 따라 변하는 빛의 밀도, 거리의 풍경, 행인들의 모습과 옷차림이 달라지는 것을 깨닫게 된다. 그런데 갑자기 사진을 보던 폴이 눈물을 흘리기 시작한다. 어느 날 오기가 무심하게 찍은 사진 속에 그 거리를 지나던 폴의 아내가 사진 속에 포착되어 있었던 것이다. 사진 속 이 장면이 바로 폴에게는 죽었던 아내가 현존하는 thin place였던 것이다. 영화는 관객에게 폴과 유사한 경험을 제공할 수 있다. 망각 속에 잠겨있던 추억들이, 경이의 순간들이, 그리고 초월의 감정들이 영화를 통해 되살아날 수 있다. 이 때문에 영화는 관객들을 초월적 시공간으로 데려갈 수 있는 것이다(film as a thin places). 마치 폴의 시선이 사랑하는 아내를 낡은 사진 속에서 포착했듯이, 필자는 〈레 미제라블〉 속에 숨어있는 씬 플레이시스를 바울의 시각으로 포착해 볼 것이다.

성서적 전망에서 영화를 읽는 법

성서는 그리스 신화와 더불어 서양문화 형성에 근원적 역할을 해 왔다. 서양의 박물관과 미술관을 차지하는 수많은 조각과 미술, 고딕 성당의 스테인드 글라스는 성서의 이야기와 인물, 그리고 사상들을 주요한 소재로 삼고 있다. 특별히 스테인드 글라스는 예술적인 목적보다는, 라틴어를 읽을 수 없었던 중세의 대중들에게 시각적으로 성서를 교육하기 위해 제작되었다. 한편 바로크 시대에 작곡된 바하의 〈마태수난곡〉과 헨델의 〈메시야〉는 예수의 수난 이야기를 노래극으로 재현한 것들이다. 이처럼 성서의 스토리는 서양예술의 원천으로 작용하며, 근원적 서사(proto-narrative)로서의 역할을 해왔다. 수많은 예술가들은 성서의 서사와 메세지를 자신들의 시대정신으로 재해석했다. 그리고 다양한 예술형식으로 재구성하고, 다채로운 방식으로 재현을 해왔다.

영화산업에서도 예외는 아니었다. 100여년 전 프랑스의 루미에르 형제가 영사기를 발명한 이후, 성서의 이야기는 영화의 단골 소재가 되어왔다. 특히 무성영화 시대부터 예수의 이야기는 할리우드의 단골 소재가 되어왔다. 예를 들어, D.W. 그린피스가 제작한 〈인톨러런스, Intolerance〉란 영화에는 요한복음 8장에 등장하는 예수와 간음한 여인의 이야기가 등장한다. 이 영화는 인류의 역사 속에서 나타난 비관용적인 사건들을 다루고 있는 무성영화로서 예수와 간음한 여인의 에피소드, 고대의 바빌론 제국의 이야기 등 네 가지 이야기로 구성되어 있다. 그린피스의 작품을 시작으로 할리우드는 복음서에 등장하는 예수의 이야기를 소재로 무수한 영화를 만들어 왔다. 가령, 우리에게 잘 알려진 〈십계 Ten Commendsment〉를 만든 세실 B. 드밀 감독은 예수의 생애를 다룬 〈왕중왕 King of Kings〉을 1927년 발표했다. 이후 할리우드는 성서의 이야기와 인물들을 소재로 한 다양한 작품들을 제작했다. 우리에게 알려진 〈벤허 BenHur〉, 〈그리스도의 수난, The Passion of Christ〉 등과 같은 영화들이 대표적이다. 그러나 이러한 영화들이 성서의 이야기를 단순하게 재현한 것이라고 볼 수 없다. 20세기 중, 후반 미국인들의 정치, 문화, 그리고 신앙적 이데올로기로 재해석한 영화들이라고 할 수 있다.[318] 예를 들어, 1970년대에 발표된 〈지저스 크라이스트 슈퍼스타 Jesus Christ Superstar〉는 앤드류 로이드 웨버의 동명 뮤지컬을 원작으로 한 작품이다. 이 영화는 복음서의 예수 이야기를 단순히 재현한 것이 아니라, 60년대 히피세대의 저항문화의 관점에서 재해석한 작품이다. 예수는 가롯유다와 갈등하며, 사랑과 평화라는 히피의 메시지를 전달한다. 또한 2004년에 개봉한 멜 깁슨의 〈패션 어브 크라이스트〉는 카톨릭의 관점에서 예수의 수난이야기(Passion story)를 재해석한 것이다. 이 영화는 예수의 어머니 마리아의 관점이 중요하게 부각된다. 그리고 카톨릭의 화체설(化體設)의 관점에서 예수의 피와 몸에 과도하게 집중한다.[319] 이처럼 예수에 관한 할리우드 영화들은 당대의 시대정신이 수용되어 양식화된 것이라 할 수 있다.

그렇다면 어떻게 이천년 전에 형성된 성서의 이야기가 현대 영화와 만

318) 할리우드가 제작한 예수 영화에 대해서는, W. 반즈 테이텀/ 승현민 외 4인 옮김, 『예수 영화 100년』(서울: 백림출판사, 2004)를 참조하라.

319) 화체설(transubstantiation)은 로만 카톨릭이(미사중에 행하는) 성찰을 이해하는 방식으로, 포도주와 빵이 예수의 피와 몸으로 변화한다고 믿는다. 이에 대해 종교개혁자, 마틴루터는 공재설(consubstantiation)을 주장했다. 즉 포도주와 빵은 아무런 변화가 없지만, 그리스도의 몸과 피가 신비적이고, 기적적인 방식으로 임재한다고 믿는다.

나서 대화할 수 있을까? 즉 해석학적 문제를 살펴보자. 우선 성서는 현대인과는 다른 역사/사회/문화적 환경 속에서 형성된 고대 문헌이다. 성서에는 현대인들이 쉽게 이해할 수 없는 고대인들의 사고방식이 반영된 이야기들이 포함되어 있다. 우주와 인간, 죄의 기원, 그리고 이스라엘 민족의 형성을 역사적 인과관계로 설명하기 보다는 신화적인(신화를 의미하는 영어의 myth란 말은, 이야기를 뜻하는 그리스어, *mythos*에서 유래했음) 방식으로 기술한다. 따라서 18세기 이후에 형성된 합리주의적 관점으로 성서를 독해하는 것은, 마치 코미디를 다큐멘타리로 이해하려는 일종의 장르 착각을 불러온다. 때문에 쥬윗은 성서라는 고대의 문헌을 우리시대의 영화와 소통시키기 위해서는 일종의 해석학적 아치(interpretive arch)가 필요하다고 말한다.[320] 그에 따르면, 해석학적 아치란, 성서라는 고대의 텍스트와 현대에 만들어진 영화 텍스트 각각의 상황들 사이에 있는 유비들을 찾아내는 것을 의미한다. 즉 아치의 한쪽은 고대인들의 세계관을 반영하고 있는 성서가 있고, 다른 쪽에는 현대인들의 사회문화적 컨텍스트가 반영되어 있는 영화가 자리하고 있다. 이러한 양쪽의 아치를 합류시키면 새로운 이해의 지평이 형성될 수 있을 것이다.

한편 성서학자 체니(Marvin L. Chaney)는 2천년전에 형성된 성서의 메시지를 현대사회에 의미있게 전달하기 위해서는 역동적 유비 해석학(dynamic analogy hemeneutics)이 필요하다고 지적한다.[321] 다시 말해 비록

---

320) Robert Jewett, *Saint Paul Returns to the Movies*(Grand Rapids: William B. Eerdmans Publishing Company, 1999), 4.

321) M. L. Chaney/ 우택주 외 6인역, 『농경사회 시각으로 바라본 성서 이스라엘』(서울:

고대문헌인 성서와 현대의 매체인 영화에는 뚜렷한 차이가 존재하지만, 이 둘 사이에는 인간의 구원과 삶의 의미에 관한 대단히 중요한 일반적인 유사점 또한 상존한다. 성서와 영화 사이의 쌍방향의 대화를 통해 우리는 양자 모두에게 유익한 성찰들을 얻어 낼 수 있다. 〈레 미제라블〉은 바울의 신학사상을 보다 생생하게 느낄 수 있는 다양한 통찰들을 제공할 수 있다. 반대로 바울의 텍스트들은 〈레 미제라블〉에 담겨있는 종교적이고 신학적 메시지를 더욱 풍성하게 느끼길 수 있는 '씬 플레이스'의 역활을 할 수 있을 것이다.

<레미제라블>에 나타난 율법과 복음의 세계

프랑스의 작가, 빅토르 위고가 쓴 〈레 미제라블〉은 여러차례 영화화된바 있다. 이 글이 대상으로 삼고 있는 영화는 2012년 톰 후퍼 감독이 제작한 뮤지컬로, 최상급의 배우들의 뛰어난 연기와, 그리고 장중한 화면으로 큰 화제를 몰고 왔다. 더욱이 우리나라에서는 의도적으로 대통령 선거일인 12월 19일에 개봉되어, 대선 분위기와 맞물려 하나의 문화현상이 되기도 하였다. 이 영화는 19세기 프랑스 혁명을 배경으로 장발장과 그를 집요하게 추적하는 자베르의 이야기를 중심축으로 하고 있다. 이 두 인물을 중심으로 다양한 캐릭터들이 등장한다. 팡틴와 그의 딸 코제트, 그리고 마리우스와 같은 인물들이 장발장의 삶의 역정 속에 다양한

한들출판사, 2007), 286.

플롯으로 얽혀든다. 우리의 논의와 관련하여 흥미로운 지점은 장발장과 자베르의 삶을 추동하는 두 가지 세계관이다. 장발장은 소위 레 미제라블(Les Misérables), 즉 사회적으로 비참한 계층 출신이다. 그는 자신과 같은 '레 미제라블'이었던 팡틴과 코제트를 구원하기 위해 모든 것을 희생한 인물이다. 그는 억울한 19년의 형기를 마치고 죄와 양심 사이에서 번민하다 미리엘 주교와의 만남을 통해 새로운 삶으로 나아간 인물이다. 그는 평생 사랑과 자비, 그리고 자기희생으로 구원에 이른 성자와 같은 인물이다. 장발장은 미리엘 주교와의 만남 이후의 삶을 신의 은총으로 받아들인다.

이에 비해, 자베르는 법과 질서의 수호자로 자신의 신념에 충실한 인물이다. 그는 공화정의 이상을 실현하기 위해서는 엄격한 법의 준수를 통해 국가질서가 유지되어야 한다고 생각한다. 영화 속에서 자베르의 다음과 같은 노래로 자신의 신념을 표현한다. "그래서 그렇게 씌여져 있지, 천국으로 가는 길목에 말이야. 흔들리고 타락하는 사람들은 (법의) 댓가를 치러야만 한다고." 또 자베르는 팡틴을 체포할 때도 자신이 엄정한 법의 집행자임을 자처하며 다음과 같이 노래한다. "정직한 노동과 정당한 보상. 그것만이 주님을 기쁘게 하는 것이지." 그의 가치관에는 법의 냉혹함만이 존재할 뿐, 값없이 베푸는 신의 사랑과 은총은 부재하다. 윤리학자, 문시영은 자베르와 장발장의 대조적인 삶을 율법과 복음의 관계 속에서 다음과 같이 조명한다.

〈레 미제라블〉에서 자베르와 장발장은 '율법과 복음', '죄책감과 은혜'의 조합에서처럼 쫓고 쫓기는 관계이다. 장발장은 자신의 과거를 하나님의 은혜 안에서 청산하고, 사울이 변하여 바울이 된 것처럼 이름까지 바꾸면서 새로운 삶을 시작하여 우여곡절 끝에 자선의 이미지를 가진 시장으로 거듭난다. '믿음' 즉 은혜에 의해 새로워진 삶을 '행위' 즉 윤리적 실천으로 보여주고 있는 셈이다… 하지만 법 중독에 빠진 자베르의 모습은 윤리에 있어서 은혜의 범위를 제한시킨 펠라기우스와 너무도 닮아있다. 윤리의 중요한 근간을 놓치고 있다는 점에서 말이다. 다른 말로 하자면, 법 집행의 엄격성을 강조하는 자베르의 모습과 도덕적 성숙을 강조하는 펠라기우스의 태도는 도덕의 '율법화'를 초래할 위험을 안고 있다. 자베르-펠라기우스의 관점은 베르그송이 말한 닫힌 도덕(closed morality)을 연상케 한다. 베르그송은『도덕과 종교의 두 원천』(*The Two Sources of Morality andReligion*)에서, 닫힌 도덕과 열린 도덕을 구분하고, 의무감, 사회적 책무에 의해 지탱되는 도덕을 닫힌 것이라고 말한다. 그것은 닫힌 영혼의 소산이다. 특히, 닫힌 영혼이 두려움을 근간으로 한다는 점에서, 율법주의자들의 자화상 즉 율법에 함몰되어 정죄적 윤리에 치닫게 되거나 율법을 두려움의 관점에서 풀어내려는 태도를 두고 닫힌 도덕이라는 표현을 사용해도 지나치지 않을 듯싶다. [322)]

문시영이 지적한 대로 자베르는 법 너머의 세상을 상상하지도 이해하지도 못했다. 법은 도덕의 최소한이지, 궁극적 목적이 될 수는 없는 것이다. 때로 법은 사회정의와 이웃사랑을 실천하는데 지극히 무능할 수 있다. 자베르의 모습은 실로 법 지상주의자라고 할만하다. 법에 기초한 징벌과 처벌만이 사회질서를 안전하게 유지할 수 있다는 것이 자베르의 세

---

322) 문시영, "〈레 미제라블〉과 그리스도인의 윤리의식,"『장신논단』vol. 46. No1 (2014. 3), 130-131.

계관이다. 이러한 자베르는 은총에 기댄 자기희생의 삶을 사는 장발장의 행동을 전혀 이해하지 못한다. 죽음의 순간에도 타인을 위해 자기를 희생하는 장발장의 모습은 자베르의 가치관 속에서는 도무지 이해할 수 없는 것이었다. 〈레 미제라블〉은 이러한 대조적인 세계관을 지닌 두 인물을 통해 인간을 구원에 이르게 하는 것이 과연 무엇인지를 우리에게 되묻는다.

2천년 전에 쓰여진 바울의 편지들은 이러한 〈레 미제라블〉의 세계관과 상응할 수 있는 신학적 주제들이 등장한다. 특히 바울의 주요 서신인 갈라디아서와 로마서는 율법과 복음, 즉 심판과 은총이라는 테마들을 다루고 있다. 바울은, 죄를 자각하게 하고 이에 따른 심판과 징벌이라는 준엄한 율법의 세계관으로는 구원에 이르지 못한다고 생각했다. 그는 예수의 죽음과 부활에 나타난 하나님의 은총과 사랑만이 인간을 구원할 수 있다고 믿었다. 갈라디아서 3장 24절에서 바울은, 율법은 우리를 그리스도께 인도하는 초등교사라고 말한다. 즉 율법은 인간에게 죄를 인식하게 하는 상대적 가치만 존재하지, 그 자체로 궁극적 의미를 지닐 수 없다는 것이다. 바울은 율법이 주어진 것은 인간의 범죄 때문이라고 지적한다(갈 3:19). 또한 바울은 로마서 13:10절에서 사랑은 율법의 완성이라고 말한다.

사실 바울은 율법이 지닌 나름의 의미를 긍정한다. 그러나 율법으로는 하나님의 의(義)에 인간은 도달할 수 없다고 생각했다. 이러한 바울의 구원관을 카톨릭의 면죄부 판매에 대항하는 논리로 재해석한 인물이 바로 종교개혁자 마틴 루터라고 할 수 있다. 루터는 갈라디아서 2장과 로마서

3장에 등장하는 소위 칭의론(稱義論, justification by faith) 단락에서 면죄부 판매를 공박할 수 있는 신학적 논리를 발견한다. 즉 구원은 율법의 행함으로 이루어지는 것이 아니라, 예수 그리스도를 믿음으로 가능하다는 것이다. 그리스도를 믿는 것은 구원의 세계로의 진입을 의미하며, 예수의 죽음과 부활에 나타난 하나님의 은총을 주체적으로 받아들이는 것이다. 이러한 신학적 논리 속에서 루터는 카톨릭의 면죄부 판매를 율법의 행위로 간주했다. 루터에게 있어 면죄부를 통한 죄로부터의 구원이라는 당시 로만 카톨릭 당국의 논리는, 바울 시대의 율법주의자의 행태를 연상시켰다. 사실 루터는 바울의 칭의론에 나타나는 율법과 복음의 문제를 자신이 처해있던 당대의 사회, 정치적 문맥에서 재해석하였다. 투쟁의 과정 속에서 율법과 복음의 대조는 애초 바울이 의도한 것보다 더욱 증폭되고 강조되었다.

그러나 바울의 칭의론은, 루터처럼 신 앞에서의 개인적인 올바름만으로만 이해될 수 없다. 그것은 신 앞에서의 모든 이들이 인종, 신분, 성별과 관계없이 평등한 것을 의미한다. 바울이 칭의론을 통해 말하고자 했던 것은 이런 의미일 것이다. 바울은 (율)법이 아니라, 복음을 통해 이러한 정의가 드러났다고 선포한다. 이러한 정의는 인종(유대인/헬라인), 계급(노예/주인), 그리고 성별(여성/남성)을 뛰어넘는 하나님의 선물이며, 모든 인간을 향한 하나님의 환대이다(롬 5:15).

그러나 자베르는 신의 은총보다 법의 실현을 더 중요시했던 인물이다. 법이 정의를 구현하는데 지극히 무능할 수 있다는 사실을 망각했다. 또한 법의 배후에 자리하고 있는 사회적, 정치적 환경을 묻지 않았다. 다시 말해 법이 때로는 사회적 '레 미제라블'을 억압하고 지배한다 할 수 있다는 것을 인정하지 않았다. 역사가들이 지적한대로, 19세기 프랑스 공화정의 법은 사실 왕정을 대체한 부르주아들의 권리와 자본을 옹호하기 위한 것이었지, 당대 프랑스 민중들의 사회적, 법적 권리와는 무관한 것이었다. 사회체제의 모순으로 형성된 굶주림 때문에 빵 한 조각을 훔친 댓가로 19년의 형기를 살아야 했던 장발장의 모습은 법이 얼마나 무자비하며, 민중들의 삶을 철저히 외면하고 있는가를 보여준다. 이처럼 법의 이름으로 자행되는 불평등과 부정의에 대해 자베르는 묻지 않았다.

이러한 자베르의 문제를 한나 아란트의 '생각하지 않는 죄'라는 관점에서 다루어 볼 수 있다. 한나 아렌트는 『예루살렘의 아이히만』에서 법의 집행과 수호보다 더 중요한 것은, 선과 악을 판단하는 윤리적 판단능력이라고 지적한다.[323)] 이를 상실한 것을 그녀는 '생각하지 않는 죄'라고 명명한다. 자신의 행위가 가져오는 윤리적 결과에 대해서 침묵하는 것, 그것을 아렌트는 생각하지 않는 죄라고 말한 것이다. 결국 생각하는 않는 죄 때문에 악의 평범성(banality of evil)이 발생한다. 법과 제도는 공동체의 질서를 위해 존재한다. 그러나 법과 제도의 근원적 목적은 인간을 위한 것이다. 그러나 불의한 권력과 체제는 법과 질서의 이름으로 인간을 압제하고 억압했다. 〈레 미제라블〉은 19세기 초반 프랑스 민중들이 당하고 있던 사회, 정치적 억압의 현실을 생생하게 그리고 있는 역사 드라마이다. 법과 질서로부터 보호받지 못한 '비참한 사람들'의 생생한 모습들

323) 한나 아렌트/ 김선욱 역, 『예루살렘의 아이히만』 (서울: 한길사, 2006), 49, 106.

이 잘 그려져 있다. 자베르는 법의 수호자로 자처하지만, 나치의 법과 명령에 따라 유대인들을 학살한 아이히만과 별다를게 없는 인물이었다.

예수는 자신의 제자들이 안식일법을 위반했다는 비판에 대해서 이렇게 응대했다. "사람이 안식일을 위해 있는 것이 아니라, 안식일이 사람을 위해 존재한다"(막 2:27). 이러한 예수의 답변은 어떤 법과 제도도 인권보다 우위에 있을 수 없다는 사실을 보여준다. 법과 질서도 사람을 위해 존재한다는 것이다. 바울도 마찬가지였다. 그는 로마서 13장 8절에서 "남을 사랑하는 자는 율법을 다 이루었다"라고 말한다. 바울은 법과 질서가 하나님의 의를 실현하는데 얼마나 무력한지를 경험했다. 그는 유대인들이 자랑하는 모세율법이 이방 선교 과정에서 배제와 차별의 장벽으로 작동하는 것을 경험했다. 그리고 로마법도 로마 귀족들을 위해서만 작동한다는 사실을 로마의 차가운 감옥에서 경험했다. 바울은 이러한 경험 속에서 십자가와 부활 속에 드러난 인류를 향한 하나님의 보편적 은총만이 인간을 구원할 수 있다고 깨닫게 된다. 이러한 깨달음을 바울은 소위 칭의론(justification by faith)이란 이름으로 갈라디아와 로마교회에 보내는 편지에서 피력하고 있다. 율법의 행위로 신 앞에 의로워지는 것이 아니라, 신의 은총에 믿음으로 응답함으로써 의롭게 될 수 있다는 것이 칭의론의 핵심이다. 〈레 미제라블〉에서 보여지는 장발장의 삶은 칭의론을 형상화한 것이라고 볼 수 있다.

사실 칭의론은 이방인 크리스천들을 믿음이라는 자기 결단 외에, 아무런 조건과 자격 없이 기독교 공동체에 받아들여진다는 점에서 환대(hospitality)의 윤리와 밀접한 관련이 있다. 왜냐하면 칭의론은 이방인들에게 유대교의 율법과 전통이 요구하는 어떤 것과도 무관하게 하나님의 새로운 언약백성이 될 수 있다는 것을 의미하기 때문이다. 이러한 바울의 환대의 정신은(율)법의 바깥에서 작동하는 하나님의 정의와 깊은 연관이 있다. 〈레 미제라블〉에서 장발장의 회심(conversion)을 가능케 한 미리엘 주교의 자비는 이러한 환대의 정신에 입각한 것이다.

환대를 의미하는 영어의 호스피탈리티(hospitality)는, 라틴어 호스페스(*hospes*)에서 유래했다. 이는 주인과 손님이 식탁을 함께 나눈다는 뜻이다. 그러나 바울 당대의 유대인들은 율법이 정한 규정 때문에 이방인과의 식탁교제(table fellowship)를 엄격하게 금지하였다. 그러나 바울은 율법이 금지한 이방인들과의 식탁교제를 마다하지 않았다. 바울에게 있어서 식탁교제는 차별없는 이웃사랑을 실천하고, 하나님의 정의를 구현하는 중요한 자리였다.

미리엘 주교는 법의 요구와는 상관없이 장발장을 환대했다. 영화 속에서 미리엘은 성직자임에도 불구하고 은촛대를 훔친 장발장을 거짓말로 옹호하며 무조건적으로 환대한다. 영화 속에서 미리엘은 다음과 같이 노래한다.

> 제군들 그를 풀어주세요. 이분이 말하는 것은 사실입니다. 당신들의 의무를 다하신 걸 치하합니다. 하느님이 축복이 당신과 함께 할 겁니다. 하지만 형제여 이것만은 기억하세요. 이것이 높은 뜻이라는 것을 알아주세요.
> 당신은 이 고귀한 은을 정직한 사람이 되는데 쓰세요. 순교자의 증표로 피와 예수의 고난으로 하느님이 당신을 어둠 속에서 구하셨어요. 신을 위해서 당

신의 영혼을 구원했어요

이처럼 미리엘 주교는 범죄자에 대한 법의 요구와는 상관없이 장발장을 무조건 환대하였다. 이러한 미리엘의 급진적 태도는 바울의 모습을 연상시킨다. 바울은 끊임없이 자신의 구성원들에게 환대를 강조한다. 가령, 바울은 로마 교인들에게 "성도들의 쓸 것을 공급하며 손 대접하기를 힘쓰라"고 권고한다(롬 12:13). 바울의 이러한 환대의 정신은 인종, 계급, 성의 차별을 넘어선 그리스도 안에서의 평등성에 기초하고 있다. 갈라디아서 3장 28절에서 바울은 다음과 같이 선언한다. "너희는 유대인이나 헬라인이나 종이나 자주자나 남자나 여자 없이 다 그리스도 예수 안에서 하나이니라." 이러한 바울의 입장은 미리엘 주교와 장발장의 행적과 오버랩된다. 그들은 타자를 법의 이름으로 정죄하지 않았다. 법을 뛰어넘는 무한한 은총의 가능성을 믿었고, 사랑으로 자기를 초월한 인물들이었다.

아우슈비츠에서 생존한 유대인 철학자, 레비나스는 고통받는 타자의 얼굴에서 신의 모습을 발견했다. 타자의 윤리(the ethics of the other)를 강조한 그의 주장을 우리는 장발장의 삶에서 발견하게 된다. 레비나스는 인간의 윤리적 행위 즉, 타자를 위한 무조건적 환대를 통해 신성의 자취가 발견될 수 있다고 믿었다.

타자의 인격은 형이상학적 진리의 장소이며, 하나님과의 관계를 위해 필수불가결한 요소이다. 타자는 어떠한 중재자의 역할을 하지 않는다. 오직 (절대자) 타자(The Other)만이 하나님이 계시되는 곳에서 나타나는 높이의 신적 현

현(the manifestation of the height)이다.[324)]

장발장은 신의 모습을 고통받는 '레 미제라블'의 얼굴에서 발견한다. 그에게 타인의 얼굴이 곧 윤리적 사건이 된다. 타자의 얼굴은 강자가 아닌 낯선 이방인의 모습, 그것도 헐벗고 주린 비참한 얼굴로 나타나는 이방인이다.[325)] 장발장이 구원하려 했던 이들은 법의 보호도, 사회의 지원도, 여타의 기득권도 지니지 못한 존재 즉 '레 미제라블'들이었다. 레비나스가 말한 타자는 장발장에게 팡틴과 코제트의 얼굴로 다가온 것이다. 또한 바울서신에 등장하는 '레 미제라블'들은 (율)법의 보호를 전혀 받지 못한 이방인, 여성, 노예들과 같은 존재들이었다. 바울과 장발장이 불의한 체제 속에서 신음하는 '레 미제라블'들을 무조건 환대했던 것은, 이들의 고통을 십자가의 고난과 동일시했기 때문이다. 바울과 장발장에게 있어 예수의 십자가는 모든 고통받는 사람들을 향한 연대의 상징이요, 공감의 징표였던 것이다.

애초에 예수는 바울에게 낯선 타자로 나타났다. 갈릴리의 목수로서, (율)법을 위반한 부정한 자로, 로마법에 의해 십자가에 처형된 인물로! 그런데 바울은 이 낯선 타자의 고난에서 신의 은총과 정의를 발견한다. 바디우가 바울의 다메섹 체험을 진리 사건이라 말한 연유가 여기에 있

---

324) Emmanuel Levinas, *Totality and infinity: An Essay on Exteriority*, translated by Alphonso Lingis (Pittsburgh: Duquesne University Press, 1969), 78-9. 박원빈, 『레비나스와 기독교』(서울: 북코리아, 2011), 87에서 재인용.

325) 강영안, 『타인의 얼굴, 레바나스의 철학』(서울: 문학과 지성사, 2005), 35-37.

다.[326] 다메섹 사건은 바울을(진리의) 주체로 소환한 사건이었다. 마찬가지로 미리엘 주교와의 만남을 통해 회심한 장발장은 이후 자신의 삶을 신의 은총으로 간주한다. 그는 한 개인의 정체성을 확정하는 인종, 신분, 성별에 더이상 얽매이지 않는다. 김응교는 이러한 장발장의 변화를 다음과 같이 지적한다.

> 장발장의 변화는 사도 바울과도 비교할 수 있다. 알랭 바디우에게 바울이 다마스쿠스에서 예수를 만난 사건은 '진리-사건'이다…사울이 바울로 변하는 사건은, 진리-사건을 통해 주체화 되어 가는 과정을 말한다…악으로 살아왔던 장발장의 변화는 미리엘 신부를 만나고 이후 '나는 누구인가?'를 묻는 장면에서 변화가 생긴다. 그리고 광야와 고원을 헤매던 그는 고감히 가석방 문서를 찢어버린다. 이러한 변화에 배경을 이루는 광야 혹은 고원은 그의 숭엄미를 부각시킨다. 광야란 "우리의 감성을 넘어서는 어떤 것을 생각하게" 하는 풍경이다. 광야하는 끝없는 무한의 세계는 그 벌판에서 걸어가는 존재를 이미 숭고한 대상으로 표상시킨다.[327]

장발장의 삶을 숭고하게 이끈 것은 법으로부터 소외된 '레 미제라블'에 대한 무조건적 환대와 연대였다. 그는 회심 이후 자신에게 준 하나님의 사명을 팡틴의 딸, 코제트를 구원하는 것이라고 믿는다. 마치 바울이 다메섹 체험 이후 이방인들을 구원하기 위해 선교에 매진한 것처럼 말이

326) 알랭 바디우/ 현성환 옮김, 『사도 바울』(서울: 새물결, 2008), 40.
327) 김응교, "숭고의 데자뷰, 레미제라블," 『우리시대의 레미제라블 읽기』(서울: 한울, 2014), 131-132

다. 또한 장발장이 비뚤어진 '레 미제라블'이었던 자베르를 용서한 것도, 마리우스와 그의 동료들의 혁명운동에도 관여하게 된 것도, 모두가 역사와 사회적 모순으로 고통받는 이름없는 '레 미제라블'에 대한 연민과 연대가 있었기에 가능한 것이었다. 바울은 갈라디아 교회에 보내는 편지에서 다음과 같이 말한다. "온 율법은 네 이웃 사랑하기를 네 자신같이 하라 하신 말씀에서 이루어졌나니"(갈 5:14). 자베르는 법의 원래 목적과 정신을 망각한 인물이었다. 그는 법의 집행자로서 오로지 타자에 대한 징벌에만 관심을 기울였다. 자베르는 법의 노예였던 것이었다. 그러나 장발장은 신의 은총과 사랑의 실현자로 주체적 삶을 통해 하나님의 현존을 보여준 인물이었다. 그는 고통받는 '레 미제라블'의 얼굴 속에서 하나님의 얼굴을 본 인물이었던 것이다.

바울과 장발장

마태복음 25장 40절에서 예수는 "지극히 작은 자 하나에게 한 것이 곧 내게 한 것이니라"고 말한다. 여기서 예수는 고통받는 '레 미제라블'을 자신과 동일시한다. 예수의 식탁은 무조건적인 환대의 자리였고, 이 식탁을 통해 임박한 메시야의 질서를 재현했던 것이다. 바울이 율법을 어기고 이방인들을 식탁을 개방한 것도, 미리엘과 장발장이 법에서 소외된 무수한 '레 미제라블'에게 무조건적 환대로 다가선 것도, 지극히 작은 자의 얼굴에서 신의 얼굴을 보았기 때문이다. 고린도 교회에 보내는 첫 번째 편지에서 바울은 다음과 같이 말하고 있다. "하나님께서는 세상에서 비천한 것들과 멸시받는 것들을 택하셨으니 곧 잘났다고 하는 것들을 없애시려고 아무것도 아닌 것들을 택하셨습니다"(고전 1:28).

영화 〈레 미제라블〉이 말하는 구원은, 고통받는 이웃의 작은 외침에 자신을 개방할 줄 아는 무조건적인 환대에서 발생한다. 러시아의 문호, 도스토예프스키는 "우리 모두는 타인에 대한 책임적 존재이며 고통받는 이웃들에 대한 나의 책임은 그 누구보다 크다"라고 말했다. 이 말은 타자의 고통에 대한 무한 책임을 강조하는 것인 동시에, 무조건적 환대로 타인의 고통에 응답하라는 말이다. 바울은 예수를 타인의 고통을 대신 짊어진 존재로 이해한다.[328] 다메섹 도상에서 낯선 타자의 모습이었던 예수를 메시야로 자각한 후에, 바울이 무법적 존재들인 이방인의 사도로 나섰다는 것은 많은 시사점을 던져준다. 그의 편지에 등장하는 윤리적 권고들은 바로 당대의 〈레 미제라블〉을 향한 책임의 윤리에 다름아니다. 그것은 법의 보호를 받지 못한 숱한 '레 미제라블'의 얼굴에서 그리스도의 모습을 보았기 때문이다. 그리고 이들과의 환대의 사귐 속에서 도래하는 메시야의 질서를 선취하는 기쁨을 얻었던 것이다.

328) 강영안, 『타인의 얼굴, 레비나스의 철학』, 188.

12장

우리 시대의 바울

이번 마지막 장에서는 바울의 메시지가 지닌 현대적 의미를 성찰해 보려고 한다. 바울의 편지는 기독교의 울타리를 넘어 인류에게 남겨진 위대한 문헌들이다. 2천년 전 팔레스타인의 변두리에서 시작된 예수운동을 유대교의 장벽을 넘어 로마제국 전역에 확대시킨 바울의 편지 속에서는 진리를 향한 인간의 보편적인 신념의 여정이 담겨있다. 바울은 그리스도 사건이 지닌 자유와 해방의 의미를 자신의 선교적 삶의 자리 속에서 새롭게 해석한다. 이 과정에서 생겨난 그의 사유는 모든 차별과 배제의 장벽을 허무는 해방의 담론으로 귀결된다. 가령 갈라디아서는 유대인과 이방인의 인종적 장벽을 비판하고 있으며, 빌레몬서는 주인과 노예의 동등성을, 그리고 고린도서는 여성과 남성의 차별을 비판한다. 이런 점에서 바울의 사상은 우리 시대가 직면한 다양한 문제, 즉 다문화 갈등, 성차별, AI 종말론, 환경파괴 등과 같은 문제들에 유의미한 답변을 제공해 줄 수 있다. 바울의 편지들은 추상적인 교리만을 다룬 문헌들이 아니다. 바울은 1세기 교회들이 직면한 구체적인 문제들을 다루고 있다. 그의 편지들은 신도들의 성적인 문제뿐만 아니라, 납세의 문제, 심지어는 어떤 음식을 먹을 것인가에 관한 문제까지, 실질적으로 원시 기독교 공동체들이 일상 속에서 봉착했던 다양한 문제들에 대한 실제적 권고와 답변들로 가득 차 있다.

바울이 살았던 1세기 그레코-로만 사회는 다양한 문화들과 사상들 그리고 다채로운 인종들로 넘쳐났고, 헬레니즘이라는 사상적 기조가 이 사회의 주류를 형성했다. 로마제국은 지중해의 해상과 육로를 장악했고, 동방과의 활발한 교류를 통해 다문화적이고도 다종교적인 세계를 구축했다. 코스모폴리탄적 도시마다 이방 신전들이 넘쳐났고, 다양한 그리스 철학들이 백가쟁명을 하던 시대였다. 바울이 방문한 안디옥, 에베소, 고린도, 데살로니카, 빌립보와 같은 도시들은 이러한 문화와 물산들의 교차로에 위치하고 있었다. 1세기 문화변동의 한복판에서 바울의 교회들은 아직 체계적인 조직이나 사상을 갖추지 못하였다. 여전히 유대교의 영향 속에서 자신들의 종교적 포지션과 입장을 확정하지 못한 크리스천들은 바울에게 자신들이 직면한 여러 가지 문제들을 물었고, 바울은 자신의 편지를 통해 신학적 입장과 윤리적 권고들을 전달하였다. 이처럼 바울의 편지들은 상황적 성격이 강한 문헌들이다. 바울은 신학논문을 쓴 것이 아니라, 편지 즉 원시 크리스천 공동체들이 봉착한 문제들에 답변하려는 실질적인 글을 쓴 것이다. 바울은 체계적인 신학사상을 구축하려는 데에는 관심이 없었다. 그는 단지 교회가 직면한 문제들을 그때 그때 해결하려는 의도 속에서 자신의 편지를 작성했을 뿐이다. 그러나 그의 이러한 시도가 2천년의 시공간을 뛰어넘어 보편성을 획득했다. 가장 특수한 것이 가장 보편적이라는 사실을 바울이 보여준 것이다. 그렇다면 바울의 생애와 사상이 2천년의 시공간을 뛰어넘어 우리에게 던지는 메시지는 무엇일까?

바울과 현대사회

하버드 신학대학 교수인 하비콕스는 복음서에 나타난 예수 이야기를 현대사회에 직면한 다양한 윤리적 이슈와 관련 짓는, '예수와 윤리적 삶(Jesus and Moral life)'이라는 과목을 진행했다. 이 강의를 통해 하비콕스는 1세기에 살았던 예수의 가르침과 사역이 21세기의 다양한 종교/문화적 배경을 지닌 현대인들에게 어떤 윤리적 의미를 지닐 수 있는가를 물었다. 그의 시도에 자리하고 있는 전망을, 성서학에서는 역동적 유비의 해석학(dynamic analogy hermeneutics)이라 부른다. 이 말은 우리와는 다른 시공간에서, 다른 세계관과 우주관을 지닌 다양한 성서 저자들이 기록한 텍스트(text)가 현대인의 다양한 컨텍스트(context)와 만나 새로운 의미를 창출할 수 있다는 뜻이다. 즉 성서 텍스트들이 다루고 있는 문제들과 유사한 문제들이 현대사회에서도 벌어지고 있는가를 찾는 역동적 등가의 해석원리를 적용하는 것이다.[329] 예일 대학의 샌더스(J. A. Sanders) 교수는 하나님의 말씀은 텍스트와 컨텍스트가 만나는 접점의 어느 곳에 위치한다. 따라서 컨텍스트에 대한 식별이 성서해석에서 중요하다고 지적한

329) 브라이언 왈쉬, 실비아 키이즈마트/ 홍병룡 옮김, 『제국과 천국』(서울: IVP, 2011), 232.

다. 이 말은 성서의 본문이 어떤 시대적 상황 속에서 선포되고, 해석되는가에 따라 새로운 의미를 형성할 수 있다는 것을 뜻한다. 예를 들어 초대교회는 예수의 고난과 부활의 의미를 구약성서에 등장하는 언약과 성취라는 관점에서 해석했다. 또한 일제강점기 한국교회는 모세와 예수의 부활 이야기를 민족의 부활과 등치시켰고, 70-80년대 민주화의 과정 속에서 예언자들의 사회정의에 관한 메시지를 군사정권을 비판하는 인권담론으로 전유하였다. 이처럼 성서의 메시지는 새로운 역사, 사회적 환경과 만나 재해석된다. 그러나 유념해야 할 점도 있다. 첫째, 우리와는 전혀 다른 시공간 속에서 형성된 바울의 텍스트를 우리 시대의 문제와 연결시켜 해석하는 작업은 완벽할 수 없다. 역동적 유비라는 상상의 산물이 지닌 한계를 명심해야 한다. 둘째, 바울의 텍스트가 다루는 문제와 현대사회가 지닌 문제 사이에는 분명한 일 대 일 병행 관계는 존재하지 않는다.[330] 따라서 역동적 유비의 해석은 유동적이며 잠정적인 해석이라는 사실을 명심해야 한다.

로마제국은 자신들의 권력과 힘을 대변하는 상징과 수사를 생산하고 유포했다. 로마를 찬양하는 신화들과 비문들, 화려하고 웅장한 목욕탕과 신전들, 아고라의 넘쳐나는 물산들, 화려한 도시들. 로마는 다양한 방식으로 자신들의 세계지배를 선전했다. 그러나 그 배후에는 억압적 폭력이 도사리고 있었다. 바울은 예수의 십자가 처형을 통해 로마제국이 지닌 죽임의 문화를 엿보았다. 21세기의 세계질서는 신자유주의라는 미명아

330) 역동적 유비가 지닌 한계에 대해서는 *앞의 책*, 232를 참조하라.

래 세계적인 금융자본들이 우리들을 맘몬(자본)의 노예로 만들어 가고 있다. 진보라는 신화 속에서 무한한 경제성장을 선전하며, 젊은이들을 끝없는 경쟁의 시장으로 내몰고 있다. 정부는 신자유주의의 청부업자가 되어 효율이라는 이름으로 민영화를 재촉한다. 도시 곳곳에 세워진 스타벅스와 맥도날드는 신자유주의 신전이다. 예수가 사탄에게 받았던 세 가지 시험, 즉 빵과 명성, 그리고 권력은 이제 스펙의 이름으로 둔갑하여 이 땅의 젊은이들을 광야로 내몰고 있다. 사탄의 시험은 이제 TV와 인터넷에서 뿜어 나오는 수많은 광고를 통해 일상화되었다. 타인의 욕망을 자신의 꿈으로 착각하며 오도된 가치 속에서 하나님의 형상으로 만들어진 인간의 가치를 고작 상품의 '소비자'로 호명하며 모독하고 있다. 특히 현대의 세속문화가 양산하는 윤리적 상대주의와 진리에 대한 냉소주의는 청년들의 세계관을 심각하게 잠식하고 있다. 한국의 대학들은 이러한 세태를 극복할 수 있는 건전한 윤리의식과 공동체 의식을 함양하는데 속수무책이다. 대학들 조차 자본에 종속되어 취업의 전초기지로 전락하고 말았다.

이러한 문제상황 속에서 현대사회에 요청되는 가치들을 바울이라는 인류의 오래된 정신적 유산 속에서 찾아보는 것은 의미 있는 일이다. 바울이 활동하던 1세기 그레코-로만 사회는 문화변동의 시기였을 뿐만 아니라, 새로운 문화들이 융합하고 교차하던 시공간이었다. 바울은 훗날 신약성서에 포함될 자신의 편지들을 당시 대중언어인 코이네 헬라어(koine Greek)로 1세기 중반부터 저술하기 시작한다. 바울은 아우구스투스 황제에 의해 안전하게 재개된 지중해 항로와 로마의 도로망을 효율적으로 이용하며 로마제국 전역에 기독교 조직(*ekklēsia*)을 이식하였다. 지중해를 지배한 로마는 1세기부터 황제를 정점으로 한 귀족들의 금권정치가 횡행했다. 또한 팍스 로마나(Pax Romana, 로마의 평화)로 선전되었던 로마의 군사적 패권주의로 인한 억압정치와 경제적 수탈이 식민지에서 자행되었다. 바울은 이러한 시대를 옹호하는 가치와 구호들을 전복하는 새로운 생각과 행동방식들을 소개한다.

바울과 코즈모폴리터니즘

원시 기독교의 성장은 팔레스타인 보다는 그레코-로만세계(Greco-Roman world)에서 성공적으로 진행되었다. 주후 67년에 시작되어 70년, 예루살렘 성전의 파괴로 마감된 유대-로마 전쟁(Jewish Roman war)은 팔레스타인에서 예수운동의 터전을 송두리째 뒤바꾸어 놓았다. 팔레스타인에서 자신들의 근거지를 잃어버린 크리스천 그룹들은 시리아의 안디옥, 소아시아의 에베소, 마케도니아의 도시들(빌립보, 데살로니카, etc), 남부 그리스의 고린도, 그리고 로마라는 새로운 환경에서 자신들의 운동을 전개하기 시작한다. 신약성서가 당시의 지중해 사회의 도시민들의 언어인 코이네 헬라어로 기록되었다는 사실은 이러한 상황을 반영한다. 2세기에 들어서면서 기독교의 중심세력은 갈릴리와 예루살렘의 민중들에서 그레코-로만의 도시민들로 변화하게 된다. 이는 변질이 아니라 새로운 시대적 환경의 요청에 대한 유연한 대처였다. 마가가 투박한 헬라어로 예수의 전기를 기록했다면, 바울은 그레코-로만의 수사로 넘쳐나는 도시의 언어로 자신의 신학을 변증하고 있다. 바울의 이름으로 전승되고 수집된 13권의 문헌들이 훗날 신약정경 속에서 중요한 자리를 차지한 것은 이러한 변화의 산물이라 할 수 있다.

바울이 활동하던 1세기 그레코-로만의 도시들은 이른바 코스모폴리탄적인 면모를 지니고 있었다. 기원전 3세기 알레산더의 동방원정 전쟁으로 헬레니즘이 소아시아와 페르시아의 도시들로 전파되었고, 역으로 다양한 동방의 종교와 문화들이 유입되었다. 시이저의 조카, 아우구스투스 황제는 지중해의 해양 항로를 안전하게 확보했고, 주전 2세기부터 건설된 로마제국의 도로들은 그리스 북부를 관통하여 소아시아까지 확대되었다. 로마의 도로는 군사적인 목적뿐만 아니라 비단과 향료 같은 동방의 물품들의 무역로 역할을 했다. 로마의 도로의 중심거점에 있었던, 빌립보, 데살로니가 그리고 고린도와 에베소와 항구 도시들은 다양한 인종과 문화가 모여들었던 코스모폴리탄적 도시들이었다. 일자리를 찾아 수많은 사람들이 이들 도시들에 몰려들었다. 가령 알렉산드리아와 같은 도시들에는 기원전 3세기부터 수십만명의 디아스포라 유대인들이 거주하고 있었다. 이들은 자신들의 고유한 신앙을 지키면서도 이방문화에 민감하게 반응하였다. 이러한 코스모폴리탄적 분위기 속에서 이방인들은 유대교에 관심을 보였고, 자연스럽게 회당을 드나들었다. 바울은 그레코-로만의 도시들에 산재하고 있던 유대회당들을 방문했고, 유대교에 친근감을 지닌 이방인들을 선교의 주요 타겟으로 삼을 수 있었다.

바울은 인종, 계급, 성별, 장애의 구분 없이, 사회-문화-종교의 경계를 넘어 모두를 하나님의 자녀로 받아들였다. 갈라디아서 3장에서 바울은 그리스도 안에서는 유대인이나 이방인이나, 노예나 주인이나 여성이나 남성이나 모두 하나라고 선언한다. 바울은 안디옥에서 벌어진 식탁교제의 자리에서 유대교의 음식법 규정을 과감하게 무시하고 이방신도들과 함께 음식을 먹었다(갈 2장 참조). 종교적 규율이 배제와 차별을 강요할 때 바울은 과감하게 이에 도전했다. 바울에게 있어 예수의 십자가 사건은 모든 차별과 배제의 담을 허문 사건으로 이해되었기 때문이다. 네 이웃을 내 몸같이 사랑하라는 예수의 말씀을 바울은 이방선교의 자리에서 실천하였다.

바울은 다메섹에서 부활한 예수와 만나는 종교체험을 통해, 유대교라는 울타리를 넘어 보편 종교의 토대를 만든다. 바울은 그레코-로만의 도시에 정착한 다양한 계층들과의 만남을 통해 자신의 선교를 확장해 나갔다. 바울의 후원자들은 자신들의 주거지를 가정교회의 공간으로 제공할 수 있을 만큼 경제적으로 안정된 기반을 가지고 있었다.[331] 가령 브리스길라와 아굴라는 고린도 장터에 자신의 피혁공방을 소유하고 있었다. 빌립보의 루디아와 같은 도시 상인들이 바울의 후원자 그룹을 형성하였다. 바울은 편지 말미에 항상 다양한 인물들의 이름을 거론하며, 안부 인사

---

331) 믹스는 '프로펨페인'(προπεμπειν, 고전 16:6,11; 고후 1:16)란 헬라어 분석을 통해 바울 공동체는 최하류층 사람과 최상부의 계층이 없는 다양한 신분의 사람으로 구성된 공동체로, '신분적 불일치(status inconsistency)'을 보여준다고 주장한다. 한편 최근의 바울연구자들은 바울 자신의 서신에서(롬 16장, 고전 1,16장 등) 안부 인사를 전하고 있는 사람들의 '인물연구(Prosopography)'를 통해 바울계 그룹들의 계층수준을 연구한다. Bruce J. Malina & Jerome H. Neyrey, *Portraits of Paul: An Archaeology of Ancient Personality* (Louisville, Kentucky: Westminster John Knox Press, 1996)을 참조하라.

를 일일이 전한다. 가령, 롬 16:3–23절과 고전 1:14절에 가이오(Gaius)라는 사람이 언급된다. "나와 온 교회를 먹여 살린"이란 바울의 말로부터, 가이오라는 인물이 경제상태가 넉넉한 상류계급 출신임을 추정할 수 있다. 가이오란 이름은 시이저의 가문 출신임을 암시하며, 이는 그가 고대 로마의 명성을 가진 자의 이름을 사용할 수 있었던 수준의 인물이었다는 사실을 추정 할 수 있다. 또한 로마서 16장 23절에서 언급되는 에라스도(Erastus)는 '이 성의 재무(*oikonomous tes poleos*)'를 담당하였을 만큼 사회적으로 높은 인정을 받는 직책이었다. 이러한 사실로부터 우리는 바울계 공동체 내부에서 당대 로마의 시민계급들이 주된 후원그룹을 형성하고 있었다는 사실을 알 수 있다. 이 때문인지 바울은 당대 그레코–로만의 도시문화에서 유래된 언어들을 빈번하게 사용한다. 예를 들어, 빌립보서 1장 27절에서 바울은 "오직 너희는 그리스도 복음에 합당하게 생활하라"라고 충고한다. 그러나 이 한글 번역은 정확한 것이 아니다. 보다 헬라어 원문에 충실하게 번역하면, "복음에 합당하게 정치하라(live as worthy citizens of the gospel of Christ)"는 말이 된다. 바울이 27절에서 사용한 단어, 폴리테우에스타이(*politeuesthai*)란 말은, 일찍이 아리스토텔레스가 그의 책, 『정치학』에서 말한 폴리스(polis)의 자유로운 시민들의 주체적인 정치적 권리를 의미한다. 고대 그리스인들은 아테네와 스파르타 같은 도시 공동체(*politeia*)를 가장 이상적인 정치를 실현할 수 있는 영역으로 간주했다. 바울이 빌립보서 3장 20절에서 언급한 천국의 시민권(*politeuma*)이란 말은 이러한 그레코–로만 사회의 정치의식과 시민적 권리를 전제하지 않고는 이해하기 어렵다. 바울은 로마의 황제가 빌립보시에 부여한 중요한 지위인, '이탈리아의 권리'(*ius Italicum*)를 그의 편지에서 의식하고 있었다. 이처럼 바울계 서신들은 교회(*ekklesia*)를 그레코-로만사회의 이상적인 도시에 비유했고, 크리스천들은 시민의 권리와 특권을 지키고 누려야 한다고 강조한다(엡 2:19, 빌 3:20). 그러나 바울은 자신을 지원했던 후원자들이 자신들의 재산과 자위에 특권의식을 지니지 않도록 권면한다.

바울은 빌레몬이라는 인물에서 도망나온 노예, 오네시모를 위해 편지를 남겼다. 그는 이 편지에서 오네시모를 노예가 아니라 그리스도 안에서 형제로 대하라고 권고한다. 당시 노예는 주인의 사유재산이었기 때문에 바울의 이러한 권면을 어찌보면 사유재산에 관한 권리 침해라고 볼 수 있다. 그러나 바울은 그리스도 안에서 주인과 노예의 관계는 무화된다고 보았다. 지배와 복종이 아니라, 사랑과 섬김의 정신으로 서로에 대한 무조건적 환대의 정신을 바울은 권면하고 있다.

바울은 예수사건의 의미를 보편화한다. 그는 예수 그리스도의 죽음과 부활이 이방인을 위한 하나님의 자비(롬 15:9)라는 사실을 또한 깨닫게 된다. 더욱이 이방인의 사도로 자처한 바울은 히브리적 세계관에 대한 전이해가 없었던 이방 크리스천들을 위해 자신의 복음이 그들의 문화적 배경 속에서 이해될 수 있도록 '번역'한다. 바울은 이러한 자신의 입장을 고린도 교인들에게 보내는 첫 번째 편지에서 다음과 같이 토로하고 있다.

> 나는 어느 누구에게도 얽매이지 않은 자유로운 몸이지만, 많은 사람을 얻으려고, 스스로 모든 사람의 종이 되었습니다… 율법이 없이 사는 사람들에게

> 는, 내가 하나님의 율법이 없이 사는 사람이 아니라, 그리스도의 율법 안에서 사는 사람이지만, 율법이 없이 사는 사람을 얻으려고, 율법이 없이 사는 사람과 같이 되었습니다 (고전 9:20-21).

이처럼 바울은 복음을 유대인과 이방인 양편 모두에게 효율적으로 전파하기 위해 방편으로 특정 문화에 얽매이지 않는 유연한 태도를 취하고 있다. 이 때문에 바울은 자신의 전통문화인 유대교뿐만 아니라, 당시의 주류문화였던 그레코-로만 문화도 복음의 관점에서 비판적으로 대화한다. 가령 빌립보서에 기록되어 있는 바울의 '그리스도 찬가'(빌 2:6-11)를 당시의 사회/정치적 문맥에서 읽어보면, 이 단락은 로마제국에 만연했던 황제숭배(imperial cult)에 대한 저항의 메시지로 이해될 수도 있다. '죽기까지 순종하신' 그리스도의 이미지는 '통치하고 군림하는' 로마황제의 이미지와 대조를 이루면서, 황제제의가 성행했던 빌립보에 있는 교인들로 하여금 진정한 구원자의 모습을 재고하게 만든다. 바울은 당시 로마 황제에게 부여되었던 '주님(*kyrios*)'이라는 타이틀을 예수에게 부여한다. 즉, 진정한 '주님'은 로마의 황제가 아니라 그가 임명한 팔레스타인 지방총독의 손에 의해 십자가에서 죽임을 당한 예수라는 것이 바로 바울이 전하는 '기쁜 소식'의 핵심이었다. 이로써 바울의 복음은 로마제국의 불의한 폭력에 대한 고발의 의미를 지닌다.

이방인의 사도로 자임했던 바울이 처했던 사회/문화적 환경은 '역사적 예수'의 활동무대와는 너무나 판이한 세계였다. 예수는 갈릴리의 농촌지역을 무대로 활동했기 때문에 그의 가르침에는 농촌 생활을 반영하는 어휘들로 가득하다. 예를 들어 씨 뿌리는 비유나 포도원의 비유에서도 알 수 있듯이 예수의 가르침은 농촌의 삶을 반영한다. 이에 비해 바울의 편지에는 헬라적 대도시 문화에서 나온 이미지와 어휘들이 빈번하게 등장한다. 바울은 국가적, 인종적, 종교적 경계를 넘어 누구나를 하나님의 자녀로 받아들이며, 예수의 제자로 포섭한다. 이러한 바울의 신앙/실천에서 강남순은 코스모폴리터니즘(cosmopolitanism)의 범례을 발견한다. 코스모폴리터니즘이란 스토아 철학자, 디오게네스(Diogenes)에게서 유래한다. 그는 자신의 출신을 묻는 질문에, "나는 우주(cosmos)의 시민이다"라고 답하곤 했다.[332] 이 말은 자신의 소속을 신분, 계급, 인종의 경계선을 넘어 세계시민(cosmic citizen)으로 사유하고 확장하겠다는 뜻이다. 강남순은 바울의 활동에서 보여진 세계시민의 모습을 다음과 같이 언급한다.

> 코스모폴리터니즘 정신을 매우 구체적인 의미에서 전달하고 있는 성서 속의 대표적인 인물로는 바울을 꼽을 수 있다. 바울은 "당신은 이제 더 이상 외국인이나 이방인이 아니라, 하나님의 사람들과 하나님의 집에 거주하는 사람들과 같은 동료 시민입니다"(엡 2:19)라는 선언을 통해서 코스모폴리턴 정신의 핵심을 명료하게 드러낸다. 바울은 이 선언에서 '외국인'과 '이방인'을 '하나님 나라'에 속하는 '동료 시민'으로 명명함으로써, 종교적 실천의 의미를 타자에 대한 환대와 사랑의 실천과 연계하고 있다. 바울의 선언은 종교의 의미를 급진화하고 정치화한다. 바울의 코스모폴리터니즘 사상은 그의 "신은 누구도 차별하지 않는다"(롬 2:11)라는 선언을 통해 선명하게 드러난다. 누구

332) 강남순, 『코스모폴리터니즘과 종교』 (서울: 새물결플러스, 2015), 23.

도 '차별하지 않는 신'이라는 바울의 신 이해는, 모든 인간을 동료 시민으로 보는 코즈모폴리터니즘적 인간 이해의 중요한 신학적 근거를 마련해 주고 있다.[333]

바울은 문화의 변혁자로서의 크리스천의 사명을 여실히 보여준 인물이었다. 그는 그리스도의 복음을 그레코-로만 세계라는 변화된 새로운 환경 속에 성공적으로 이식시킨 사람이었다. 바울의 생애와 활동은 다양한 문화와 종교가 교류하는 21세기의 기독교 지성인에게 하나의 범례를 제공한다.

바울과 현대의 종말론

유대-기독교의 역사관은 직선적이라 할 수 있다. 성서는 우주와 자연, 그리고 인간의 기원을 이야기하는 창세기로 시작하여, 세상과 인간의 종말을 말하는 요한계시록으로 끝이 난다. 이러한 직선적 역사관은 어거스틴과 헤겔을 거쳐 서구인들의 주류 시간관으로 등극한다. 시간이 과거, 현재, 미래로 비가역적으로 흐른다는 직선적 시간관은, 필연적으로 끝이, 즉 종말이 존재한다. 그리고 시간의 끝에는 신의 심판이 기다리고 있었다. 이러한 유대-기독교적 시간관은 중간기의 묵시사상으로부터 큰 영향을 받게 된다. 기원전 2세기 헬라세력의 박해로부터 유대교 신앙을

333) *앞의 책*, 136.

수호하기 위한 수많은 묵시문학(默示文學, apocalyptic Literature)들이 등장한다. 묵시문학은 신의 감추어진 비밀을 폭로하는 방식으로 이야기가 진행된다. 대개 구약성서에 등장하는 아브라함, 에녹, 그리고 엘리야와 같은 전설적인 인물들이 묵시가로 등장한다. 천사가 이들에게 나타나 천상여행을 통해 신비스러운 장면이나 상징적인 대화를 통해 마지막 때의 일을 폭로한다. 따라서 세상의 마지막에 벌어질 일을 다루고 있는 종말론(eschatology)은, 묵시문학의 가장 중요한 주제라고 할 수 있다. 대개 신비스러운 장면이나 상징을 통해 비의적인 형태로 악의 세력(주로 이스라엘을 괴롭혔던 바벨론, 페르시아, 헬라, 로마와 같은 제국들)을 심판하는 형태로 구성된다. 이 때문에 묵시문학은 일종의 저항문학으로 간주될 수 있다. 도저히 힘으로 대적할 수 없는 강대국들의 폭력 앞에 묵시문학의 저자들은 상상력을 동원해 가상의 시공간에서 이들을 신의 힘을 빌려 응징하고 있다.[334] 묵시문학은 당시 유대 민중들의 지배권력에 관한 유언비어를 보여준다. 마치 조선왕조를 변혁하고 싶었던 민중들의 소망이 『정감록』에 발현되어 있듯이, 유대민중들의 지배세력에 대한 저항의 상상력을 묵시문학이 담고 있다. 바울 당대의 엘리트 유대인들은 토라(모세율법) 외에도 예언서를 비롯한 다양한 유대문헌들을 접했다. 특별히 기원전 2세기부터 다양한 유대묵시문학(Jewish apoclaypric literature)들이 유행했다. 다니엘서와 같이 구약정경에 포함된 문서뿐만 아니라, 에녹서, 희년서와 같은

---

334) 묵시문학이 지니는 사회, 정치적 의미에 대해서는 스티븐 L. 쿡/이윤경 옮김, 「예언과 묵시」(서울: 새물결 플러스, 2016), 65-146.

외경문서도 대중들에게 인기 있는 묵시문학 작품들이었다.

묵시문학의 가장 중요한 주제 중에 하나가 바로 세상의 마지막 때의 벌어질 일을 상징적으로 언급하는 종말론(eschatology)이다. 바울과 동시대를 공유했던 쿰란 공동체는『전쟁 두루마리, *War Scroll*』를 통해 키팀(Kittim)으로 상징된 로마제국과의 성전을 다음과 같이 선포하고 있다. "당신의 천과 만으로 이루어진 당신의 선택된(군대)를 당신의 거룩한 이들(과 모든) 당신의 천사들과 더불어 소집하여 그들이 전쟁에서 막강하고 당신의 위대한 판단으로 땅의 반역자들을(쳐부수어야 하나이다.)"[335] 이 책은 종말 때에 하나님과 천사들과 더불어 쿰란의 멤버들이 로마제국을 심판할 종말 전쟁을 수행하는 모습을 담고 있다. 요한계시록도 쿰란 공동체와 매우 유사한 방식으로 로마와의 마지막 일전을 묘사하고 있다. 예수의 하나님 나라와 바울의 파루시아 사상은 이러한 유대 묵시문학의 저항정신을 계승하고 있다. 바울이 묵시문학의 영향을 받았다는 것은 그의 편지 곳곳에서 발견된다. 특히 고린도 후서 12장에서 자신의 신비체험을 다음과 같이 묘사한다.

> 주님께서 보여주신 환상과 계시들을 말할까 합니다. 나는 그리스도를 믿는 사람 하나를 알고 있습니다. 그는 십사년 전에 셋째 하늘에까지 이끌려 올라갔습니다. 그 때에 그가 몸 안에 있었는지 몸 밖에 있었는지, 나는 알지 못합니다… 이 사람이 낙원에 이끌려 올라가서, 말로 표현할 수 없고 사람이 말

335) 존 J 콜린스/ 박요한 영식 옮김,『묵시문학적 상상력』(서울: 카톨릭 출판사, 2006), 313.

해서도 안 되는 말씀을 들었습니다. (고후 12:1–4)

이러한 바울의 고백 속에는 묵시문학이 보여주는 전형적인 요소들이 엿보인다. 가령, 하늘에 올라가 천상여행을 했다는 것과 말로 표현할 수 없는 비밀의 말씀을 들었다는 것은 묵시문학에 등장하는 주제들이다. 바울이 묵시사상을 지녔다는 것은 로마제국이 구현한 현존 질서를 부정했다는 말이 된다. 이러한 태도 때문에 바울은 빌립보서 3장 20절에서 "우리의 시민권은 하늘에 있다"고 말한다. 바울의 윤리적 권고는 그의 종말론적 삶의 자세와 밀접한 관련을 지닌다(참조, 빌 2:12; 고후 5:10; 롬 2:6–11). 즉, 그리스도의 임박한 재림을 준비하는 삶의 자세로써 신자는 어떻게 살아야 하는가? 라는 문제가 바울의 윤리를 추동하는 주된 동력이라 할 수 있다. 가령, 데살로니카 전서4–5장에서 바울은 심판관 그리스도를 대면하도록 준비하는 거룩한 생활의 중요성을 강조하고 있다. 또한 고린도 전서 7장에서 바울은 좀더 구체적으로, 재물, 노예제도, 할례 그리고 특별히 남성과 여성 사이의 관계들에 대한 새로운 삶의 태도를 열거하고 있다. 1장에서도 살펴보았듯이, 바울은 신자들의 종말론적 삶의 자세를 역설하기 위해 호스 메(*hōs mē*) 용법을 동원하고 있다. 한마디로 말해 바울은 세상의 소유적 삶의 양식에 얽매이지 않는 순례자적 삶의 방식을 말하는 것이다. 바울은 고린도 전서 3장 21절에서 바로 '호스 메'의 삶의 자세를 취할 때, 크리스천들이 만물의 주인이 된다고 말한다. 가령 바울은 노예의 신분에 처해있던 신도들에게는 주인에게 복종하라고 말한다. 기존의 억압적 제도와 질서를 묵인하는 것과 같은 바울의 이러한 윤리적 충고 때문에, 바울은 종종 제국주의와 노예제도의 옹호자로 공격받아 왔다. 그러나 이러한 오해는 바울의 종말론적 삶의 태도를 이해하지 못했기 때문에 발생하는 것이다. 바울은 자신이 생존하고 있는 동안 그리스도가 재림(*parusia*) 할 것이라는 종말론적 희망을 지니고 활동했다. 바울은 예수의 재림으로 인해 현존하는 질서가 멀지 않아 사라질 것으로 여겼기 때문에 굳이 신자들로 하여금 부당한 현존 질서에 적극적으로 대항하라고 가르칠 필요를 느끼지 못했던 것이다. 바울은 그리스도의 재림이라는 종말론적 사건이 도래할 때를 대비한 삶의 태도에 초점을 맞추고 있다. 마치 구한말의 개벽 사상가 최제우와 강증산의 '개벽'과 '천지공사'와 같은 거대한 묵시적 비전(apocalyptic vision)이 바울을 사로잡고 있었기에, 바울은 몇몇 부당한 인간사의 억압적 제도에 대한 일시적 개혁에는 그다지 큰 관심을 보이지 않았다. 그렇다고 바울은 동료들에게 현실의 삶을 외면하고 피안으로 도피하라고 말하지 않는다. 그보다는 바울은 '이미'(already)와 '아직'(not yet) 사이에 살고 있는 기독교인들의 '종말론적 긴장'을 요청한다. 바울은 신자들의 신앙실천을 에스카톤(종말)에 결부시킨다. 바울에 따르면 믿는 자의 행동은 종말론적 행동이다. 그는 신자의 윤리적 행동은 하나님의 영이 행사하는 권능의 결과라고 주장함으로써 이 생각을 표현하고 있다.

그러나 바울은 종말의 가까움에 대해서 뿐만 아니라, 신자들이 이미 새로운 세대의 백성으로 살고 있다는 사실을 강조한다. 바울은 로마서 12장 2절에서, 교우들에게 옛 시대가 아닌 새로운 시대에 부응하도록 권고한다. "여러분은 이 세상을 본받지 말고 마음을 새롭게 하여 새사람이 되십시오. 이리하여 무엇이 하나님의 뜻인지, 무엇이 선하고 무엇이 그분 마음에 들며 무엇이 완전한 것인지를 분간하도록 하십시오"(롬 12:2) 바울은 크리스천의 윤리를 의무적으로 수행하여야 할 강제적 규정으로 이해하지 않았다. 그에게 있어 윤리적 행동이란 하나님의 은총으로 거듭난 인간의 자발적 준수라 할 수 있다. 따라서 기독교인의 윤리는 '의무'가 아니라 '새로운 피조물'로서 마땅히 누려야 할 자유인의 삶의 방식인 것이다.

시대에 따라 종말론의 형식과 내용은 변화한다. 중세의 유럽인들은 흑사병을 세상의 종말로 생각했다. 현대 사회는 이보다 더욱 다양한 종말론을 생산하고 유포한다. 냉전시대에 대중들은 미국과 소련의 핵전쟁으로 지구의 종말이 올 것이라고 생각했다. 최근에는 환경 파괴와 인공지능이 종말담론의 주제로 부각되었다. 얼마 전 작고한 스티븐 호킹과 스티브 잡스는 AI로 인한 종말을 경고하기도 했다. 할리우드가 만든 〈매트릭스〉와 〈터미네이터〉는 인공지능에 의한 세상의 종말을 대중화했다. 종말론의 유행은 위기의식의 발로이다. 현 세계를 지배하는 경제, 문화, 정치, 그리고 자본에 종속된 테크놀로지의 비인간적인 행태들이, 대중들에게 미래에 대한 기대와 희망보다는 좌절과 절망을 던져주기 때문이다. 사실 종말론의 초점은 세상의 멸망보다는 부패한 현존질서의 변혁과 이로 인한 더 나은 세상에 대한 기대라 할 수 있다. 즉 절망보다 희망에 포커스가 맞춰진 것이 종말론이라 할 수 있다. 이런 점에서 바울이 보여준 종말론적 삶의 자세는 우리에게 많은 것을 시사한다. "나는 이것을 이미 얻은 것도 아니며, 이미 목표점에 다다른 것도 아닙니다. 그리스도(예수)

께서 나를 사로 잡으셨으므로, 나는 그것을 붙들려고 좇아가고 있습니다."(빌 3:12).

바울과 생태적 정의

현재 전 지구적 차원에서 진행되고 있는 기후변화와 생태파괴는, 인류의 일상적 삶의 위협을 넘어 미래마저 보장할 수 없는 심각한 수준에 이르고 있다. 우리의 먹거리들 속에서 환경 호르몬과 미세 플라스틱이 검출되고 있는 것은 이제 더 이상 충격적인 뉴스가 아니다. 수십 년 안에 인류는 스스로 감당할 수 없는 자연의 보복을 당하게 될 것이라고 생태학자들은 입을 모으고 있다. 사실, 지구 생태계는 한정된 자원을 지닌 닫혀진 체계이기 때문에 무한 지속 가능한 경제개발은 불가능하다. 하여 환경파괴로 인한 인류의 파멸을 막기 위해서는 현재보다 소비수준이 낮은 소박하고 검소한 대안적 삶의 방식이 요청되어야 한다. 현대의 환경위기는 자연을 착취의 대상으로만 여겨 왔던 서구의 기술 과학적 세계관을 근본적으로 성찰하게 만든다.

영국의 과학자 화이트(Linn White)는 70년대에 서구 문명의 자연 착취는 기독교의 자연관에서 비롯되었다고 지적한 바 있다. 즉 창세기 1장 28절의 "다스리고 정복하라"는 하나님의 명령이 자연에 대한 인간의 수탈을 신학적으로 합리화 해주었다는 것이다. 그러나 최근의 생태신학(ecological theology)은 창세기에 나타난 이러한 하나님의 명령을, 자연에 대한 인간의 착취를 합리화하는 메세지로 이해하지 않는다. 몰트만(J.

Moltmann)은 환경파괴는 창조신앙에 있는 것이 아니라, 르네상스와 계몽주의 이후 자연을 수탈의 대상으로 삼은 유럽인들의 정복주의 때문이라고 지적한다. 구약성서는 땅과 생명에 대한 인간의 책임과 보호를 강조한다. 가령, 출애굽기 20장 10절은 안식일에 사람뿐만 아니라 가축도 쉬게 할 것을 명령한다. 또한 레위기 25장은 가축과 짐승이 먹을 곡식조차 추수해서는 안된다고 말한다. 화이트가 자연에 대한 인간의 지배로 이해한 창세기 1장 26-28절은 자연에 대한 정복과 다스림을 말한 구절이 아니다. 26절의 우리말 "다스리다"로 번역된 히브리어는 radah인데, 원래 의미는 "돌본다"라는 뜻이다. 그리고 28절의 "정복하다"에 해당하는 히브리어는 Kabas인데, 이 말은 축복한다는 의미를 담고 있다. 즉 창세기 1장 26-28절은 자연과 생명에 대한 인간의 다스림과 정복을 의미하는 것이 아니다. 오히려 자연과 생명에 대한 돌봄과 섬김을 강조한 구절로 이해되어야 한다. 이처럼 구약성서는 자연에 대한 청지기로서의 인간의 책임적 자세를 강조한다.

에덴동산에서 벌어진 선악과 사건으로 인간은 하나님과의 관계를 스스로 파기하였고, 그 결과로 하나님과 자연으로부터 소외되었다. 다음과 같은 아담에 대한 하나님의 말씀은, '죄'에 대한 댓가의 일부가 자연으로부터 인간의 '소외'라는 사실을 여실히 말해 준다. "아담에게 이르시되… 땅은 너로 인하여 저주를 받고 너는 종신토록 수고하여야 그 소산을 먹으리라. 땅이 네게 가시덤불과 엉겅퀴를 낼 것이라"(창 3:17-18). 이제 더 이상 인간은 자연과의 조화로운 삶 속에서 자신의 생명을 영위하지 못하게 되었다. 하나님의 말씀을 거역하고, 선악과로 상징되는 자연을 수탈한 죄로 인간은 거친 노동과 땀으로 자연과의 '투쟁'을 통해 문명을 건설할 수밖에 없었다.

창세기의 바벨탑 이야기는 인간이 조직적 활동을 통해 어떻게 자연을 지배하고, 창조주와 대결하고자 했는가를 상징적으로 보여준다. 최초의 도시인 바벨은 인간 문명의 최종점이 어디에 있는가를 여실히 드러낸다. 성서는 도시로 상징되는 인간의 문명을 긍정하지 않는다. 신/구약성서를 통해 등장하는 도시들은 죄악의 거점들이었다. 바벨이 그러했고, 소돔과 고모라가 그러했으며, 북이스라엘의 수도 사마리아는 예언자들의 빈번한 질책의 대상이었다. 예수와 바울 또한 예루살렘과 로마라는 거대 도시의 한복판에서 죽임을 당하지 않았던가! 확실히 도시로 대표되는 문명의 종국은 타락이라는 사실을 성서 기자들은 그들의 역사적 체험을 통해 통렬하게 깨닫고 있었다. 사실, 인류가 자랑하는 과학 기술 문명은 자연을 수탈하고 착취한 결과에 다름아니다. 바울은 로마서 8장에서, 죄의 결과로 지구상의 온 피조물 또한 함께 고통받고 있다고 이야기한다.

> 피조물은 하나님의 자녀들이 나타나기를 간절히 기다리고 있습니다. 피조물이 허무에 굴복했지만, 그것은 자의로 그렇게 한 것이 아니라, 굴복하게 하신 그분이 그렇게 하신 것입니다. 그러나 소망은 남아 있습니다. 그것은 피조물도 썩어짐의 종살이에서 해방되어서, 하나님의 자녀가 누릴 영광된 자유를 얻으리라는 것입니다. 모든 피조물이 이제까지 함께 신음하며, 함께 해산의 고통을 겪고 있다는 것을, 우리는 압니다. (로마서 8장 19-21)

바울은 인간의 죄로 인해 고통받는 피조물의 썩어짐을 이야기한다. 바울에 따르면 아담의 범죄로 인해 세상에 죄가 생겨났고, 그 결과 죽음이 모든 사람에게 이르게 되었다고 말한다(롬 5:12). 바울은 로마서 8장에서 아담의 범죄를 확대해석한다. 즉 피조물도 썩어짐의 종살이, 즉 죽음에 이르게 되었다고 선언한다. 즉 바울은 모든 피조물이 죄와 죽음의 세력 밑에서 신음한다고 말한다. 바울은 그리스도의 십자가와 부활 속에 나타난 하나님의 칭의사건이 인간에게만 해당하는 것이 아니라, 고통받는 피조물들에게도 나타난다고 역설한다. 즉 바울에게 있어 "하나님의 칭의는 개인이 심리적으로, 도덕적으로 변화되는 개인의 내면적 사건인 동시에 인간의 몸과 모든 공동체와 우주가 관련되는 몸적, 사회적, 우주적 사건이다."[336] 다시말해 그리스도의 죽음과 부활이 단순히 인간의 죄의 문제로만 국한된 것이 아니라, 온 만물을 하나님의 새로운 창조로 인도하는 거대한 우주적 개벽의 사건임을 암시하고 있다. 그리스도 예수의 십자가와 부활사건은 인간은 물론 천지만물의 화해와 상생의 새로운 시대를 도래하게 한다는 것이다. 골로새서는 이러한 바울의 사상을 우주적 기독론(cosmic Christology)으로 확장 시키고 있다. "그의 십자가의 피로 화평을 이루셔서, 그분으로 말미암아 만물을, 곧 땅에 있는 것들이나 하늘에 있는 것들이나 다, 자기와 기꺼이 화해시켰습니다"(골1: 20).

바울에게 있어 그리스도 사건은 인간적 차원을 넘어, 우주를 새롭게 변화시키고, 모든 생명들을 조화와 상생의 삶으로 회복시키는 '천지공사(天地公事)'의 사건이 되는 것이다. 이로써 십자가는 이제 더 이상 죽음의

336) 김균진, 『생태학의 위기와 신학』(서울: 대한기독교서회, 1991), 150.

처형 도구가 아니라, 만물의 화해와 평화를 꽃피우는 우주의 '생명나무'가 된다. 일찍이 에덴동산에 아담과 하와에게 금지되었던 '생명나무'가 이제 그리스도로 말미암아 모든 피조물들에게 허락된다는 하나님의 놀라운 섭리를 바울은 깨달았던 것이다. 들에 핀 백합화 한 송이에서 하나님 나라의 신비를 보았던 예수, 해와 달과 별을 친구로 노래한 아씨스의 성인 프란체스코, 흑인들의 억눌린 삶 속에서 생명의 외경심을 느꼈던 슈바이처. 죄와 죽임의 문화 밑에 신음하는 이 시대 사람들에게 더없이 필요한 것은 이러한 깨우침들이 아닐까?

바울의 이야기와 새 시대의 윤리

인류는 이야기(story)를 통해 후세대에 전세대의 삶의 경험을 통해 형성된 윤리를 전달했다. 우리의 고전 흥부전은 형제간의 우의를, 심청전은 부모에 대한 효를 이야기의 형식을 빌려 가르친다. 유대인들은 모세오경에 등장하는 선조들의 이야기와 출애굽의 모세 이야기를 통해 하나님이 전해준 율법의 의미를 되새겼다. 또한 신약성서의 등장하는 예수와 사도들의 이야기는 초기 기독교인들에게 정체성을 부여하고 삶의 근원적 의미를 담보하게 하는 신성한 이야기들이었다. 또한 고대 그리스와 로마와 같은 상무사회에서는 일리어스와 오딧세이아에 등장하는 영웅들의 이야기를 통해, 책임적인 사회 구성원으로 지녀야할 숭고의 윤리를 학습했다. 영어의 신화를 의미하는 myth라는 말은 원래 이야기를 뜻하는 그리스어 mythos에서 유래한다. 따라서 신화는 단순히 허구적인 이야기가 아니라, 인간의 역사와 삶을 합리적인 언어로 설명할 수 없었던 고대인들이, 신과 영웅들의 이야기를 통해 인생의 의미를 은유적으로 전해주는 장치였다고 볼 수 있다.

이처럼 이야기는 사회 구성원들의 윤리를 구성하는 중요한 사회적 기제라 할 수 있다. 영국의 신학자 돈 쿠피트(Don Cupit)는 인간의 윤리형성에서 이야기가 차지하는 의미를 다음과 같이 지적한다.

> 이야기들은 해석적 자원, 모델, 시나리오로서 우리는 이런 것을 통해 우리에게 일어나고 있는 것들의 의미를 파악하고 우리의 행동을 틀 지운다. 철학적 형식이나 개념과는 달리 이야기들은 시간적으로 길게 뻗어 있다…이야기들은 삶의 과정을 꼴 지운다. 우리의 사회적 자아, 곧 우리의 참된 자아가 실질적으로 생겨나는 것은 이런 이야기들을 통해서이다.[337]

앞에서 살펴본 것처럼 바울의 이야기는 우리 시대의 윤리적 과제를 되돌아 볼 수 있는 중요한 성서적 전거(biblical reference)이다. 바울은 30년 이상을 온갖 수고와 갈등 속에서 지중해 세계를 전전하며 하나님 나라라는 새로운 대안적 질서를 로마의 주류사회에서 소외된 사람들에게 전하였다. 바울의 헌신이 없었다면 기독교는 세계적인 종교로 발전할 수 없었을 것이다.

이 책을 쓰면서 오래전 영국 BBC 방송에서 10회에 걸쳐 방영된 〈Greatest Britons〉란 TV프로가 떠올랐다. 이 방송을 지켜보면서 가슴속

---

337) Don Cupit, *What Is a Story* (London: SCM Press, 1991), p. ix

에 떠올랐던 생각은 과연 '무엇이 한 인간을 위대하게 만드는가?'라는 물음이었다. 마지막 회분인 윈스턴 처칠의 생애를 지켜보면서 나름대로 이 질문에 답변을 얻게 되었다. 그것은 한 인간을 위대하게 만드는 가장 기본적인 요소는 삶에 대한 열정과 자기희생이라는 깨달음이었다. 물론 분별없는 열정은 대개가 광신으로 치닫게 되지만, 자기희생의 덕목이 열정을 뒷받침 할 때, 왕왕 후세에 의미 있는 삶의 족적을 남기게 되기도 한다. 우리는 바울의 생애 속에 이 두 가지 요소가 이상적으로 녹아 있음을 발견하게 된다. 그리스도의 복음에 대한 바울의 열정(passion)은 그를 불후의 복음 전도자로 기억하게 만들었으며, 필경에는 진리에 대한 수난(the Passion)을 기꺼이 감수하게 만들었다.

시대를 앞서가는 진리에의 열정은 대개 동시대인의 몰이해로 인한 수난과 맞닿아 있음을 예수와 바울의 죽음에서 엿보게 된다. 2000년 전 바울의 생애와 사상을 우리 시대에 다시 생각한다는 것은 화석화된 기독교의 기원을 되묻는 작업이다. 동시에 전통이란 이름으로 우리의 믿음을 규정하고 있는 도그마들이 얼마나 바울의 생각들과 달라져 있는가를 반성하는 일이기도 하다. 더불어 후세에 덧씌워진 신학적 편견과 억측들로부터 바울을 자유케 하는 일이다. 무엇보다 우리는 바울의 편지들의 행간에 묻어 있는 그의 사랑을 읽어야 한다. 그의 글들은 우리와 같이 현실의 소소한 문제들로 고민하고 갈등했던 교우들에게 보내는 사랑과 권면의 편지들이었다. 그리운 이들을 생각하며 한밤을 지새우며 긴긴 사연의 편지를 써본 이들을 알 것이다. 편지라는 장르에 담긴 사랑의 파토스를! 보내는 이와 받는 이의 공유된 삶에서 연유하는 행간을 채운 내밀한 사랑과 그리움이 바로 편지를 가능하게 하는 정서적 힘이다.

지난 시절 바울의 편지들을 신학적 교리서로만 읽어내던 이들은, 결코 그의 편지에 묻어 있는 풋풋한 인간적인 그리움의 향내를 맡지 못했으리라. 하여 우리가 먼저 생각해야 할 것은 바울의 복잡한 신학적 사유이기보다는, 그 배후에 자리한 신앙의 벗들에 대한 그의 염려와 사랑의 마음일 것이다. 이 각박한 시절에, 논변으로 어지러운 신학자 바울보다, 타향의 하늘 아래에서의 긴 밤을 벗들에 대한 그리움으로 잠못들어 하는 인간 바울이 더 조명되어야 하는 것이 아닐까?

참고문헌

강남순, 『코즈모폴리터니즘과 종교』. 서울: 새물결플러스, 2015.

강영안, 『타인의 얼굴, 레비나스의 철학』. 서울: 문학과 지성사, 2005.

게리 윌스/ 김창락 옮김, 『바울은 그렇게 가르치지 않았다』. 서울: 돋을새김, 2007.

김균진, 『생태학의 위기와 신학』 서울: 대한기독교서회, 1991.

김상근, 『이중성의 살인미학, 카라바조』. 서울: 평단, 2005.

김성민, 『바울과 현대철학』. 서울: 새물결플러스, 2018.

김응교 外, 『우리시대의 레미제라블 읽기』 서울: 한울, 2014

김재성 엮음, 『바울 새로 보기』. 서울: 한국신학연구소, 2000.

김창락, 『다마스쿠스 사건-무슨 일이 일어났는가?』. 서울: 다산글방, 2002.

김현경, 『사람, 장소, 환대』. 서울: 문학과 지성사, 2015.

김학철, 『렘브란트, 성서를 그리다』. 서울: 대한기독교서회, 2010.

데이비드 실바/ 이여진 옮김, 『에베소에서 보낸 일주일』. 서울: 이레서원, 2020.

도미니크 핀켈데/ 오진석 옮김, 『바울의 정치적 종말론』. 서울: 도서출판 B, 2015.

리처드 호슬리 엮음/ 정연복 옮김, 『제국의 그림자 속에서』.서울: 한국기독교연구소, 2014.

리차드 홀슬리 편집/ 홍성철 옮김, 『바울과 로마제국』. 서울: 기독교문서선교회, 2007.

마커스 J 보그 & 존 도미닉 크로산/ 김준우 옮김, 『첫 번째 바울의 복음』. 서울: 한국기독 교연구소, 2010.

미야타 미쓰오/ 양현혜 옮김, 『국가와 종교』. 서울: 삼인, 2004.

비벌리 로버트 가벤타/ 이학영 옮김,『로마서에 가면』. 서울: 학명, 2021.
박원빈,『레비나스와 기독교』. 서울: 북코리아, 2011.
박익수,『성서 전승과 해석』. 서울: 한국신학연구소, 1988.
발터 니그/ 윤선아 옮김,『렘브란트, 영원의 화가』. 왜관: 분도출판사, 2008.
벤 위더링턴 3세/ 오현미 옮김,『고린도에서 보낸 일주일』. 서울: 이레서원, 2020.
브라이언 왈쉬, 실비아 키이즈마트/ 홍병룡 옮김,『제국과 천국』. 서울: IVP, 2011.
브루스 W. 롱네커, 토드 D. 스틸/ 박규태 옮김,『바울– 그의 생애. 서신. 신학』. 서울: 성서유니온, 2019.
신익상,『바울 해석과 한국 사회 주변부』. 서울: 동연, 2019.
신준형,『천상의 미술과 지상의 투쟁』. 서울: 사회평론, 2007.
______,『파노프스키와 뒤러』. 서울: 시공사, 2004.
스캇 맥나이트, 조지프 모디카 엮음/ 홍성수 옮김,『가이사의 나라, 예수의 나라』. 서울: IVP, 2017.
스탠리 E. 포터/ 임재승, 조명훈 옮김,『바울 서신 연구』. 서울: 새물결플러스, 2019.
슬라보이 지젝/ 김정아 옮김,『죽은 신을 위하여』. 서울: 도서출판 길, 2007.
자크 데리다/ 남수인 옮김,『환대에 대하여』. 서울: 동문선, 2004.
자크 데리다/ 진태원 옮김,『법의 힘』. 서울: 문학과 지성사, 2004.
알랭 바디우/ 현성환 옮김,『사도바울』. 서울: 새물결, 2008.
앙드레 그라바/ 박성은 옮김,『기독교 도상학의 이해』. 서울: 이화여자대학교 출판부, 2007.
야콥 타우베스/ 조효원 옮김,『바울의 정치신학』. 서울: 그린비, 2012.
엠마누엘 레비나스/ 강영안 옮김,『시간과 타자』. 서울: 문예출판사, 1996.
임영방,『중세미술과 도상』. 서울: 서울대학교출판부, 2006.

정승우, 『로마서의 예수와 바울』. 서울: 이레서원, 2008.
______, 『예수 역사인가 신화인가』. 서울: 책세상, 2005.
제임스 던/ 박문제, 『바울신학』. 서울: 크리스천다이제스트, 2003.
______,/ 최현만 옮김, 『바울에 관한 새 관점』. 서울: 에클레시아북스, 2012.
______, 김철, 채천석 옮김, 『로마서 1–8』. 서울: 솔로몬, 2003.
조르조 아감벤/ 강승훈 옮김, 『남겨진 시간』. 서울: 코나투스, 2008.
조셉 A. 피츠 마이어/ 김병모 역, 『로마서』. 서울: 기독교문서선교회, 2015.
존 M. G. 바클레이/ 송일 옮김, 『바울과 선물』. 서울: 새물결 플러스, 2019.
존 J 콜린스/ 박요한 영식 옮김, 『묵시문학적 상상력』. 서울: 카톨릭 출판사, 2006.
진중권, 『춤추는 죽음 1』. 서울: 세종서적, 2000.
에르빈 파노프스키/임산 옮김, 『인문주의 예술가, 뒤러 2』. 파주: 한길아트, 2006.
이덕형, 『이콘과 아방가르드』. 서울: 생각의 나무, 2008.
테드 W. 제닝스/ 박성훈 옮김, 『데리다를 읽는다/바울을 생각한다』. 서울: 그린비, 2014.
______, 『무법적 정의: 바울의 메시아 정치』. 서울: 도서출판 길, 2018.
테이텀, W. 반즈 / 승현민 외 4인 옮김, 『예수 영화 100년』. 서울: 백림출판사, 2004.
퍼니쉬, V.P./ 김용옥 역, 『바울의 신학과 윤리』
피오렌자, E. S. / 김애영 옮김, 『크리스찬 기원의 여성 신학적 재건』. 서울: 종로서적, 1986.
피터 브라운/ 정기문 역, 『성인숭배』. 서울: 새물결, 2002.
클라이브 마쉬, 『영화관에서 만나는 기독교 영성』. 서울: 살림, 2007.
톰 라이트/ 손돈호 옮김, 『바울』. 서울: 죠이선교회, 2012.
최현만 옮김, 『바울의 복음을 말하다』. 서울: 에클레시아북스, 2011.
박규태 옮김, 『바울 평전』. 서울: 비아토르, 2020.

장용량, 최현만 옮김, 『로마서』. 서울: 에클레시아북스, 2014.

한나 아렌트/ 김선욱 역, 『예루살렘의 아이히만』. 서울: 한길사, 2006.

호크 R.F/ 전경연 옮김, 『바울선교의 사회적 정황』. 서울: 대한기독교출판사, 1984.

홍진경, 니콜, 『베로니카의 수건』. 서울: 예경, 2001.

Alexander, L. C. A. "Chronology of Paul," in *Dictionary of Paul and His Letters*. Leicester: InterVarsity Press, 1993, 115–123.

Badenas, R. *Christ the End of the Law*. Sheffield: JSOT Press, 1985.

Badiou, Alain. *Saint Paul: The Foundation of Universalism*. Stanford: Stanford University Press, 2003.

Blumenfeld, Bruno. *The Political Paul: Justice, Democracy and Kingship in a Hellenistic Framework*. Sheffield: Sheffield Academic Press, 2001.

Crossan John Dominic & Reed, Jonathan L. *In Search of Paul*. New York: HarperCollins, 2000.

Don Cupit, *What Is a Story*. London: SCM Press, 1991.

Donfried, K. P. *The Romans Debate*. Peabody: Hendrickson Publishers, 1991.

Dunn, J. D. F. *Jesus, Paul and the Law. Studies in Mark and Galatians*. Louisville, KY: John Knox Press, 1990.

Elliott, Neil. *The Arrogance of Nations: Reading Romans in the Shadow of Empire*. Minneapolis: Fortress Press, 2008.

Forman, Mark. *The Politics of Inheritance in Romans*. Cambridge: Cambridge University Press, 2011.

Gaventa, Beverlu Roberts. *Our Mother Saint Paul*. Louisrille: Westerminster John Knox Press, 2007.

Georgi, *Dieter. Theocracy in Paul's Praxis and Theology*. Minneapolis, Minn:

Augsburg Fortress, 1991.

Harrison, James R. *Paul and the Imperial Authorities at Thessalonica and Rome*. Tübingen: Mohr Siebeck, 2011.

Horsley, Richard A. *Paul and Politics*. Harrisburg; Trinity Press, 2000.

Jensen, Robin Margaret. *Understanding Early Christian Art*. London: Routledge, 2000.

Jewett, Robert. *Saint Paul Returns to the Movies*. Grand Rapids: William B. Eerdmans Publishing Company, 1999.

______, Robert. Romans, Minnegpolis: Fortress Press, 2007.

Keck, L. E. "Jesus in Romans," JBL 108/3 (1989): 443–460.

Kreitzer, Larry J. *The New Testament in Fiction and Film*. Sheffield: Sheffield Academic Press, 1993.

Levinas, Emmanuel. *Totality and infinity: An Essay on Exteriority*, translated by Alphonso Lingis. Pittsburgh: Duquesne University Press, 1969.

Malina, Bruce J. & Neyrey, Jerome H., *Portraits of Paul: An Archaeology of Ancient Personality*. Louisville, Kentucky: Westminster John Knox Press, 1996.

Meeks, W. *The First Urban Christians: The Social World of the Apostle Paul*. New Haven: Yale University Press, 1983.

Murphy–O'connor, Jerome. *Paul: A Critical Life*. Oxford: Oxford University Press, 1997.

Neyrey, J. H. *Christ Is Community*. Wilmington: Michael Glazier, 1985.

Odell–Scott, David W (ed.). *Reading Romans With Contemporary Philosophers and Theologians*. New York: T & T Clark International, 2007.

Reasoner, M. *The Strong and the Weak: Romans 14.1-15.13 in Context*.

Cambridge: Cambridge University Press, 1999.

Roetzel, Calvin J. *The Letters of Paul: Conversations in Context*. Louisville: Westerminster/John Knox Press, 1991.

Sanders, E. P. *Paul and Palestinian Judaism: A Comparision of Patterns of Religion*. London: SCM Press, 1977.

______, *Paul, the Law, and the Jewish People* (Philadelphia: Fortress Press, 1983)

______, *Paul*. Oxford: Oxford University Press, 1991.

Schnelle Udo/ M Eugene Boring (trans.), *Apostle Paul: His Life and Theology*. Grand Rapids: Baker Academic, 2003.

Sinclair, S. G. *Josus Christ According to Paul Berkeley*: Bibal Press, 1988.

Slater, T. B. *Christ and Community: A Socio-Historical Study of Christology of Revelation*. Sheffield: Sheffield Academic Press, 1999.

Stanley, D. Christopher (ed.), *The Colonized Apostle: Paul Through Postcolonial Eyes*. Minneapolis: Fortress Press, 2011.

Stegemann, Ekkehard. "Coexistence and Transformation: Reading the Politics of Identity in Romans in an Imperial Context", in *Reading Paul in Context: Explorations in Identity Formation*, eds. K. Ehrensperger and J. B. Tucker, Library of New Testament Studies 428. London: T & T Clark, 2010.

Stendahl, K. *Paul Among Jews and Gentiles*. London: SCM Press, 1976.

Stowers, S. K. *The Diatribe and Paul's Letter to the Romans*. SBLDS57, Chico: Scholar Press, 1981.

Theissen, Gerd. *The Social Setting of Pauline Christianity*. Philadelphia: Fortress Press, 1982.

Watson, F. *Paul, Judaism and the Gentiles*. Cambridge: Cambridge University Press, 1986.

Wilson, A. N.. *Paul: the Mind of the Apostle*. London: Pimlico, 1997.

Yinger, Kent L. *The New Perspective on Paul*. Eugene: Cascade Books, 2011.

찾아보기

ㅇ

ㅈ

ㅊ

ㅋ

새 시대의 바울

2022년 9월 30일 1판 1쇄

지은이 정승우
펴낸곳 연세대학교 출판문화원
주소 서울특별시 서대문구 연세로 50
등록 1955년 10월 13일(제9-60호)
전화 02) 2123-3378~80
팩스 02) 2123-8673
전자우편 ysup@yonsei.ac.kr
홈페이지 http://press.yonsei.ac.kr
인쇄 (주)동국문화

ISBN 978-89-6850-672-7 (93230)

값 28,000원